数字信息资源管理丛书

网络学术社区的信息聚合与共享模式研究

张 敏等 著

科学出版社

北京

内 容 简 介

本书从网络学术社区用户信息聚合需求和群体交互关系分析出发，探讨了网络学术社区中信息资源构成特点、信息流转机制、学术社区用户角色识别及聚合关系，从信息聚合与用户聚合两个维度建立了研究的基本框架，系统剖析了网络学术社区信息聚合与共享模式，进而探讨了信息聚合服务发展与推进。本书将传统数字资源聚合理论与社会网络理论、交互理论结合，推动信息聚合组织研究从传统互联网领域拓展到社会网络领域，是面向用户的信息管理理论的深化和发展。

本书既可作为高等院校图书馆学、情报学、档案学、信息管理、新闻传播、计算机科学等相关专业的学术研究者与教学人员的参考用书，也可作为信息系统设计与信息服务机构工作人员的参考用书。

图书在版编目(CIP)数据

网络学术社区的信息聚合与共享模式研究 / 张敏等著. —北京：科学出版社，2020.7

(数字信息资源管理丛书)

ISBN 978-7-03-065186-0

Ⅰ.①网… Ⅱ.①张… Ⅲ.①网络教学-信息资源-资源共享-研究 Ⅳ.①G434②G203

中国版本图书馆 CIP 数据核字（2020）第 089338 号

责任编辑：李轶冰 / 责任校对：樊雅琼

责任印制：吴兆东 / 封面设计：无极书装

科学出版社 出版

北京东黄城根北街 16 号

邮政编码：100717

http://www.sciencep.com

北京厚诚则铭印刷科技有限公司印刷

科学出版社发行 各地新华书店经销

*

2020 年 7 月第 一 版 开本：720×1000 B5

2025 年 1 月第三次印刷 印张：21 1/4

字数：426 000

定价：188.00 元

（如有印装质量问题，我社负责调换）

本书撰写委员会

主　笔： 张　敏

成　员： 石光莲　郑伟伟　蔡小筱　刘海鹏

张　可　王　丹　田松睿　姜冠兰

张　婷　苏钠恒　向　阳　张静仪

前　言

《网络学术社区的信息聚合与共享模式研究》系国家社会科学基金项目“网络学术社区的信息聚合与共享模式研究”（11CTQ038）的研究成果。

在“互联网+”的新时代，人类的科学活动模式面临新的变革。传统的科学结构、研究过程、价值体系和交流方式等，都被置于新的网络开放环境之中。互联网以及在线互动的交流方式，意味着科研人员从依靠期刊和学术会议等进行学术交流的原始阶段，进入基于 Web2.0、大数据、云平台等互联网技术进行科学交流的新时代，特别是由网络学术社区这一新的互联网交流平台所引起的科学交流工具和互动平台的变化，带动整个科学研究范式的改变，进而影响整个科研发展的进程。

网络学术社区的迅猛发展，吸引了世界各国学者们的广泛参与，各种类型的数字学术信息资源汇聚到网络社区平台中，同时也提出了有效聚合学术大数据，以及合理规范和引导网络学术用户群体智慧分享的问题。本书围绕网络学术社区用户信息聚合需求，分析了网络学术社区的关键属性、信息聚合的理论与方法，探讨了网络学术社区信息资源构成特点、信息流转的机制，从信息聚合与用户聚合两个维度建立了研究的基本框架。由于网络学术社区不仅仅是信息资源的聚合，同时还有社会关系和社会资本的聚合与共享，因此，本书聚焦学术用户的群体交互关系，系统剖析了网络学术社区信息聚合与共享模式，进而探讨了信息聚合服务发展与推进。

本书探索分析的关键问题包括：①针对网络学术社区的信息内容聚合，探讨了社区学术资源的构成类型与学术用户生成内容的特点，对 Folksonomy、元数据、本体、关联数据、关联挖掘等聚合方法进行系统研究；②针对网络学术社区的用户聚合，探讨了用户交互活动、角色识别和关系网络等为中心的学术社群聚合实现，提出了基于 FCA 的单用户及用户群兴趣关系的组合识别方法；③重点突破了对社区隐性知识聚合共享影响较大的信任关系、熟人关系分析，探讨了网络学术社区的知识共享影响因素、信任关系的动态形成与演变；④针对信息聚合服务的演变和服务推进展开分析；⑤典型案例的实证调查分析，由于网络学术社区的类型丰富多样，本书选择了其中的学术论坛、学术 SNS、学术微博等进行了国内外典型案例调查分析。

传统信息聚合与共享的相关研究多从一般知识组织的角度进行探讨，未全面考虑以学术社区为特征的领域应用，未能从用户群体的交互关系出发，系统探讨网络学术社区信息聚合模式及其演变过程，也未针对不同的聚合模式提出数字化信息服务模型及优化策略。

理论上，本书着力于构建以用户交互为中心的网络学术社区信息聚合与共享研究的理论框架，旨在揭示从信息内容聚合到用户社会化聚合的发展规律和特征。项目成果将传统数字资源聚合理论与社会网络理论、交互理论结合，推动信息聚合组织研究从传统互联网领域拓展到社会网络领域，是面向用户的信息管理理论的深化和发展，其理论成果具有学科理论意义。本书研究直接关系到学术性社会网络服务系统设计和信息服务的创新发展，可应用于社会网络信息聚合服务的业务拓展。

同时，我们也认识到，网络学术社区信息聚合与共享模式研究尚处于发展和完善之中。目前，网络学术社区的发展兴盛和用户聚合需求的不断变化，计算机技术应用推动的知识抽取、知识表示、知识关联理论与技术日新月异的变革，信息聚合单元不断细化，各种关联聚合关系日益丰富，导致信息聚合领域的理论与实践发展处于快速进化中。我们将以本书研究成果为起点，将研究引向深入。

本书由张敏拟定大纲并负责撰写工作的组织与协调。各章节具体分工如下：第 1 章，张敏；第 2 章，张敏、姜冠兰、刘海鹏；第 3 章，张敏、张可、石光莲；第 4 章，石光莲、张可、张婷、苏铈恒；第 5 章，郑伟伟、蔡小筱、向阳；第 6 章，张敏、张可；第 7 章，张敏、田松睿、王丹。全书由张敏统稿修改。

在本书出版之际，感谢全国哲学社会科学规划办公室、重庆市社会科学规划办公室、西南大学社会科学处、西南大学计算机与信息科学学院给予的支持、指导和帮助。感谢对本书依托项目成果提出宝贵意见的各位鉴定专家及其他同行专家。感谢参与项目调研的所有研究对象。感谢李健教授、王艳副教授、胡蓉副教授、阎艳老师对项目申报的鼎力支持。感谢承担部分书稿的资料查找、整理、图示绘制工作的张可、姜冠兰、张婷、苏铈恒、张静仪同学。感谢本书所有参考文献的作者们。

因能力及水平所限，在研究中的不足之处，敬请专家、读者批评、补充和指正。

本书撰写委员会
2020 年 1 月 20 日

目　录

第1章 引　言

21世纪初期，社会网络技术快速渗透并应用于科学研究和学术交流领域。网络学术社区随之迅速兴起，为学术用户提供了全新的互动领域，改变了人们传统的学术交流沟通模式，也改变了学术信息本身产生和存在方式。网络学术社区中学术信息资源的极大丰富和不断扩充，给用户带来资源选择多样化和自主化的同时，也带来信息超载和选择迷航的问题。如何将离散分布、异构无序的"信息碎片"动态关联并筛选聚合起来，有效提供个性化服务并促进学术群体知识共享成为受关注的焦点问题。

1.1 研究背景

1.1.1 Cyberscience 2.0 以及网络学术社区的蓬勃发展

科学发展的动力之一在于其开放、交流的属性①。以美国著名的科学社会学家默顿提出的现代科学规范而论，科学活动的普遍性、公有性、无私利性以及合理的质疑等都需要科学家们能够通力合作，分享学术成果并交流经验，只有不断地分享、批评、修改、完善，科学的进步和发展才成为可能。

Web2.0 本质是社会化的互联网，基于 Web2.0 技术的工具和平台也被统称为社交网络媒体。Cyberscience2.0 是由 Web2.0 衍生而来的术语，主要指在科学领域中应用 Web2.0 的技术和服务。Cyberscience2.0 是科研人员基于社交网络平台的信息共享和互动，利用社交网络平台去链接拥有相同科学兴趣的人和团队，提倡将科研各个阶段的思想、数据、成果、实验记录、资源、文献等利用社交网络平台进行交流和共享。

伴随着研究人员之间的沟通交流、研究机构间的知识共享、跨领域合作越来越紧密，研究人员之间快速获取对方最新的个人信息、研究方向、研究成果

① 吴爽，徐飞. Science2.0：科学活动新范式［J］. 科学学研究，2016，34（9）：1281-1286.

等在科研活动中的重要性日益凸显，一种面向科研工作者的网络学术社区（也称为学术社交网络）逐渐兴起并快速发展。2011 年西班牙学术图书馆联盟的 REBIUN 研究组经过系统调查①，汇总了研究人员使用的各种学术型社会网络服务工具，共整理出 99 种软件平台，将其划分为三类：共享研究过程、共享研究资源、共享研究结果；这些平台有些由大学或研究机构建立，如耶鲁大学医学院创建的 Research Accelerator、哈佛大学的 Catalyst Profiles、科内尔大学的 VIVO、爱荷华大学的 Loki、DIRECT 等平台，以上平台分别为不同学科领域搭建了相应的学术社交网络；商业机构或政府组织也资助构建了许多著名的网络学术社区，如国外的 Academia. edu、myExperiment、ResearchGate、Mendeley、ScienceBlogs，我国的科学网、小木虫、学问社区、丁香园社区等。这些网络学术社区一般都具有创建个人主页、查找好友、创建小组、上传信息、文献共享、留言交互、信息检索等功能，成为学术研究人员从事科学研究不可或缺的工具。

2014 年 8 月 *Nature* 杂志进行了一项针对科学家社会网络利用情况的社会调查，收到来自全世界 95 个国家 3500 位学者的反馈，调查结果如图 1-1 所示②，超过 88% 的科学和工程领域学者了解 ResearchGate，近一半的人经常利用它，仅次于 Google Scholar，使用人数比例超过 Facebook 和 LinkedIn；社会科学、艺术和人文科学研究者则报告更多使用 Google Scholar、Facebook 和 LinkedIn。

Nature 杂志调查了科学家运用社会网络的动机和目的，如图 1-2 所示，学者们经常访问社会网络站点，从事和研究相关的活动，例如，研究评论、活跃的研究讨论、共享授权内容的链接、上传内容（帖子）、联系同行、发现推荐论文、发现同行等。该调查结果显示，学者们利用社会网络进行学术研究需求比例较高，社交性联系比例较低。社会网络已经成为科学研究者从事学术研究和开展专业活动的重要工具，而绝不仅仅是好奇，日新月异的社会网络平台为学术研究、学者协作、研究成果和观点的传播提供了更经济、可持续的方式，传统的学术交流和传播渠道被更民主、开放、创新的方式改变、替代和整合。

---

① REBIUN. Science 2. 0：the use of social networking in research. revised and updated. Madrid：REBIUN，2011 [EB/OL]. https://www. researchgate. net/publication/258859323_Science_20_The_Use_of_Social_Networking_in_Research[2019-01-20].

② Van Noorder R. Online collaboration：scientists and the social network [J]. Nature，2014，512（7513）：126-129.

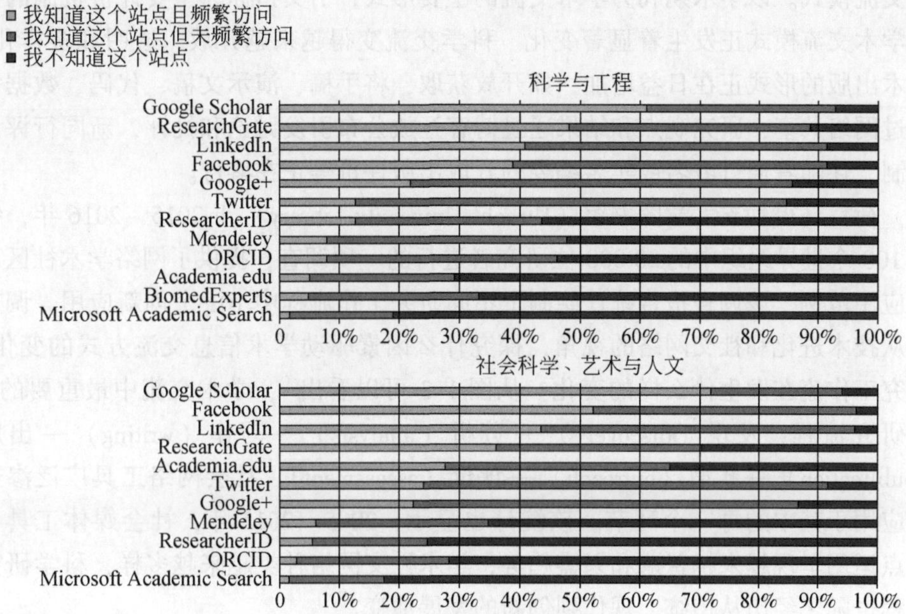

图 1-1　科学家与社会网络站点利用

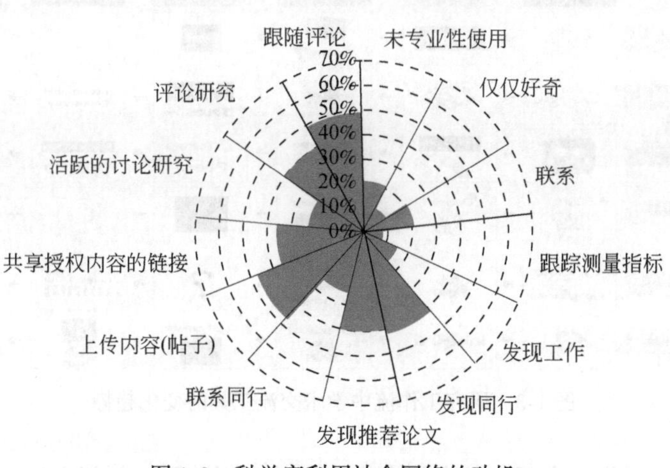

图 1-2　科学家利用社会网络的动机

1.1.2　数字学术交流体系的创新变化

社会网络平台或工具的广泛应用正迅速地改变着科学研究者的研究范式和学

术交流模式。以学术期刊为学术交流的主要形式，引文指标为主要评价机制的传统学术交流模式正发生着显著变化。科学交流变得越来越开放、透明和多样化。学术出版的形式正在日益增加，如开放获取，将手稿、演示文稿、代码、数据等通过网络共享，研究观点和结果通过博客开放公布引发讨论和批评，新同行评议机制，伴随着通过匿名或实名编委的开放出版评价等正在盛行。

荷兰乌得勒支大学图书馆（Utrecht University Library）于2015～2016年，针对100个世界组织中的20 000位研究者进行的一项调查，提供了网络学术社区新的应用范例。该调查报告统计绘制了不同研究工作流程中101个创新应用。调查者从技术进化和社交网络的视角，探究什么因素驱动学术信息交流方式的变化，研究工作流在发生什么样的变化？从图1-3可以看出①，学术交流中最重要的6个研究流程：发现（discovery）—分析（analysis）—写作（writing）—出版（publication）—扩散（outreach）—评价（assessment），社会网络工具广泛渗透并应用于其中的每一个环节。该统计也显示，2005～2015年，社会媒体工具和站点运用呈现越来越普遍和兴盛趋势，学术社交网络种类越来越多样，科学研究流程也随之经历从传统、现代到创新的发展演变。

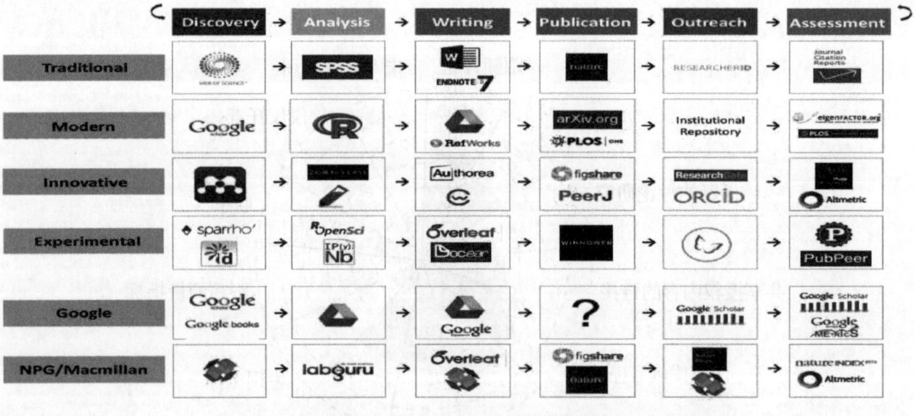

图1-3 研究工作流中学术交流工具的变化趋势

随着社交网络的发展及其在学术交流中的应用普及，创新交流模式与传统模式相比有了较大变化：①在探索阶段，采用Mendeley进行网络化收集和发现数据、文献资料。②在分析阶段，学术交流的范围已经不局限于科学共同体内部，

① Kramer B, Bosman J. Innovations in scholarly communication-global survey on research tool usage [J]. F1000Research, 2016, 5: 692.

特殊情况下，普通大众也可能为科学发现做出贡献。以Zooniverse为代表的大众参与科学研究项目，通过成千上万的志愿者来协助完成动物照片分类、研究天文图像、观察癌细胞图像等任务，将普通民众纳入到科学研究流程中。③在写作、出版和扩散阶段，以Authorea为代表的在线协同写作工具，开放获取的PeerJ出版，开放研究者与贡献者身份识别码（ORCID）等推动学术研究成果的创作、出版及共享。④在评价阶段，Altmetrics是近年来新出现的科研影响力指标，可追踪一项发表成果在网络传播的记录。研究者使用社会媒体评论或推荐文章，建立不同于学术期刊出版和引用模式能带来的学术声望。

网络学术社区迅速发展渗透，已经广泛应用于学术活动和研究流程的各方面，学者们认为网络学术社区，不仅仅是时尚，更是代表学术交流、合作、获取、共享和传播知识和信息的模式转变。数字学术交流体系创新变化体现在以下方面：

1）网络学术社区使个体研究走向在线协作，提高了学术成果的国际传播能力。传统的科学交流方式由于其传播特性的局限，人们交流合作只能局限于自己的工作环境或所熟悉的小圈子。以科学实验为例，由于期刊篇幅的限制，海量的实验数据和源代码往往难以随文发布，这就导致很多实验无法被重复检验和共享。网络学术社区为全球科学家和研究人员的合作交流提供了多元化的交流平台，将人类的科学活动全面引入开放合作、即时交流与评价的新时代。网络学术社区聚集了大规模的科研群体，人们可以随时随地与地球上任何一处的同行进行在线即时交流和探讨，学术成果能够方便迅速地传播。

随着基于互联网的跨学科、跨机构、跨地域的协同创新科研活动越来越频繁，学术社区有助于形成跨学科合作的科研小组或团队，这种虚拟团队提供了克服科研探索中未知成果阶段阻力的能量。在针对特定问题的海量信息及时交流互动中，科学家的认知能力、水平和智慧也将持续得到激发。

2）网络学术社区有助于形成多样化的数字学术生态。网络学术社区为正式交流过程和非正式交流过程都提供了多样化的路径和技术保障。在正式的学术交流过程中，电子图书、电子期刊、数据库、电子工具书、权威网站等媒介作为全方位的扩展补充，甚至一定程度上替代了传统媒介，这一方面为我们获取信息和资源提供了便利的条件，另一方面也引发了科学传播手段的变革；非正式交流手段，如交谈、信函、会议录、手稿等，同样发生着巨大变化，例如，人们利用Blog、Wiki等网络工具自由地发表科学见解，同时借助RSS、tag、Bookmark等对科学信息资源进行分类和管理。

学术创新通常是各种学术观点的组合，从创新观点感知到传递，多样化的数字学术生态促进了学术合作反馈，加速了创新观点组合所需的必要迭代速度。

3）网络学术社区推动学术交流走向全程探索，有助于提升学术研究质量，提高学者的学术生产力。网络学术社区提供了丰富的对话体系，科学家可以充分利用Blogs、维基百科、社交平台等网络工具随时随地与其他科学家交流想法、方法和数据。这种交流方式使科研人员置于完全开放的环境中，交流的内容也不再局限于实验结果，而是从研究机会鉴别发现、资料收集、创造到分享的科学研究整个过程，使科学家的探索细节变得更加清晰，就某一特定问题的持续跟踪讨论也有助于拓展学术交流的深度。科研人员经常使用网络学术社区，有利于提高学术成果质量，提升学者学术生产力，特别是对学术论文产出有显著积极影响①。

4）网络学术社区促进了学术评价方式的创新发展，有益于学术优先权的确定。传统的学术交流范围主要集中在特定课题所属或相关专业的学者，互联网可以让世界各地对特定学术课题有兴趣的任何专业人士参与互动交流，共同探讨，参与和知晓的人员空前提高。每个参与者既可以是读者，也可以是作者。开放性令参与学术交流的门槛降低。作者可以通过网络学术社区平台展示自己的成果，自由并及时地进行学术交流，打破了出版商的垄断，扩大了学术交流的范围。信息技术缩短了学术交流时间，新的思想、理念等可以更快速地进行传播、碰撞，这使得学术信息交流的主导权回到研究人员手中，进而有利于学术优先权的确定，有效规避学术不端行为。一些科学家直接将研究成果发布到网上，利用社会媒体工具和平台迅速扩大社会影响。社会媒体工具和站点运用带来资源和用户的聚集效应。

如图1-4所示，传统以期刊“影响因子”为学术评价指标的评价体系，推动了SCI等学术资源数据库的全球快速扩张与传播。随着数据开放运动和科学研究网络化发展，网络学术社区的广泛渗透，学术交流与传播的社会化发展，仅以文献引用为基础的传统计量评价指标已不能满足学术评价的要求，基于学术社交媒体分析技术，关联性成为开展开放学术交流科学评价的核心，关注内容与用户的关联，用户与用户的关联，作者与读者、内容三者之间的复杂网络，催生了以Altmetrics为代表的学术产出社会传播评价指标体系和方法。学者学术成果的下载次数、被浏览次数、在新闻和社交媒体中被提到的次数等社会影响性指标也被综合纳入到学者社会影响力的评价指标体系。

① 朱依娜，何光喜．社交媒体对科学研究的影响机制初探——基于一项全国抽样调查数据的分析[J]．科学与社会，2019，9（2）：47-66.

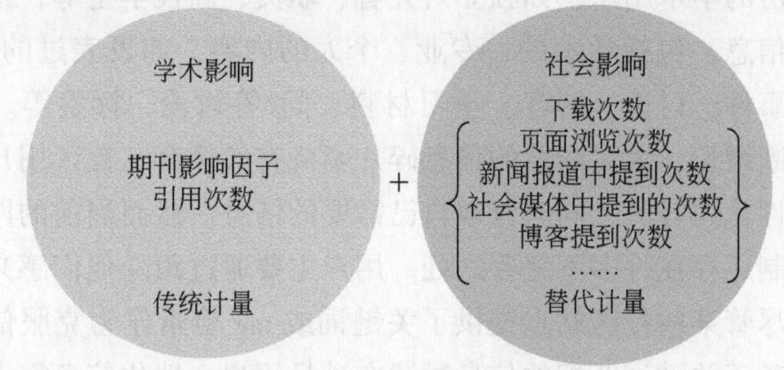

图 1-4　学术评价的新趋势

社会网络为学术交流带来新的机遇和挑战。伴随网络学术社区成为学者们的聚集地和交锋场，一方面可能促成学者形成松散的学术共同体，有益于学术共识的形成；而另一方面也可能加速学术共同体分裂。此外，大量碎片化信息鱼龙混杂，质量参差不齐，网络信息超载、网络安全隐患、用户获取困难等诸多问题，亟待有效解决。

1.1.3　学术大数据亟待有效聚合与共享

社会网络的迅猛发展，创新战略驱动的学术交流日益进化，学术产出和评价多样性，网络学术社区日新月异发展积累了可观的学术大数据，也造成了日益严重的信息超载问题。以世界最著名的三大网络学术社区为例，截至 2019 年 8 月，ResearchGate 已经拥有注册用户 1500 万（2012 年仅拥有注册用户 140 万，2014 年为 450 万）。Mendeley 也拥有超过了 600 万注册用户，3000 万篇参考文献。规模最大的 Academia. edu 则吸引超过 9400 万学者加入，拥有超过 2300 万篇学术论文，每月平均吸引 550 万用户访问。由此可见，随着网络学术社区规模的迅速发展，大量学者广泛参与，网络学术社区中的信息资源呈现指数性增长，学术人员、学术会议、学术机构、学术文献、研究项目、研究设备、实验数据等大量学术实体及其复杂的关系构成了具有“5V”① 特征的学术大数据，为学者们了解科学发展和研究合作提供了极大便利，同时也带来选择迷航和信息如何有效共享的问题，碎片化的用户生成内容和缺乏互操作的学术社区平台使得信息超载问题日益严重。

信息超载首先表现在社区内部的信息资源检索与获取方面。网络学术社区中

① “5V”是指 volume（数据量大）、variety（种类和来源多样）、value（价值密度低）、velocity（数据增长高速）、veracity（真实性）。

集合了不同身份的学术用户，如独立研究者、职员、高校学生等，这些用户上传或产生了大量信息，包括学术的、专业、个人的内容，如发表过的论文、草稿、书评、项目、事件、讨论、博客、学习材料、问/答讨论、标签等。海量用户和海量信息的不断增长，大量离散的信息碎片亟待有效聚合，社区用户才能有效地构建自己的个性化内容流，同时获取自己需要的信息。然而当前的网络学术社区的信息组织机制还存在许多不完善之处。用户主要通过跟随他们感兴趣的朋友接收各种内容，尽管某些社区站点提供了关键词或 tag 检索作为克服信息超载的手段，然而这种基于关键词匹配的信息过滤在满足用户个性化信息需求方面还有很多不足。另一方面，一些学术社区站点通过设立时间线（timeline）或消息推送（news feed）的方式展示和组织信息，信息内容按照时间顺序排列，没有考虑到主题或用户的兴趣。用户不得不浏览所有的信息流来获取信息，其中大量并不感兴趣的内容持续显示，而用户真正感兴趣的内容却没有获知。海量、非结构化、多类型的信息碎片零散地存在，没有按照用户感兴趣的主题进行有效组织和细粒度聚合，从而形成有机、有序的知识链或知识网络，停留在数据库和文献层面的资源整合已经难以满足用户的实际需求。

更为重要的是，网络学术社区中解决信息过载问题需综合考虑用户信息行为社会化的影响。在网络上，信息聚合与共享不再是一种个体行为。每位用户的信息利用将会对其他用户产生重要影响，即群体聚合与共享、社会化聚合与共享。如何综合社区情景中诸多因素及其变化过程，为每位用户提供个性化的信息，整个过程较为复杂。另外，大量网络学术社区涌现带来所谓的围墙花园问题（walled-garden problem），如图 1-5 所示①。

图 1-5　社会网络站点是有围墙的花园

① Simonds D. Online social networks: everywhere and nowhere [J]. The Economist, 2008, 386 (8572). Retrieved from http://www.scopus.com/inward/record.url? eid = 2s2.074949084170&partnerID = 40 &md5 = 6d5cb259c8ebdaf15f30dd353bde65a1.

为了充分利用每个网络学术社区各种不同的特性，用户可能参与多个学术社区站点。根据普林斯顿调查研究协会 2013 年进行的一项调查，被调查用户宣称会同时使用两个或更多的学术社区。然而不同网络学术社区之间缺乏互操作性，对用户来说，传递、重用数据都非常困难。用户每进入一个新的站点，不得不重新创建个人新的简历信息，重新连接朋友。用户的社会活动和朋友关系散落在不同的网络社区中，对用户而言，去管理他们的社会数据，不断更新不同的网络社区信息非常不方便。彼此分离的网络学术社区严重地阻碍了用户的信息共享。用户需注册多个学术社区，同时复制相同的信息到每一个站点中。学者们期待能有更多工具帮助整合和管理多种社会媒体文档，例如，像 TweetDeck 和 Hootsuite 帮助用户监控和管理多个社会网络站点，聚合多个站点的信息内容。

由此可见，网络学术社区急需将离散分布、异构无序的“信息碎片”动态关联并筛选聚合起来，通过网络学术社区多维度、细粒度的有效聚合和过滤，让用户能够轻松地找到符合用户需求和偏好的信息，有效提供各种知识服务并促进群体知识共享。信息聚合成为挖掘网络学术社区用户生成内容长尾价值的重要支点。

1.2 研究意义

由于网络学术社区的迅速发展，如何规范和引导网络用户的群体智慧分享，成为当前的研究重点。本课题拟将基于网络平台的资源聚合组织和用户的社会交互作为一个整体加以研究，探索体现面向社会交互的信息聚合组织与服务体系。该研究具有如下理论与现实意义。

(1) 有利于拓展信息组织与服务研究的范畴

信息组织与服务是信息管理及情报学最重要的研究领域之一。传统的信息资源组织往往基于静态资源展开，较少考虑人及其所处社会情景。随着信息网络和社会化媒体的发展，信息不再简单地以供和求的方式流动，网络学术社区中信息资源类型、信息流动方式都具有完全不同的特点，信息聚合与用户聚合交织，知识关系网络和用户社会关系网络并存。数字资源聚合的理论与实践研究成果较为丰富，而以用户互动为基础的聚合研究则较为少见。因此，建立以用户交互为中心的信息资源动态聚合和服务理论，体现信息组织与服务在社会网络环境下的发展。

(2) 有助于拓展信息用户研究的范畴

网络学术社区环境中，将用户交互理论、社会网络分析理论从传统社会学领域拓展到社会网络互动空间，探究用户的社会情景、信息需求与行为机制、用户聚合共享的要求和方式，丰富了信息用户研究的理论，体现了用户研究在社会网络环境中的拓展和深化。

(3) 有助于促进学术群体用户的知识共享与创新，服务于国家知识创新

在学术社区群体交互环境下，通过学术用户之间互动交流，将多个用户的知识资源通过网络有序聚合起来，用户从单纯的信息消费者变成信息生产、知识交流和创新者；通过集体智慧聚合出增值内容，以此促进知识在学术用户群体间的共享传递和转换，从而促进知识创新。网络学术社区从过去单纯的信息载体角色，转化为用户间、用户与信息内容间，以及信息内容间交互的生态圈。网络学术社区中信息有效组织和用户知识交流有序，是学术社区健康发展的保证，对于整个国家形成原创性成果，推动创新生态发展，最终提升国家知识创新体系整体效能具有重要意义。

1.3 国内外研究现状

1.3.1 网络社区的研究现状

(1) 网络社区的兴起与发展

网络社区（network community）是 Internet 和信息交流技术发展的产物。1993 年美国学者霍华德·瑞恩格德（Howard Rheingold）根据参与 The WELL 网络会议的经验，写成了著名的《网络社区》(*The Virtual Community*: *Finding Commection in a Computerized World*) 一书，开启了网络社区研究新篇章。随后，社会学、管理学、计算机科学、信息科学、教育学、心理学等不同领域的学者围绕网络社区的内涵及构成要素、类型划分、生命周期发展等展开了丰富的研究。众多研究者对网络社区的概念进行了多侧面剖析，如表 1-1 所示。

表 1-1 网络社区的定义

作者	关注重点	定义
Rheingold (1993)①	网络空间、人和关系	源自网络的社会聚合，当有足够的人产生公共讨论，伴随网络空间中充分的个人感情，形成网络人际关系

① Rheingold H. The Virtual Community: Finding Commection in a Computerized World [M]. Boston: Addison-Wesley Longman Publishing Co. Inc., 1993.

续表

作者	关注重点	定义
Romm 和 Clarke（1995）①	交流	人的群组，人们通过电子媒体相互交流，而不是面对面
Erickson（1997）②	技术	以计算机为中介进行对话的大型群组
Hagel 和 Armstrong（1997）③	内容和交互	计算机为中介的空间，提供内容和交流的整合，强调成员生产的内容
Carver（1999）④	人和文化	人的聚合。社区提供参与环境，人们从中相互联系，有时候仅一次，更多则是通过一系列交互创造信任氛围和真实见识
Ho 等（2000）⑤	技术和交互	技术协调的持续环境，支持多种交互形式，能实时交互和多用户参与
Crais 和 Zimring（2000）⑥	交互	社区感，不是保证交互的机会，而是从交互中成长
Jones 和 Rafaeli（2000）⑦	技术	网络公众，典型描绘为计算机为中介的空间，相对透明和开放，允许个人和群组参与的人际交互
裘涵和田丽君（2006）⑧	社会技术系统	能满足一群有着共同兴趣、喜好、经验、认知的人的交流、协作等需要，并与组织系统互相建构而形成的一种社会技术系统

① Romm C，Clarke R J. Virtual community research themes：a preliminary draft for a comprehensive model ［C］// Pervan G，Newby M. Proceedings of the 6th Australasian Conference on Information Systems，Perth，1995：103-138.

② Erickson T. Social interaction on the net：virtual community as participatory genre ［C］// Proceedings of the 30th Hawaii International Conference on System Sciences，Hawaii，1997：13-21.

③ Hagel J，Armstrong A. Net Gain：Expanding Markets through Virtual Communities ［M］. Mass：Harvard Business School Press，1997.

④ Carver C. Building a virtual community for a tele-learning environment ［J］. IEEE Communications Magazine，1999，37（3）：114-118.

⑤ Ho J，Schraefel M C，Chignell M. Towards an evaluation methodology for the development of research-oriented virtual communities ［C］// IEEE 9th International Workshops on Enabling Technologies：Infrastructure for Collaborative Enterprises（WET ICE2000），Gaithersburg，Maryland，2000：112-117.

⑥ Craig D L，Zimring C. Supporting collaborative design groups as design communities ［J］. Design Studies，2000，21（2）：187-204.

⑦ Jones Q，Rafaeli S. Time to split，virtually："discourse architecture" and "community building" as means to creating vibrant virtual metropolises ［J］. International Journal of Electronic Commerce & Business Media，2000，10（4）：214-223.

⑧ 裘涵，田丽君．虚拟社区的内涵及其建构的组织性路径［J］．中南大学学报（社会科学版），2006，12（6）：752-756.

Romm 和 Clarke 强调网络社区的对话范式，指出网络社区的交流是通过电子媒体，而非面对面交流。Hagel 和 Armstrong 聚焦网络社区的内容和交互方面，强调成员产生内容，核心要素包含：①计算机协调的空间，类似网络空间和 Internet 空间，通过技术可获取；②成员产生内容，指数据、信息、讨论、表达和情感，产生于成员间的讨论，这一关键要素有助于区别网络社区与在线信息服务。而 Jones 和 Rafaeli 则强调网络公众，个人和群组参与和计算机协调的人际交互。

网络社区产出方面，Crais 和 Zimring 强调获得产出的重要原因是交互。Maloney-Krichmar 和 Preece①，Johnson 和 Ambrose② 等学者则强调了参与网络社区的个人收益，包括：信息交互、社会支持、社会交互、时间和地点灵活性、持久性等。Lazar 和 Preece③ 对网络社区的社会、技术、商业、经济和电子商务等跨学科方面的应用进行了概念总结。Wang 等④提炼网络社区中人、目的、社区政策、计算机系统等要素，构建了如图 1-6 所示的网络社区概念抽象模型。

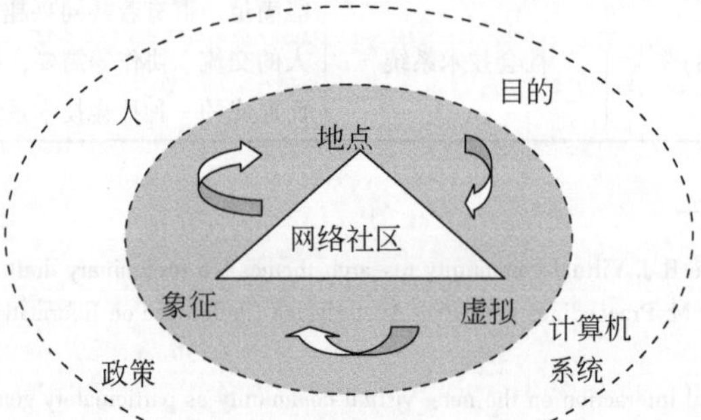

图 1-6　网络社区的概念模型图

① Maloney-Krichmar D，Preece J. A multilevel analysis of sociability，usability，and community dynamics in an online health community [J]. ACM Transactions on Computer-Human Interaction，2005，12 (2)：201-232.

② Johnson G J，Ambrose P J. Neo-tribes：the power and potential of online communities in health care [J]. Communications of the ACM，2006，49 (1)：107-113.

③ Lazar J，Preece J. Classification schema for online communities [C] // Proceedings of the 1998 Association for Information Systems，Americas Conference，Baltimore，Maryland，1998：84-86.

④ Wang Y，Yu Q，Fesenmaier D R. Defining the virtual tourist community：implications for tourism marketing [J] . Tourism Management，2002，23 (4)：407-417.

综合而言，不同学者的相关定义一致强调了网络社区的以下特点：

1）网络空间，所有定义指出网络社区是使用计算机协调的空间。从这点上可以区别网络空间和现实物理社区。不像传统社区定义中隐含地理位置限制，交流被物理位置绑定。网络社区没有委员会，一般没有地理边界限制。

2）信息技术支持的社区活动。网络社区通过计算机和电子媒体支持运行，所使用的信息技术工具包括 email、消息版、讨论论坛、博客、社会网络等。

3）交流和交互是关注焦点。网络社区的内容和主题由参与者驱动产生。参与者驱动社区活动，而不是由网络系统产生，是网络社区和在线信息服务的最大差异。网络社区的内容形成于成员之间的交流，成员交流一段时间后逐渐形成稳定的社区关系。

Lee 等①将网络社区的研究阶段划分为 5 个阶段：①基础理解；②技术发展；③功能起源和采用；④实现和产出评价；⑤制度化。这 5 个阶段不是次序发生的，在实践中这些阶段可能并行发生。

（2）网络社区的类型划分及关键属性

根据不同的分类标准，网络社区可以划分为不同类型，如表 1-2 所示。

表 1-2 网络社区的类型划分

作者	分类标准	社区类型
Hagel 和 Armstrong（1997）②	人的基本需求	兴趣型、关系型、幻想型和交易型
Lazar 和 Preece（1998）③	属性	共享目标和兴趣；密集交互和强关系联系；社区成员之间的共享活动；获取共享资源等
	支持软件	目录服务器，新闻组，公告板，实时对话
	对物理社区的关系	基于传统物理社区；某种程度上基于物理社区；和任何物理社区无关
	边界性	紧密连接、松散连接
Carver（1999）④	未提到	兴趣型、关系型、娱乐型和商业型

① Lee F S L，Vogel D，Limayem M. Virtual community informatics：a review and research agenda ［J］. Journal of Information Technology Theory & Application（JITTA），2003，5（1）：47-61.

② Hagel J，Armstrong A. Net Gain：Expanding Markets through Virtual Communities ［M］. Boston：Harvard Business School Press，1997.

③ Lazar J，Preece J. Classification schema for online communities ［C］// Proceedings of the 1998 Association for Information Systems，Americas Conference，Baltimore，Maryland，1998：84-86.

④ Carver C. Building a virtual community for a tele-learning environment ［J］. IEEE Communications Magazine，1999，37（3）：114-118.

续表

作者	分类标准	社区类型
Jones 和 Rafaeli（2000）①	使用 社区结构 技术基础	交易型、兴趣型、关系和幻想型 网络居留地、网络志愿协会、其他社区结构形式 Web-bbs、Usenet 群组、email 列表、3-D 世界、文本产生的空间、网络实时聊天、网络会议等
Markus（2002）②	社区成员关系	社交社区、专业社区和商业社区
Plant（2004）③	营利性、开放性和管制程度	无管理社区、有管理社区、营利、开放等 7 种类型
Äkkinen（2005）④	基于内容 基于收益 成员分类	讨论、任务/目标导向、网络世界、混合 规则、营利和开放程度等 成员和非成员
范晓屏（2009）⑤	是否交易	交易社区和非交易类
Gruzd 等（2012）⑥	网络技术	博客、微博、Wikis、学术社会网络工具等

从表 1-2 可以看出，网络社区类型划分是基于不同研究视角进行的总结和归纳，例如，Hagel 和 Armstrong 基于社会学视角以社会解释的观点分类社区。当研究网络社区的社会影响，解释成员行为，或者分析什么因素影响用户的社区参与时，这种分类是恰当的。Lazar 和 Preece 关注成员属性，当研究网络社区的用户行为问题时可以采用。而 Jones 和 Rafaeli、Plant 的分类可以在研究社区功能和特点时采用。总的来说，没有一种分类覆盖所有方面，或者适用于任何情景，应视具体情况具体分析。

表 1-3 归纳了主要的社会媒体类型，实际研究中学者们针对特定媒体所形成的网络社区也进行了较多分析和探讨。

① Jones Q, Rafaeli S. Time to split, virtually: "discourse architecture" and "community building" create vibrant virtual publics [J]. Electronic Markets, 2000, 10 (4): 214-223.

② Markus U. Characterizing the virtual community [EB/OL]. SAP Design Guild. http://www.sapdesign-guild.org/editions/edition5/print_communities.html [2017-07-30].

③ Plant R. Online communities [J]. Technology in Society, 2004, 26 (1): 51-65.

④ Äkkinen M. Conceptual foundations of online communities [C] //Helsinki School of Economics, Finland, Sprouts: Working Papers on Information Systems, 2005, 5 (27): 1-45. http://sprouts.aisnet.org/5-27.

⑤ 范晓屏. 非交易类虚拟社区成员参与动机：实证研究与管理启示 [J]. 管理工程学报, 2009, 23 (1): 1-6.

⑥ Gruzd A A, Staves K, Wilk A. Connected scholars: examining the role of social media in research practices of faculty using the UTAUT model [J]. Computers in Human Behavior, 2012, 28 (6): 2340-2350.

表1-3 社会媒体的类型

序号	类型	举例
1	博客	
2	微博	Twitter
3	Wikis	Wikipedia，Wikibooks
4	学术社会网络	Academia. edu
5	在线文档管理工具	Google Docs，Scribd
6	媒体仓储	Youtube，Flickr
7	呈现共享站点	SlideShare，SlideBoom
8	社会书签站点	Delicious
9	书目管理站点	CiteULike，Connotea
10	视频/会议	Skype，other IMs
11	网络世界	Second Life
12	电子论坛群组	

资料来源：Gruzd A，Staves K，Wilk A. Connected scholars：examining the role of social media in research practices of faculty using the UTAUT model［J］. Computer in Human Behavior，2012，（28）：2340-2350.

Porter① 将网络社区的拓扑结构划分为两层：建立层和关系导向（图1-7），并总结了网络社区的五大关键属性：①目的（交互内容）；②地点（交互的技术程度）；③平台（交互设计）；④群体交互结构（交互模式）；⑤利益模式。通过这些关键属性去分析不同社区类型的特征。

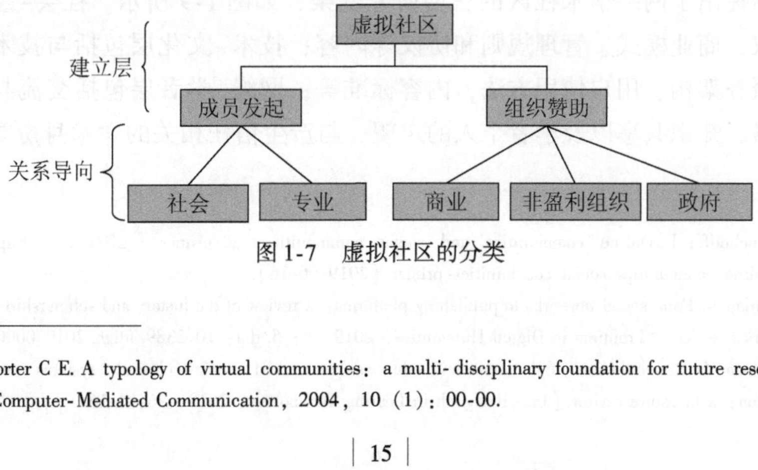

图1-7 虚拟社区的分类

① Porter C E. A typology of virtual communities：a multi- disciplinary foundation for future research［J］. Journal of Computer-Mediated Communication，2004，10（1）：00-00.

对网络社区进行分类和结构分析时，学者们通常还会考虑如下关键属性①，例如：

- 成员类型（对相似主题感兴趣的人群到忠诚用户）；
- 成员规模（个人社区、博客读者社区或大型在线客户社区，成员群组）；
- 内容覆盖范围（交换思想和观点，回答问题和答案等）；
- 使用情景（成员可见，私人还是公众可见）；
- 成熟程度（早期的社区特征，到成熟的社区特征）；
- 价值主张（从基于相关内容和简单网络，到高级的成员利益价值）；
- 工具（从个人网络社区平台，到业务导向的公司交流平台、定制化社区平台）等。

（3）网络学术社区的发展与研究框架

网络社区在过去十年稳定增长，已经变成 Internet 的中心。21 世纪初期，一些为学者特别创造的网络学术社区开始出现。科学家积极参与网络学术社区可使研究进程加速，他们还可以在社区内部与普通公众进行知识共享。由于网络社会生态系统正在增加多样性，支持科学和学术利用的社会媒体工具和技术平台也日新月异，例如科学家可以利用合作项目空间（如 Wikipedia、Google Docs、figshare、GitHub 等）、博客和微博（如 Research Blogging、Twitter 等）、在线内容社区（如 YouTube、Mendeley、CiteULike、Zotero 等）和专业社会网络（如 LinkedIn）发展新的观点和合作，促进科学产出。2008 年前后，Academia. edu、ResearchGate 和 Mendeley 等优秀学术社区创立，网络学术社区进入快速发展的进程，相关的研究议题也在日益扩展。网络学术社区的发展历程如图 1-8 所示②。

Manca③ 以 ResearchGate 和 Academia. edu 为调研对象，基于相关研究文献的分析总结提出了网络学术社区的三层研究框架，如图 1-9 所示。社会–经济层包括所有权、商业模式、管理规则和协议等内容；技术–文化层包括与技术相关的组件与服务架构、用户使用方法，内容标准等；网络–学者层包括交流与合作的连接网络、知识共享以及学者个人的声望、与产生信任相关的学术身份等。该调

---

① Hinchcliffe D. Online communities and social communities：a primer ［EB/OL］. http://www.i-scoop.eu/online-communities-social-communities-primer/［2019-06-16］.

② Jordan K. From social networks to publishing platforms：a review of the history and scholarship of academic social network site ［J］. Frontiers in Digital Humanities，2019，6：5. doi：10.3389/fdigh.2019.00005.

③ Manca S. ResearchGate and Academia. edu as networked socio-technical systems for scholarly communication：a literature review ［J］. Research in Learing Technology，2018，26：1-16.

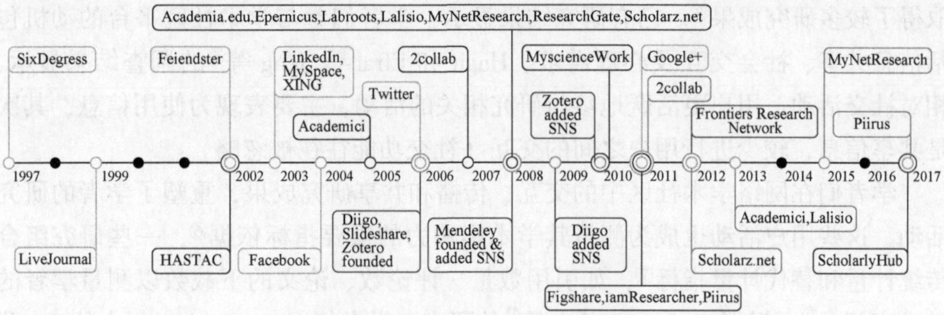

图 1-8　网络学术社区的发展时间线

研结果显示，网络学术社区的研究主题宽泛，研究学科众多，图书馆与信息科学、计算机科学及数字人文领域学者在相关研究中最为活跃。

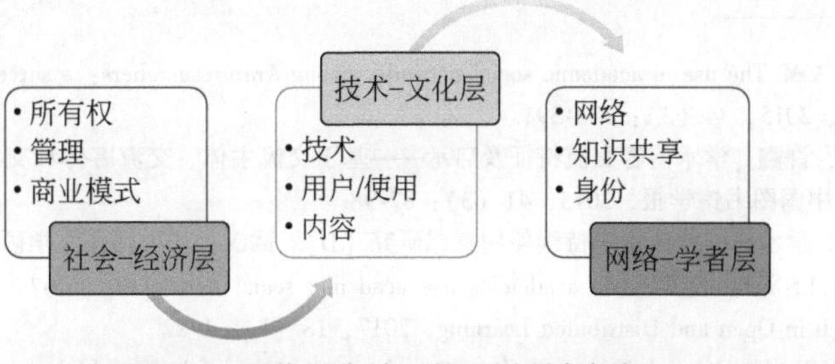

图 1-9　网络学术社区的三层研究框架

网络学术社区的功能及影响研究引起学者较多关注，Bullinger 等①根据网络学术社区提供的基本功能将其划分为：研究目录站点、研究感知站点、研究管理站点、研究合作站点。早期研究主要剖析不同学者的使用特征和使用偏好，帮助指导学者们选择合适的在线工具提高研究效率②。随着学术社区的不断发展演进，社区的分类边界愈加模糊，大多数知名的网络学术社区已经同时具备以上的所有特征。学者们针对 ResearchGate、Mendeley、Academia. edu 和 Google Scholar

① Bullinger A C，Hallerstede S，Renken U，et al. Towards research collaboration- a taxonomy of social research network sites［C］// Santana M，Luftman J N，Vinze A S. Proceedings of the Sixteenth Americas Conference on Information Systems，Lima，Peru，2010：92.

② Bik H M，Goldstein M C. An introduction to social media for scientists［J］. PLoS Biology，2013，11（4）：e1001535.

等网络学术社区开展了较多实证调查研究①，围绕中文学术博客②和学术 BBS 也取得了较多研究成果③。已有研究结果显示，学者们参与学术社区平台的动机包括信息共享、社会交互及心理需求。Hagit 和 Efrat④、Jeng 等⑤的调查结果显示，相对社交活动，用户更活跃地参与研究相关的活动，主要表现为使用信息，其次是共享信息，较少进行用户之间的交互（社交功能往往被忽略）。

学者们在网络学术社区中的交互、传播和共享研究成果，重塑了学者的研究活动。这些用户活动也成为测量其学术影响力的重要指标依据⑥，一些研究组合传统计量和替代计量指标⑦，如引用数量、评论数、论文的下载数以测量学者的学术声望⑧-⑪。根据 Orduna-Malea 等⑫的研究，学者们在 ResearchGate 中的 RG 分数（学术声誉分数）同其提问或回答问题相关，如果与其他学者的交互较少可能导致一个较低的分数，而与他们同其他研究者共享论文等情况无关。

个人隐私、知识产权、信息的可靠性、技术问题、担心垃圾邮件骚扰等是社区参与用户比较关注的问题⑬。也有学者调查网络学术社区的使用弊端，例如，

---

① Elsayed A M. The use of academic social networks among Arab researchers：a survey [J]. Social Science Computer Review，2015，34 (3)：378-391.

② 丁敬达，许鑫．学术博客交流特征及启示——基于交流主体、交流客体和交流方式的综合考察与实证分析 [J]. 中国图书馆学报，2015，41 (3)：87-98.

③ 李曼静．学术虚拟社区用户持续使用意愿研究 [D]. 武汉：华中师范大学硕士学位论文，2015.

④ Hagit M T，Efrat P. Why do academics use academic social networking sites? [J]. The International Review of Research in Open and Distributed Learning，2017，18 (1)：1-22.

⑤ Jeng W，He D，Jiang J. User participation in an academic social networking service：a survey of open group users on Mendeley [J]. Journal of the Association for Information Science and Technology，2014，66 (5)：890-904.

⑥ Yu M C，Wu Y C J，Alhalabi W，et al. ResearchGate：an effective altmetric indicator for active researchers? [J]. Computers in Human Behavior，2016，55：1001-1006.

⑦ Wu X，Zhang C. Finding high- impact interdisciplinary users based on friend discipline distribution in academic social networking sites [J]. Scientometrics，2019，119 (2)：1017-1035.

⑧ Hoffmann C P，Lutz C，Meckel M. A relational altmetric? Network centrality on ResearchGate as an indicator of scientific impact [J]. Journal of the Association for Information Science & Technology，2015，67 (4)：1-11.

⑨ Thelwall M，Kousha K. ResearchGate：disseminating，communicating，and measuring Scholarship? [J]. Journal of the Association for Information Science & Technology，2014，66 (5)：876-889.

⑩ Kuo T，Tsai G Y，Wu Y C J，et al. From sociability to creditability for academics [J]. Computers in Human Behavior，2017，75 (C)：975-984.

⑪ Copiello S，Bonifaci P. A few remarks on ResearchGate score and academic reputation [J]. Scientometrics，2018，114 (2)：1-6.

⑫ Orduna-Malea E，Martín-Martín A，Thelwall M，et al. Do ResearchGate scores create ghost academic reputations? [J]. Scientometrics，2017，112 (1)：443-460.

⑬ Elsayed A M. The use of academic social networks among Arab researchers [J]. Social Science Computer Review，2015，34 (3)：378-391.

Menzies 和 Newson① 针对加拿大 80 位学者的调查结果显示，通过在线社区交流技术的帮助，学者们更有生产力，其研究能力和研究成果得到提高，然而同时也可能造成其创造力降低。

（4）网络学术社区的用户参与行为研究

由于网络学术社区的迅猛发展与广泛应用，围绕网络学术社区的用户参与行为研究，相关主题从早期的应用、功能及影响研究，扩展至用户行为偏好、影响因素、群体交互等多方面。

1）用户参与行为类型及偏好研究。学术社区的用户参与行为，目前还没有形成一致的定义和分类。Chua 和 Balkunje 总结了在线讨论社区中用户参与的行为类型，将其划分为知识共享、社会联系、情绪揭示三类②。由于网络学术社区兼具一般社区的社会交互性和学术研究特殊性，已有研究从学术交流、学术评价、知识管理、社会关系及网络结构等多个角度展开细致剖析。从表 1-4 可以看出，根据参与对象和研究目的的不同，当前较多研究从信息共享和社会交互的维度进行操作性定义，较少涉及情绪表达维度；研究内容主要聚焦在网络学术社区的学术交流特征、网络结构特征、用户参与行为与用户学术影响力关系、用户活跃度等问题。

表 1-4 网络学术社区用户参与行为的典型研究文献

研究视角	用户类型	划分标准	具体维度	研究方法	作者
学术交流	科学网博客用户	社会交互	发文、施评、回复、推荐、被评、被荐等	描述统计、差异分析、相关分析	丁敬达和许鑫（2015）③
学术评价	ESI 高影响力学者参与 ResearchGate 用户	信息共享、社交、注册	研究资料共享行为；提问、回答、关注等交互行为	描述统计与相关分析	张耀坤等（2018）④

① Menzies H, Newson J. Time, stress and intellectual engagement in academic work: exploring gender difference [J]. Gender Work and Organization, 2008, 15 (5): 504-522.

② Chua A Y K, Balkunje R S. Beyond knowledge sharing: interactions in online discussion communities [J]. International Journal of Web Based Communities, 2013, 9 (1): 67-82.

③ 丁敬达，许鑫．学术博客交流特征及启示——基于交流主体、交流客体和交流方式的综合考察与实证分析 [J]．中国图书馆学报，2015，41 (3)：87-98.

④ 张耀坤，牛艳霞，汪朝州．高影响力学者学术社交网络平台使用行为研究——ResearchGate 为例 [J]．图书馆学研究，2018，48 (6)：1-8.

续表

研究视角	用户类型	划分标准	具体维度	研究方法	作者
知识管理	ResearchGate 与 Mendeley 文献读者	文献阅读	文献阅读行为	描述统计与内容分析	邓胜利和向阳（2017）①
社会关系网络	科学网博客用户	社会交互	评论行为与推荐行为	社会网络分析、统计检验	许鑫等（2015）②
社会资本	科学网用户	知识共享	知识共享的数量与质量	问卷调查、结构方程模型	陈明红和漆贤军（2014）③
使用动机	Mendeley 群组用户	研究特性与社会特性	文档管理、参考文献管理、学者检索、朋友管理等	问卷调查与描述统计	Jeng 等（2014）④
使用与满足	Academia. edu、ResearchGate 大学用户	用户使用与满意	信息消费、信息共享和他人交互等	问卷调查法	Hagit 和 Efrat（2017）⑤

2）用户参与行为的影响因素研究。众多研究结果显示，年龄、性别、学科专业、学术背景等诸多因素会影响到用户参与程度及参与方式⑥⑦。Yan 等⑧针对 ResearchGate 平台的调查显示，用户参与行为同其所在教育机构研究层次相关，所在大学的研究层次越高，其用户越可能更积极地参与学术社区的活动，较低层

① 邓胜利，向阳．基于学术社交网络的文献阅读及学科关注点差异研究［J］．图书情报工作，2017，61（6）：99-106.

② 许鑫，翟姗姗，姚占雷．学术博客的学科交互实证分析——以科学网博客为例［J］．现代图书情报技术，2015，31（7）：13-23.

③ 陈明红，漆贤军．社会资本视角下的学术虚拟社区知识共享研究［J］．情报理论与实践，2014，37（9）：101-105.

④ Jeng W，He D，Jiang J. User participation in an academic social networking service：a survey of open group users on Mendeley［J］．Journal of the Association for Information Science and Technology，2014：66（5）：890-904.

⑤ Hagit M T，Efrat P. Why do academics use academic social networking sites？［J］．The International Review of Research in Open and Distributed Learning，2017，18（1）：1-22.

⑥ Thelwall M，Kousha K. Academia. edu：social network or academic network？［J］．Journal of the Association for Information Science and Technology，2014，65（4）：721-731.

⑦ Holmberg K，Thelwall M. Disciplinary differences in Twitters communication［J］．Scientometrics，2014，101（2）：1027-1042.

⑧ Yan W，Zhang Y，Bromfield W. Analyzing the follower-followee ratio to determine user characteristics and institutional differences among research universities on ResearchGate［J］．Scientometrics，2018，115（1）：299-316.

次的大学用户不太关注学术交互，缺乏学术交流和研究压力的动机。Ortega① 针对西班牙学者、Hagit 和 Efrat② 对以色列学者和张耀坤等③对中国高影响力学者的调查显示，不同国家、不同学科的用户参与行为模式方面还存在一定差异。由此可见，网络学术社区的用户参与行为特征在不同平台、文化背景和学科专业背景中还需进一步调查验证。

3）网络学术社区的群组交互特性方面，Oh 和 Jeng④、Jeng 等⑤的研究揭示，学术社区群组大小和跨学科的程度正相关；群组拥有者的注释描述方式，如指导性描述、目标导向描述、情感动机描述等因素也与群组成员规模和被收藏规模存在关联关系。Deng 等⑥则采用社会交互理论，利用 Act4teams 理论进行内容编码，揭示学术社区问题及答案的陈述方式对学者相应反馈具有关联影响。

关于网络学术社区的用户参与行为，已有学者从不同侧面展开了丰富研究。总体而言，当前研究还存在如下局限：①对于用户参与行为中隐含的语义内容特征还缺乏深层次解读，已有实证研究主要集中在对网络学术社区用户参与行为结果的静态属性特征描述，如用户关系数、点击数、转发数、评论数、访问数量等方面；内容特征分析从用户内容使用的主题偏好粗分类目⑦到用户交互的提问与回复陈述方式，相关研究在逐渐扩展，然而针对用户学术交流模式还缺乏细致剖析。②用户参与行为中的社会联系和情绪揭示方面研究还较少，已有参与行为类型研究多集中在知识共享与社会交互方面。③对网络学术社区中用户参与行为的效率，如浏览/回复比例、回复的有效性比例等还缺乏揭示分析。④针对中文学术社区中多学科用户的参与行为模式缺乏总结与对比分析。

---

① Ortega J L. Disciplinary differences in the use of academic social networking sites［J］. Online Information Review，2015，39（4）：520-536.

② Hagit M T，Efrat P. Why do academics use academic social networking sites?［J］. The International Review of Research in Open and Distributed Learning，2017，18（1）：1-22.

③ 张耀坤，牛艳霞，汪朝州．高影响力学者学术社交网络平台使用行为研究——ResearchGate 为例［J］．图书馆学研究，2018，48（6）：1-8.

④ Oh J S，Jeng W. Groups in academic social networking services- an exploration of their potential as a platform for multi- disciplinary collaboration［C］// IEEE Third International Conference on Privacy，Security，Risk and Trust，and IEEE International Conference on Social Computing，Boston，MA，USA，2011：545-548.

⑤ Jeng W，He D，Jiang J，et al. Groups in Mendeley：owners' descriptions and group outcomes［J］. Proceedings of the Association for Information Science & Technology，2013，49（1）：1-4.

⑥ Deng S L，Tong J J，Lin Y Q，et al. Motivating scholars' responses in academic social networking sites：an empirical study on ResearchGate Q&A behavior［J/OL］. Information Processing and Management，2019，56（6）：102082. https://doi. org/10. 1016/j. ipm. 2019. 102082［2019-09-03］.

⑦ 王曰芬，贾新露，傅柱．学术社交网络用户内容使用行为研究——基于科学网热门博文的实证分析［J］．现代图书情报技术，2016，32（6）：63-72.

1.3.2 信息聚合与共享研究

国内外研究者很早就注意到信息聚合的重要性，在理论与实践方面进行了大量探索。Google、百度是基于链接及文本内容分析的搜索聚合工具，垂直性门户网站也可以看成是第一代互联网内容聚合的产品形式。随着互联网和社会软件的不断发展，学者们认为信息聚合不仅依赖于文本聚类，同时受社会情景和用户环境影响，因此以社会化交互为中心的信息聚合和共享研究逐渐受到关注。

近十年来，有关信息聚合的研究逐渐成为图书情报领域学者关注的焦点，2008年国际信息检索年会（ACM SIGIR）举办了关于聚合搜索的专题研讨会，聚合搜索被认为是信息检索的新模式，通过调用资源，聚合搜索结果，可实现基于用户需求的信息聚合。随后，信息聚合被大量引入到图书馆馆藏信息资源的深层次开发利用，学者们尝试结合语义技术、统计分析、数据挖掘、人工智能等方法深入到知识单元进行挖掘分析，以提取知识单元间的内在关联为手段，构建多维多层又互相关联的知识体系。

在国内，我国国家社会科学基金、国家自然科学基金、教育部人文社会科学基金已经资助了20余项有关信息聚合的研究项目（表1-5），研究内容覆盖馆藏资源、数字图书馆、多媒体特色资源、网络社区、电子商务搜索引擎、社会化标注系统、图博档等丰富主题的信息资源聚合与创新服务。其中，有关网络学术社区的信息聚合的研究也逐渐开始增多。

表1-5 有关信息聚合的国家及省部级项目资助列表

基金	项目名称	负责人	单位	项目类别	年份
国家社会科学基金	基于语义的馆藏资源深度聚合与可视化展示研究	邱均平	武汉大学	重大项目	2011
	基于语义的馆藏资源深度聚合与可视化展示研究	夏立新	华中师范大学	重点项目	2011
	网络学术社区的信息聚合与共享模式研究	张敏	西南大学	青年项目	2011
	面向学科领域的网络信息资源深度聚合与服务研究	孙建军	南京大学	重大项目	2012
	多种媒体特色资源深度聚合与组织研究	郑巧英	上海交通大学	一般项目	2013
	语义和情景关联的网络资源聚合单元分类体系构建与评估研究	马翠嫦	中山大学	青年项目	2014
	面向语义出版的数字图书馆资源多维度聚合研究	翟姗姗	华中师范大学	青年项目	2015
	基于关联数据的中文名称规范档语义描述及数据聚合研究	贾君枝	山西大学	重点项目	2015

续表

基金	项目名称	负责人	单位	项目类别	年份
国家社会科学基金	社交媒体环境下公共档案资源知识聚合与服务研究	魏扣	中国人民大学	青年项目	2016
	基于用户交互的网络社区知识聚合组织和服务研究	梁孟华	上海师范大学	一般项目	2016
	学术型网络社区多元关联挖掘与知识聚合研究	肖璐	南京大学	青年项目	2016
	东盟涉华舆情的观点挖掘及信息聚合研究	王连喜	广东外语外贸大学	青年项目	2017
	大数据驱动下学术新媒体知识聚合及创新服务研究	张向先	吉林大学	一般项目	2018
国家自然科学基金	基于关联数据的信息聚合模型与实现研究	潘有能	浙江大学	面上项目	2013
	数字图书馆社区的知识聚合与服务研究	胡昌平	武汉大学	面上项目	2013
	语义网络环境下数字图书馆资源多维度聚合与可视化研究	毕强	吉林大学	面上项目	2013
	基于关联书目数据的分层聚合与导航机制研究	索传军	中国人民大学	面上项目	2014
	基于聚合的社会化短文本信息处理与细粒度倾向性分析	薛春香	南京理工大学	青年项目	2015
教育部人文社科基金	新一代电子商务搜索引擎的信息聚合和可视化建模研究	曾子明	武汉大学	青年项目	2008
	馆藏数字资源语义化深度聚合的理论与关键技术研究	赵蓉英	武汉大学	一般项目	2013
	图书馆、档案馆与博物馆数字信息资源的深度聚合研究	宋琳琳	中山大学	青年项目	2013
	社会化标注系统资源多维度聚合与导航研究	张云中	上海大学	青年项目	2013
	基于知识图谱的开放学习资源自主聚合研究	赵蔚	东北师范大学	规划项目	2014
	基于关联数据的开放学习资源语义聚合研究	吴鹏飞	石家庄铁道大学	青年项目	2018

对国内外已有的研究成果进行调研、梳理、归纳、总结和比较，发现有关信息聚合研究主要集中在理论研究、方法研究、关键技术和应用实践等方面。

（1）信息聚合的理论研究

目前主要聚焦在信息聚合的概念框架、聚合粒度、聚合模式、聚合的标准体系等方面。相关研究根据聚合对象的结构属性和关联关系，探究其物理特征、语言功能特征、用户感知属性特征等，提出针对不同资源类型的聚合维度、聚合模式，以此来建立资源群落、聚合相关资源。聚合是知识关联的揭示，其目的是基于相似性实现聚合后的群体内部紧密联系，而群体间松散关联，从而形成该领域知识网络①。

信息聚合的研究发展如图 1-10 所示，聚合层次从文献单元向知识单元不断探索，聚合场景从馆藏文献资源、网络信息资源到学术社区信息资源不断延伸和聚焦，所聚合的资源对象从一般学术信息资源到用户所生产的学术信息资源（学术 UGCs，即 user generated contents，用户生成内容或用户原创内容，如用户上传的学术文献、学者讨论的问题、学术标签等），聚合资源更加动态、多元化。

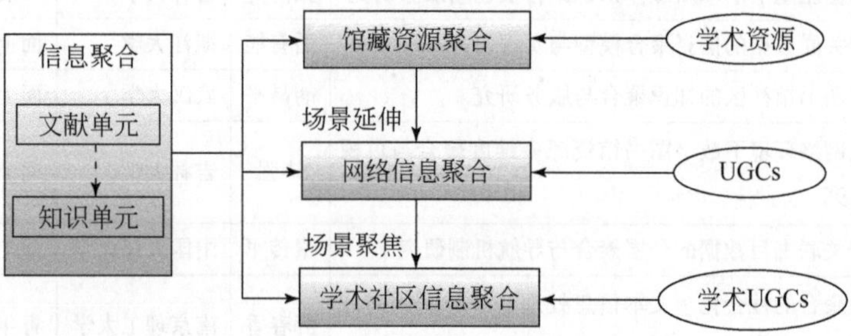

图 1-10　信息聚合的研究发展

1）基于语义的馆藏资源深度聚合方面，数字馆藏资源聚合旨在发现资源之间及其内在的语义关联②，形成集主题概念、学科内容和科研对象实体为一体的立体化知识网络，构建基于知识关联的新型知识资源集合体，从而实现知识导航、知识发现、知识检索等深层次服务，更好地满足创新主体对知识信息的深层次需求。从共现与耦合的理论原理出发，通过对文献内部和外部特征的剖析，可以将馆藏数字文献资源聚合模式总结为基于文献特征关联、基于利用过程关联、知识关联和用户需求关联等多种聚合模式③。

2）网络信息聚合组织方面，聚合被认为是网络知识组织的新模式和新手段。聚合理论和方法是以异构信息资源整合为基础，扩展至围绕多类型网络资源聚合搜索、组织和呈现等领域。曹树金和马翠嫦④认为信息聚合是根据用户的复杂信息需求，对来源分散的多类型信息资源进行采集、筛选、组织、整合和呈现的信

① 杜晖．基于耦合关系的学术信息资源深度聚合研究［D］．武汉：武汉大学博士学位论文，2013.

② 贺德方，曾建勋．基于语义的馆藏资源深度聚合研究［J］．中国图书馆学报，2012，38（4）：79-87.

③ 邱均平，王菲菲．基于共现与耦合的馆藏文献资源深度聚合研究探析［J］．中国图书馆学报，2013，39（3）：25-33.

④ 曹树金，马翠嫦．信息聚合概念的构成与聚合模式研究［J］．中国图书馆学报，2016，42（5）：5-19.

息组织与检索方式。由此提出情景、关系和聚合对象粒度为聚合依据的聚合模式与表现形式。马翠嫦等[①]还综合知识元理论、功能语言学理论及图书情报、教育学、人机交互和计算语言学等多领域或学科的众多理论，探索聚合单元与用户任务的关联，提炼出多类型网络资源细粒度聚合的分面分类概念框架。

也有学者基于知识组织的视角，从资源内部粒度的细化和资源之间关系的深度揭示两方面对资源聚合进行阐释和研究。刘植惠[②]、文庭孝、温有奎、化柏林等学者，将聚合定位为按照知识的逻辑结构划分为不同粒度层级的知识元进行描述和组织，从而实现基于知识单元的重用。

3）网络聚合服务方面，信息聚合就是对互联网上的信息资源进行聚集、挖掘和融合的过程，目的是解决分布、异构信息的资源共享、语义融合和服务智能化等问题，最终根据用户需求提供相关联的、个性化信息以及智能化服务[③]。Arguello 等[④]从网络信息检索的视角，提出了聚合检索的概念、类型和核心任务，认为聚合检索是特定情景下将不同来源的信息进行筛选、组织、排序，以单一方式进行呈现的任务与方法，包括个性化消息内容聚合、情景感知的移动服务商业推荐、聚合网络检索等不同的应用类型，垂直信息筛选和表征是其中两大核心任务。在大规模、动态的网络环境下，为了实现信息资源的深度共享和有效利用，需要提供一种信息聚合平台，它不仅能够根据信息的动态变化自动进行特征重组，调整聚合路径以及模式，同时能够实时地提供信息聚合的可视化视图。Kazienko 等[⑤]提出了针对社会网络的信息多维度聚合模型，该模型包括关系层次、时间窗口和群组三个维度。胡昌平等[⑥]探讨了基于社会化群体作用的信息聚合服务，信息聚合将走向信息背后的用户聚合，利用社会化群体的作用为用户更好地过滤推荐信息，通过群体的交流机制改善用户的服务体验，提高服务质量。

---

① 马翠嫦，曹树金，郑建瑜．多学科领域视角下网络聚合单元概念框架构建研究［J］．情报科学，2015，33（10）：6-201.

② 刘植惠．知识基因理论的由来、基本内容及发展［J］．情报理论与实践，1998，21（2）：71-76.

③ 姜灵敏，马于涛．信息资源聚合与数据挖掘［M］．广州：华南理工大学出版社，2007.

④ Arguello J，Diaz F，Shokouhi F. Integrating and ranking aggregated content on the Web［EB/OL］. https://ils. unc. edu/ ~ jarguell/www12_content_agg/www12_content_agg. pdf［2019-09-03］.

⑤ Kazienko P，Musial K，Kukla E，et al. Multidimensional social network：model and analysis［C］// Jędrzejowicz P，Nguyen N T，Hoang K. Computational Collective Intelligence：Technologies and Applications. Cham，Switzerland：Springer International Publishing，2011：378-387.

⑥ 胡昌平，胡吉明，邓胜利．基于社会化群体作用的信息聚合服务［J］．中国图书馆学报，2010，36（3）：51-56.

4）学术资源多模式动态聚合方面，任何一种科学创造过程，都是先把结晶的知识单元游离出来，然后在全新的思维势场上重新结晶的过程。这种过程不是简单的重复，而是在重组中产生全新的知识系统、全新的知识单元。在一定条件下，某个关键的知识单元可能决定着特定领域知识的进化与突变。随着学者们对信息资源聚合对象特征不断深入剖析，针对学术社区中科学文献结构信息、内容组件、科学人员信息、科研产出信息等，信息聚合模式从基于 OPAC、跨库检索、引证关系和元数据聚合，深入到具体学科领域中，探讨基于概念及概念关系、基于科研本体、学术资源利用过程关联、科研人员需求关联等更加丰富的探索。信息聚合的情景从静态文献聚合到基于用户科研需求和科研任务活动的动态聚合不断扩展。

（2）信息聚合关键技术与方法体系研究

涉及基于 tag、RSS/Atom、Mashup 等信息聚合技术与服务等。

1）元数据聚合到推荐聚合的技术发展。早期，研究者主要关注以元数据、标签等内容描述规范为中心的信息内容聚合技术，例如，Abel 等①探讨了 Web2.0 环境下分布式学习资源的共享模式，对比分析了基于标签、基于元数据、基于社群的信息聚合策略。Saha 等②调查了推荐系统中用户标签的使用，分析了利用标签改进推荐系统性能的方法，以实现社区信息的语义聚合。黄晓斌③、胡昌平等④基于 RSS/Atom 的信息聚合服务缺陷，分析基于 Web2.0 的用户群体交互及其服务拓展；曹树金和司徒俊峰⑤总结了 RSS 和 ATOM 的元数据规范，探究了 Web2.0 内容聚合元数据的框架模式。熊回香等⑥探讨了个性化信息聚合技术，如 OpenID、开放式 API、Mashup、语义 Web 技术、个性化查询过滤等的应用。早期的信息内容聚合技术主要采用 XML 数据规范、API 开放接口、元数据共享、标签聚类等实现信息层面的内容聚合。

---

① Abel F, Marenzi I, Nejdl W, et al. Sharing distributed resources in learn Web2.0 [C] //Cress U, Dimitrova V, Specht M. Learning in the Synergy of Multiple Disciplines. Berlin, Heidelberg: Springer, 2009: 154-159.

② Saha S, Majumder S, Ray S, et al. Categorizing user interests in recommender systems [C] // Setchi R, Jordanov I, Howlett R J, et al. Knowledge-Based Intelligent Information and Engineering Systems. Berlin, Heidelberg: Springer, 2010: 282-291.

③ 黄晓斌. 社会书签与网络信息推荐服务 [J]. 情报理论与实践, 2006, 29 (1): 122-124.

④ 胡昌平, 胡吉明, 邓胜利. 基于社会化群体作用的信息聚合服务 [J]. 中国图书馆学报, 2010, 36 (3): 51-56.

⑤ 曹树金, 司徒俊峰. 论 RSS/Atom 内容聚合元数据 [J]. 图书馆论坛, 2008, 28 (6): 98-104.

⑥ 熊回香, 陈姗, 许颖颖. 基于 Web3.0 的个性化信息聚合技术研究 [J]. 情报理论与实践, 2011, 34 (8): 95-99.

2）语义聚合到社会化聚合的方法应用。随着研究的深入，语义技术，包括本体、关联数据[①]、Folksonomy[②]、知识发现技术[③]等在信息聚合中的应用越来越丰富[④]，信息聚合也随之逐渐深入到更细粒度的语义单元。Bojars 等[⑤]利用 SIOC 核心本体、微格式（Microformats）、APIs 等技术描述社会网络中用户产生的数据，实现跨越 Web2.0 社区的数据重用和共享。

3）多维度聚合方法与技术的应用发展。由于信息聚合是一个跨学科研究问题，许多学科学者提供了多视角的方法和工具。众多学者围绕语义和关联两大主线进行了多角度梳理。大致归纳起来，信息聚合方法体系可以分为两种，一种是知识组织的方法，以关联数据、本体等方法增强资源语义；另一种是利用数据挖掘与计量分析方法挖掘资源关联。

数字资源聚合由理论转向实际应用需要多学科、多领域、多维度、多方法的交叉融合，聚合方法的互补融合是信息聚合研究的热点。毕强等[⑥]从概念类聚、概念关联、知识关联三个层次，基于多维度技术方法体系，提出数字资源语义化与多维度聚合思路。周珊珊[⑦]将复杂网络与 Folksonomy 互补融合，从结构、群聚、关联三个维度构建了数字资源聚合的多维理论框架。

由于信息聚合涉及知识抽取、知识表示、知识关系识别和文本挖掘、主题聚类、用户聚类、用户画像构建等问题，需要计算机技术的强有力支撑，有关方面的计算机自动实现技术与方法的研究也成为当前研究的焦点问题。

（3）信息聚合的实践应用研究

1）内容聚合实践方面，国内对于信息内容聚合的研究主要涵盖馆藏信息资源、数字学术资源和网络信息资源的聚合等方面，所要解决的主要问题有：资源

① Tiddi I，D'Aquin M，Motta E. Using linked data traversal to label academic communities ［C］// International Conference on World Wide Web，Florence，Italy，2015：1-6.

② 王伟，许鑫．融合关联数据和分众分类的徽州文化数字资源多维度聚合研究［J］．图书情报工作，2015，(14)：31-36.

③ 杨萌，张云中，徐宝祥．社会化标注系统资源多维度聚合机理研究［J］．图书情报工作，2013，57（15）：126-131.

④ 夏立新，陈晨，王忠义．基于多维度聚合的网络资源知识发现框架研究［J］．情报科学，2016，34（5）：3-8.

⑤ Bojars U，Breslin J G，Finn A，et al. Using the Semantic Web for linking and reusing data across Web2.0 communities［J］．Web Semantics Science Services & Agents on the World Wide Web，2008，6（1）：21-28.

⑥ 毕强，尹长余，滕广青，等．数字资源聚合的理论基础及其方法体系建构［J］．情报科学，2015，(1)：9-14.

⑦ 周珊珊．基于 Folksonomy 模式的数字资源多维聚合研究［D］．长春：吉林大学博士学位论文，2014.

重构、协调规范化和自组织、语义互联和智能聚集融合；实现资源深度聚合的基本条件是发现资源之间及其内在的语义关联，多利用语义方法对文献中蕴含的知识进行多维度揭示，侧重于词汇概念、概念关系和引证关系挖掘分析。语义关系揭示得越丰富，资源聚合和挖掘的深度和效果就越好。同时，结合文献资源利用过程、用户需求关联等聚合层次，为用户提供语义导航、语义关联检索、互联应用服务、跨媒体资源检索等服务。

国外实践领域，英国联合信息系统委员会（Joint Information Systems Committee，JISC）发展了较多学术社区信息聚合项目，JISC 早期资助项目注重利用中间件技术实现跨系统的资源聚合，如 INSPIRAL、DELIVER 等项目。随后 JISC 资助重点转向网络学术社区的信息聚合，如 MeAggregator 项目，通过 tag、语义技术建立信息聚合框架，支持学术社区信息无缝获取①。剑桥大学图书馆近年的战略框架中，同样将支持学术社区资源发现和内容聚合作为其战略发展重点。

也有较多学者关注利用推荐聚合、挖掘聚类等实现对用户兴趣挖掘、标签推荐、协作推荐等隐性关联聚合，推动学术社区知识推荐和导航、个性化聚合服务等发展。

2）用户聚合共享方面，学者们将用户交互的关系网络分析作为聚合要素进行重点剖析，对重要机构、科研团队、科研人员学术关系网络进行探测优化，及时反映当前科研领域态势，辅助科研决策、合作团队选择、主要机构和人员确认，为相关的学术活动提供资源保障服务。Chatti 等②、Hall③、Eide 等④分析了 e-Learning 转向知识社区的发展趋势，认为传统的学习管理和知识管理系统未能给组织或个人用户带来很大的竞争优势，局限就在于其关注技术方面的问题，而未将之看成人和人之间的社会交互问题。Xuan 等⑤针对用户为中心的社会网络信息聚合，构建了一个包含用户个人特征、朋友、兴趣、群组等 6 个维度的通用用

① JISC. Programme project name start date end date funding [EB/OL]. http://www.reading.ac.uk/web/files/cdotl/Previously_Funded_Projects.pdf[2019-07-30].

② Chatti M A, Sodhi T, Specht M, et al. *u*-Annotate: an application for user-driven freeform digital ink annotation of e-Learning content [C] // International Conference on Advanced Learning Technologies. IEEE, Kerkrade, The Netherlands, 2006: 1039-1043.

③ Hall R. Towards a fusion of formal and informal learning environments: the impact of the read/write web [J]. Eletronic Journal of e-Learning, 2009, 7 (1): 29-40.

④ Eide S, Kristensen T, Lamo Y. A model for dynamic content based e-learning systems [C] //Macedo H T, Silva L M A, ZambranoE C, et al. Proceedings of the 2008 Euro American Conference on Telematics and Information Systems, Aracaju, Brazil, 2008: 2.

⑤ Xuan T V, Abel M, Morizetmahoudeaux P. An aggregation model of online social networks to support group decision-making [J]. Journal of Decision Systems, 2014, 23 (1): 24-39.

户聚合模型，基于FOAF词汇模型描述用户社会数据，整合基于hashtags、关键词、本体等用户社会数据的聚合方法，实现用户潜在兴趣、社区子群的鉴别和共享。

贺德方和曾建勋①提出基于学术合作关系的紧密度测试、发现、构建并服务于学术社群的发展。基于科研实体关系和引证关系，应用学术网络关系挖掘分析的模型及方法，实现对学科领域科研实体的结构、活动模式和演化模式的挖掘和揭示。同时，根据引证文献中学术参与者之间合著关系、引证关系、人员机构变动关系、人员和刊物关系等进行发现和挖掘，呈现团队中的学术交流情况，识别和发现领域内社团和社团演化过程。

1.3.3　现有研究不足

纵览国内外的研究与实践成果，虽然在网络学术社区的构建、RSS内容聚合、用户聚类等方面取得一定进展，然而在理论研究和实践推进中仍然存在许多关键问题未能解决。

1）当前研究多从一般知识组织的角度进行探讨，强调数字信息资源内容单元的解构与重组，未全面考虑以学术社区为特征的领域应用，未能从学术用户的群体交互关系出发，系统探讨网络学术社区信息聚合模式及其演变过程。网络学术社区的知识由知识对象和组合了内容、情景、观点和应用的知识流组成，信息聚合往往通过学术社区成员的交互推动数字学术内容共享、隐性知识交换的方式来实现，而已有信息聚合的研究多将聚合对象建模为静态的知识对象，未从学术社区用户的交互活动产生的知识流和行为关系去剖析聚合模式，也未针对不同的聚合模式提出数字化学术信息聚合服务的优化策略。

2）国内外有关研究往往从不同角度进行，研究成果较分散，由于不同领域关注重点不一样，网络学术社区的信息聚合与共享还未形成系统理论体系。计算机科学、教育技术、图书情报领域研究人员对网络学术社区中的信息聚合问题进行了一系列研究，计算机领域的研究主要是通过网络学术社区的数据挖掘、文本聚类实现用户兴趣的提取和建模，从而实现网络社区的构建及成员发现。教育技术领域的研究多从知识构建的角度，关注学习过程中所产生学习信息的收集、处理及汇聚，促进有序知识体系的构建。图书情报领域的研究者主

① 贺德方，曾建勋．基于语义的馆藏资源深度聚合研究［J］．中国图书馆学报，2012，38（4）：79-87.

要关注馆藏资源和网络数字资源的聚合模式及技术方法的研究，聚焦概念及语义关系的揭示与重组。虽然不同领域的研究者关注点有所差异，采取的研究过程与方法不同，但共同的目标是完善信息组织过程，适应用户的学术信息聚合需求，在数字化的网络环境中构建个性化的学术信息服务系统，提高用户利用学术信息的效率和质量。

本书研究将以现有的理论与应用成果为基础，从网络学术社区中用户信息需求和群体交互关系出发，进行信息聚合的实现策略与优化对策研究，构建基于用户和内容联动聚合体系，尤为关注用户关系聚合，特别是基于交互关系的聚合，以促进网络学术社区的知识共享和集体智慧的融合。

1.4 研究内容

物以类聚，人以群分，在网络学术社区中，用户行为具有社会群体化的趋势，不仅希望将所喜好的信息聚合，更希望将志趣相投的用户联系起来，增强沟通和交流，聚合形成群体；一方面获得学术性、社会性认知的和情感上的支持帮助，另一方面也在用户之间形成相互影响、相互促进的人际关系。本书研究在进行网络学术社区用户需求与认知行为分析的基础上，从信息流动与服务现状出发，通过信息利用与用户聚合的关联分析，探讨信息聚合模式及其实现机制。本书研究的总体框架如图 1-11 所示，具体的研究内容如下。

1）网络学术社区信息聚合与共享基本问题的研究。针对网络学术社区关键属性，对比当前典型学术社区服务功能上的差异；分析科研人员参与网络学术社区的信息需求，以及对信息聚合服务的要求。剖析网络学术社区信息聚合单元构成，借鉴相关领域现有成果，从信息聚合和用户聚合两个层面，总结信息聚合与共享理论基础。

2）网络学术社区信息聚合模式分析。从多个维度剖析网络学术社区信息资源的构成，分析学术社区中信息资源的流转方式及模型。从基于 Folksonomy 的协作认知聚合、基于语义增强、基于关联挖掘、基于情景感知等维度分析学术社区信息聚合的实现方法。针对 Folksonomy 的语义模糊和结构扁平问题，本书利用形式概念分析（FCA）方法对 Folksonomy 信息聚合进行改进。

3）网络学术社区用户聚合模式分析。分析网络学术社区中用户角色识别和用户类型划分；从用户交互活动出发，分析用户聚合的机制。总结社区用户交互关系的类型和用户关系模型表示方法。重点探讨基于兴趣关系和交互关系的用户聚合模式。在基于兴趣关系的用户聚合方法的分析中，本书将 FCA 方法引入用

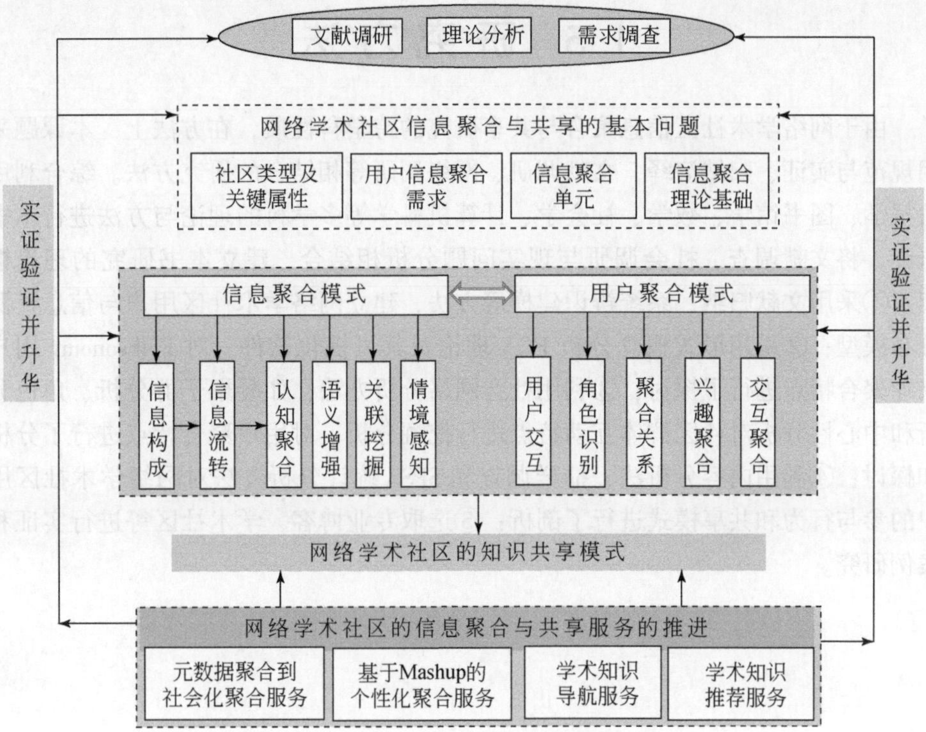

图 1-11 本书研究的总体框架

户兴趣识别中，不仅能识别出单个用户兴趣，而且实现了群体用户的兴趣识别。

4）基于用户关系聚合的网络学术社区知识共享模式研究。信息聚合和知识共享具有相互支持、有机共存的关联。从社会学和心理学的视角，关注知识共享的实现，尤其是隐性知识聚合共享过程，探究信任关系、熟人关系等社会资本对隐性知识共享的重要影响。探究了关系强度对知识共享行为的影响以及网络学术社区知识共享的激励机制。

5）网络学术社区信息聚合与共享服务的推进。探讨了基于元数据聚合到社会化聚合的网络学术社区的服务实现；分析基于信息聚合的知识导航、知识推荐服务的应用进展，勾勒出用户、技术与服务三者间互动模型的建立与变化过程。

6）实证研究。针对理论上构建的网络学术社区的信息聚合和用户聚合模式，本书针对中文学术社区小木虫论坛的用户参与行为模式、基于微格式的用户生成内容的聚合组织、LIS 专业组织 tweets 中信息聚合与用户聚合进行了实证分析。

1.5 研究方法

由于网络学术社区信息聚合与共享研究的跨学科性质，在方法上，本课题采用规范与实证、归纳演绎、文献调研、网络调研等相结合的研究方法。综合利用情报学、图书馆学、数学、社会学、计算机科学等多学科的理论与方法进行本书研究，将文献调查、社会调研与现实问题分析相结合，建立本书研究的理论框架。①采用文献归纳、系统辨识建模等方法，建立网络学术社区用户与信息资源分布模型；②采用形式概念分析 FCA 理论及其可视化软件，对 Folksonomy 用户兴趣聚合特点进行了探讨；③利用社会网络分析方法，如凝聚子群分析、角色分析和中心性分析对社区群体互动特点进行挖掘分析，对用户聚合特点进行了分析和探讨；④利用内容分析法、抽样调查和 SPSS 统计分析方法对网络学术社区用户的参与行为和共享模式进行了剖析；⑤选取专业博客、学术社区等进行实证和案例研究。

第 2 章 网络学术社区信息聚合与共享基本问题研究

网络学术社区的关键属性是什么？学术社区用户提出了什么样的信息聚合需求？网络学术社区中信息聚合与信息共享的关系如何？如何认识和划分信息聚合单元？网络学术社区信息聚合有何特征？采用什么样的理论视角和技术方法来实现网络学术社区的信息聚合？本章将围绕以上这些基本问题展开分析。

2.1 相关概念界定

2.1.1 网络社区

作为社会学基本概念的"社区"一词最早是由德国社会学家滕尼斯于 1887 年在《社区与社会》一书中最先提出；中文"社区"一词则是我国社会学家费孝通先生于20 世纪 20 年代所提出。社会学范畴的"社区"概念强调社区的血缘、感情和伦理纽带关系，以区别于"社会"的契约关系。传统的"社区"被认为是一个封闭系统，有相对清晰的边界，相对稳定的成员，和其他社区有较少的连接，而网络社区（network community），又称为虚拟社区、赛博社区、数字社区、在线社区、电子社区等，是 Internet 和信息交流技术发展的产物。美国学者霍华德·瑞恩格德（Howard Rheingold）是网络社区研究较早的倡导者，1993 年在《网络社区》一书中，从社会学的视角，剖析了网络社区的构成要素：亲密关系、象征符号系统、共同价值、社区规范等，由此将网络社区明确界定为"一群主要借助计算机网络相互沟通的人们，彼此有某种程度的认识，分享一定的知识和信息，在很大程度上如朋友般关怀所形成的团体"。霍华德·瑞恩格德将网络社区的关键因素概括为：①网络/网络空间，在网络空间中进行的活动不同于真实社区的活动。②公共讨论，共享观点、知识、情感、共同感兴趣的话题。话题由参与者互动产生，而不是依靠网络站点协调。③人际关系意味着经历足够的时间，参与者发展自我可持续的关系。

参考 Lee 等①的观点，本书将网络社区界定为：基于计算机技术所支持的网络空间，核心是社区参与者的交流和交互，产生成员驱动的内容，从而导致用户关系的建立。

近年来，随着社会网络的迅猛发展和普及，出现了新的概念表述，如社会网络。社会网络与网络社区是同一个概念吗，两者关系如何？目前学术界存在两种不同观点。有些学者认为社会网络与网络社区是不同的概念，最大的区别是用户之间连接的起源②，如果来自离线情况，那么你面对的可能是社会网络，例如，群组中的人是你已经知道或者见过面的，如果连接来自在线，那么就是网络社区；社会网络从上而下产生，采用广播机制，通常控制用户成员和用户体验，而网络社区采取自下而上的方式，为用户之间的交流提供了灵活性和选择；社会网络倾向于排除，社会网络对每个人来说都是独一无二的。社会网络推荐特别的个人与个人的连接，允许人们建立他自己的连接，社会网络包含大量的没有任何相似性的人；而网络社区是人们为共同感兴趣的主题而进行有目的的交互，用户之间具有某种程度的相似性和共性。

也有学者认为社会网络是网络社区发展的高级形式，是网络社区从传统网络社区向自我中心的社会网络迁移，体现了网络使用者从社会归属需求向社会资本需求的升级③。

本书认同后一种观点，网络社区经历不同发展阶段，包含了多样性表现形式。网络社区的早期发展阶段，研究者从媒体和平台属性出发，多强调社区平台和数字特性；随着互联网发展到社交媒体阶段，网络空间开始对现实社会关系进行复制与重构，互联网的社会属性逐步增强，因此，网络社区从早期相对封闭的“群组空间”，逐步演化发展为边界相对模糊的开放社会网络形态。网络社区强调用户之间关系建立和维护，同时也存在其他表现形式，例如，强调内容管理的社区形态，书目管理站点 CiteULike 等。

---

① Lee F S L, Vogel D, Limayem M. Virtual community infomamatics: a review and research agenda [J]. The Journal of Information Technology Theory and Application (JITTA), 2003, 5 (1): 47-61.

② Johnson L. Social metwork vs. online community: what is the difference? [EB/OL]. http://www.socialmediatoday.com/content/social-network-vs-online-community-what-difference#sthash.8uB9VNvV.dpuf [2019-05-08].

③ 彭兰. 从社区到社会网络———种互联网研究视野与方法的拓展 [J]. 国际新闻界，2009，(5)：87-92.

2.1.2 网络学术社区

学术，在古代中国是指追寻研究学问的方法与水平，在现代则包括了较为专门、有系统的学问，它是作者在某一科学领域中对某一课题进行潜心研究而获得的科研成果，具有系统性和专门性。《辞海》（2009 年版）将学术定义为“指系统专门的学问，是对存在物及其规律的学科化论证，泛指高等教育和研究”。在英语里，“学术”（academia）是指从事高等教育和研究的科学与文化群体，通常具备两个共同的主要特点：“与学院有关”和“非实用性”。英国牛津高级词典收录的“学术”一词解释是：学校的、学院的、学者式的；注重理论兴趣，而非技术或者实用的学问。可以看出，这是将学问与学术视为同义词。学问就是各个领域的专门知识，包括已知的、未知的、首创的和系统知识。学者是学术的主体，大学或学院中的教师与学生，以及校外的学者，通过学术联接在一起就形成了学术共同体：具有相同或相近的价值取向、文化生活、内在精神和具有特殊专业技能的人，为了共同的价值理念、目标或兴趣，并遵循一定规范而构成的群体①。

网络学术社区是为学者或学术活动服务的专门社区。学者们从不同维度进行了解释，强调了学术社区的使用目标、用户对象、学术交流过程、内容形式等方面。相关的概念还包括学术性社会网络站点②（academic social network sites，ASNs）、学术性实践社区③（virtual academic communities of practice）、研究社区（research community）、在线科研平台（online research platform）等；也有学者基于不同的软件系统，研究特定类型的网络学术社区，如学术博客、学术论坛、学术 BBS 等。

从使用目标出发，Markus④ 将网络社区划分为社会导向、专业导向和商业导向三种类型（图 2-1），其中专业社区是联结专业人士或者讨论专业相关的议题，专业社区为专业人员提供共享的专业知识体系，例如，共同的工作文化、问题感

---

① 刘道玉．大学是“学术共同体”［J］．书屋，2018，（4）：51-54.

② Bhardwaj R K. Academic social networking sites：comparative analysis of ResearchGate，Academia. edu，Mendeley and Zotero［J］．Information and Learning Science，2017，118（5/6）：298-316.

③ Nistor N，Baltes B，Dascălu M，et al. Participation in virtual academic communities of practice under the influence of technology acceptance and community factors. A learning analytics application［J］．Computers in Human Behavior，2014，34：339-344.

④ Markus U. Characterizing the virtual community［EB/OL］．SAP Design Guild，2002. http://www. sapdesignguild. org/editions/edition5/print_communities. html［2019-05-08］.

知、解决问题的技术、专业价值和行为。

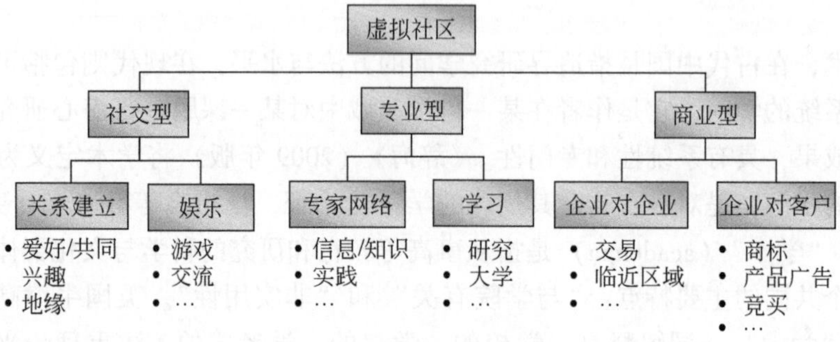

图 2-1　虚拟社区的类型

按照 Markus 的划分方法，网络学术社区是专业型社区的一种，以交换学术相关的观点、体验、文档、评论和反馈为特征。徐美凤和叶继元①将 Markus 的社区概念界定进行了扩展，认为学术社区是以服务学术科研为目的，以特定专业领域的研究为交流内容，有稳定专业用户群的专业社区；Eichmann②认为，科研社交网络指科研人员在特定领域为进行有效的合作研究而使用的系统平台。

美国《高等教育创新技术整合指南》③ 进一步将学术社区定位为三个目标：①连接和支持用户，促进其增加自己的出版物和获取其他人的研究；②连接同事、同行、合作者以及其他本领域的专家；③获得自己研究成果被观看、下载、引用的统计数据，以及监控研究影响。这些学术社会网络站点聚焦知识共享和学术交换，内容覆盖宽泛的学科。Brandao 和 Moro④区分了在线和离线学术性社会网络的功能差异，将网络学术社区定位为共享出版物、跟踪领域专家、问题问答、发现合作者（图 2-2）。

从学术交流的视角出发，胡丹华⑤认为网络学术社区是以特定专业领域知识

---

① 徐美凤，叶继元．学术虚拟社区知识共享行为影响因素研究［J］．情报理论与实践，2011，34（11）：72-77.

② Eichmann D. Semantic commonalities of research networking and PIM ［C］//Personal Information Management-PIM 2012 Workship，Seattle（Bellevue），2012：1-6.

③ Nafukho F M，Irby B J. Handbook of Research on Innovative Technology Integration in Higher Education［M］. Hershey，Pennsylvania：IGI Global，2015.

④ Brandao M A，Moro M M. Social professional networks：a survey and taxonomy［J］. Computer Communications，2017，100：20-31.

⑤ 胡丹华．基于 UGC 挖掘的学术虚拟社区知识推荐研究［D］．武汉：华中师范大学硕士学位论文，2013.

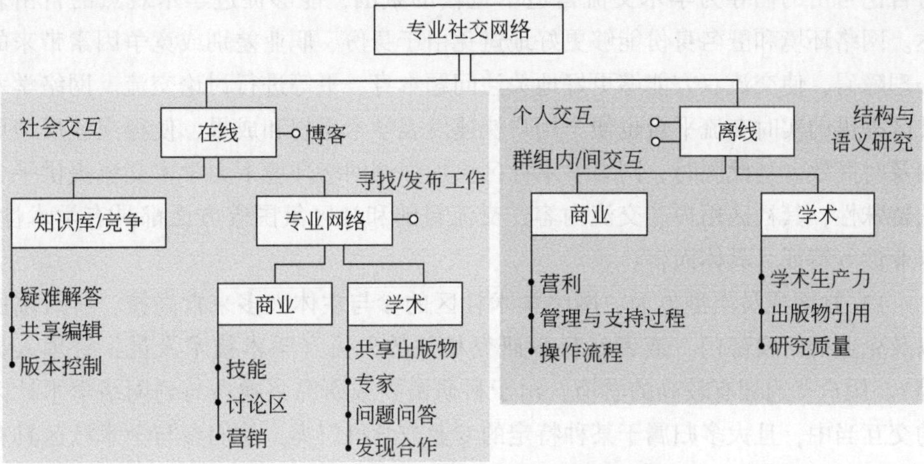

图 2-2　专业社交网络的类型与层次结构

研究为交流内容，以学术博客、学术论坛、学术 Wiki 为主要组织形式，以各大院校、科研院所以及企业研发部门等科研人员为主要参与者的网络社区。丁敬达①则将学术社区定义为"遵守共同的学术规范、具有一致的价值观念和认同意识并相互作用、相互影响、共同进行知识创造的脑力劳动者所形成的研究群体"，虚拟学术社区是其中一类，借助信息网络，由角色互动、兴趣聚合而联系在一起的虚拟网络学术社群。

从学术社区的服务对象出发，夏立新和张玉涛②将学术社区表述为面向科研工作者的社交网络，是学科专家和学者进行学术交流、知识共享的网络社区。王东和刘国亮③认为网络学术社区必须具备以计算机充当用户实时交流的媒介、以学术知识为交流内容、以科研人员为参与主体这三个基本条件。

本书中网络学术社区是指以学术性交互为中心的网络社区的总称。网络学术社区是聚集综合或特定学科领域的专业用户，以学科专业主题为交流内容，开展学术交流、传播和知识共享活动的专业社区。

网络学术社区属于网络社区的一种，它具有一般网络社区平等性、交互性、开放性和多元性等特征，为用户提供了一种自由开放的交流平台。网络学术社区

---

① 丁敬达. 学术社区知识交流模式研究［M］. 北京：世界图书出版社，2013.

② 夏立新，张玉涛. 基于主题图构建知识专家学术社区研究［J］. 图书情报工作，2009，53（22）：103-107.

③ 王东，刘国亮. 虚拟学术社区的知识共享过程及其参与主体间关系研究［J］. 图书情报工作，2012，56（8）：113-117.

对言论自由的倡导为学术交流营造了宽松的氛围，能够促进学术观点的自由表达。网络环境和匿名身份能够更好地避免由于身份、职业差别或竞争因素带来的心理障碍，使交流双方能够更好地关注问题本身，平等进行讨论交流。网络学术社区提供的实时交流平台也便于用户快速发表学术思想和成果，使得交流反馈更加及时高效。与此同时，网络学术社区更加强调网络环境下为学术交流提供平台的特殊性，其社区用户、交流内容、交流目的和社区氛围等方面都具有学术性、专业性等特征。具体而言：

1）社区成员类型方面，网络学术社区的参与主体大多来自高校、科研院所以及企业的研发部门，或者是科学研究相关的人员（学术技术人员、管理人员等)。用户普遍拥有较高的学历，出于科研需要或研究兴趣参与到网络学术社区的交互当中，且大多归属于某种特定的专业或学科门类，他们参与学术社区具有特定的信息需求与心理行为机制。

学术社区聚集了不同学术研究方向和兴趣爱好的众多群体，由于不同学术群体话题来源、语言风格和对知识权威的认同、用户参与方式等都具有不同特点，因此不同类型学术社区呈现出浓厚的个性化色彩。

2）社区交流的内容方面，不同于一般网络社区，网络学术社区的交流内容不是一般意义上的信息、数据、知识，主要针对学术问题进行探讨，交流内容具有一定前瞻性、探索性和创新性，交流态度具有严谨性。用户交流的内容或是限定于某一或某些特定学科领域，侧重解决专业性理论或技术问题；或者展开专业性不是太强，相对宽泛的跨学科交流，如最新科学领域动态，科研成果、科研心得体会以及专业工具资料等多方面内容，侧重科学技术思想方面的思维碰撞。此外，网络学术社区通常具有层次性，在某一学科领域或研究方向上主题突出，即使是综合性网络学术社区，也会针对特定学科领域进行版块的划分。

3）社区价值主张方面，网络学术社区伴随着网络环境下学者们日益增长的科学交流与知识共享需求应运而生，其建立目的主要是为了服务一个或多个学科的研究，通常包含为科研和相关专业人士提供学术交流的网络空间，这是网络学术社区区别于其他网络社区的最主要特征①。这种拓宽知识共享范围、增强学术交互性的需求促进了网络学术社区不断发展，其发展又反过来推动学术科研不断创新，不断地为学者们提供更好的服务，从而达到网络学术社区平台构建的目的。

---

① 苏晓兰．学术虚拟社区用户交流模式研究——以丁香园论坛为例［D］．上海：华东师范大学硕士学位论文，2015.

2.1.3 信息聚合

《现代汉语词典》将聚合（aggregation）定义为：一是聚集到一起；二是指单体合成为分子量较大的化合物。作为化学名词，有机化学和高分子化学中聚合通常指由简单化合物合成出分子量较高的化合物的反应过程，通过加聚反应和缩聚反应，生成的高分子化合物叫聚合。

计算机领域中，聚合指的是将互联网上纷繁浩瀚的信息内容予以甄别、挑选、梳理、归类，为网民提供多来源信息的一站式服务，例如，以 RSS 和 Atom 为代表的聚合技术，通过网站应用程序或者客户端软件设置，实现对新闻、博客、科研动态、视频、流行歌曲等特定类型或者特定频道的信息定制推送。由于 RSS 订阅功能没有提供对信息内容的智能处理，随着定制频道越来越多，用户仍然面临信息过载的困境。事实上，信息聚合可以追溯到更传统的表现形式，报纸可以看作是早期的“聚合媒体”；万维网初期基于手工筛选的主题导航式聚合，Google、百度等基于文本内容、基于链接的搜索自动聚合等形式。以上这些信息聚合技术或模式面对普通大众，信息聚合粒度也较粗放。

伴随信息技术的不断发展，各种实时、基于语义分析和社会信息分析技术进行的信息聚合形式不断发展①；当前信息聚合技术的发展与信息过滤、分布式检索、数据融合、话题检测与追踪、语义网络等诸多相关技术领域密切相关，也有研究者指出，数字环境下的聚合系统表现为内容过滤系统。信息聚合的前提是根据用户的需求和特点，或者根据事物之间的属性和特征，将相似的事物聚集在一起，不相似的事物划分到不同的类别。

教育学领域中，信息聚合探讨的是将分散无序的学习资源碎片，按照内在逻辑关联聚合成有序的学习资源结构体。信息聚合的目标是将多个小粒度的资源单元按照其内在逻辑关系集中呈现，通过资源的内聚，减轻学习者负担；同时将零散式的、碎片化知识组织成更加完整的知识单元，帮助学习者系统全面地进行知识建构②。

---

① Arguello J, Diaz F, Shokouhi M. Integrating and ranking aggregated content on the Web [EB/OL]. http://citeseerx. ist. psu. edu/viewdoc/download; jsessionid = DB2ADD7D632D9F3BC25D6CF36024FDFD? doi = 10. 1. 1. 310. 2&rep = rep1&type = pdf[2019-03-25].

② 杨现民. 泛在学习资源动态语义聚合研究 [J]. 电化教育研究, 2014, 35 (2): 68-73.

图书馆与信息科学领域，聚合概念的提出是以消除数字信息资源的多源异构性，为用户提供一致性获取为背景的。日益丰富的数字资源包含着语义丰富、学科各异、实体形式多样的知识资源，聚合的含义表现为汇集、整合和融合的过程。汇集是将分散资源整合到一个目录体系中；整合是为了实现各类信息资源之间的无缝关联和透明访问，其表现为统一检索与资源调度等方面；融合则是将分布的资源有机关联到一起，形成对有关领域更深层次（从语法到语义层次）的理解和认识①。信息聚合具有不同的应用领域和应用模式。图书情报领域尤以馆藏资源聚合、网络信息聚合等问题研究最为集中。这些研究成果为网络学术社区信息聚合研究提供了较为丰富的理论参考与实施建议。

同传统文献信息资源聚合和一般网络数字信息资源聚合相比，网络学术社区的信息聚合具有显著差异：

首先，网络学术社区的信息聚合对象更加复杂多维化。资源类型方面，本书通过实证分析调查了中文网络学术社区中用户共享的资料类型，发现既包括传统文献类信息资源，如书籍、报刊等，也包括数字化交互媒体资源，如视频、音频、图片、链接、安装软件、课件、操作指南等，同时包含心得体会、知识问答、社会关系等复杂隐性信息。同传统文献资源相比，学术社区信息资源粒度更微观、层次更复杂多维，对信息聚合也提出更高挑战，不仅仅要揭示显性知识的聚合机制，同时要挖掘展示隐性知识的内在关联。

其次，基于用户交互，网络学术社区的信息聚合表现出以用户生成内容和用户关系为中心的非线性、自组织的聚合特征。知识信息以及学者的个人思想、观点、研究成果不是孤立存在的，在用户交互的网状结构中彼此互动交流从而相互连接与聚合。

根据学者们关注的学科主题、研究方向或兴趣的相似性，聚合形成用户学术兴趣小组；通过浏览、阅读、评论、转发、跟随、下载、引用、点赞、链接等相互交流沟通、认同和了解，形成相互信任的知识分享和体验群组；同时，借助RSS、标签、Trackback 等工具对个人知识信息进行组织和管理，形成个人信息管理聚合平台；在对用户生成内容的处理方面，根据资源内容的相关性，通过推荐、标签、NewsFeed、本体等工具形成具有相同主题特征的信息集合和用户聚合②。因此，网络学术社区信息聚合方法和技术上也会不同于传统文献资源的静

① 周姗姗．基于 Folksonomy 模式的数字资源多维度聚合研究［D］．长春：吉林大学博士学位论文，2014.

② 成全．网络环境下科学知识交流与共享模式研究［J］．科学学研究，2010，28（11）：1691-1699.

态内容聚合，网络学术社区的信息聚合是用户交互行为促发的，嵌入在群体交互关系中，在社区群体知识的融汇中产生。

最后，网络学术社区的信息聚合也是一种广义上的聚合，不仅仅是信息内容与服务的聚合，同时也是对网络应用和用户关系的聚合，社会化聚合可以取得比传统聚合更好的搜索结果。

本书中，网络学术社区的信息聚合是一种以用户的社会化交互为中心，以合作知识共享和创新为目标，根据用户的兴趣、角色和关系动态聚合学者以及学术资源的过程。

2.1.4 信息共享

网络学术社区中，信息聚合的过程实质上是一个信息交换与知识共享的过程。信息共享（information sharing）在信息技术领域具有较长的研究历史，传统信息共享的概念指的是在传递者和接受者之间一对一的数据交换。不同层次或不同部门的信息系统之间通过一系列的开放协议、标准化的消息或文件传输格式进行信息的交换，目的是通过将信息这一种在互联网时代中越来越重要的资源与其他人分享，优化资源配置，节约社会成本，提高信息资源的利用效率，共同创造更多财富。

在图书馆与信息科学领域，信息共享被认为是信息行为的一种类型，是为社区中有信息需求的成员提供信息的活动，该信息包括意见、建议或根据别人提出来的问题给出的相应答案①。也有学者②从合作、互惠、关系三个典型特征入手，将信息共享行为定义为：为了获得个人或共同的利益，两组因某种特定关系连接的行动者合作交换信息的行为。

1）从合作的视角看，信息共享不是单个用户的行为，而是发生在社会网络环境中的集体和合作努力。信息共享活动可以根据是否有共同目标划分为共享偶遇信息、合作查询与检索等多个层次。

2）从参与信息共享的动机看，信息共享行为可以看作是一种互惠行为，信息共享行为的动机包含从寻求经济或理性收益到寻求心理或社会收益等多种

① Wilson T D. Information sharing: an exploration of the literature and somepropositions [J]. Information Research, 2010, 15 (4): 55.

② Rafaeli S, Raban D R. Information sharing online: a research challenge [J]. International Journal of Knowledge and Learning, 2005, 1 (1/2): 62-79.

复杂因素。信息共享行为因互惠利益驱动，是一个双方受益的价值增值或创造过程。

3）信息共享行为也是一种基于关系的行为，被相互连接的两个组织或行动者的关系支持或促进。不同的关系强度支持不同层次的信息共享行为。也有研究者①从社会和组织学习的情景中解释信息共享，信息共享有助于保证组织和个人持续的竞争优势。尽管没有一致的界定，但对信息共享组成要素的认识基本一致，即共享的主体、客体、共享的意愿和能力、环境因素、主体间形成的共识。

信息共享的动机解释了用户为什么会参与学术社区，通常用户由于学术兴趣而参与社区共享，这是一种自发行为。也有用户在外在激励的驱动下参与学术社区信息共享，如用户声誉，用户在学术社区内的知识贡献可以正面提升他们在学术社区的声誉，并加强和其他用户之间的联系；信息共享的内容，包含从流言蜚语的自由流动到专业化、受限制的有版权信息的共享等宽泛的范围。共享的知识类型不仅是文本文档，还可以包括照片、视频及其他语义数据，如标签（tag）等。

信息共享通过正式或非正式的渠道发生，从面对面交谈、部门会议，写报告、电话对话或其他传统形式，到因特网的群组 email、新闻组（Usenet），逐渐拓展至博客、Wikis、Twitter、Facebook、微博、在线论坛、微信等社会网络情景中。信息共享的模式从传统图书馆收集、存储、传播的中心式模式到信息技术和互联网触发的去中心化的模式，是一个具有多维度的复杂现象，因信息共享所处情景或环境不同，信息共享动机、路径、模式、机制、效率与成本、影响因素等都会不同。信息共享如果转化成一个理论命题，至少应该包括三个方面的内容：为什么信息共享会出现？信息共享形成的联合收益是怎样在共享双方间有效分配的；信息共享网络是怎样形成的？

信息共享通常通过测量共享的态度、意愿倾向、信息共享的质量、数量来进行，内容维度、空间维度、时间维度等是常用的测量指标体系。也有研究者指出，信息共享是一个复杂过程，不能简单通过交互和参与的频度和数量来测量，需要将信息共享行为概念化，通过维度解析进行具体测量，例如，将社区信息共享行为分解为单纯浏览、发帖行为、回帖行为来观察分析。

---

① Wang S, Noe R A. Knowledge sharing: a review and directions for future research [J]. Human Resource Management Review, 2010, 20 (2): 115-131.

针对学术社区中信息共享，Talja①、Hersberger 等②将学术社区信息共享定义为一种咨询和非正式交流的形式，是学术环境中学者们获取信息的一种无所不在的手段，包括战略性共享、范式性共享、指导性共享、社会共享四种类型。信息在共享的同时经过学术社区成员的共同讨论、分析、修正，得以进一步积累和创新，最终成为社区的共同财富。网络学术社区中用户创造内容和语义知识的价值就在于其是否能够被有效共享，即学术社区的核心价值就是知识共享。

网络学术社区是一个复杂的社会网络，既包含传统的学者社交网络，也包含有一个学术信息网络空间的存在。在这个网络中，学术信息网络平台为显性知识的共享、提取、整合与传递提供了工具支撑，例如网络学术社区提供的协同文档编写工具能支持协同文章撰写、共同批阅和修订等；学者社交网络平台则建构起学术社区成员之间的信任与尊重，促成知识交流行为的发生。学术信息网络平台由于对数字化学术信息资源的聚合和积累，包括对交流过程中提问、回答等内容的留存，促成了显性知识的分享，同时在信任与尊重的推动下，更推动了隐性知识共享行为的发生，如音视频交流、线下交流等一般发生在有较高信任水平前提下，此类交流形式对于难以编码的隐性知识共享作用巨大。隐性知识共享是实现知识建构和知识创新的重要前提，不仅是简单的资源分享，而且还有学者之间的思想碰撞。

如图 2-3 所示，网络学术社区信息聚合与信息共享是用户获取资源的核心环节，聚合是共享的前提，共享是聚合的目的。信息共享由信息提供者或用户自发完成，同时学术社区提供的聚合服务平台集成各种类型的资源、数据、服务，聚合各种信息、应用和关系，最终目的也是为了更好地促进社区用户知识重用和共享，从而满足学术用户一体化、知识化的创新需求。

---

① Talja S. Information sharing in academic communities: types and levels of collaboration in information seeking and use [J]. New Review of Information Behavior Research, 2002, 3 (1): 143-159.

② Hersberger J A, Rioux K A, Cruitt R O. Examining information sharing and relationship building in online social networks: an emergent analytic framework [J]. Canadian Journal of Information & Libraryence Revue Canadienne Desences De L Information Et De Bibliotheconomie, 2005, (3): 358.

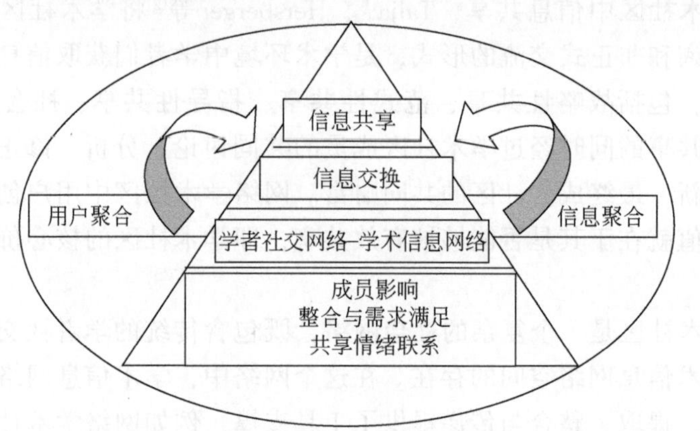

图 2-3　网络学术社区的信息聚合与信息共享关系模型

2.2　网络学术社区的演化历程及关键属性

网络学术社区作为网络社区的一种特殊类型，其社区结构、技术基础等方面具备一般网络社区的特性，同时因其为学术交流服务的目的，从成员类型、内容覆盖范围、价值主张、功能目的等方面具有学术社区的特殊性。

(1) 网络学术社区的演化历程

学术研究者的工作方式随着网络技术的发展处于逐渐进化的过程中，研究者相互交流与合作开展研究工作的方式随着 Web2.0 技术应用快速发展，信息处理与服务机制也随之变化①。图 2-4 显示了为学者们提供网络服务的学术社区发展进程。以 Google Scholar 为代表的第一代在线获取与存档技术（特别是学术数据库和搜索引擎）允许研究者从不同来源获取大量的信息和知识，但是对学者们社会化交流方面支持较少；以 BBS、论坛、Wikipedia 为代表的第二代网络服务平台，聚焦于研究内容的共享与交换，包括研究论文、进展报告、计划等，但是很少为研究者间进行直接的联系提供支持；以 Mendeley、LinkedIn 为代表的第三代网络服务平台使得研究者可以在线管理其个人信息文档（profile），同其他感兴趣的研究者互相交流。各种学术社区站点帮助世界范围内的研究者开展有效的交流，建立新链接，形成兴趣小组。当前学术社区平台朝着以用户为中心的成员存

① Xu Y, Guo X, Hao J, et al. Combining social network and semantic concept analysis for personalized academic researcher recommendation [J]. Decision Support Systems, 2012, 54 (1): 564-573.

档及个人画像构建的方向发展。

图 2-4 网络学术社区的功能发展

网络学术社区的发展伴随网络服务技术的发展而逐步演化。从早期注重学术资源内容聚合管理到以用户为中心的专业性社交媒体逐渐盛行。21 世纪初期，国外学术界就尝试建立起专门针对研究人员的专业性社交网络，如 SciLinks（服务教师教学，1999 年创建）、Scientist Solutions（面向科学与生物技术学科，2004 年创建）等，为研究人员的在线交流提供基本服务。随着面向大众的社交网络不断发展，Twitter 、Facebook 等知名社交网站也开始尝试为研究人员搭建学术交流平台，但其学术服务的专业性受到质疑。2008 年 Academia. edu、ResearchGate、Mendeley 为代表的在线学术交流平台兴起，极大地推动了网络学术社区的发展。随后，国内的小木虫论坛（2001 年）、科学网（2007 年）、学者网（2009 年）、天玑学术圈（2013 年）、百度学术（2013 年）等代表性学术社区纷纷涌现。这些致力于促进学术交流与合作的网站融入了开放获取与社交网络的理念，综合提供学术信息管理、文献检索、学术网盘、教学课程管理以及学者交流等丰富服务。

（2）网络学术社区的类型划分及关键属性

学者们将社会软件的基本功能归纳为信息管理、身份管理和交流，以此为依据，Bullinger 等①基于社会研究网络服务站点（social research networking service，SRNS）的案例分析，结合建立者的深度访谈，将网络学术社区划分为 4 种类型，分别是：

1）研究目录站点，如 Academia. edu，主要聚焦在研究者的联系目录；

2）研究感知站点，如 ResearchGate 和 Mendeley，促进自我推销和简历管理；

3）研究管理站点，如 Mendeley 和 CiteULike，支撑用户研究任务和活动；

4）研究合作站点，如 CollabRx，提供协作特征。

这些学术社区的分类边界较为模糊，目前大多数知名的站点均同时提供了以

① Bullinger A C，Hallerstede S H，Renken U，et al. Towards research collaboration- a taxonomy of social research network sites［C］//Santana M，Luftman J N，Vinze A S. Proceedings of the Sixteenth Americas Conference on Information Systems，Lima，Peru，2010：92.

上4种分类的所有特征。随后，REBIUN工作组①对用于科研目的的在线社交网络进行了考察，将其划分为研究共享、资源共享和结果共享三大类（表2-1），这一分类标准目前在相关研究文献中接受度较高。

表2-1 网络学术社区的类型划分

类型	服务功能	示例
研究共享	科学社会网络、科学数据库、研究平台、合作工具（文献共享服务、社会网络调查、其他研究服务）	Academia. edu、Researcher ID 、HUBzero、Zoho 等
资源共享	书目参考管理工具、书签资源和书目参考、引用指标	Zotero、Refworks、EndNote Web、CiteULike、Connotea、Mendeley 等
结果共享	博客和 Wikis、科学新闻服务、开放获取服务	Science Blogs、MADRI+D、PLoS Blog、OpenWetWare 等

值得注意的是，一些学者针对学术社区具体功能进行了更为细致的划分，如科研社交网络分析工具、科研社交网络平台和科研类数据库②；学术博客、学术论坛、学术Wiki等类别；从学科角度划分为综合性和专业性学术网络社区③④；以学术社区独立性为标准划分为独立学术社区和附属学术社区；以社区成员名气和级别为标准划分为名人学术社区和草根学术社区；以学术社区实时性为标准划分为即时性学术社区和非即时性学术社区。

基于Web2.0的学术社区通过在用户、知识和工具三个维度上的“2.0化”，使其具备了Web2.0的重要特性：参与性、开放性、集成性、交互性和协同性。围绕网络学术社区的关键功能属性，众多学者进行了归纳分析。Rohani和Ow⑤基于对超过20个学术社交网络的考察，提取了管理、协作、报告和整合4类特征，归纳了学术社区对不同用户群体功能特性，这些也是构建一个学术社区模型

① REBIUN. Science 2. 0：the use of social networking in research. Revised and updated version［EB/OL］. REBIUN，2011. http://eprints. rclis. org/16162/1/Science20_rebiun_2011. pdf［2019-07-20］.

② 夏秋菊，栗文超，薛晶晶，等. 面向学术领域的新型社交平台：科研社交网络［J］. 情报杂志，2014，33（9）：167-172.

③ 胡丹华. 基于UGC挖掘的学术虚拟社区知识推荐研究［D］. 武汉：华中师范大学硕士学位论文，2013.

④ 陈红勤，曹小莉. 学术网络社区研究综述［J］. 科技广场，2010，（8）：235-237.

⑤ Rohani V A，Ow S H. Eliciting essential requirements for social networks in academic environments［C］// IEEE Symposium on Computers Informatics，Kuala Lumpur，2011：171-176.

最重要和必需的关键属性特征。

1）管理特征：涉及研究领域跟踪管理、个人出版物的管理等；

2）协作特征：同伴消息传递、朋友网络、讨论组、在线群组等；

3）报告特征：评分和排序管理与报告，日常科学消息信件传递等内容；

4）整合特征：单一的注册机制、共同的日历服务等。

Caicedo 和 Espinoza Vasquez① 将学术性网络站点的关键属性归纳为：协作、在线个人管理、研究传播、文献管理、影响测量，由此展开对网络学术社区服务功能的差异分析，调查显示普遍提供的功能包括用户简介、上传出版物、链接社会媒体站点、网络可见性、email/消息；较少提供的功能是文件仓储、参考文献管理、协作文档处理；逐渐兴起的重要功能是替代计量、引用计量。借鉴此分析框架，以下选择 5 个典型的中外网络学术社区，对比其关键属性和主要功能（表 2-2），发现 ResearchGate 在影响测量上表现出色，Mendeley 注重文献管理，我国当前流行的学术社区在各项服务功能上还存在较大差距，中文网络学术社区的影响测量方面开始出现评论数、点赞数等部分指标，但总体而言，替代计量指标体系还较为零散，文献管理等其他功能也较缺乏。

表 2-2　典型网络学术社区主要服务功能的对比分析

关键属性	工具	Academia. edu	ResearchGate	Mendeley	科学网	小木虫论坛
交流合作	讨论板		✓	✓	✓	✓
	邮件/消息	✓	✓	✓	✓	
	群组空间		✓	✓	✓	✓
	合作文档加工			✓		
文献管理	文件仓储			✓		
	参考文献管理		✓	✓		
个人管理	公开个人资料	✓	✓	✓	✓	
研究传播	上传出版物	✓	✓	✓	✓	✓
	网络可见性	✓	✓	✓	✓	
	链接到其他社交媒体	✓	✓	✓	✓	✓
影响测量	引文数		✓			
	替代计量指标	✓	✓	✓		

① Caicedo C，Espinoza Vasquez F. Academic social networking sites：a comparative analysis of their services and tools ［C］ //iConference 2015 Proceedings，Newport Beach，CA，USA：1.

2.3 网络学术社区用户的信息聚合需求

网络学术社区是面向科研人员的网络在线空间，它具有一般网络社区的特点，即促进社区成员基于共同兴趣进行互动和交流，同时，网络学术社区具备学术交流、科研协同与知识共享以及促进知识创新的特殊针对性。对于科研工作者而言，围绕科学研究流程的每一个环节，需要关注本领域的前沿研究课题、基金资助项目、其他研究组织及权威专家，跟踪同行们的研究成果、搜索同类文献，尤其是前人的推荐更具有参考价值。网络学术社区应围绕用户学术研究生命周期全程，满足用户知识获取与共享需求。理解用户的关联聚合需求，是提供资源聚合组织的前提，也是促进网络学术社区健康发展的关键。

众多学者的研究调查均显示网络学术社区对研究者学术研究起到重要作用。英国学者 Nicholas 和 Rowlands 针对 2000 名世界范围的学术研究者调查了学术性社会网络站点的影响，调查结果表明从鉴别研究机会到研究成果的传播，网络学术社区对学者研究生命周期具有全程支撑、渗透作用①；学者们对各种社会媒体工具的有用性感知具有学科差异。被调查的 4 个学科中，生物科学和健康研究者对社会媒体的有用性报告比例最高，而商业与管理学科则比例最低；被调查学者反馈在传播研究成果、发现合作、鉴别研究机会三个环节中社会媒体的有用性报告比例最高，如图 2-5 所示。

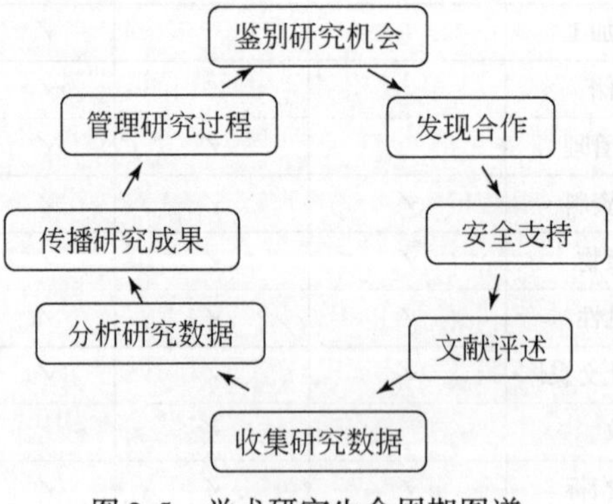

图 2-5　学术研究生命周期图谱

① Nicholas D, Rowlands I. Social media use in the research workflow [J]. Information Services & Use, 2011, 31 (1-2): 61-83.

John Unsworth[①] 在研究人文社会科学学者在研究方法上的共同点时，提出了研究基元这个概念，他认为基元就是以科学工作者为中心的发现、收集、创造和分享 4 个方面[②]（图 2-6），在实践中这四个步骤并不一定是连续的，因为科研活动是一个反复和多维的迭代，逐步向科学知识逼近的过程[③]。Kramer 和 Bosman[④] 的调查结果显示，学术交流中最重要的 6 个研究流程：发现—分析—写作—出版—扩散—评价，社会网络工具广泛渗透并应用于其中的每一个环节。

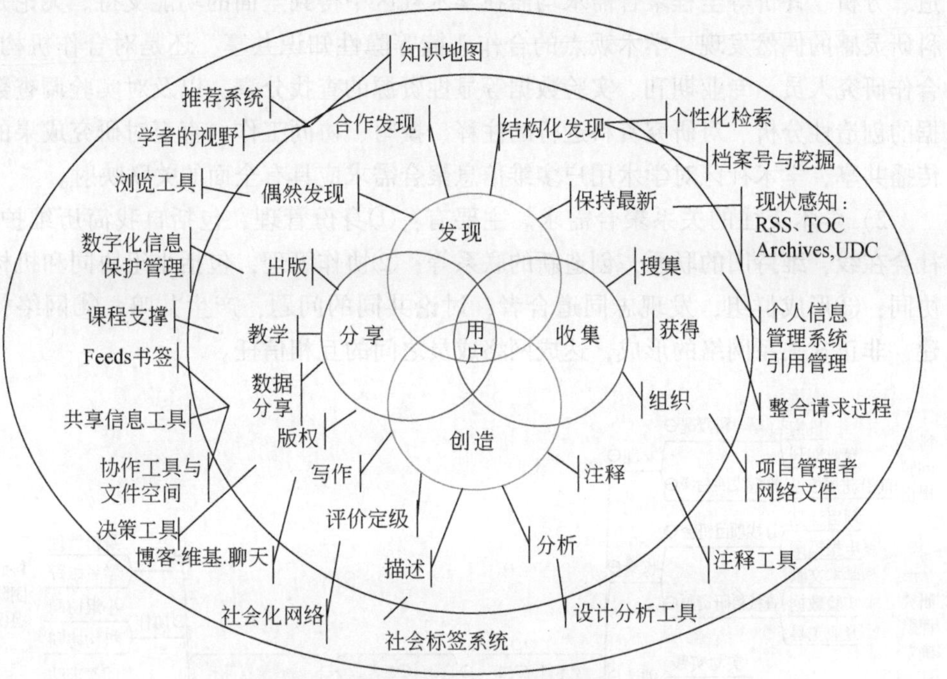

图 2-6　学术社区对学术研究的多维信息支持

尽管研究流程的划分有所区别，无论研究生命周期划分是采用四分法、六分法还是八分法，网络学术社区的技术平台或使用的社会媒体工具类型各异，满足

① Unsworth J. Scholarly Primitives: What methods do humanities researchers have in common and how might our tools reflect this? [EB/OL]. http://jefferson. village. virginia. edu/ ~ jmu2m/Kings. 5- 00/primitives. html [2017-06-13].

② University of Minnesota Libraries. A multi-dimensional framework for academic support: final report [R/OL]. http://www. lib. umn. edu/about/mellon/docs. phtml[2017-03-01].

③ 刘高勇. 基于 Web2.0 的信息服务研究 [D]. 武汉：武汉大学博士学位论文，2008：50.

④ Kramer B, Bosman J. Innovations in scholarly communication - global survey on research tool usage [J]. F1000Research, 2016, 5: 692.

研究者学术研究需求的程度和方式也有所差异，但总体而言，网络学术社区对科研人员进行学术研究具有重要作用的认知是基本一致的。科学的本质是交流和共享，相比单纯的文献数据库或机构知识库，网络学术社区对学者们知识关联的聚合需求提供了更强有力的支撑。经归纳总结，本书提出了如图 2-7 所示的网络学术社区用户信息聚合需求概念模型。

1）学术研究的关联聚合需求。学者们在学术研究过程中的发现、收集、创造、分析、评价等全程聚合需求均需在学术社区中得到全面的功能支持。无论是科研灵感的偶然发现，学术观点的合作碰撞等隐性知识共享，还是对合作机构、合作研究人员、专业期刊、实验数据等显性资源的查找分享，以及对实验调查数据的创造性分析、对研究资料进行的注释、撰写、协同工作，直至对研究成果的传播共享，学术社区对学术用户多维信息聚合需求应具有全面的关联映射。

2）学术交往的关系聚合需求。主要有：①身份管理，包括自我简历维护，社会在线，维持旧的联系，创造新的联系等；②协作管理，包括小组协同和机构协同；③形成群组，发现志同道合者，讨论共同的问题，产生共鸣；④网络构建，非正式关系网络的形成，达成网络成员之间的互相信任。

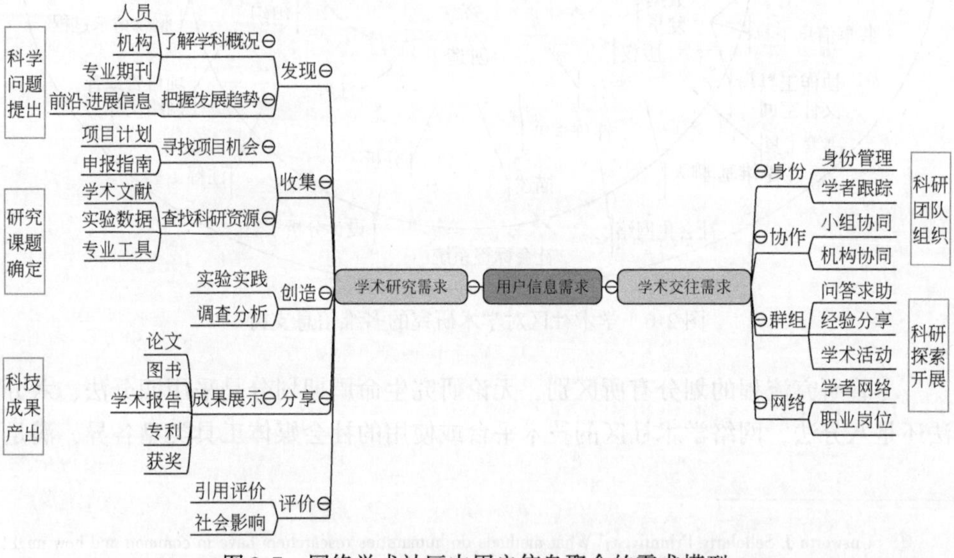

图 2-7 网络学术社区中用户信息聚合的需求模型

在学术用户科研活动的整个流程（科学问题提出—科研课题确定—科研团队组织—科研探索开展—科研成果产出）中，网络学术社区信息聚合应提供全程信息聚合支持。基于用户个性化情景的需要，追踪特定领域和特定主题的信息，聚合特定概念主题、权威专家、权威研究机构等，用户自主聚合成有序的知识体系

（个性化学术知识聚合）；帮助学者管理个人学术身份、推荐潜在的合作者和领域专家、搭建畅通的学术交流网络，形成较稳定的学术群组。

2.4 网络学术社区信息聚合单元

信息聚合单元是指信息中介根据用户需求和检索情景，通过对聚合类型、粒度、属性和关系等方面的控制，鉴别、筛选、抽取和序化信息资源整体或其中一部分，从而更准确地为用户呈现所需的目标信息①。信息聚合单元是构成整个信息聚合系统的最基本单元形态和结构要素。由于信息聚合具有不同的粒度划分和层次结构，从何种本质属性来认识信息聚合单元，可以归纳为两种代表性的观点：一种是狭义的信息聚合单元，是信息（知识）不可再分解的基本单位，是构成系统知识的最小的、最基本的要素；另一种是广义的信息聚合单元，是信息（知识）不同层次的，自为一组的相对独立的单位。

由于网络学术社区中信息资源类型复杂，聚合对象涵盖了科学文献、科学数据等传统的结构化、半结构化学术资源类型，同时也包含了非结构化的短文本等网络用户交互信息，因此，梳理相关研究成果将为书本研究奠定理论基础和行动建议。

（1）聚合单元粒度的不断细化：从文献单元向知识单元

一个独立的知识出版单元被视为文献单元，按照构成要素划分，文献单元还可以分解成若干具体的单元形式，如文献的知识内容单元 、知识形式单元与载体形态单元等②，这种三要素划分的思想被广泛引用到信息聚合单元的粒度识别和类型划分中。信息（知识）聚合的方法能深入到文献的“果肉”中提取关键词、主题词（有实际意义的知识单元），并用参照系统来表示知识关联，从而形成有序知识结构。大量的知识单元经过重组，按照一定思路可凝聚成知识纤维，知识纤维又可在更高层次上组成知识系统。

随着自然语言处理技术的发展，以及本体、机器学习技术应用推动实体/概念抽取方法的不断进步，从文献中抽取的知识单元越来越丰富细致，使得信息聚合处理从文献单元向知识单元转变。知识单元是表征知识领域文献内容或信息内容的基本单位，如概念及陈述、语词及词组、术语及定律、作者、机构、引文等。

---

① 马翠嫦，曹树金，郑建瑜．多学科领域视角下网络聚合单元概念框架构建研究［J］．情报科学，2015，33（10）：16-201.

② 王子舟，王碧滢．知识的基本组分——文献单元和知识单元［J］．中国图书馆学报，2003，29（1）：5-11.

按照聚合粒度，知识单元（知识点、知识元）可以分为细粒度知识单元或粗粒度知识单元。细粒度知识单元主要指实体、属性、关系等单元，它们是构成知识的最基本要素；粗粒度知识单元是由多个实体、属性、关系按照一定方式组合而成的复杂知识对象，比如：主题（任务—过程—原料）、事件（人物—事件—地点—事项）、创新点等。

按照学术文献的内容情景，不同领域范围的知识单元可分为通用型和学科领域型①；从知识生产和知识创造特征细化为常识、引证和创新等知识单元类型②；或者按照学术研究流程抽取出研究范畴、研究方法、实验数据、评价指标及取值等知识单元类型③。

信息聚合单元还可以从元网络视角④予以分析，信息聚合网络由作者合作网络、论文期刊网络、论文关键词网络、关键词共现网络、论文项目网络等基础网络组成。聚合单元层次，结合边的性质（引用、共引、共词、合著、耦合或混合）和节点性质（词语、文献、作者、期刊、机构、领域或国家）构成信息聚合的复杂语义关联网络。Nesic 等⑤提出抽象复合的内容聚合本体模型（ACCM），定义了不同层级的聚合单元逻辑关联：内容碎片（文本、图像、图表）聚合成内容对象（定义、章节、段落、评论），一定的内容对象又聚合成表达复杂概念意义的聚合单元，最后形成具有一定导航作用的内容聚合仓储，各单元之间的语义关系包括：聚合关系（表达为 accm：hasPart 属性）、导航关系（表达为 accm：ordering 属性）、相关关系（表达为 accm：Associated 属性），以支持信息聚合格式和规范应用，如图 2-8 和图 2-9 所示。

也有学者认为知识元表达的语义过于零碎，会出现知识细分的无意义、重复链接等问题，建议用单元信息进行定义⑥：从文献中提取有价值的知识单元，其长度不固定，以能准确表达一个完整的知识为宜。采用基于特征（属性-值对、n 元组、

---

① 徐红霞，李春旺．科技文献内容知识点抽取研究综述［J］．数据分析与知识发现，2019，3（3）：14-22.

② 索传军，盖双双．知识元的内涵、结构与描述模型研究［J］．中国图书馆学报，2018，44（4）：54-72.

③ 余丽，钱力，付常雷，等．基于深度学习的文本中细粒度知识元抽取方法研究［J］．数据分析与知识发现，2019，3（1）：38-42.

④ 李纲，毛进．元网络视角下科研团队建模及分析［J］．图书情报工作，2014，58（8）：65-72.

⑤ Nesic S，Jovanovic J，Gasevic D，et al. Ontology-based content model for scalable content reuse［C］// Sleeman D，Barker K. International Conference on Knowledge Capture ACM，Whistler，BC，Canada，2007：195-196.

⑥ 张娟，陈人语．语义网背景下基于单元信息的知识组织框架研究［J］．国家图书馆学刊，2018，27（6）：54-59.

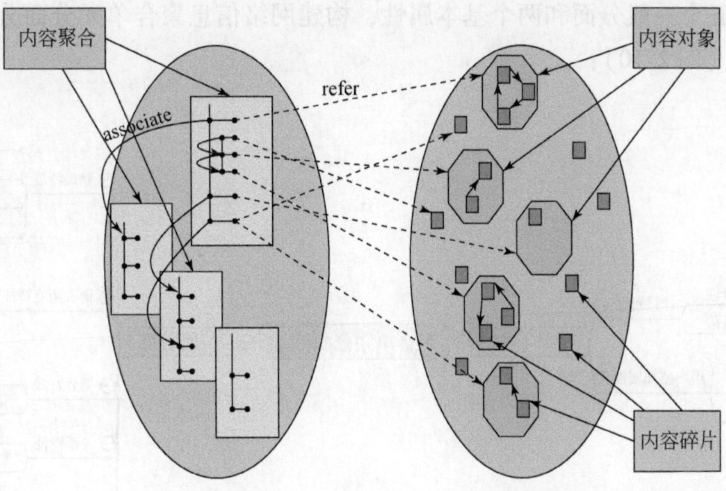

图 2-8 复合内容聚合本体

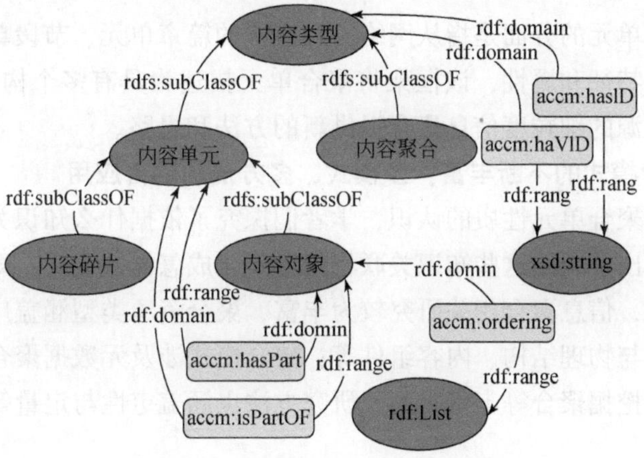

图 2-9 聚合单元的语义关系

特征向量）或结构化（图结构、面向对象、本体等）表示方法，对单元信息建立聚合模型，单元信息的关联也可分为基于主题的内容关联和基于特征的外部关联两类。

由于信息聚合单元及其关联的类型差异决定信息聚合是包含多个侧面的立体结构，从不同侧面进行解读可以获得不同的聚合单元类团。马翠嫦等①提炼出聚

① 马翠嫦，曹树金，郑建瑜．多学科领域视角下网络聚合单元概念框架构建研究［J］．情报科学，2015，33（10）：16-201.

合单元的五个一般分面和两个基本属性，构建网络信息聚合单元分面分类体系和概念框架（图 2-10）：

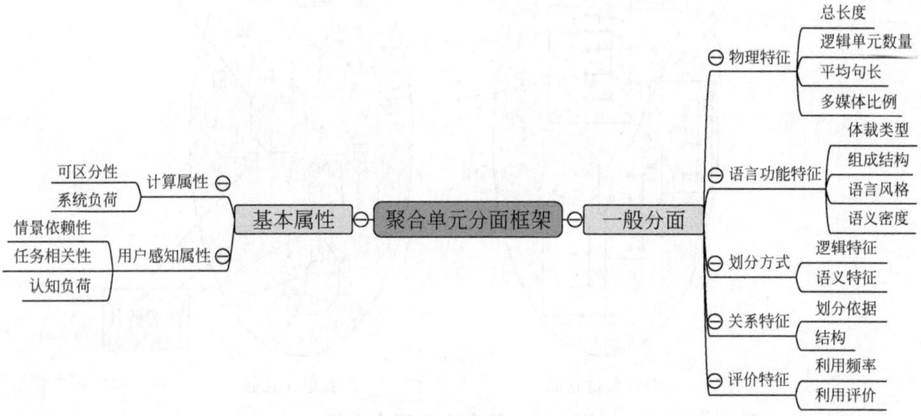

图 2-10　网络信息资源信息聚合单元的分面框架

信息聚合单元的分面是指从网络信息资源的篇章单元、节段单元和句群单元提炼出的共有特征和属性，该框架将聚合单元描述为具有多个构面特性的对象，为网络信息资源的细粒度信息聚合提供新的方法和思路。

（2）聚合模式的不断丰富：多模式、多方法的融合应用

基于信息聚合单元性质的认识，学者们探究了依据什么知识关联进行信息聚合，同时也提出了利用这些知识关联将信息聚合成怎样的模式，即信息聚合实现的问题。当前，信息聚合相关研究较为丰富，聚合资源类型涵盖广泛，聚合单元涉及逻辑结构与物理结构、内容组件等；聚合模式涉及元数据聚合、内容语义聚合、潜在关系挖掘聚合等丰富类型，研究方法也涵盖定性与定量等多种类型，如表 2-3 所示。

表 2-3　信息聚合单元划分的典型研究文献

聚合资源	聚合单元	聚合关系	聚合模式	分析方法	作者
科学论文	·论文的组件 ·题目、作者、图表、作者单位、参考文献、内容概念等	属性特征	/	焦点小组、半结构化访谈、实验	Bishop（1999）[①]

① Bishop A P. Document structure and digital libraries: how researchers mobilize information in journal articles [J]. Information Processing and Management, 1999, 35 (3): 255-279.

续表

聚合资源	聚合单元	聚合关系	聚合模式	分析方法	作者
科学论文	·功能单元内容组件 ·主题、缘起、已有研究、假设等	内容语义	功能单元本体	本体语义分析	王晓光等(2018)①
学术文本	被引片段	语义相似度	语义关联	机器学习	章成志等(2019)②
科学文献 科学数据	·科学文献、科学数据 ·人员、项目、机构、引用、科学工作流、科学概念	内容语义	语义关联	语义标注	丁培（2016）③
学术信息	·学者、文献 ·学者–关键词–引文–文献	耦合关系	作者耦合 文献耦合	多元统计与数据挖掘、复杂网络等	杜晖（2013）④
学术社交网络	·研究者和出版物	属性及关系特征	FOAF 本体	系统建模	Wan 等（2019）⑤
领域知识	·时间序列标签网络节点	复杂网络关系	时间序列领域知识网络	复杂网络	安宁等（2018）⑥
领域知识	·词语 ·关键词、标签、主题词、概念术语 ·文档 ·网页、短文本、学术文献	概念关联 文档–词语包含关系	分面导航、多维概念关联推荐、知识元链接、资源潜在关联发现	理论综述	陈果等（2018）⑦

---

① 王晓光，李梦琳，宋宁远．科学论文功能单元本体设计与标引应用实验［J］．中国图书馆学报，2018，44（4）：73-88.

② 章成志，徐津，马舒天．学术文本被引片段的自动识别研究［J］．情报理论与实践，2019，42（9）：139-142.

③ 丁培．科学文献与科学数据细粒度语义关联研究［J］．图书馆论坛，2016，（7）：24-32.

④ 杜晖．基于耦合关系的学术信息资源深度聚合研究［D］．武汉：武汉大学博士学位论文，2013.

⑤ Wan H，Zhang Y，Zhang J，et al. AMiner：search and mining of academic social networks［J］．Data Intelligence，2019，1（1）：58-76.

⑥ 安宁，腾广青，白淑春，等．领域知识聚类性的动态演化分析［J］．图书情报工作，2018，62（10）：85-93.

⑦ 陈果，吴微，肖璐．知识共聚：领域分析视角下的知识聚合模式［J］．图书情报工作，2018，62（8）：115-122.

续表

聚合资源	聚合单元	聚合关系	聚合模式	分析方法	作者
概念知识	·概念知识 ·关键词共现	层次聚类	层次三元闭包	共词分析	胡昌平和陈果(2017)①
科研人员	·科研人员	属性特征	元数据聚合	调研分析	王兴兰等(2013)②
科研数字资源	·科研关系网络 ·科学主题、科研实体	二阶和多阶关系	粗粒度到细粒度、二维到多维	理论综述	曾建勋(2013)③
科技资源	·科技资源 ·科学数据、图集、志书/典籍、标本资源、标准规范等	资源时间、地点、内容等共性特征	元数据语义	实证调研	宋佳等(2017)④
网络信息资源	·逻辑结构 ·篇章单元、字段单元、句群单元、图表单元 ·形式结构 ·标题、著者、机构、参考文献	属性特征	元数据聚合	语篇分析 语义分析 实验方法	曹树金等(2017)⑤

当前研究大多针对信息资源内部的粒度细化和资源之间关系的多维揭示来研究和阐释信息聚合单元，从学术资源（文本-语词-用户等）的物理结构、逻辑结构和语义关系入手剖析其构成要素，提炼学术资源内部的关联关系（引用、链接、共现、耦合、相关、内容语义等），构建相应的聚合单元。值得注意的是，相关研究针对一般网络信息资源或学术文献信息提出了信息聚合的构成单元和通用模型，然而针对网络学术社区信息资源的复杂性及动态交互特性还较少涉及。

① 胡昌平，陈果．层次视角下概念知识网络的三元关系形态研究［J］．图书情报工作，2017，58（4）：11-16.

② 王兴兰，宋文，李建伟．科研人员信息组织中的元数据研究［J］．情报杂志，2013，32（11）：128-132.

③ 曾建勋．基于海量数字资源的科研关系网络构建探究［J］．情报学报，2013，31（9）：929-935.

④ 宋佳，高少华，杨杰，等．科技资源元数据关联与推荐方法［J］．中国科技资源导刊，2017，49（5）：37-44.

⑤ 曹树金，李洁娜，王志红．面向网络信息资源聚合搜索的细粒度聚合单元元数据研究［J］．中国图书馆学报，2017，43（6）：1-19.

(3) 社区聚合情景中的动态聚合单元

随着信息聚合研究的深入，学者们开始关注以学术社区为主要应用情景的研究，结合复杂网络理论和系统论的观点，对网络社区中的各种学术资源之间的关联进行揭示和管理，将网络社区的学术资源关联分成两大类型，即信息和人际网络，构建了网络社区的学术资源关联模型①②。

针对网络社区信息聚合单元的构成要素和聚合层次，国外学者提出了以时间窗口为特征的动态聚合模型③，构建了一个由关系维、时间窗口和群组组成的多维社会网络模型，促进了对复杂社会网络中用户个体间社会交互、用户及其关系综合细致的描述、挖掘与分析。从知识关系（概念）和社会关系（研究者）两个层面探讨了研究者聚合的问题（图 2-11），其中概念指用于表征研究者专业信息的主题词，由词或字段组成，通过关键词抽取表征研究者的专业知识，构建概念网络。研究者社会关系网络构建则是通过研究者之间的各种社会关系抽取。当社会网络和概念网络子网生成以后，通过研究者姓名和关键词的共现关系将两个网络整合起来④。多位研究者提出了相似的研究思路，即用户建模时会综合考虑用户专业信息及其社会关系⑤。

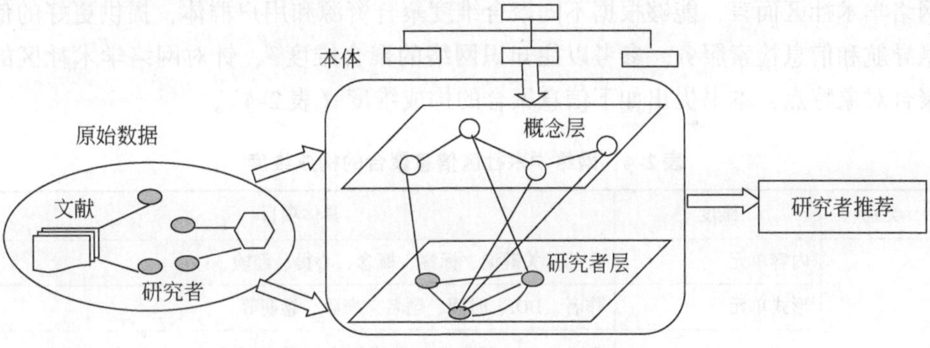

图 2-11　两层模型组合社会和语义信息

① 张素芳．网络社区学术资源关联研究［D］．天津：南开大学博士学位论文，2012.

② 章颖华，祝锡永，黄雅文．基于 Web2.0 的学术社区体系框架研究［J］．图书馆学研究，2014，(5)：42-46.

③ Kazienko P，Musial K，Kukla E，et al. Multidimensional social network：model and analysis［C］// Jędrzejowicz P，Nguyen N T，Hoang K. Proceedings of the International Conference on Computational Collective Intelligence，Gdynia，Poland，2011：378-387.

④ Xu Y H，Guo X T，Hao J X，et al. Combining social network and semantic concept analysis for personalized academicresearcher recommendation［J］. Decision Support Systems，2012，54：564-573.

⑤ Zhou M，Zhang W，Smith B，et al. Finding someone in my social directory whom I do not fully remember or barely know［C］// Proceedings of the 2012 ACM International Conferenceon Intelligent User Interfaces，New York，USA，2012：203-206.

以往相关研究尽管涉及社区互动的个别要素，如群聚维度、评价特征（利用频率和利用评价）等①，但还并未就网络学术社区整体应用情景展开更为细致的剖析。网络学术社区中的信息聚合单元是由学者和学术资源两种要素构成的，或者可以归纳为基于关系和基于对象的聚合。网络学术社区提供了一个综合视角，融合了知识群聚合、用户群聚合、资源群聚合、用户认知聚合。研究用户之间社会和语义的连接，如基于标签（tag）关系具有语义关系，基于意见（opinion）、喜爱（favourite）则更多反映了社会动机，便于更好地理解学术社区中社会网络结构的复杂性。和以往学者们研究较多的学术文献聚合的不同之处在于，学术社区聚合的知识内容由知识对象和组合了内容、情景、观点和应用的知识流组成。通过社区成员的交互推动数字学术内容、显性/隐性知识交换的实现。

网络学术社区不仅聚合静态资源，也是一个动态流，是资源特征关联、资源利用过程关联、用户需求关联的动态过程。因此，从聚合单元来说，学术社区中的信息聚合按照聚合对象的逻辑结构、物理结构、语义关联、社会关联可以细分为多维度和细粒度聚合单元。对用户而言，他们能够自由地聚合自己的内容。对网络学术社区而言，能够根据不同聚合维度聚合资源和用户群体，提供更好的信息导航和信息检索服务。参考以往知识网络的聚合维度②，针对网络学术社区的聚合对象特点，本书提出如下信息聚合的构成维度（表2-4）。

表2-4　网络学术社区信息聚合的构成维度

类别	维度	具体项目
聚合单元	内容单元	文档、关键词、标签、概念、心得、经验、……
	形式单元	作者、DOI、时间、题名、来源、卷期等
	载体单元	学术论文、预印本、会议论文、学术报告、学位论文、图书、项目、资助、基金、学术会议、专利等
	社会关系	学者、机构、部门
	功能模块	获取、链接、评论、标注、引用、跟随、共享

① 周珊珊．基于Folksonomy模式的数字资源多维聚合研究［D］．长春：吉林大学博士学位论文，2014.

② 李亚婷．知识聚合研究述评［J］．图书情报工作，2016，60（21）：128-136.

续表

类别	维度	具体项目
聚合对象	用户生产内容	共现型（共词、合著、同被引、耦合） 发生型（转发、创作、评论、点赞） 情景型/时空型（实时话题、事件、任务） 结构型（主题分类） 语义型（概念关系）
	学术用户	学者（简历、联系、专家推荐、学科、研究兴趣） 学术群组（角色关系、兴趣关系、其他交互关系……） 学术组织、相关机构 学术社会网络
聚合方法	语义方法、 文献统计计量方法 技术关联方法	基于标签、基于关键词、基于本体、基于元数据、概念关联方法 引文分析、共现分析、链接分析…… Web 挖掘、主题聚类方法……
	社会网络分析	学者群、专家
聚合分析	宏观	连通性、凝聚性、稀疏性
	中观	凝聚子群、多元关系、结构对等性
	微观	中心性、相似性、相关性
聚合应用	知识获取	搜索、导航
	知识发现	知识关联、知识创新
	知识推荐	研究热点推荐、学者推荐、研究内容推荐、其他个性化推荐
	知识评价	替代计量

网络学术社区信息聚合实现的关键是要发现聚合单元之间的显性和隐性关系，从而实现有效聚合。

显性关系聚合指通过学术用户生产的内容中抽取主题、学科、人物、机构、事件等科学实体或概念来进行聚合，形成主题知识元、学科知识元、人物知识元、机构知识元、事件知识元等信息聚合库。学术用户生成内容汇聚到网络学术社区平台，由社区管理者进行系统整体性聚合管理。

隐性关系聚合指根据相关实体和概念之间共现、共引、耦合、相关（典型如相似性）等关系，在特定知识场景下，将知识单元以多样化的关联关系为作用力聚合成可解决特定问题或任务的知识聚合①；隐性关系聚合同时还表现为学术用

① 戎军涛，李兰. 知识元的本质、结构与运动机制研究［J］. 情报理论与实践，2020，43（1）：42-46，41.

户之间基于学术兴趣及其他社会关系在知识交流过程中自发聚合成一定规模的学术群体，分享学术经验，交流心得体会；用户可以根据实际应用需求和行为偏好，通过知识元的灵活排列组合形成个性化的知识聚合组织系统。网络学术社区信息聚合的总体框架如图 2-12 所示。

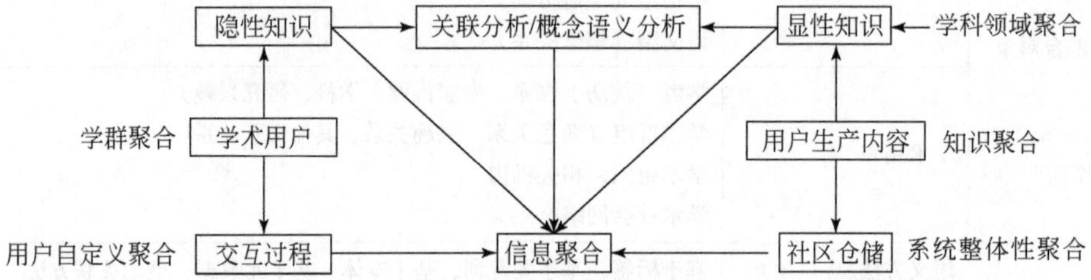

图 2-12　网络学术社区的信息聚合框架

2.5　信息聚合与共享的相关理论与方法

网络学术社区的信息聚合与共享具有多样性和复杂性，导致了研究的跨学科性质，具体表现在：①研究内容和问题的提出本身就具有多学科知识领域的横跨性、交叉性、互渗性；②研究运用的方法具有高度集成性和相互借助的特点。网络学术社区的信息聚合与共享集成图书情报领域、计算机科学领域、教育学领域、社会学领域等多学科的理论知识与技术方法，综合运用自然科学、人文与社会科学等相关理论与方法。

由于分析和解决问题视角差异，阐释信息聚合与共享的相关理论非常多，无法穷尽。本书梳理了相关领域现有成果，认为信息聚合实现的关键环节包括：知识粒度划分、知识抽取、知识表示、知识关联、社会化群聚等层面，因此围绕这些维度总结了相关理论与方法，以期指导信息聚合和共享的实践开展，如图 2-13 所示。

2.5.1　知识粒度的相关理论

粒度原理是一种看待客观世界的世界观和方法论，结合粒度原理按照不同粒度大小对信息聚合进行分层次探讨①。网络学术社区的信息聚合中，知识粒度相

① 徐绪堪，郑昌兴，蒋勋．基于粒度原理的知识组织模型构建［J］．图书与情报，2013，（6）：8-12，56.

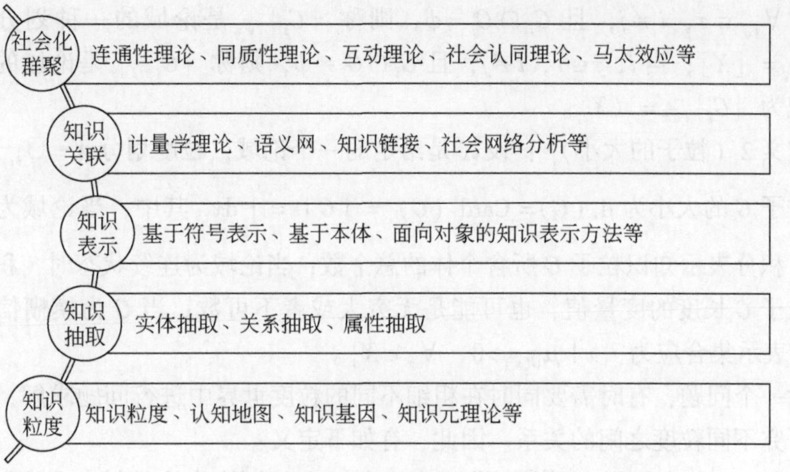

图 2-13　网络学术社区信息聚合与共享的理论框架

关理论为对什么粒度的信息（知识）进行聚合，如何获取细粒度知识单元，如何定义和描述不同粒度的知识单元等关键问题提供理论支持。

2.5.1.1　知识粒度的定义与划分

粒度是源于物理学的一个概念，原本用来度量微粒的大小。后来被借用来作为知识粗细和数据信息的平均度量①。人们在认知和处理现实世界的问题时，常常采用从不同层次观察问题的策略，从极不相同的粒度上观察和分析同一问题②。根据解决问题的需要，可以从物理属性视角，采用粒度原理对知识进行划分，将知识分为若干个不同的知识块，每个知识块就是一个知识粒度。具体数学表示如下：

定义 1（粒度的定义）①-③：设定论域 X 表示知识，在给定的论域 X 和 X 上的关系 R：$X \to P(X)$，且 $X = \cup_{i\in\tau}(G_i)$，则每一个 G_i 为一个知识粒子，$\{G_i\}_{i\in\tau}$ 是论域的一种粒度，其中 $P(X)$ 表示论域 X 的幂集；R 可表示等价关系、不可区分关系、功能相近关系、相似关系、相等关系、约束、相容关系、复合关系、模糊关系、属性、投影、结构关系和一般函数等关系。

① 邵健. 基于 Rough Sets 的信息粒度计算及其应用 [D]. 北京：中国科学院自动化研究所硕士学位论文，2000.

② 卜东波，白硕，李国杰. 聚类/分类中的粒度原理 [J]. 计算机学报，2002，25（8）：810-816.

③ 冯琴荣，苗夺谦，程昳，徐菲菲. 知识的划分粒度表示法 [J]. 模式识别与人工智能，2009，22（1）：64-69.

对 $\forall_{i,j} \in \tau$，$i \neq j$，且 $G_i \cap G_j = \phi$，则称 $\{G_i\}_{i \in \tau}$ 是论域的一种划分，记为 $\{G_i\}_{i \in \tau} = [X]$；当 i，$j \in \tau$，$i \neq j$，且 $G_i \cap G_j \neq \phi$，则称 $\{G_i\}_{i \in \tau}$ 是论域的一种覆盖，记为 $\{G_i\}_{i \in \tau} = \langle X \rangle$。

定义 2（粒子的大小）①：设 X 是给定的一个论域，粒度划分 $X = \cup_{i \in \tau}(G_i)$，则称粒子 G 的大小为 $\mathrm{d}(G) = \mathrm{Card}(G) = |G| = \int_G \mathrm{d}x$，其中，当论域为离散情形时，积分表示知识粒子 G 所含个体的总个数；当论域为连续状态时，积分表示知识粒子 G 长度的度量值，也可能是无穷大或者不可数；当 G 为模糊信息粒子时，G 表示集合应为 $\{x \mid \mu_{G(x)} > 0, \ \forall_x \in X\}$。

对一个问题，有时需要同时在粗细不同的粒度世界中进行问题求解，因此有必要研究不同粒度之间的关系。因此，有如下定义：

定义 3（粒度的粗细）②③：设 R 表示由 X 上一切等价关系所组成的集合，可以如下定义等价关系，也就是粒度的“粗”和“细”。设 R_1，$R_2 \in R$，如果对于任意的 x，$y \in X$，都有 $xR_1y \Rightarrow xR_2y$，则称 R_1 比 R_2 细，记为 $R_1 \leqslant R_2$。

一般而言，根据粒的分解程度，可以划分为三种层次的粒度：粗粒，即最大的父粒；细粒，即基本粒，不可再分的粒；中粒，即存在于粗粒与细粒之间的粒。结合粒度原理，知识也可以划分为粗、细、中三种粒度：粗粒度知识即知识集，比如主题、事件、创新点等；细粒度知识即为知识元，即最细粒度的不可再分的知识④，主要指实体、属性、关系等单元。

粗粒度知识的描述和存储简单，适用于对信息资源整体处理，便于从主题等角度存储和检索，但是没有细致划分知识单元，对知识内容的描述不够深入；细粒度知识对事物的分析或信息的描述深入到各种知识点，可以从属性或关系关联入手聚合成新信息，其缺点在于进行粒度划分时工作量大，构造复杂，并且知识单元的确定也有难度；中粒度知识则介于粗粒和细粒之间⑤。对于学术用户来说，不同的研究需求所需要知识的粒度是不同的，有时为了解决具体技术问题需

---

① 冯琴荣，苗夺谦，程昳，徐菲菲．知识的划分粒度表示法［J］．模式识别与人工智能，2009，22（1）：64-69.

② 李道国，苗夺谦，张红云．粒度计算的理论、模型与方法［J］．复旦学报（自然科学版），2004，（5）：837-841.

③ 耿志强，朱群雄，李芳．知识粗糙性的粒度原理及其约简［J］．系统工程与电子技术，2004，（8）：1112-1116.

④ 冯儒佳，王忠义，王艳凤，马彬．科技论文的多粒度知识组织框架研究［J］．情报科学，2016，34（12）：46-50，54.

⑤ 李成龙．科技报告中粒度关联数据的创建与发布研究［D］．武汉：华中师范大学硕士学位论文，2014.

要细粒度知识，也可能需要对知识进行综合以得到宏观知识①。粒度体系的构建不但能体现信息资源的内在层次结构，使得机器易于理解，还能挖掘更细粒度的内容之间的关联，提高信息聚合的精度和准度，满足用户精准信息需求。

2.5.1.2 知识粒度划分的其他相关理论

知识粒度划分的其他相关理论包括认知地图、知识基因理论、知识元理论、知识场理论等。早在 20 世纪六七十年代，我国袁翰青教授、美国斯拉麦卡 (V. Slamecka) 教授等先后提出对文献中新发现的知识单元进行组织的思想，认为知识控制单元将深化到文献中的数据、公式、事实、结论等最小独立的知识元。20 世纪 80 年代初，英国情报学家布鲁克斯提出“认知地图”的设想，即按知识的逻辑结构找出人们思维中相互影响的连接点，把它们像地图一样标示出来，以展示知识的有机结构。

此外，刘植惠②借鉴生物基因视角提出知识基因理论。知识基因理论是一种知识仿生理论，该理论认为知识基因是知识进化的最小功能单元，具有稳定性、遗传与变异性，知识基因根植于知识体系之中，具有控制某一知识领域（学科、专业、研究方向）发育走向的能力③。知识基因是以基本科学概念或观念形态表现的。从知识基因遗传变异来观察科学知识内部结构及发展演化。知识基因的自由组合规律、知识分类等对信息聚合的粒度细化具有重要意义。在知识基因的基础上，温有奎和焦玉英④提出知识元等一系列理论观点，基于系统工程理论，将知识元划分为描述型和过程型。知识元（或知识点）被作为知识最小单元，具备相应的独立性、完整性、可描述性和可链接性，经过知识元的抽取、标引、链接等流程，由此构成知识元聚合模型。

这些观点从不同侧面解释了信息聚合的机理：游离知识元可以转移、聚合和分裂。知识元的相对独立性使得知识元可以被游离出来重新聚合，形成创新性的知识单元。知识元内容上的逻辑聚集和排列组合，意味着新知识组织体系的产生⑤。但是已有的这些理论没有提供知识元识别、抽取的可操作方案。

---

① 毕强，鲍玉来．数字图书馆知识组织体系构建的发展路径——概念格与本体的互补融合［J］．华中师范大学学报（人文社会科学版），2011，50（5）：130-136.

② 刘植惠．知识基因探索（一）：第一讲知识基因的涵义及其特征［J］．情报理论与实践，1998，21（1）：62-64.

③ 刘植惠．知识基因理论的由来，基本内容及发展［J］．情报理论与实践，1998，21（2）：71-76.

④ 温有奎，焦玉英．基于知识元的知识发现［M］．西安：西安电子科技大学出版社，2011.

⑤ 戎军涛，李兰．知识元的本质、结构与运动机制研究［J］．情报理论与实践，2020，43（1）：42-46，41.

2.5.2 知识抽取的理论与方法

如何获取不同粒度的知识单元是信息聚合实现的前提条件。知识抽取，也称知识元抽取，是通过人工或自动文本分析技术抽取知识点，把信息中所蕴含的知识点逐条抽取出来，对知识的属性进行标记，以一定形式存入知识库中①。通过知识抽取可将信息聚合的颗粒度从篇章层次细分到句、段层次，真正实现在知识单元上的重组，实现信息聚合从物理层次的文献单元向认知层次的知识单元转换②。知识抽取的研究框架如图 2-14 所示。

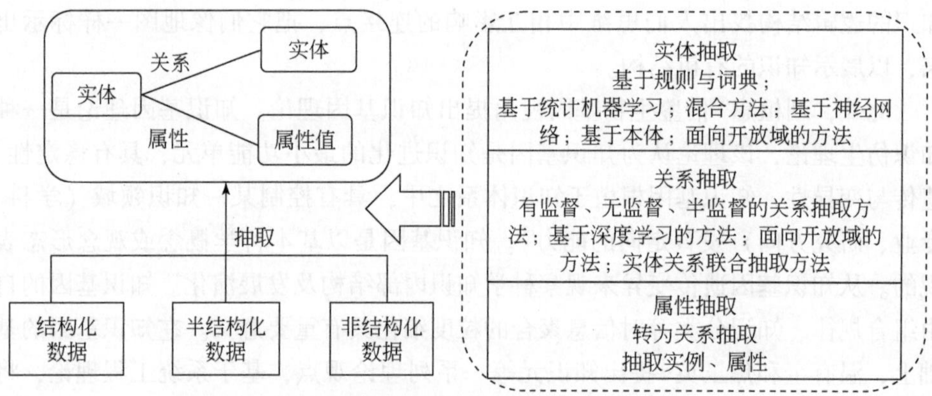

图 2-14 知识抽取的研究框架图

知识抽取的数据来源于结构化、半结构化和非结构化的数据。结构化数据包括词典、主题词表、本体等；半结构化数据主要以网络信息为主，网络信息处理起来相对容易，数据的获取也较容易，如 HTML 网页数据、百度百科数据。非结构化数据则主要是指从学术文献③中抽取知识，进行知识单元的细粒度知识组织。

知识元的抽取是实现细粒度信息聚合的基础。按照抽取对象的不同，知识抽

---

① 郑彦宁，化柏林．句子级知识抽取在情报学中的应用分析［J］．情报理论与实践，2011，34（12）：1-4.

② 化柏林，张新民．从知识抽取相关概念辨析看知识抽取的特点和发展趋势［J］．情报科学，2010，28（2）：311-315.

③ 李祯静，秦春秀，赵捧未，马晓悦．科技文献的资源语义空间：一种细粒度知识组织方法［J］．情报杂志，2019，38（2）：158-165，180.

取可分为实体抽取、属性抽取、关系抽取。围绕这 3 种抽取类型，学者们提出了多样的技术方法，相关技术的优缺点和适用情况如表 2-5 所示。

表 2-5 知识抽取关键技术及其优缺点和适用情况

抽取方式		技术方法	优缺点及适用情况	文献来源
手动抽取		基于规则	操作方式单一，工作量大，耗费人力物力	周利琴等（2018）①
自动抽取	实体抽取	基于词典和规则	简单、运行速度快。耗费人力，扩展性较差；难以适应数据的变化	孙镇和王惠临（2010）② Liu 等（2011）③ 徐红霞和李春旺（2019）④ Basaldella 等（2018）⑤ 高甦等（2019）⑥ 刘峤等（2016）⑦ 盛晓昌（2015）⑧ 黄恒琪等（2019）⑨
		基于统计机器学习	运行快，通用性较好，对语料库的依赖较大；适用于大部分情况	
		基于神经网络机器学习	能够自动学习特征表示，不需构建特征；适用于有大量训练数据的情况	
		基于本体	识别精度高，但是需要领域内有构建好的本体	
		面向开放域	不限定知识领域，但实体抽取类型复杂，实现困难	
		混合方法	基于规则和监督学习相结合，很好地利用各模型的优势；耗费人力和时间	

① 周利琴，范昊，潘建鹏．网络大数据中的知识融合框架研究［J］．情报杂志，2018，37（1）：145-150，197.

② 孙镇，王惠临．命名实体识别研究进展综述［J］．现代图书情报技术，2010，(6)：42-47.

③ Liu X，Zhang S，W F，et al. Recognizing named entities in tweets［C］// Lin D，Matsumoto Y，Mihalcea R. Proceedings of the 49th Annual Meeting of the Association for Computational Linguistics：Human Language Technologies，Portland，Oregon，2011：359-367.

④ 徐红霞，李春旺．科技文献内容知识点抽取研究综述［J］．数据分析与知识发现，2019，3（3）：14-24.

⑤ Basaldella M，Antolli E，Serra G，et al. Bidirectional LSTM recurrent neural network for keyphrase extraction［C］// Serra G，Tasso C. Proceedings of the Italian Research Conference on Digital Libraries，Udine，Italy，2018：180-187.

⑥ 高甦，金佩，张德政．基于深度学习的中医典籍命名实体识别研究［J］．情报工程，2019，5（1）：113-123.

⑦ 刘峤，李杨，段宏，刘瑶，等．知识图谱构建技术综述［J］．计算机研究与发展，2016，53（3）：582-600.

⑧ 盛晓昌．面向互动百科的知识抽取和知识库构建方法研究［D］．杭州：浙江大学硕士学位论文，2015.

⑨ 黄恒琪，于娟，廖晓，等．知识图谱研究综述［J］．计算机系统应用，2019，28（6）：1-12.

续表

<table>
<tr><th colspan="2">抽取方式</th><th colspan="2">技术方法</th><th>优缺点及适用情况</th><th>文献来源</th></tr>
<tr><td rowspan="7">自动抽取</td><td rowspan="4">关系抽取</td><td rowspan="3">基于机器学习</td><td>有监督方法</td><td>依赖于大量已标注的数据，耗费较多的时间与精力</td><td rowspan="4">谢德鹏和常青（2020）①
李枫林和柯佳（2018）②
鲍玉来等（2019）③
Katiyar 和 Cardie（2016）④
Miwa 和 Bansal（2016）⑤</td></tr>
<tr><td>无监督方法</td><td>对语料依赖性降低，并且多领域适应性强，领域迁移障碍小；关系标注较为宽泛，缺乏必要的语料库</td></tr>
<tr><td>半监督方法</td><td>对语料依赖性低，只需要人工进行初始种子集的构造，对种子集的质量要求较高</td></tr>
<tr><td colspan="2">面向开放域</td><td>不限制关系的类别，抽取出的关系可能缺乏语义信息，同一类关系会出现多种不同的抽取结果。</td></tr>
<tr><td>属性抽取</td><td colspan="2">可转换为关系抽取</td><td>抽取实例、属性、属性值实体，识别实例与属性、属性与属性值、实例与属性值之间的关系</td><td>徐红霞和李春旺（2019）
郭剑毅等（2012）⑥
丁培（2016）⑦</td></tr>
<tr><td rowspan="2">事件抽取</td><td colspan="2">基于模式匹配</td><td>性能优异，模板的构建需要耗费大量时间和精力，模板局限于领域背景，难以通用。</td><td rowspan="2">刘振（2018）⑧
高强和游宏梁（2013）⑨</td></tr>
<tr><td colspan="2">基于神经网络</td><td>自动提取特征，避免了人工设计特征的繁琐工作</td></tr>
</table>

① 谢德鹏，常青．关系抽取综述［J］．计算机应用研究，2020，37（7）：1-5.

② 李枫林，柯佳．基于深度学习框架的实体关系抽取研究进展［J］．情报科学，2018，36（3）：169-176.

③ 鲍玉来，耿雪来，飞龙．基于卷积神经网络的旅游信息关系抽取研究［J］．现代情报，2019，39（8）：132-136，158.

④ Katiyar A，Cardie C. Investigating LSTMs for joint extraction of opinion entities and relations［C］// Erk K，Smith N A. Proceedings of the 54th Annual Meeting of the Association for Computational Linguistics，Berlin，Germany，2016：919-929.

⑤ Miwa M，Bansal M. End-to-end relation extraction using LSTMs onsequences and tree structures［C］// Erk K，Smith N A. Proceedings of the 54th Annual Meeting of the Association for Computational Linguistics，Berlin，Germany，2016：1105-1116.

⑥ 郭剑毅，李真，余正涛，等．领域本体概念实例、属性和属性值的抽取及关系预测［J］．南京大学学报（自然科学版），2012，48（4）：383-389.

⑦ 丁培．科学文献与科学数据细粒度语义关联研究［J］．图书馆论坛，2016，36（7）：24-33.

⑧ 刘振．基于网络科技信息的事件抽取研究［J］．情报科学，2018，36（9）：115-117，122.

⑨ 高强，游宏梁．事件抽取技术研究综述［J］．情报理论与实践，2013，36（4）：114-117，128.

知识抽取有手工抽取和自动抽取两种方式。手工抽取根据领域专家编写的抽取规则，将不同来源、不同性质的知识元分门别类进行人工抽取，从而形成知识体系结构。手工抽取操作方式单一，需要耗费大量人力和物力，如果针对大规模信息进行抽取则效率较低。自动抽取则是利用计算机技术，通过系统自动地学习经过标注的语料来获取实例、属性、关系等，并从中抽取规则，自动采集抽取相关知识元。自动抽取在处理大规模网络信息时具有巨大优势。

2.5.2.1　实体抽取

实体抽取也称为命名实体识别（named entity recognition，NER），是指从语料库中自动识别出专有名词（如机构名、地名、人名、时间、地理位置、事件、字符值、金额值等）或有意义的名词性短语，实体抽取的准确性直接影响知识获取的质量和效率。因此，实体抽取是知识抽取的基础和关键。实体抽取任务主要是找到命名实体，并进行分类。目前，主要的实体抽取方法包括：

1）基于规则和词典的方法，是实体识别中最早使用的方法，一般由语言学专家手工构造规则模板，选用特征包括统计信息、关键字、指示词、位置词、中心词等，以模式和字符串匹配为主要手段，在限定文本领域、限定语义单元类型中抽取出文本中的人名、地名等来生成专有名词和特定时间等实体①。潘建鹏等②对医患问答平台的文本数据进行知识抽取时，基于医学词典和规则的方法，借助中文医学主题词表（CMeSH）和《中国高血压防治指南2010版》构建高血压词典，在虚拟健康社区中进行实体的抽取。这种方法实现简单，运行速度快，抽取精度较高，但需要专家手工构造规则模板，人力耗费大，且难以适应数据变化，更适合信息更新不频繁的特定领域使用。

2）基于统计机器学习的方法，利用人工标注的语料进行训练，标注语料时不需要专深的语言学知识，并且可以在较短时间内完成③。Liu 等④利用 K-最近邻算法（KNN）和条件随机场模型（CRF），实现了对 Twitter 文本数据中包含实体的识别。基于 KNN 算法的分类器收集 tweet 的粗粒度信息，而 CRF 模型进行顺序

① 徐增林，盛泳潘，贺丽荣，等．知识图谱技术综述［J］．电子科技大学学报，2016，45（4）：589-606.

② 潘建鹏，李颖庭，周利琴，等．虚拟健康社区中的专家知识融合研究——以高血压为例［J］．情报理论与实践，2019，42（6）：117-123.

③ 孙镇，王惠临．命名实体识别研究进展综述［J］．现代图书情报技术，2010，(6)：42-47.

④ Liu X，Zhang S，Wei F，et al. Recognizing named entities in tweets［J］. Proceedings of the 49th Annual Meeting of the Association for Computational Linguistics，Portland，Oregon，2011：359-367.

标记来捕获 tweet 中编码的细粒度信息。这种实体抽取方法通用性较好，但是对语料库的依赖度较大。

3）基于神经网络的机器学习方法。相比传统的统计机器学习方法，神经网络方法能够自动学习词汇语义、上下文依赖等，减少人工设定特征的成本①。在实体抽取中，长短时记忆网络（LSTM）被证明是效果较好的网络模型之一②。这种方法较为依赖训练数据规模，另外实体标注粒度也会影响到该方法的精度。

4）基于本体的实体识别，又分为本体构建、本体模板等类型③④。本体构建重在识别概念和关系，基于领域中常见术语和模式学习来扩展更多的概念，可利用 OntoEdit、Protégé、Text-To-Onto 等本体学习工具来进行。本体模板方法则偏重于实例和属性值层次，主要根据一个本体识别出文本中出现的所有类和实例。这种实体识别方法有较高的精度，但是在识别之前需要有已经构建好的领域本体，识别方法依赖于识别规则。例如，段宇锋和黄思思⑤以中文植物物种多样性领域本体 BFO 为上层本体，采取语段、语句、概念逐级筛选和标注策略，依据规则训练抽取，实现了中文植物物种多样性描述文本信息的抽取。

5）面向开放域的抽取。随着命名实体识别技术不断取得进展，开放域的信息抽取问题引起学者们的关注，即不再限定于特定的知识领域，而是面向开放的互联网，研究和解决全网信息抽取问题⑥。盛晓昌⑦提出了一种面向中文开放域的实体关系抽取方法，以互动百科作为数据来源，基于自然语言处理工具，利用一系列语法规则对处理结果进行分析，抽取出文本中所包含的实体关系作为页面的非结构化知识。

6）混合方法。基于监督学习的实体抽取算法存在准确率与召回率不够理想

---

① 徐红霞，李春旺．科技文献内容知识点抽取研究综述［J］．数据分析与知识发现，2019，3（3）：14-24.

② Basaldella M，Antolli E，Serra G，et al. Bidirectional LSTM recurrent neural network for keyphrase extraction［C］//Serra G，Tasso C. Proceedings of the Italian Research Conference on Digital Libraries，Udine，Italy，2018：180-187.

③ 丁培．科学文献与科学数据细粒度语义关联研究［J］．图书馆论坛，2016，36（7）：24-33.

④ 刘振．社交媒体的语义标注应用现状研究［J］．图书与情报，2013，（5）：95-99.

⑤ 段宇锋，黄思思．中文植物物种多样性描述文本的信息抽取研究［J］．现代图书情报技术，2016，（1）：87-96.

⑥ 刘峤，李杨，段宏等．知识图谱构建技术综述［J］．计算机研究与发展，2016，53（3）：582-600.

⑦ 盛晓昌．面向互动百科的知识抽取和知识库构建方法研究［D］．杭州：浙江大学硕士学位论文，2015.

的缺点，因此，学者们尝试将监督学习算法与规则相互结合，取得了一定的效果。Lin 等①将最大熵方法（ME）与基于词典匹配和规则模式的后处理相结合进行了实体抽取实验，实验的准确率与召回率都在 70% 以上。词典仅用于后期处理阶段，还需要克服字典预处理与 ME 集成的困难。

由于不同领域所包含的实体类别存在较大差异，因此当前面向开放域的实体抽取类型复杂，困难度较高。

2.5.2.2 关系抽取

原始语料经过实体抽取，得到的是一系列离散的命名实体，为了进一步取得语义信息，还需要从相关语料中提取出实体之间的关系。关系抽取是利用多种技术自动从文本中发现命名实体之间的语义关系，将文本中的关系映射到实体关系三元组上，即实体–关系–实体。

1998 年，美国国防高级研究计划委员会（DARPA）资助的消息理解会议（MUC）首次引入实体关系抽取任务。随后美国国家标准技术研究院（NIST）组织的自动内容抽取测评，其中重要的测评任务就是实体关系识别，规定了七大类实体，包括人物、组织、设施、处所、地理政治实体、车辆、武器，这一时期所抽取的实体关系主要是雇佣关系、地理位置关系、人–社会组织关系等少数几种有限的实体关系。2010 年语义测评会议（SemEval）将实体关系扩充到 9 种，分别是：

组件–整体关系（component-whole） 工具–代理关系（instrument-agency）

成员–集合（member-collection） 因果关系（cause-effect）

实体–目的关系（entity-destinaion） 内容–容器关系（content-container）

消息–主题关系（message-topic） 产品–产出者关系（product-producter）

实体–来源关系（entity-origin）

目前，实体关系抽取的类型还在不断丰富扩充，各种关系抽取方法研究也非常活跃。

(1) 基于机器学习的方法

基于机器学习的实体关系抽取目前应用比较广泛。通过具体的学习算法，在人工标注语料的基础上构造分类器，然后将其应用在领域语料关系的类别判断过程中。按照机器学习对语料库依赖程度大致可分成三类方法：有监督学习、半监

① Lin Y F, Tsai R T, Chou W C, et al. A Maximum entropy approach to biomedical named entity recognition [C] //Proceedings of the 4th ACM SIGKDD Workshop on Data Mining in Bioinformatics (BIOKDD 2004), Seattle, Washington, USA, 2004: 56-61.

督学习和无监督学习①。

有监督的关系抽取主要是利用分类的思想，根据已有的人工标注数据进行模型训练，然后进行特定关系的匹配识别和抽取工作。有监督方法目前主要分为两大方法体系，分别是基于特征向量的方法和基于核函数的方法。基于特征向量的方法是根据句子上下文构造特征向量，进而利用特征向量的相似度训练实体关系识别模型，完成实体关系识别和抽取，如 Kambhatl② 使用最大熵模型结合词汇、句法和语义特征抽取语义关系。基于特征向量的抽取方法效果良好，但是特征选择和设置上更多依靠构建者的直觉和经验，并且对于上下文信息利用不足，如何更好地利用语料中的长距离特征和结构化特征，核函数方法针对这一问题，可以实现从低维向高维空间的映射，从而可以将非线性问题作为线性问题处理。Zelenko 等③引入支持向量机和投票感知两种核函数关系抽取方法，实验结果表明核函数方法优于特征向量抽取方法。有监督学习方法在关系抽取任务上取得了不错的效果，但是严重依赖于大量已标注的数据，要耗费较多的时间与精力④。

半监督的关系抽取方法是根据预先设计好的关系类型，通过人工添加合适的实体对作为种子，利用模式学习的方式进行不断迭代学习，减少了对语料库的依赖。无监督的方法通过先抽取实体及关系，进行大规模的冗余语料聚类，再对聚类集合进行关系标注。Hasegawa 等⑤首次应用无监督方式进行关系抽取，通过设置重复出现阈值识别潜在语义关系并聚类，最后从一个聚类中选择出现频率最高的词作为该类关系的名称，实现抽取结果 F 值达到 75%。无监督抽取方式对人工标注的语料依赖性降低，并且多领域适应性强，领域迁移障碍小。但阈值确定和代表关系类别的词汇选择方面仍然较为困难，对于低频实体关系的抽取召回率较低，并且最终识别的准确率和召回率也不高⑥。

近年来，深度学习方法成为实体关系抽取的新方法，深度学习是机器学习的

---

① 程显毅．面向自由文本的细粒度关系抽取的关键技术研究［D］．镇江：江苏大学博士学位论文，2011.

② Kambhatla N. Combining lexical, syntactic, and semantic features with maximum entropy models for extracting relations ［C］//Proceedings of the ACL 2004 on Interactive Poster and Demonstration Sessions, Barcelona, Spain, 2004: 178-181.

③ Zelenko D, Aone C, Richardella A. Kernel methods for relation extraction ［J］. Journal of Machine Learning Research, 2003, 3: 1083-1106.

④ 柴瑜晗．基于语义图的中文领域概念及关系抽取方法研究与实现［D］．石家庄：河北科技大学硕士学位论文，2019.

⑤ Hasegawa T, Sekine S, Grishman R. Discovering relations among named entities from large corpora ［C］// Proceedings of the 42nd Annual Meeting on Association for Computational Linguistics, Barcelona, Spain, 2004: 415-422.

⑥ 谢德鹏，常青．关系抽取综述［J］．计算机应用研究，2020，37（7）：1-5.

一个分支，这种方法自动学习句子特征，不需要人工设计大量特征①。鲍玉来等②应用卷积神经网络（CNN）和词向量模型进行非结构化旅游信息实体关系抽取，使用 CNN 获取更多的特征信息并进行分类，取得了满意的实验效果。深度学习是一个黑匣子，其运行逻辑难以理解，学习效果依赖巨量数据集合。

（2）面向开放域的关系抽取

在面向开放域的关系抽取场景中，文本中包含大量开放的实体关系，关系种类繁多，关系数量也会不断增长。面向开放域关系抽取方法的基本假设是：若已知两个实体存在某种语义关系，所有包含这两个实体的句子都潜在地表达了它们之间的语义关系。因此，使用实体对上下文中的一些词语来描述实体之间的关系，借助外部大型实体知识库（如 DBPedia、YAGO、FreeBase 或其他领域知识库），将高质量的实体关系实例映射到大规模文本中，根据文本对齐方法从中获得训练数据，然后使用监督学习方法来解决关系抽取问题。Wu 和 Weld③ 研究面向 Wikipedia 的开放关系抽取，采用自监督学习训练模型（监督学习的一个特例，其中训练数据集不是由人工标记的），准确率得到显著提升。

开放关系抽取不限制关系的类别，同一类关系可能会出现多种不同的抽取结果。同时，开放关系抽取所获得的训练语料存在较多噪声，噪声标注的滤除成为研究重点。

（3）实体与关系的联合抽取

实体和关系抽取的传统方法是把实体识别和关系抽取视为两个完全独立的部分，在完成实体抽取任务之后，再根据结果进行关系抽取。这种方式忽略了实体与关系之间蕴含的联系，因此联合抽取方法被提出，可以实现参数共享、同步优化，降低之前流水式抽取出现错误累积的可能性④。Katiyar 和 Cardie⑤、Miwa 和 Bansal⑥ 提出基于 LSTM 的模型来抽取实体和关系，发现该模型效果优于单独抽

① 李枫林，柯佳. 基于深度学习框架的实体关系抽取研究进展 [J]. 情报科学，2018，36（3）：169-176.

② 鲍玉来，耿雪来，飞龙. 基于卷积神经网络的旅游信息关系抽取研究 [J]. 现代情报，2019，39（8）：132-136，158.

③ Wu F，Weld D S. Open information extraction using Wikipedia [C] //Proceedings of the 48th Annual Meeting of the Association for Computational Linguistics，Uppsala，Sweden，2010：118-127.

④ 谢德鹏，常青. 关系抽取综述 [J]. 计算机应用研究，2020，37（7）：1-5.

⑤ Katiyar A，Cardie C. Investigating LSTMs for joint extraction of opinion entities and relations [C] // Proceedings of the 54th Annual Meeting of the Association for Computational Linguistics，Berlin，Germany，2016：919-929.

⑥ Miwa M，Bansal M. End-to-end relation extraction using LSTMs onsequences and tree structures [C] // Erk K，Smith N A. Proceedings of the 54th Annual Meeting of the Association for Computational Linguistics，Berlin，Germany，2016：1105-1116.

取，并且可以有效地减少人工工作。

2.5.2.3 属性抽取

属性主要是针对实体而言的，属性用以实现对实体的完整描述，由于可以把实体的属性看作实体与属性值之间的一种名词性关系，所以属性抽取任务就转换为关系抽取任务，例如，郭剑毅等[①]将人物属性抽取问题转化为实体关系抽取问题，采用支持向量机算法实现了人物属性抽取与关系预测模型。还有直接采用数据挖掘的方法从文本中挖掘实体属性与属性值之间的关系模式，据此实现对属性名和属性值在文本中的定位。

2.5.2.4 事件抽取

事件由事件触发词标识，关联了参与者、时间和环境等要素，事件关系到多方面的概念，是比概念粒度更大的知识单元。事件抽取是一种粗粒度知识抽取，主要聚焦从非结构化的自然语言文本中抽取用户感兴趣的事件信息并以结构化的形式表示[②]。事件抽取任务包括触发词识别、事件类型分类、论元识别和角色分类四部分。事件抽取方法可以分为基于模式匹配和基于神经网络两大类[③]。模式匹配事件抽取方法性能优异，但模板的制作需要耗费大量人力和时间，且模板局限于领域背景，难以通用。基于神经网络的事件抽取方法自动提取特征，避免了人工设计特征的烦琐工作。

目前知识抽取针对的多是清楚的、事实性“知识（实体和关系）”的提取、识别和分类，对于更多复杂的、异质的、隐含性知识（概念）抽取和关系识别还较为困难。网络学术社区的信息聚合需综合利用计量学、语义网络、数据挖掘、社会网络等多种理论与方法进行隐含知识的挖掘识别及语义关联构建。

2.5.3 知识表示的理论与方法

通过知识抽取技术，可以从一些公开的结构化、半结构化、非结构化的信息中提取出实体、关系、属性等知识要素。知识表示则研究采用什么方式描述和存

---

① 郭剑毅，李真，余正涛，等．领域本体概念实例、属性和属性值的抽取及关系预测［J］．南京大学学报（自然科学版），2012，48（4）：383-389.

② 刘振．基于网络科技信息的事件抽取研究［J］．情报科学，2018，36（9）：115-117，122.

③ 项威，王邦．中文事件抽取研究综述［J］．计算机技术与发展，2020，（1）：1-9.

储抽取出的这些知识要素，以方便人和计算机理解、分析与聚合操作。按照知识粒度的层次存在不同的知识表示方法，如粗粒度的知识表示方法有文献著录方法、文献标引方法等。

本小节重点介绍关于细粒度知识单元的属性、关系及其使用过程的编码表示方法，目前常用的知识表示方法如表 2-6 所示。

表 2-6　常用知识表示方法的比较

<table>
<tr><th colspan="2">知识表示方法</th><th>优缺点</th><th>来源</th></tr>
<tr><td rowspan="4">基于符号的知识表示</td><td>谓词逻辑</td><td>与人类的自然语言接近，简单、自然、容易实现，难以表达不确定性知识和启发性知识</td><td rowspan="7">叶煜等（2019）[①]
年志刚等（2007）[②]
何绍华和王非（2007）[③]
徐宝祥和叶培华（2007）[④]
陈颖（2008）[⑤]
刘建炜和燕路峰（2011）[⑥]
马创新（2014）[⑦]</td></tr>
<tr><td>产生式</td><td>易于理解、模块化好、适用于表示不确定性知识及知识的因果关系，表示方式简洁；效率不高、不能表示结构性的知识</td></tr>
<tr><td>框架表示</td><td>适用于表示结构性知识，具有良好的继承性，较好地保证了知识的一致性。不利于表示过程性的知识，通常需与其他方法结合</td></tr>
<tr><td>语义网络</td><td>表达自然，易理解；知识表示中容易产生二义性</td></tr>
<tr><td colspan="2">基于本体的知识表示</td><td>领域知识结构清晰，便于知识重用和共享，计算效率和推理能力很好；实现较为复杂</td></tr>
<tr><td colspan="2">知识表示学习的方法</td><td>能够表示不同粒度知识，提升计算效率，更容易实现不同来源的异质信息融合</td></tr>
<tr><td colspan="2">面向对象的知识表示</td><td>能够表示多种知识粒度，易于理解，操作方便，适合初学者，但是使用范围狭窄</td></tr>
</table>

① 叶煜，李敏，文燕．农业专家系统中面向对象的 XML 知识表示方法［J］．工业控制计算机，2019，32（7）：101-102.

② 年志刚，梁式，麻芳兰，等．知识表示方法研究与应用［J］．计算机应用研究，2007，24（5）：234-236，286.

③ 何绍华，王非．知识表示规范比较研究［J］．情报理论与实践，2007，30（1）：8-10.

④ 徐宝祥，叶培华．知识表示的方法研究［J］．情报科学，2007，25（5）：690-694.

⑤ 陈颖．XML 在专家系统中的知识表示技术研究［D］．武汉：武汉理工大学硕士学位论文，2008.

⑥ 刘建炜，燕路峰．知识表示方法比较［J］．计算机系统应用，2011，20（3）：242-246.

⑦ 马创新．论知识表示［J］．现代情报，2014，34（3）：21-24，28.

（1）基于符号的知识表示方法

主要包括谓词逻辑表示法、产生式表示法、框架表示法和语义网络表示法等①。

谓词逻辑表示法以数理逻辑为基础，表示结果较为精确，形式上接近人类自然语言，因此自然性较好，适用于表示事物的状态、属性、概念等事实性的知识，也可以用来表示事物间确定的因果关系，但是只能表达确定性知识，对于过程性和非确定性知识不能很好地表示②。

产生式表示法也称产生式规则表示法，常用于表示具有因果关系的知识，这种方法的优点是表达范畴较广，能够较好地表示不确定性知识，但是效率不高，并且由于产生式方法表达方式单一固定，因此不利于表示结构性的知识③。

框架表示法具有继承性、结构化、自然性等优点，能够表示结构性知识，但复杂的框架构建成本较高，并且具有严格的框架定义，不利于表示过程性知识④。

语义网络是一种通过概念及其语义关系来表示知识的带有标志的有向图。其中，有向图的节点表示各种事物、概念、属性、动作、状态等，有向弧表示它所连接的节点间的某种语义联系，每个节可以带有若干属性。语义网络表示法的缺点主要在于它对知识表示的非严格性，使得知识的表示具有二义性，以及由于其自身的灵活性所带来的知识处理复杂性⑤。

（2）基于本体的知识表示法

为了解决不同来源的知识异构问题，通常通过构建本体来规范某个领域的概念及其之间的关系，对知识进行表示和知识库构建。本体知识表示法和语义网络表示法最为接近，都是结构化的知识表示方法，但是本体知识表示法继承并扩展了语义网络表示法、框架表示法和面向对象表示法的表示方式，不仅可以表示基本的层级关系，还可以表示概念间一些较为复杂的联系⑥，能够更好地实现知识

---

① 汪沛．基于领域知识图谱的个性化推荐方法研究［D］．昆明：昆明理工大学硕士学位论文，2017.

② 刘素姣．一阶谓词逻辑在人工智能中的应用［D］．洛阳：河南大学硕士学位论文，2004.

③ 徐舒．产生式表示的改进［D］．上海：复旦大学硕士学位论文，2005.

④ 朱光菊，夏幼明．框架知识表示及推理的研究与实践［J］．云南大学学报（自然科学版），2006，28（S1）：154-157.

⑤ 李观．基于语义网络的灾害知识表示研究［D］．武汉：华中科技大学硕士学位论文，2013.

⑥ 董慧，徐雷．基于本体知识表示的历史领域专家系统模型［J］．现代图书情报技术，2010，（Z1）：72-78.

的共享和重用①。

本体表示应用广泛，马创新和陈小荷②将基于本体的表示法应用于古籍数字化，利用 XML 将原本半结构化的注疏文献转化成结构化的 XML 格式，并构成相互联系的古籍文献知识网络。基于本体的知识表示法局限性在于可理解性差，且实现的难度较高，较为复杂③。

（3）知识表示学习的方法

其基本思想是学习一种映射，将节点或整个图作为一个点映射到一个低维向量空间中，进而在低维空间中高效计算实体、关系及其之间的复杂语义关联④。在低维向量空间中，两个对象距离越近则说明其语义相似度越高。该方法可以提高知识表示的计算效率，并有效解决数据稀疏的问题。王琦⑤提出基于结构和实体类别信息的联合表示学习方法 CEKE，通过显式地学习实体类别的分布式表示，使实体和关系的表示不仅能体现语义信息、结构信息，同时能蕴含潜在的更高层次信息。

（4）面向对象的知识表示法

其基本思想是知识的基本单位就是对象，每一个对象是由一组属性、关系和方法的集合封装组成。属性集和关系集描述了该对象的各种特征，对象的属性就是对象具有的知识；方法集是对属性数据进行知识处理的方法操作⑥。目前大多数基于面向对象的知识表示多应用于专家系统或者应用于某一领域，使用范围较为狭窄。

现实中存在的知识类型复杂，学者们常常将多种知识表示方法结合使用。例如，李桢静等⑦将框架表示法和逻辑谓词表示法结合，针对图书馆知识社区资源进行表示，用框架表示法对资源属性等结构化信息进行表示，采用谓词逻辑表示法将自然语言等非结构化信息表示成结构化的语言。混合的知识表示方法能更好

---

① 周利琴，范昊，潘建鹏．网络大数据中的知识融合框架研究［J］．情报杂志，2018，37（1）：145-150，197.

② 马创新，陈小荷．基于 XML 的《论语》与其注疏文献对齐语料库的知识表示［J］．图书情报知识，2013，（1）：107-113.

③ 李祯静，秦春秀，马晓悦．图书馆知识社区中的知识表示方法研究［J］．情报理论与实践，2017，40（5）：112-115，86.

④ 刘知远，孙茂松，林衍凯，等．知识表示学习研究进展［J］．计算机研究与发展，2016，53（2）：1-16.

⑤ 王琦．基于多源信息的知识表示学习方法研究［D］．武汉：华中师范大学硕士学位论文，2019.

⑥ 刘建炜，燕路峰．知识表示方法比较［J］．计算机系统应用，2011，20（3）：242-246.

⑦ 李祯静，秦春秀，马晓悦．图书馆知识社区中的知识表示方法研究［J］．情报理论与实践，2017，40（5）：112-115，86.

地处理问题，满足用户需求，但是混合方法在兼容性和交互性上也对技术提出了更高的要求。

2.5.4 知识关联的相关理论与方法

学术社区信息聚合的最终目的是给用户带来更好的使用体验，在进行信息聚合时，应考虑用户细粒度内容聚合需求，挖掘语义层面的关联，将挖掘抽取出的知识点进行多维度的关联聚合，才能提供优质的知识服务。

知识关联是不同知识单元之间所存在的各种联系，具体地说，知识关联就是指大量的知识单元之间存在的知识序化联系，以及其中隐藏的、可理解、最终可用的关联。将蕴藏在资源内部的各种知识单元之间丰富的语义关联揭示出来，形成知识单元关联网络①，进而达到对资源内容的细粒度聚合。

按照关联对象的不同，知识关联可分为知识载体关联和知识内容关联：①知识载体关联是指基于各类知识物质载体所形成的知识关联，分为文献知识关联和非文献知识关联，文献知识关联有文献学科关联、文献作者关联、引文关联、出版期刊关联等。非文献知识关联包括人际网络关联、社会网络关联、网站链接关系等；②知识内容关联是指基于知识内容本身的各种知识关系，如主题概念②、学科、事件、用途、人和时空等的关联。

按照关联关系的不同，知识关联可以划分多种类型，如属种关联、实例关联（人-社会关联、物理关联、附属关联、组织附属关联等）和部分整体关联（组件关联、成员关联、片段关联、组成关联等）③。知识关联关系的揭示方法大致可以分为发现关联关系和构建关联关系两类（图2-15）。

（1）发现知识关联

利用计量分析等方法挖掘实体间关系，挖掘知识中蕴含的共现、耦合、合作关系等④⑤。计量学理论为网络学术社区的信息聚合提供了多面聚合维度（标签、关键词、概念、作者、机构等）和可操作性方案⑥。计量学方法具备较强的开放

---

① 文庭孝，龚蛟腾，张蕊，等. 知识关联：内涵、特征与类型［J］. 图书馆，2011，（4）：32-35.

② 刘晓英. 知识关联及其应用研究［D］. 湘潭：湘潭大学硕士学位论文，2010.

③ 曾建勋. 知识链接及其服务研究［M］. 北京：科学技术文献出版社，2012.

④ 杨瑞仙，林进祯. 基于海量数字资源的科研关系揭示方法研究述评［J］. 情报理论与实践，2015，38（8）：95-99.

⑤ 陈兰杰，侯鹏娟. 数字文献资源关联关系揭示方法研究［J］. 图书馆，2015，（2）：41-45.

⑥ Su J，Yang Y，Zhang N. Measurement of knowledge diffusion efficiency for the weighted knowledge collaboration networks［J］. Kybernetes，2017，46（4）：672-692.

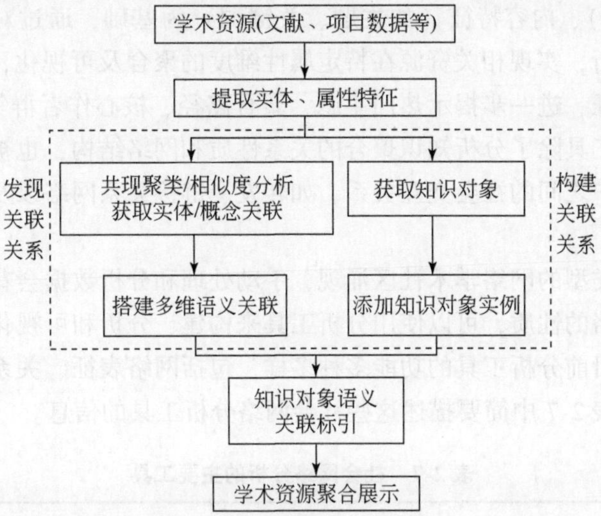

图 2-15　知识关联分析框架

性、规范性、可操作性，目前已成为实现信息聚合的重要手段与途径，并推动着从元数据关联、传统计量关联再到语义与计量结合关联聚合不断深化①，特别是在大数据环境下利用计量思想和方法对知识进行聚合是知识科学发展的重要方向②。图 2-16 展示了文献计量可视化分析工具 Sci2 的工作流程，通过知识单元抽取、时间切片等数据预处理过程进行共现聚类分析、网络社区监测分析、时空聚类分析、科学可视化等。

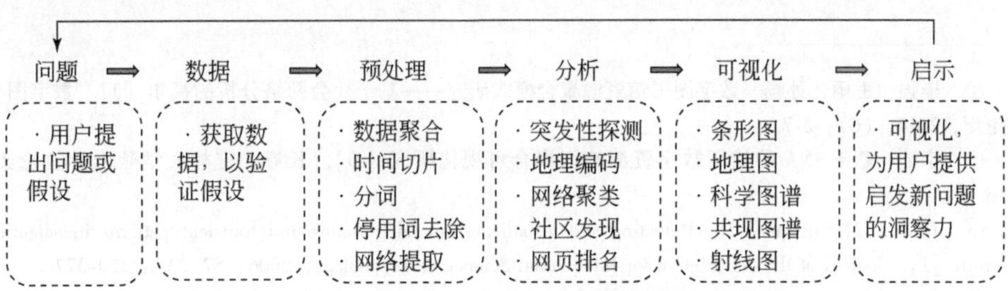

图 2-16　文献计量可视化分析工具 Sci2 工作流程

① 李牧南．基于关联规则挖掘竞争情报研究前沿分析［J］．情报杂志，2016，35（3）：54-60.
② 董克，程妮，马费成．知识计量聚合及其特征研究［J］．情报理论与实践，2016，39（6）：47-51.

社会网络分析理论在信息聚合的研究领域主要被借鉴用于以资源外在形式(如作者、机构)、内容特征(如主题、关键词)为基础，通过对诸如互引、合作关系等的分析，实现相关资源在特定属性维度的聚合及可视化，而后依据聚合所呈现出的特征，进一步揭示热门主题、聚合路径、核心作者群等相关信息①②。社会网络分析工具除了分析知识聚合的关系性质和网络结构，也被用来分析网络学术社区中用户之间的社会交互关系，如转发、链接关系网络以及由此引发的用户聚合。

由于各种类型的网络学术社区涌现，手动处理和分析数据会花费大量时间和精力。根据网络的性质，可以使用分析工具来构建、分析和可视化网络学术社区聚合的特征。目前分析工具的功能多种多样，包括网络表征、关系挖掘、社团发现和可视化。表 2-7 中简要描述这些社会网络分析工具的信息。

表 2-7　社会网络分析的主要工具

工具	平台	语言	访问	描述
CiteSpace③	Windows/iOS/ Linux	Java	免费	分析和可视化学术出版物的模式和趋势
CitNetExplorer④	Windows /其他	Java	免费	具体分析和可视化引用网络
Gephi⑤	Windows/iOS/ Linux	Java	免费	一个用于分析和可视化的开源网络工具
HistCite⑥	Windows	Java	免费	文献分析和信息可视化

---

① 毕强，王雨，孙畅．数字图书馆资源聚合模式研究——基于社会网络分析的视角［J］．数字图书馆论坛，2014，(6)：2-7.

② 李洁．基于 SNA 的馆藏数字资源知识聚合可视化研究［D］．长春：吉林大学硕士学位论文，2016.

③ Chen C M. CiteSpace II：Detecting and visualizing emerging trends and transient patterns in scientific literature［J］. Journal of the Association for Information Science & Technology，2006，57（3）：359-377.

④ Van Eck N J，Waltman L. CitNetExplorer：a new software tool for analyzing and visualizing citation networks［J］. Journal of Informetrics，2014，8（4）：802-823.

⑤ Bastian M，Heymann S，Jacomy M. Gephi：an open source software for exploring and manipulating networks［C］// Proceedings of the Third International ICWSM Conference，San Jose，California，USA，2009：361-362.

⑥ Garfield E，Pudovkin A I. The histcite system for mapping and bibliometric analysis of the output of searches using the isi web of knowledge［C］//Proceedings of the 67th Annual Meeting of the American Society for Information Science and Technology，Newport，Rhode Island，USA，2004：12-17.

续表

工具	平台	语言	访问	描述
iGraph①	Windows/iOS/ Linux	C /R/ Python	免费	网络分析和可视化工具
NetworkX②	Windows/ iOS	Python	免费	一种用于大型现实网络的高度可移植的工具
NodeXL③	Windows	C#/. NET	免费	Microsoft Excel 的网络分析包
Pajek④	Windows/iOS/ Linux	C / R	免费	大型，复杂的网络分析工具
Sci2⑤	Windows/iOS/ Linux	Built on CIShell	免费	用于科学研究、支持时间、地理空间、主题和网络分析
UCINet⑥	Windows / iOS	Java	收费	分析社交网络
VOSviewer⑦	Windows /其他	Java	免费	分析和可视化书目网络

（2）构建知识关联

利用语义网、本体、关联数据和知识链接等方法对知识关联关系予以揭示和构建⑧。语义网理论在信息聚合领域的应用重点在于以语义为切入点多维度地描

① Csardi G，Nepusz T. The igraph software package for complex network research［J］. Inter Journal Complex System，2006，1695：1-9.

② Hagberg A，Swart P，Chult D S. Exploring network structure，dynamics，and function using NetworkX［C］// Varoquaux G，Vaught T，Millman J. Proceedings of the 7th Python in Science conference（SciPy），Austin，Texas，2008：11-15.

③ Smith M A，Shneiderman B，Milic-Frayling N，et al. Analyzing（social media）networks with nodexl［C］// Proceedings of the Fourth International Conference on Communities and Technologie，University Park PA，USA，2009：255-264.

④ Batagelj V，Mrvar A. Pajek- analysis and visualization of large networks［C］// Jünger M，Mutzel P. Graph Drawing Software. Berlin，Heidelberg：Springer，2003：77-103.

⑤ Sci2 Team. Science of Science（Sci2）tool［EB/OL］. Indiana University and SciTech Strategies，2009，https://sci2. cns. iu. edu［2019-11-20］.

⑥ Borgatti S P，Everett M G，Freeman L C. UCINET VI for Windows：Software for Social Network Analysis［M］. Harvard，MA：Analytic Technologies，2002.

⑦ Van Eck NJ，Waltman L. Text mining and visualization using VOSviewer［J］. ISSI Newsletter，2011，7（3）：50-54.

⑧ 夏立新，陈晨，王忠义．基于多维度聚合的网络资源知识发现框架研究［J］. 情报科学，2016，34（5）：3-8.

述和揭示资源间的关系，并根据语义关联开展知识组织处理①②，相应的技术工具有微格式、本体、RDF、关联数据等，并常与大众分类标签相结合使用。语义网技术应用于网络学术资源的表征、关联组织以及相应的知识发现研究已从基础理论进入实验系统开发验证阶段。

知识链接理论作为一种新型的信息组织方式，知识链接以知识组织为基础，以语义标引为中枢，以知识构建为手段，以科研实体、知识要素、科学文献、科学主题等知识单元为链接对象，通过语义关联，把知识体系连接为清晰的知识网络结构，为知识检索和知识共享提供知识资源。知识链接理论为信息聚合提供了参考链接、引文链接、知识元链接、实体映射、基于本体构建的链接等丰富的构建模式和方法体系③。

2.5.5 社会化群聚相关理论

网络学术社区是由社会成员节点及成员间多样的连通关系而构成的社会结构，其中节点是基础，用户关系是脉络。从网络结构意义上讲，关系的连通性是社区成员能够聚合并得以构建成实质性集群的基础要件，若没有"边"即连通性的存在，再密集的节点也只能是节点数量上的叠加而断然不能聚合形成关联网络。学术社区成员的连通性、同质性、相互认同、不断互动是社会化聚合群体形成的基础和前提。社会化群聚的理论包括：

1）连通性理论。连通性理论是自然科学家和社会科学家解释社会网络现象时共同面对的议题。数学家的三元闭包和社会学家的三人互动阐释了这个议题的不同维度④。麦克法兰等⑤归纳了连通性获得的三个机制：同质性、平衡性、支配性。成员节点间连通性的获得又来源于两个层面：①微观层面成员间相关属性的同质性；②宏观层面网络结构的平衡作用。网络社区成员在兴趣、生活背景等属性上存在的共通或相似性是其进行人际交往及其他社会选择的一个重要前提，

① 曾建勋，丁遒劲．基于语义的国家科技信息发现服务体系研究［J］．中国图书馆学报，2017，43（4）：51-62.

② Rosaci D. Finding semantic associations in hierarchically structured groups of Web data［J］. Formal Aspects of Computing，2015，27（5-6）：867-884.

③ 曾建勋．知识链接及其服务研究［M］．北京：科学技术文献出版社，2012.

④ 邱泽奇，范志英，张樹沁．回到连通性——社会网络研究的历史转向［J］．社会发展研究，2015，(3)：1-31.

⑤ McFarland D A，Moody J，Diehl D，et al. Network ecology and adolescent social structure［J］. American Sociological Review，2014，79（6）：1088-1121.

成员间相关属性的同质性是微观层面节点连通性得以建立的重要来源。另外，网络学术社区的演化就是从无到有建立耗散结构，或者由新的耗散结构取代旧的耗散结构的一系列动态平衡、自组织的过程[①]。由于宏观结构平衡的动态作用（如网络社区规则的变动），原本非同质性的成员间也存在着产生连通的可能。另外，支配机制指的是影响结构性位置的因素是个体对有利社会地位的占有。连通性理论提供了网络学术社区中用户聚合机制的可能解释。

2）同质性理论。同质性是社会学中基本的组织原则，指相似的人之间发生连接的可能性要远远大于不相似的人。同质性是在文化、行为、遗传、婚姻、网络信息流等社会现象中普遍存在的特征[②]。对一个新关系的建立而言，用户倾向于同他们具有某种属性相似性的人建立关系，如性别、教育、宗教、职业、社会阶层、年龄、网络位置等相似性。同质性理论被用来解释网络社群凝聚的理由，是用户的相似性测量[③]的基础。

3）互动理论。互动是人们通过信息传播而发生的交往活动，互动理论认为群体形成是以人与人之间互动为前提，而社会结构最终也是由个人行为及其互动所构成和保持的。在多人关系中会产生实际的社会网络或相对应的网络虚拟社区，而互动形式也较两两交往更为复杂[④]。Web2.0 为网络信息用户提供了多种互动的虚拟社区平台，使得用户形成社会化群体聚合效应[⑤]，网络用户信息互动中具有社会服从性、从众行为、群聚行为特征[⑥]。

4）社会认同理论。社会认同是社会心理学家公认的影响个体参与集体行动的主要因素，并被视为影响集体行动参与和其他变量的基础性因素[⑦]。社会学研究者将认同界定为一种包括群体特性和群体意识的集体现象，强调诸如个人社交圈、团体成员资格、社会团体地位等观念，强调个人的行为思想与社会规范或社

---

① 张毅．虚拟社区及其演化的自组织分析［D］．重庆：重庆大学硕士学位论文，2010.

② Mcpherson M，Smithlovin L，Cook J M. Birds of a feather：homophily in social networks［J］. Annual Review of Sociology，2001，27（1）：415-444.

③ Akcora C G，Carminati B，Ferrari E. Network and profile based measures for user similarities on social networks［C］// Alhajj R，Shyu M L，Joshi J. IEEE International Conference on Information Reuse and Integration（IRI），Las Vegas，Nevada，USA，2011：292-298.

④ 屠海晶．运用社会学中的“互动”理论理解传播的本质［J］．兰州大学学报（社会科学版），2002，30（1）：85-90.

⑤ 邓胜利，冯利飞．Web2.0 环境下网络用户的群体动力分析［J］．图书情报知识，2011，（2）：78-82.

⑥ 邓小昭．网络用户信息行为研究［M］．北京：科学出版社，2010.

⑦ 薛婷，陈浩，乐国安，等．社会认同对集体行动的作用：群体情绪与效能路径［J］．心理学报，2013，45（8）：899-920.

会期待趋于一致，对自我特性的一致性认可、对周围社会的信任与归属、对有关权威和权利的遵从等[①]。认同被认为是人之本性，是一个人对其个体身份的自觉意识以及对某个群体的理想和特征的内心趋同。社会认同理论不仅关注个体心理变量的控制，同时关注群体过程的分类模式，强调个体识别并对自己进行分类，进而通过社会分类、比较和相应的区分原则建立社会认同。因此，认同在本质上是一种群体性观念，是增强群体内聚力的必要条件，故而具备了向成员灌输行动逻辑、塑造特定结构、聚合同质性成员的主要功能。

5）马太效应。马太效应作为一种普遍的社会现象和表征“强者愈强、弱者恒弱，多者越多、少者越少”现象的理论，已经在社会的很多方面产生了影响。马太效应的作用过程包含两个相关而又不同的侧面：①从时间角度看，马太效应是人们的已有成就转化为发展资源而实现再生增殖的过程。工作成就、声誉（如对网络学术社区贡献的资源量、活跃等级等）是用户实力的一种直接确证，因此根据一个人的以往成就和声誉决定对其进行关注、响应是人们基于常规逻辑的下意识自然性选择。②从空间角度看，马太效应是竞争劣势者的利益资源等向优势者集聚的过程[②]。网络社区中的马太效应表现为两种方式[③]：一种方式是将现实的社会影响力延伸到网络，另一种方式则是观点极化特性，通过新、奇、特的言论来制造公共话题[④]。

---

① 管健．社会认同复杂性与认同管理策略探析［J］．南京师大学报（社会科学版），2011，（2）：96-102.

② 任红，应爱娜．马太效应——社会分层的催化剂［J］．理论导刊，2007，（6）：69-71.

③ 杨雪冬．微博世界的“马太效应”［J］．人民论坛，2011，（15）：8.

④ 柳军，蔡淑琴．微内容的网络舆情传播特征分析［J］．情报杂志，2013，32（1）：1-4.

第 3 章 网络学术社区信息聚合模式分析

随着网络学术社区迅速渗透应用，学术社区中用户生成的数字资源急剧增长，包括各种期刊论文、学位论文、图书专著、学术互动问题、数字媒体等不断涌现，海量信息的呈现需要多维度和细粒度的信息聚合方法和聚合模式，以改进内容可发现性，实现知识导航、检索与推荐，为用户提供智能化、个性化服务。

这些由用户生成的数字资源中不仅包含大量涉及科学主题的知识结构和知识体系，也存在丰富的科研实体，如科研活动、科研主体、科研条件、科研产出等。不同的科研实体之间存在着普遍的、相互交叉的关联关系，这些关联关系会随着用户交互不断演化，呈现出丰富的科研关系网络。本章将聚焦信息内容层面的聚合，探究学术社区中信息资源的构成形态、聚合特征、聚合模式等问题。

3.1 网络学术社区中信息资源的构成

(1) 学术社区信息资源的来源结构

网络学术社区用户利用计算机支持的网络平台连接具有相同学术兴趣或学术经历的潜在合作者，交换学术信息、资源或科研经验等，实现用户生成内容的共享。学术用户、网络平台和学术性 UGCs 是其中三个核心构成要素（图 3-1）。网络学术社区的技术平台包含学术博客、学术微博、学术论坛、学术问答社区、学术资源管理平台等多种典型应用。学术性 UGCs 是用户创造或者上传的各种类型学术性资源，包括图片、视频、网页书签、用户个人信息、用户活动更新，以及学术文本等。

根据用户交互方式的不同，用户生成内容可划分为用户原创内容、用户添加内容和行为产生内容①；根据信息表现形式差异，可分为信息微内容和用户微内容②。McKenzie 等③将其划分为创造性内容、小规模的软件工具内容（apps 等）、

① 刘兰，徐树维．微内容及微内容环境下未来图书馆发展［J］．图书情报工作，2009，53（3）：34-38.

② 张乾，蔡淑琴，石双元．微内容序化方法与应用实例术［J］．图书情报工作，2012，56（8）：38-41.

③ Mckenzie P J，Burkell J，Wong L，et al. User-generated online content 1：overview，current state and context［J］. First Monday，2012，17（6）：1-5.

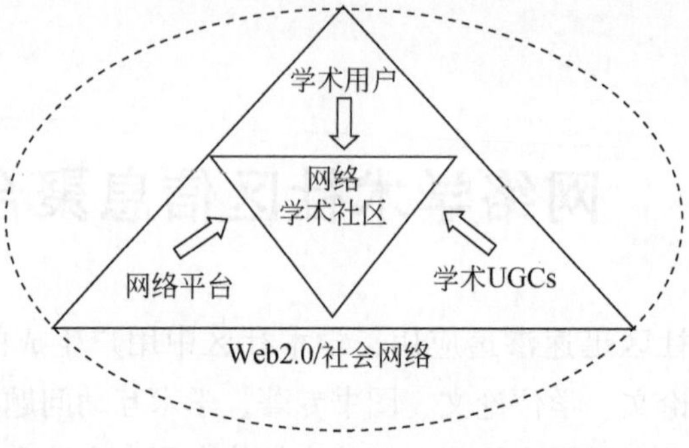

图 3-1 网络学术社区的核心构成要素

协作内容（Wikis 等）三类。

经济合作与发展组织（OECD）认为用户生成内容具有三个特征：①Internet上公开可用的内容；②此内容具有一定程度的创新性；③非专业人员或权威人士创作[①]。也有学者将用户生成内容直接界定为微内容。微内容是相对于宏内容而言的，是“互联网用户上传到网上的任何数据”。微内容是一种基于用户体验的文献类型，以短的文本碎片或词组的形式存在，通常不需要上下文支持也具有存在意义[②]，例如，一个简单的链接、一个关于作者、标题的元数据、email 的主题、RSS 的内容列表等都可以看作是微内容[③]。

根据具体组织对象，本书将学术社区资源类型划分为三类（表 3-1）：①围绕人的，包括学者以及学者之间的连接；②围绕物的，这里的物是一种与人相对的泛指，如学术文献、音频、视频等等；③围绕交互的，指学者之间虚拟或真实的讨论、评论、打分、收藏、推荐、分享等。

---

① Vickery G, Wunsch-Vincent S. Participative Web and User-Created Content: Web2.0 Wikis and Social Networking [M]. Paris, France: Organization for Economic Cooperation and Development (OECD), 2007.

② Loranger H, Nielsen J. Microcontent: a few small words have a mega impact on business [EB/OL]. https://www.nngroup.com/articles/microcontent-how-to-write-headlines-page-titles-and-subject-lines/[2017-07-30].

③ Dash A. Introducing the microcontent client [EB/OL]. http://anildash.com/2002/11/introducing-microcontent-client.html[2017-07-30].

表 3-1　网络学术社区的用户生成内容类型

维度	资源类型
围绕人	学者信息（基本信息、联系人列表等）
围绕物	发布型资源（学术博文、图片、学术文献等） 链接型资源（学术文献链接、作者链接等）
围绕交互	数字统计型资源（转发数、收藏数等） 讨论型资源（论坛的讨论学术问题等） 评论性资源（学术用户评论）

依据资源形态表现的方式，网络学术社区的信息资源又可划分为发布型、讨论型、评论型、描述型、外部链接型、数字统计型等类型，具体资源结构见图 3-2。

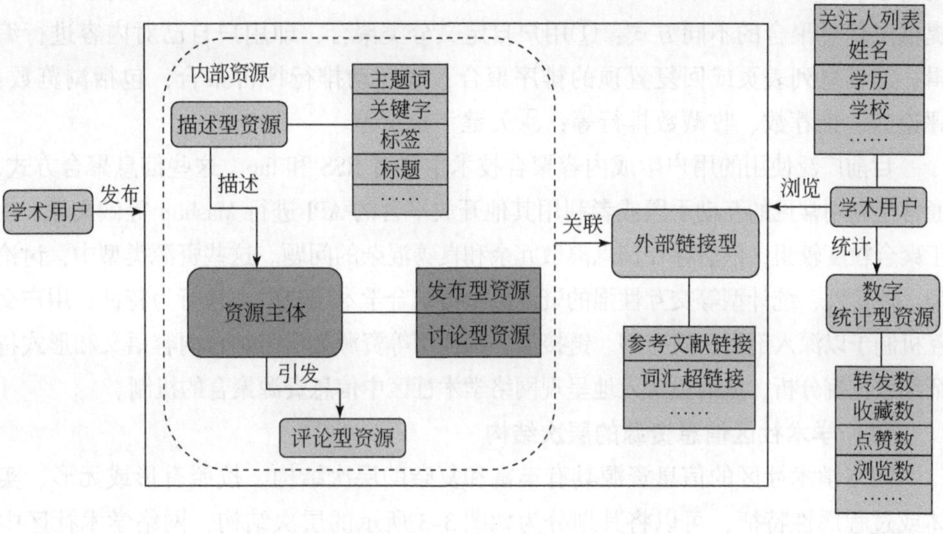

图 3-2　网络学术社区信息资源的来源结构

● 发布型资源，也可称之为原创性内容，如学术博客上发布的博客文章、学术论文、学术评论，学术词条等，发布内容不受回复信息的影响。

● 讨论型资源，学术问答社区和学术论坛中用户在某个话题下的回复，有时候讨论过多，可能使得讨论主题漂移，导致社区内容质量下降。

● 评论型资源是用户对学术资源主体的评价和看法，也从中可以抽取出有用的信息。

● 描述型资源用于描述资源主体的字段，如学术博客文章的关键词和标题、学术论坛话题的主题词、学术问答社区的标签、词条目录等都可以看作是对资源主体的相关描述。

• 外部链接资源以超链接的形式存在，它指向资源主体以外的相关资源，如学术文献超链接和词汇超链接、内向链接和外向链接等，这些链接都可以看成社区资源的一种。

• 数字统计型资源，最后用来评估社区学术内容质量，如由网页所记录的用户转发、收藏、浏览等行为发生的总数量。

网络学术社区中用户上传的内容不仅有结构化或半结构化的学术文献、科学数据等，同时还包含短小精简的发布型、讨论型、评论型、描述型的用户生成内容，具有颗粒小、原生态、传播广的特征。学术社区中的信息聚合，需要对社区中大量分散的微内容进行抽取、表征、重组、融合和序化，满足用户共享和重用的需求。针对网络学术社区中用户生产内容的交互特性及动态性，当前学术社区提供了信息聚合的不同方式：①用户自定义分类聚合，即用户自已对内容进行编辑；②信息列表页或回复置顶的排序聚合；③互动排行评价聚合，包括浏览数、评论数、推荐数、收藏数排行等；④关键字检索等。

目前广泛使用的用户生成内容聚合技术主要有 RSS 和 tag。这些信息聚合方式，通常是利用常见的互动手段或者利用其他开放平台的 API 进行 Mashup 等做文章，由于聚合粒度较粗，依然存在信息离散冗余和良莠混杂的问题。这些资源类型中，讨论型、评论性、统计型等交互性强的资源类型需结合学术用户的心理行为特征、用户交互机制予以深入剖析；发布型、链接型、描述型等资源类型需结合内容语义和形式特征细致挖掘分析，从而更深入地呈现网络学术社区中信息资源聚合的机制。

（2）学术社区信息资源的层次结构

网络学术社区的信息资源具有丰富和复杂的层次结构。按照有形或无形、实体或过程属性特征，可以将其划分为如图 3-3 所示的层次结构，网络学术社区中

	无形的	有形的
实体	2.作为知识的信息 知识	1.作为事物的信息 数据、文献
过程	3.作为过程的信息 被告知	4.信息加工 数据加工

图 3-3 学术社区信息资源的属性层次①

① Buckland M K. Information as thing [J]. Journal of the American Sociey for Information Science, 1991, 42 (5): 351-360.

既包含着有形的科学数据和科学文献，同时蕴含大量学者的隐性知识和智慧；既拥有丰富的科研实体信息，也聚合了科研活动过程。同时，由于用户生成内容是片段和动态变化的，使得学术社区所聚合的信息资源具有不稳定性和不确定性，需抽取共同的属性元素予以分析。

1）作为事物的信息（information as thing），网络学术社区信息资源包含显性可观察的数据和文献，如科学观察数据、用户评价计量数据、用户联系列表、用户上传的科学文献、论文下载记录信息等。

2）作为知识的信息（information as knowledge）是隐性不宜获取的，如学者们获取、运用和创造的学术知识、对专业领域的洞见，以及专家专长等①。根据知识所涉及的主题可分为研究型知识、科研生活知识、混合型知识②。学术社区信息资源除具有共享性、增值性、扩散性等一般属性外，还具有学术性、创新性、领域性、系统性等专门特性。

3）作为过程、活动或传递行为的信息（information as process），包含易观察的科研学术动态信息③、科研合作过程信息等，也包含不易观察的科研活动全生命周期信息，如成员基于自己的知识矩阵围绕专业问题展开讨论、交换想法的过程信息等。也有学者认为情景信息是不可缺少的要素，由此提炼了用户（简历、目标、先验知识、活动、任务、职业类型、信息行为、信息需求等）、文献（书目信息、引文、流行度）和环境信息（位置、时间、服务类型）三类情景信息④。

学术社区信息聚合既要注意显性数据、文献信息聚合，也要深入挖掘蕴含其中的相关关联信息，例如，两个用户之间因使用共同标签、关注同一位专家所产生的学术兴趣相似关系等。如果系统没有进行挖掘和推荐，这两位用户就可能不会产生实际关联和联系。同时，更为挑战的任务是完成隐性知识内在语义关联信息揭示和聚合（图3-4）。

目前网络学术社区中信息聚合的粒度层次主要集中在词语粒度、文本粒度和用户粒度上。词语粒度的处理如标签聚合、关键词聚合；文本粒度主要是用户交互的文献引用、话题内容上，而用户聚合的结果是用户簇，进而可以转化为相应

① 丁敬达，杨思洛，邱均平．论学术虚拟社区知识交流模式［J］．情报理论与实践，2013，36（1）：64-68.

② 甘春梅，王伟军．学术博客的概念、类型与功能［J］．信息资源管理学报，2015，5（1）：25-30.

③ 赖茂生，赵康．我国科研人员对在线学术交流的态度和需求调查［J］．科技传播，2014，6（2）：269-272.

④ Champiri Z D，Shahamiri S. A systematic review of scholar context- aware recommender systems［J］. Expert Systems with Applications，2015，42（3）：1743-1758.

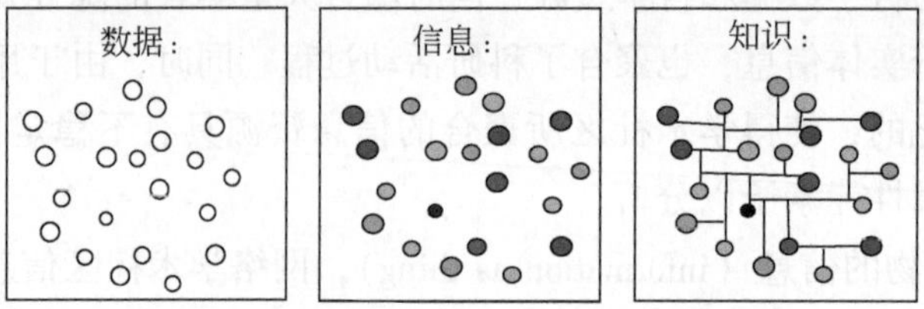

图 3-4　学术社区中信息资源加工层次

的资源簇或主题簇。

(3) 学术社区信息资源的内容结构

网络学术社区的本质是为科学研究活动和学术交流服务，学术社区中海量信息资源不仅蕴含了丰富的科研实体（图 3-5），而且蕴含了大量涉及科学主题的知识结构和知识体系，由此构成了科研主体-科研条件-科研活动-科研产出间丰富的科研关系网络。

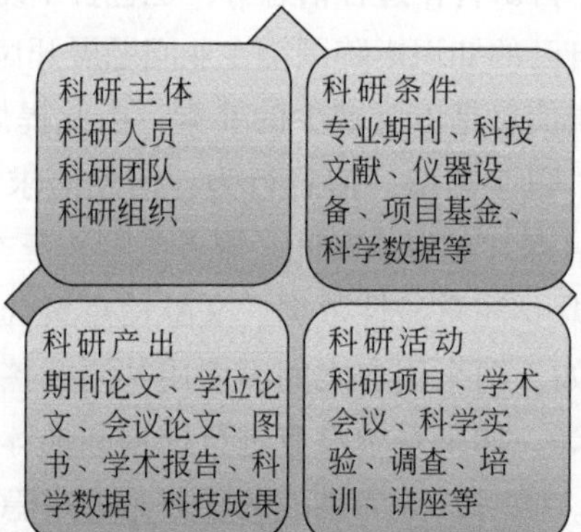

图 3-5　学术社区中的科研实体

从这些科研实体中可以挖掘出机构、人员、出版物、项目、引用、科学工作流、科学概念等多种聚合单元，既存在作者、机构、项目等粗粒度聚合单元，它们通常在文档及数据集层次上展示聚合关联，同时也存在科学概念等细粒度聚合单元，可以将聚合关联层次细化到内容上。引用、科学工作流是介于粗、细粒度之间的聚合单元①。随着科研本体建设的不断发展，作者、机构、文献（引用）

① 丁培. 科学文献与科学数据细粒度语义关联研究［J］. 图书馆论坛，2016，36（7）：24-33.

等维度上的粗粒度语义关联已在多个学术社区系统中得到实现。

网络学术社区中多维异构的科研实体，可以利用异质网络图 G（V，E）进行表示，顶点 V 包含不同的聚合单元类型：{paper，author，venue，institution，term……}。这些不同类型顶点之间的语义联系构成了不同性质的边 E：

- author—[writes]—paper
- paper—[cites]—paper
- paper—[published in]—venue
- author—[affiliated with]—institution
- paper—[contains]—term 等

基于作者合著关系、机构附属关系、论文引文关系、论文主题共现关系等形成对数字资源的有机聚合和集成关联，揭示了科研过程和科研活动的相关属性、规律和趋势。

以科研实体识别和抽取为基础，海量数字学术资源中的科研实体之间还可以挖掘出更多、更深的语义关系。基于不同实体类型，面向不同的任务目标，这些科研实体之间形成多种实体关系类型及关系特征，进而形成多种实体关系结构，如科学文献中句子、篇章、关键词、短语之间的共现关系；主题概念之间的同一、隶属和相关关系；科学成果中的研究方法、技术方案与研究结果之间的因果关系；仪器设备、产品、技术与特定指标、技术参数之间具有的条件关系等，这些关系会随着时间变迁、空间不同而演化。细致剖析和深入挖掘聚合多阶的科研实体关系，才能反映当前学术研究领域的合作、交流和发展态势。

3.2 网络学术社区中信息流转机制

网络学术社区信息流动遵循表征律、运载律、扩散-聚合律、选择律、马太律、省力律等信息世界运动的一般规律①。同时，由于学术信息资源和学术交流环境的特殊性，导致学术社区信息的运动模式具有服务学术创新的特殊性，探究网络学术社区的信息流转机制，有助于对信息聚合路径、情景和整体过程的理解与把握。

（1）网络学术社区中信息的流动转化过程

网络学术社区信息流转包括信息运动和转化两个环节，网络学术社区的信息运动既包括从用户生成内容创造—分类—存储—浏览与检索—共享—更新的信息活动显性过程（图 3-6），也包括隐性层次上信息（或科学知识）在人际或网络空间中发生的相对移动，例如，用户的社会交互行为引发的学术信息在学术社区中传递。

① 蒋永福，李集．信息运动十大规律［J］．情报资料工作，1998，(5)：18-21.

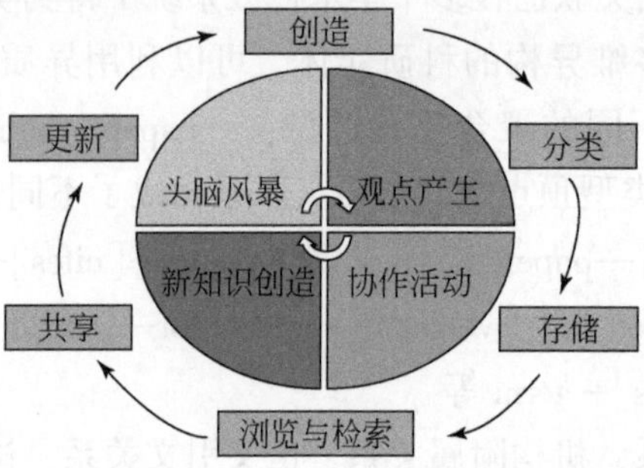

图 3-6　网络学术社区中信息运动与转化过程

网络学术社区存在学术信息资源网络与人际关系网络的关联层级结构，网络学术社区资源复杂程度的上升，源于用户信息互动行为的逐步升级，并伴随着人际关系结构复杂度的上升①；随着网络学术社区用户的回复、浏览等信息行为，信息经过社区网络终端到达接收者，被加工形成新知识后又会重新回到网络平台②。学术社区信息流转呈现“自组织”形态③④，用户通过学术社区中的信息活动，自发地形成相关知识网络和社会网络，并通过“知识-用户”二分网络的动态组合调度，发现满足用户需求的群组和知识集。

网络学术社区信息运动大致从两个角度进行衡量，一个是信息本身的属性，即信息内容特征及其传播路径；另一个是信息的生产者和接收者即信息用户的行为特点及其关系结构。网络学术社区中的信息以“用户生成内容”为主，用户与平台之间的交互，以及用户之间的交互决定信息运动的状态（图 3-7）。网络学术社区信息通过多次的有效传递，并流经不同信宿（用户）的知识结构后，会自发实现信息的聚合。

网络学术社区信息流动存在“象牙塔”式的传播特征，处于“象牙塔”顶部的小部分用户活跃上传信息，一部分中间用户会对内容进行评论或标注，而绝大部分用户是内容观望者或下载群体⑤。不同用户群体（不同学科、不同职位、

① 张素芳．网络社区学术资源关联研究［D］．天津：南开大学博士学位论文，2012.

② 李宇佳，张向先．学术虚拟社区知识流转的驱动机制研究［J］．情报科学，2017，35（3）：139-143.

③ 章颖华，祝锡永，黄雅文．基于 Web2.0 的学术社区体系框架研究［J］．图书馆学研究，2014，（5）：42-46.

④ 陈晓美，贯君，王福．虚拟社区信息运动及其规律研究［J］．图书情报工作，2016，60（6）：64-69，110.

⑤ Collins E，Hide B. Use and relevance of Web2.0 resources for researchers［C］//14th International Conference on Electronic Publishing，Hanken School of Economics，Helsinki，Finland，2010：271-289.

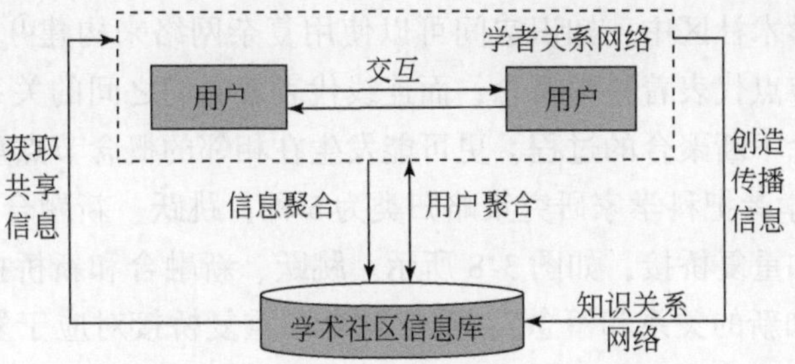

图 3-7　网络学术社区信息流转模型

不同年龄等）在信息拥有量、信息传递能力、信息表达能力方面普遍存在差距，学者们较多采用社会网络结构进行信息流动的路径和节点影响力分析。Jiang 等①以 ResearchGate 为例，研究学术社区信息扩散模型，通过用户跟随者关系数据的获取分析，发现用户在网络中的位置影响信息传播。节点度数越高，越有可能更快地传播信息。中心节点对信息传播具有显著影响，实验研究结果也证实研究者之间的关系强度同信息传播具有正向关联，更活跃的互动能提高信息传播的影响力。Pujari 等②针对 Twitter 中计算机科学家的社会活动网络（提到、转发、跟随）和学术活动网络（合著和引用网络），调查计算科学不同领域的研究者两种网络信息流的一致性和相似性，结果证明两种网络关联性较弱，说明网络社区扩展了研究者的交流领域（脱离核心研究领域，同其他研究者交流）。数据管理、人机交互、人工智能领域的学者在计算机学科中扮演着信息源的作用。

（2）基于信息流动的科学知识与科学思想传播聚合

网络学术社区中信息流转承载着知识和科学思想传播和创新，这既是学术用户交互聚合的根本目标，也是网络学术社区信息转化的关键特性。网络学术社区中，知识和科学思想的传播过程可以通过多种方式刻画，比如科学论文中知识概念的演变、引用关系，合作者关系和其他社会关系等。

科学出版物是知识传播的主要途径，其次还有其他非正式的交流。大数据可以用来追踪知识的传播和量化传播过程的深度和广度，如对特定概念的知识传播进行计量和观察，可通过与该概念相关的已发表论文和研究人员不断变化的数量

---

① Jiang H, Pan Y, Jie X, et al. Academic social network information dissemination model [J]. Southern Medical Journal, 2013, 53 (5): 548-553.

② Pujari S C, Hadgu A T, Lex E, et al. Social activity versus academic activity: a case study of computer scientists on Twitter [EB/OL]. http://amor.cms.hu-berlin.de/~jaeschkr/pdf/pujari2015social.pdf[2020-02-10].

来衡量。网络学术社区中，知识空间可以使用复杂网络来构建①。在不断演变的知识网络中，节点代表着科学概念，而连线代表着它们之间的关系。创新可以被看作是一个概念不断聚合的过程，更可能发生在相邻的概念节点重组上。

Foster 等②学者把科学家研究策略归类为 5 种：跳跃、新融合（聚合)、重复融合，新桥接和重复桥接，如图 3-8 所示。跳跃、新融合和新桥接代表了不同层面的创新（添加新的关系和概念)；重复融合和重复桥接对应于复制已建立的关系。通过概念及其关系的聚类和组合来模拟学术创新的过程，每篇论文可以看作是知识点的聚类，对不同知识节点的处理（如跳跃到新的知识点、链接不同的知识点、融合不同的知识点）分别对应对传统领域的挖掘和对创新领域的探索。

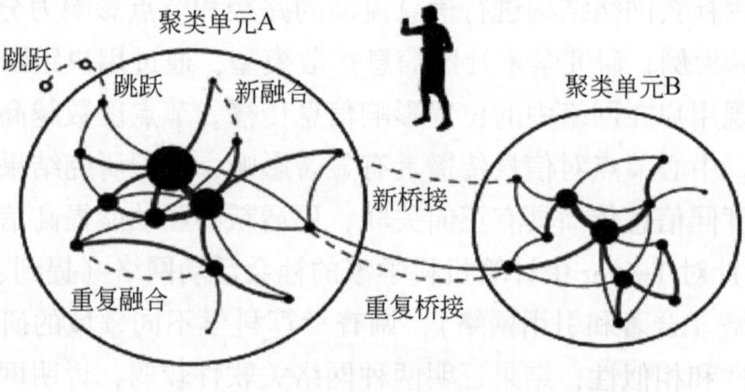

图 3-8 知识空间中科学家的研究策略

科学家的研究兴趣及其演变可以借助研究主题进行模拟分析，可映射为科学家在由研究主题形成的虚拟空间上移动。当一名科学家改变了他（她）的研究主题时，该科学家之前研究的科学主题概念会自然扩展到新的领域。Jia 等③利用科学出版物的 PACS 代码构建研究主题空间，通过追踪科学家的出版记录，建立一个基于随机游走的模型来重现这一经验观察，研究结果发现在给定的兴趣变化范围内，科学家的百分比呈指数分布。类似的，De Domenico 等④研究人类知识的演变过程，为每一个主题或知识领域构建一个层次网络，汇聚成多层网络模拟

① Beam E, Appelbaum L G, Jack J, et al. Mapping the semantic structure of cognitive neuroscience [J]. Journal of Cognitive Neuroscience, 2014, 26 (9): 1949-1965.

② Foster J G, Rzhetsky A, Evans J A. Tradition and innovation in scientists research strategies [J]. American Sociological Review, 2015, 80 (5): 875-908.

③ Jia T, Wang D, Szymanski B K. Quantifying patterns of research-interest evolution [J]. Nature Human Behaviour, 2017, 1 (4): 0078.

④ De Domenico M, Omodei E, Arenas A. Quantifying the diaspora of knowledge in the last century [J]. Applied Network Science, 2016, 1 (1): 15.

学者研究兴趣演变。作者研究活动从一个主题移向另一个主题，存在“区域内流动”和“跨区域流动”等不同类型流动。

除此之外，知识传播也被建模成发生在研究者间多重关系网络上，比如合作和引用关系。知识传播具有和流行病传播模型类似的特性：通过一个种群并由一个种子触发。Gffman[①] 将科学思想的传播看作一个标准的SIR模型，将肥大细胞的研究者分为三个类群：S（未采用者）、I（采用者）、R（出于各种原因离开该科学思想或主题的研究者），通过研究者的数量变化来观察有关肥大细胞的知识传播。科研合作也可以看作是一种知识网络，科研主体是知识节点，主体之间的合作可以看作是知识扩散行为，科研工作者之间的知识扩散，是科研工作者根据各自知识位势的高低，发生不同程度的知识渗透的结果，该过程不仅与科研合作双方的知识水平有关，还受到合作频次等因素的影响[②]。科研合作网络中专家高知识溢出效应越显著，越能促进知识的有效扩散[③]。

学术社区传播科学思想的另一个主要途径是利用论文的引文网络对引文流进行映射，是知识在更高层次（如领域、机构、城市和国家）传播的代表。基于引文网络的分析方法为理解全球层面的知识传播提供了研究视角。研究发现大多数学科在知识交流方面变得更加多样化。

由于网络学术社区可以由多层网络自然描述，从复杂系统的角度来研究其中的学术大数据成为一种新的趋势。透过不同的聚合粒度（概念空间、研究主题、研究合作、引文网络等），多种显著的结构属性，如高聚类倾向、富人俱乐部效应（少量节点具有大量的边，它们之间倾向于彼此之间相互连接）等得以观察，这些视角对于加深网络学术社区系统的信息聚合演化机制的理解是非常有价值的。除了引文和合作链接，其他链接如科学家通过会议、项目和社交媒体之间的互动还有待研究。

3.3 网络学术社区中信息聚合的特征

网络学术社区作为用户生成内容的聚合平台，同单纯的文献数据库、传统的

---

① Goffman W. Mathematical approach to the spread of scientific ideas—the history of mast cell research [J]. Nature, 1966, 212 (5061): 449-452.

② 岳增慧，许海云，方曙．基于个体行为科研合作网络知识扩散建模研究 [J]．情报学报，2015，34 (8)：819-832.

③ 巴志超，李纲，朱世伟．科研合作网络的知识扩散机理研究 [J]．中国图书馆学报，2016，42 (5)：68-84.

图书馆信息聚合组织相比，呈现出显著不同的特征，面临问题和挑战也截然不同。

（1）非线性特征

网络学术社区中信息聚合包含用户、内容、功能等多种核心要素，各要素主体之间不是相互独立，而是相互影响，具有相互协作能力。线性系统服从叠加原理，两次独立的输入与两个联合的输入产生同样的系统效果：$f(x_1)+f(x_2)=f(x_1+x_2)$。而非线性系统不服从简单叠加，即 $f(x_1)+f(x_2)\neq f(x_1+x_2)$，非线性是自组织形成的基础①。网络学术社区中聚合主体不仅包括信息内容，也包括用户及其关系网络、应用组件，聚合类型多样，数量巨大，使得网络学术社区呈现的状态和发展方向是非线性的，其中的信息运动也不可以用线性规律来描述，例如，网络学术社区中用户讨论话题随机出现，其停留的时间不可预期，话题引发的讨论也不可预见；学术用户之间相互交流协作，用户学术兴趣的涨落受其他用户影响等。网络学术社区信息聚合体现出的非线性特征，利用传统的网络目录、文献分类法、主题法对其进行线性聚合组织非常困难。

网络学术社区中信息聚合包含两层含义：一是相似行为特征的用户主体聚合成用户组，相似内容主体聚合为资源类；第二层含义是学术社区中复杂组织关系及混合文化，许多新应用通过基本部件组合而成②。内容主体、用户主体、功能主体之间具有的特征机制如表 3-2 所示。

表 3-2　学术社区聚合主体的特征机制

维度	聚合主体特征机制
标识	自由标签、社会性标签、系统添加的结构性标签
非线性	主体之间相互协作，主体行为受其他主体及自我状态的影响
多样性	内容主体聚合为不同主题；用户主体聚合为不同群组
信息流	用户、功能、内容之间存在复杂的信息流，例如，<用户，收藏，资源>，<用户，跟随，出版物/同伴>，<用户，关系，朋友>
内部模块积木	主体内部状态和行为规则构成模块积木，影响主体适应性变化。例如，根据用户某一行为状态改变（如阅读、收藏、共享等）预测用户的学术兴趣

（2）自组织与他组织机制有机融合

传统的信息组织方法是一种以知识信息生产者和工作者为中心的情报组织方

---

① 张树人．从社会性软件、Web2.0到复杂适应信息系统研究［D］．北京：中国人民大学博士学位论文，2006.

② 马费成．网络信息序化原理——Web2.0机制［M］．北京：科学出版社，2012.

式，是一种典型的他组织。在他组织模式下建立的知识结构虽然是有序的，但是不能客观地揭示人类知识创造，尤其是用户创造性活动中利用知识信息的特点①。

当前，网络学术社区的信息聚合组织往往结合使用自组织与他组织方式。用户、信息、系统所构成的复杂系统中，系统组织演化具备自组织的特征，而对整个系统的协调管理活动相对而言又是一种他组织方式。网络学术社区中信息聚合实现方法是系统驱动和用户驱动的双重作用的结果（图 3-9）。系统驱动的方法指利用信息描述标识机制或关联分析，建立聚类关系，具有相同行为特征的用户、相似内容主体等被聚集起来，用户兴趣千差万别，交互的内容也变化无穷，因此形成不同的聚集，社区系统呈现出多样性②。用户驱动的方法指通过用户行为和操作的驱动，改变主体间的交互关系，例如，用户自主选择友邻和功能、内容主体。

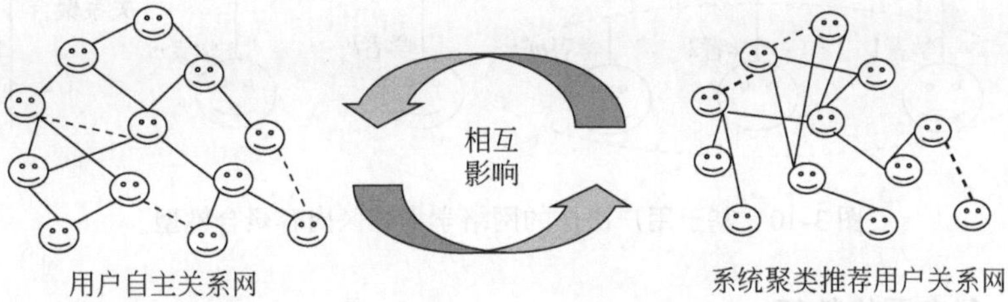

图 3-9　用户关系网络相互影响

（3）社会性协作特征

学术社区中用户生成内容具有明显的用户个人特征，贴有生成者个人标签，传统的聚合组织方法无法反映用户个性化、社会化特质。用户具有不同的个性需求，对用户生成内容的组织应加上用户的背景信息，而微格式可以实现这一个性化需求③。网络学术社区中信息聚合应呈现用户的使用方式和认知特征④。网络学术社区通过用户社会性贡献内容和协同信息行为解决知识获取难题⑤。

用户创造的信息片段，按照某种聚合规则（语义关联或导航机制），依据用户的需求和情景，聚合成不同的信息单元，也可以经过挖掘整理，生成新信息。

---

① 马费成 . Web2. 0信息序化机制 ［J］. 图书情报知识，2009，（6）：14-18.

② 马费成 . 网络信息序化原理——Web2. 0机制 ［M］. 北京：科学出版社，2012.

③ Mrissal M，Al-Jabaril M，ThiranP. Using microformats to personalize web experience ［EB/OL］. http://ftp. informatik. rwth-aachen. de/Publications/CEUR-WS/Vol-445/02icwe2008ws-iwwost10-mrissa. pdf［2019-09-30］.

④ 徐晨 . 面向微内容分类组织的复合模式研究 ［J］. 图书情报工作，2013，57（9）：113-118.

⑤ 王娜 . 泛在环境下基于用户协作的信息组织机理研究 ［J］. 图书情报工作，2010，54（14）：97-101.

网络学术社区用户生成内容的聚合组织是涵盖创生交互、描述聚合、关联聚合[①]等，进而序化、优化的完整演化过程（图 3-10）。

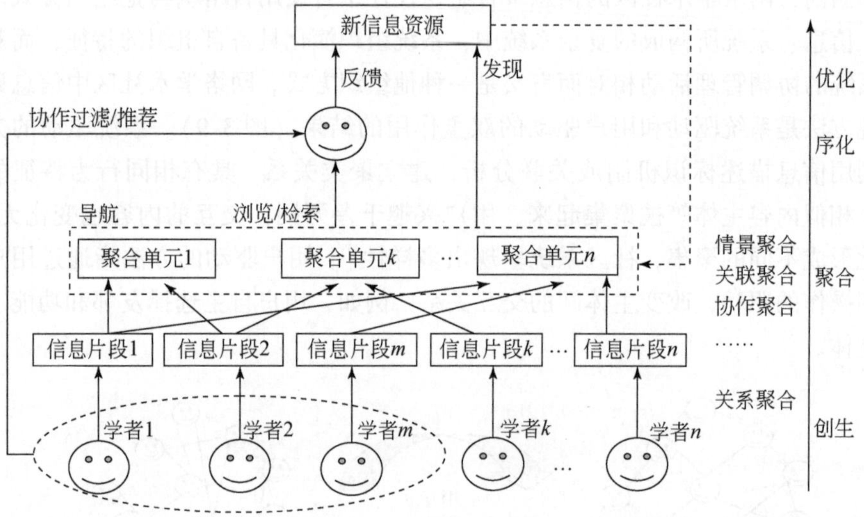

图 3-10　基于用户协作的网络学术社区内容聚合模型

（4）复杂网络特征

网络学术社区是一个增长并且演化的复杂网络，由学者与学者间的合作交流关系、论文与论文之间的引用关系、学者与不同研究主题之间的参与关系、知识图谱中各个主题间的相关关系等多层异构网络构成，并随着相关主题的更新而不断复杂演化。学术社区网络拥有大量的节点和链路，网络拓扑十分复杂，节点度分布函数符合幂律分布，具有无标度特性和小世界特性，同时还具有聚类特性、社区结构特性等。复杂网络问题包括中心性度量、社区检测、结构还原性等。由于学术社区系统可以由多层网络自然描述，因此这些方法对于聚合系统的结构组织和演化机制的理解是非常有价值的。

同时，网络学术社区中积累着大规模高维度数据，例如，论文元数据往往达到数百万到上千万量级的论文数量，包含标题、摘要、作者、单位、相互引用等多维度的结构信息。针对这些学术大数据的聚合，需借助多学科交叉理论与方法，结合信息科学领域中的机器学习、数据挖掘、可视化、多智能主题建模等工具，采用社会科学的社会网络分析等多学科理论方法进行探索分析。

① 李鹏．Web2.0环境中用户生成内容的自组织［J］．图书情报工作，2012，56（16）：119-126.

(5) 质量控制机制

由于用户贡献内容可能存在着信息混乱、信息失真、侵犯知识产权、创新质量和参考源质量差等问题①，因此在信息聚合中应引入过滤机制、大众评价机制或奖惩措施。网络学术社区中对用户评论设置“有用”“无用”“顶”“踩”的按钮，或是设置用户权限、积分奖励措施，有助于信息聚合中引导学科问题走向，控制学术信息资源质量。

3.4 网络学术社区中信息聚合模式选择

当前，针对信息聚合模式，学者们开展了较丰富的研究。围绕信息聚合实现路径，提出主题挖掘、语义描述、关联聚合的思路，构建语义聚合框架②；以文档、词语为基本知识单元粒度，提出基于分面导航、引用关联、元数据关联③、基于多维概念关联推荐、基于知识元链接、基于资源潜在关联发现④等多种实现形式。虽然实现路径和技术方法各不相同，共同之处在于均强调信息聚合单元细化，以及关联聚合关系的梳理、识别和抽取。

网络学术社区中存在大量学术信息资源，蕴含着丰富的知识间关联与链接，正是这些潜在的关联关系和结构，例如，概念关系、属性关联关系、知识映射关系等，是学术知识交叉、融合、发现与创新的脉络线索。信息聚合需针对学术资源中蕴含的知识单元进行深入分析，并运用重构、类聚等方式将知识单元聚合为一个有机整体。经过网络学术社区信息资源构成及信息聚合特征分析，本书认为信息聚合可以按以下思路展开，如图 3-11 所示。

1）利用学术社区用户的群体智慧在资源聚合中的能动性，通过用户协作性标注，聚合分布式认知。

2）从增强语义出发，利用元数据、本体、关联数据等来增强数字资源的语义关联，由于语义标注的信息更全面，对聚合实体（或概念）的描述维度更多，聚合的依据也就更多。语义关系的丰富性使得聚合的细腻度得到大大提高，也提

① 张素芳. 网络社区学术资源关联研究［D］. 天津：南开大学博士学位论文，2012.

② 成全，周兰芳. 面向语义关联的微博信息多维主题聚合研究［J］. 情报理论与实践，2018，41（7）：140-146.

③ 丁培. 科学文献与科学数据细粒度语义关联研究［J］. 图书馆论坛，2016，36（7）：24-32.

④ 陈果，吴微，肖璐. 知识共聚：领域分析视角下的知识聚合模式［J］. 图书情报工作，2018，62（8）：115-122.

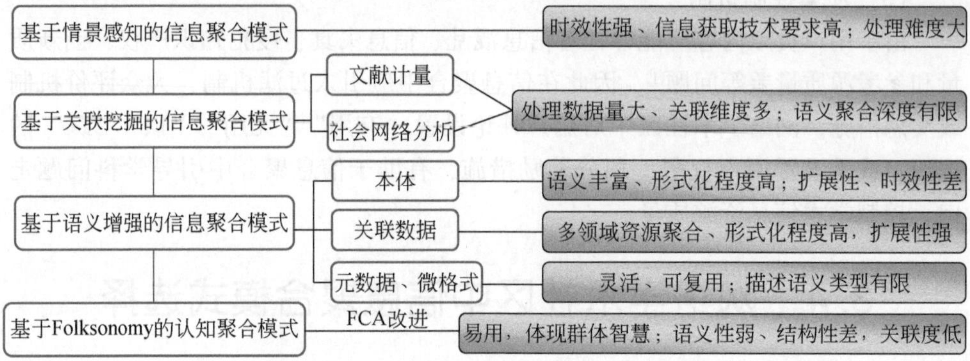

图 3-11　网络学术社区的信息聚合模式框架

高了学术社区资源发现的精度①。对于学术文献等结构化、半结构化的信息，可以通过复用科技资源元数据本体来进行描述，而对于其他非结构化的用户生成内容，微格式、微数据、RDFa 等元数据格式可以发挥语义增强的作用。

3）从发现关联出发，利用计量分析、聚类分析、数据挖掘、行为分析等手段挖掘发现资源之间隐含的知识关系，包括引证关系、共现关系、耦合关系、合作关系等各种数据关联，用可视化手段呈现出数字资源中蕴含的知识结构。

4）另外，网络学术社区中信息资源的聚合同静态科技文献聚合的不同之处在于对情景信息的融入，也是其突出的特点。

3.4.1　基于 Folksonomy 的认知聚合模式

3.4.1.1　基于 Folksonomy 的信息聚合

在网络学术社区信息聚合中，Folksonomy 扮演了非常重要的角色。Folksonomy 由 tag 功能衍生而来，用户可以根据自己的理解为博客文章、上传的图片、收藏的网页、订阅 RSS 信源等添加一个或多个标签，从而由用户自行对内容进行组织。

① 蒋翠清，王国才，陆文星，等．基于个体概念语义关系的微内容发现研究［J］．情报学报，2009，28（4）：516-523.

如图 3-12 所示，分类和标签标注具有不同的认知过程①，分类是从已有概念体系中选择其中一个分类资源，而标签标注则完全来自用户个体的认知背景，使用自由词进行标注。Folksonomy 依据用户自定义标签完成协作分类，是基于自然语言的社会认知聚合：①Folksonomy 是用户自己提供信息的聚合；②聚合用户行为，用户之间具有潜在关联关系；③良好包容性，包含每个人的词汇和语言，反映了每个个体信息概念模型；④原始的、非主流的观点涌现，长尾的意义是提供意外发现（serendipity）的惊喜，而不仅仅是帮助用户找到信息；强调学习，而不仅仅是信息定位②。

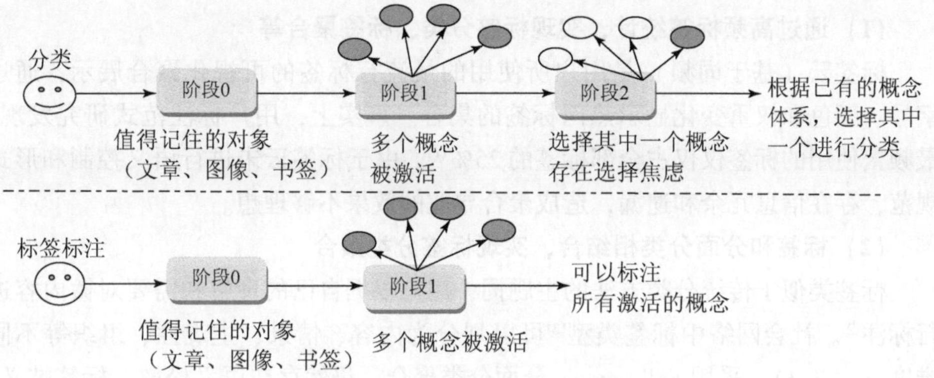

图 3-12　分类和标注背后的认知过程

本书以网络学术社区 ResearchGate 为例进行用户标签标注调查。如图 3-13 所示，用户提问时，同时添加了一些主题标签，点击这些标签可以实现话题聚类。网络学术社区借助用户自由标注，以相互协作的方式实现话题聚类，充分体现用户的群体智慧在信息聚合中的能动性③。在当今知识交叉融合的大趋势下，由用户分布式认知构成 Folksonomy 的知识群簇超越了以往学科领域，完全由知识之间的互惠互促关系自然形成了知识群落，促进了网络学术社区生长演变。

基于 Folksonomy 实现网络学术社区信息聚合的实现思路有：

① Heckner M, Heilemann M, Wolff C. Personal information management vs. resource sharing: towards a model of information behavior in social tagging systems [C] //Adar E, Hurst M, Finin T, et al. Proceedings of the Third International ICWSM Conference, San Jose, California, USA, 2009: 42-49.

② Quintarelli E. Folksonomies: power to the people [J]. ISKO Italy-UniMIB Meeting, 2005, 38 (6): 289-299.

③ 孙中秋，陈晓美，周珊珊. Folksonomy 与 SNA 资源聚合类别研究 [J]. 数字图书馆论坛，2014，(6)：21-27.

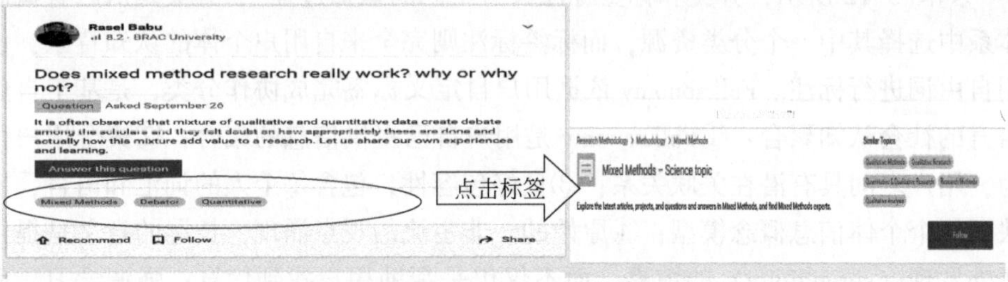

图 3-13　ResearchGate 中用户提问所添加的标签

（1）通过高频标签统计，实现标签分类、标签聚合等

标签云（基于词频）是用户所使用的最流行标签的可视化聚合展示，通过字号、颜色和权重变化显示热门标签的集合。事实上，用户标注范式研究发现，最频繁使用的标签仅仅占全部标签的25%①。由于标签云未进行语义控制和形式规范，存在信息冗余和遗漏，造成聚合导航的效果不够理想。

（2）标签和分面分类相结合，实现标签分类聚合

标签类似于传统分类方法的主题词，用户根据自己的理解和需要对微内容进行标注②。社会网络中标签类型③可以划分为内容、情景、主观性、组织等不同维度（表3-3）。采用 Folksonomy 分面分类聚合，仍然存在语义松散、标签歧义、泛指度高、关联度低、准确性差的问题。

表 3-3　标签类型

维度	标签类型	举例
基于内容	主题	人工智能、数学、智慧医疗、石油化工等
	类型	教学心得、科研笔记、论文交流、科普集锦、观点评述
	作者/拥有者	张学文、吴丹

---

① Kipp M E I，Campbell G D. Patterns and inconsistencies in collaborative tagging systems：an examination of tagging practices［J］. Proceedings of the American Society for Information Science and Technology，2006，43（1）：1-18.

② Machado J C F. Information Management and Social Networks in Organizational Innovation Networks［D］. Oporto：Oporto University Master Degree Dissertation，2012.

③ Bischoff K，Firan C S，Nejdl W，et al. Bridging the gap between tagging and querying vocabularies：analyses and applications for enhancing multimedia IR［J］. Web Semantics Science Services & Agents on the World Wide Web，2010，8（2）：97-109.

续表

维度	标签类型	举例
基于情景	时间	日常、2018 年
	地点	国际、海外
主观的	意见	涨知识、牛
	质量	质量好、质量糟糕
组织的	利用背景	学习、科研、教学、健康生活
	自我参考	自己可见的相册

(3) 通过标签的聚类以及标签间语义关系的挖掘实现标签聚合

Folksonomy 的基本模型是 Tagging（U，T，R）①，即是用户、标签和资源构成的三元组模型，其中 U 是用户集合，T 是标签集合，R 是用户标注的资源集合。这个三元组模型可以表示三类关系集合：用户和标签（资源）的关系；标签和标签（资源和资源）的关系；标签和资源的关系，目前 Folksonomy 聚合的研究主要围绕这三类关系集展开，如图 3-14 所示。

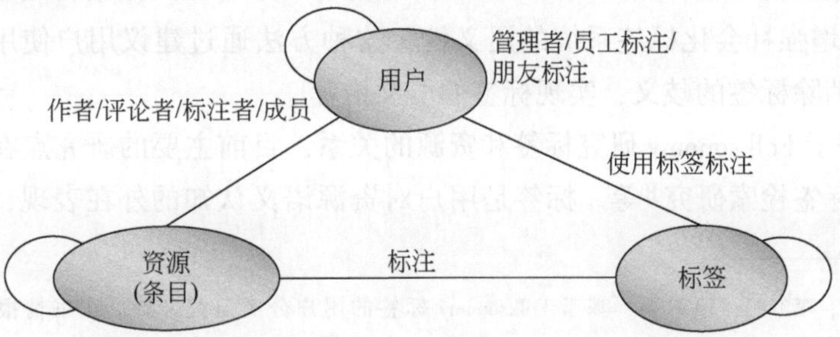

图 3-14　用户-标签-资源关联

1）研究用户和标签（资源）的关系，主要目的是聚合相似的用户群体，优化资源推荐模型。用户聚合主要由聚类分析与协同过滤推荐两个阶段构成。聚类分析是利用发现的标签数据分布和规律，将社区网络所有用户集合按照一定的规则划分为若干用户子集。较多研究从标签共现的角度出发，基于相同标签的个数越多，两个用户的兴趣就越相似的想法，从共现标签的数量来计算用户间的相似

① Mika P. Ontologies are us：a unified model of social networks and semantics［J］. Journal of Web Semantics，2005，5（1）：5-15.

性，对用户进行分类[①]；协同过滤推荐是利用已有子集的代表性特征与目标对象进行匹配，识别最近邻居子集并形成聚合推荐[②]。

2）研究标签和标签（资源和资源）的关系，主要用于标签聚类和本体融合研究等。标签聚类主要是将社区存在的大量标签（资源）进行相似度聚类，构建关联知识类，并将相关的类推荐给用户。基于 Folksonomy 的本体融合研究是当前的研究焦点[③]，一方面研究是从 Folksonomy 标签集中自动或半自动地抽取概念和概念关系，促进本体的构成和融合，如 Donghee 和 Yongmoo[④] 在社会化标签系统中利用用户为资源所添加的标签及类名而构建标签本体，实现语义推荐；邱漩等[⑤]利用形式概念分析法对主题词表和 folksonomy 融合的数据集构建本体，满足用户资源检索个性化需求。Dong 等[⑥]总结了从社会标注数据中学习结构化知识的方法，将其归纳为从 Folksonomy 中学习词汇列表和学习关系两个方面，自然语言处理、数据挖掘、机器学习、社会网络分析、语义网络等方法和技术被广泛采用。这些方法均可以应用到网络学术社区 Folksonmy 信息聚合实现。

另一方面研究是将现有本体映射到 Folksonomy 的标签中，弥补 Folksonomy 结构中语义模糊的不足，例如，Passant[⑦] 提出利用本体（主要是指特定领域的本体和 SIOC）增强社会化标签系统的语义性，这种方法通过建议用户使用联系或控制规则来消除标签的歧义，实现标签的语义推荐。

3）基于 Folksonomy 研究标签和资源的关系，目前主要的研究点在于标签主题聚合、标签检索研究[⑧]等。标签是用户对资源语义认知的外在表现，也是用户

---

① 石豪，李红娟，赖雯等．基于 Folksonomy 标签的用户分类研究［J］．图书情报工作，2011，55（2）：117-120.

② 王珉，王永滨．基于标签共现网络的用户聚合算法研究［J］．计算机工程与应用，2015，51（2）：11-15.

③ 熊回香，邓敏，郭思源．国外社会化标注系统中标签与本体结合研究综述［J］．情报杂志，2013，32（8）：136-141.

④ Donghee Y，Yongmoo S. User-categorized tags to build a structured folksonomy［C］//Communication Software and Networks，ICCSN 2010. Second International Conference，Singapore，2010：160-164.

⑤ 邱漩，李端明，张智慧．基于FCA 和异构资源融合的本体构建研究［J］．图书情报工作，2015，59（2）：112-117，50.

⑥ Dong H，Wang W，Liang H N. Learning structured knowledge from social tagging data：a critical review of methods and techniques［C］//the 8th IEEE International Conference on Social Computing and Networking，Chendu，Sichuan，2015：307-314.

⑦ Passant A. Using ontologies to strengthen Folksonomies and enrich information retrieval in weblogs［EB/OL］. http://icwsm. org/papers/2--Passant. pdf[2019-03-20].

⑧ Gautam J，Kumar E. An improved framework for tag-based academic information sharing and recommendation system［C］//Proceedings of the World Congress on Engineering，London，UK，2012：845-850.

将自身隐性知识显性化的结果呈现，研究标签和资源的关系，是为了提高标签对资源标注的准确性和检索的精准性。利用资源内容特征，可从细粒度词汇①、粗粒度的隐含主题和混合粒度等方面建模标签主题。例如，Kakali 和 Papatheodorou② 提出了一种社会性标签的主题标引开发方法，旨在从资源中抽取高精度的词组以标引资源。

3.4.1.2 基于形式概念分析（FCA）的 Folksonomy 信息聚合

由于 Folksonomy 适应以用户为中心的网络趋势，且用户共享创造的网络标签资源十分充裕，因此在学术社区信息聚合的应用较为广泛③。然而众多研究中由于缺乏精确严密的形式化理论和方法支撑，其语义模糊、非形式化、检索效果差等问题未能得到有效解决，在满足诸如基于标签聚合的信息导航、资源推荐等用户高层次的信息需求方面还不尽如人意。形式概念分析（FCA）理论的不断发展为 Folksonomy 研究带来了新的契机。本书尝试将形式概念分析（FCA）方法④引入 Folksonomy 信息聚合研究中⑤。

由于 FCA 中形式背景与 Folksonomy 模型 $D=(U, R, T, A)$ 惊人的相似性，以及概念格的结构化揭示功能，本书从形式概念分析与 Folksonomy 结合机理出发，梳理了 FCA 在基于 Folksonomy 的信息聚合中的应用情况，总结了 FCA 在层级导航、标签本体构建方面的相关研究进展及其存在的问题。

（1）FCA 与 Folksonomy 的结合机理

A. Folksonomy 发展的迫切需求

Folksonomy 发展至今，语义模糊、非形式化、结构扁平化等问题逐渐突出并已经成为制约其进一步发展的桎梏。Folksonomy 提供了用户集、标签集、资源集三类数据集，却缺少有效的数据组织方法，而 FCA 作为有效的数据分析工具恰

---

① 王向前，李慧宗．基于资源内容聚类的社会化标签聚类方法［J］．情报杂志，2016，35（11）：141-145.

② Kakali C，Papatheodorou C. Exploitation of folksonomies in subject analysis［J］. Library & Information Science Research，2013，32（3）：192-202.

③ Trant J. Studying social tagging and folksonomy：a review and framework［J］. Journal of Digital Information，2009，10（1）：1-44.

④ Priss U. Formal Concept Analysis in Information science［J］. Annual Review of Information Science and Technology，2006，40（1）：521-543.

⑤ 石光莲，张敏，郑伟伟．形式概念分析在 Folksonomy 中的应用研究进展［J］．图书情报工作，2014，58（9）：136-142.

好能为之提供支撑①。FCA 通过 Hasses 图可以实现概念格结构的图形化，形象地反映概念之间的层次结构，可以为 Folksonomy 的研究提供可视化的分析、编辑或操作环境。通过对 Folksonomy 中三类数据集合的不同组合，构造不同的形式背景，可以进行多方位的数据分析和知识挖掘，能更好地组织资源和提供服务②。可见，两者结合具有现实的需求基础。图 3-15 展示了基于 FCA 的信息聚合实现流程。

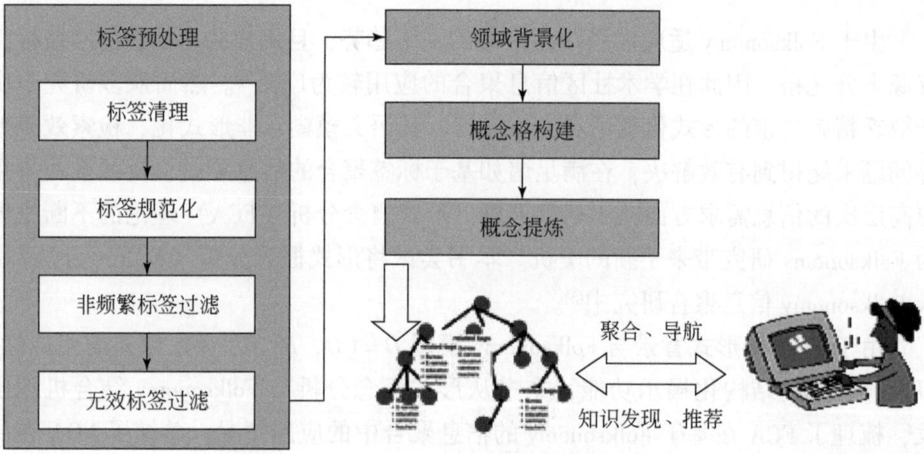

图 3-15　基于 FCA 的信息聚合实现流程

B. 两者具有共同的社会认知视角

FCA 与 Folksonomy 都采用“以人的认知为中心”的视角。Folksonomy 完全由用户构建，用户通常采用符合自己认知结构、便于个人查找的标签（tag）和分类。Folksonomy 摆脱了传统分类法的固化现象，跟大众的认知程度密切地结合起来。而与统计的、传统的数据分析与知识表征方法相比，FCA 强调的是以人为中心的理念。FCA 的基本思想为概念是通过其特征来形式化地定义，每一个概念用一个节点表示，每个形式化的概念由内涵和外延组成，外延是概念覆盖的实例，内涵是概念的描述，即该概念覆盖实例的共同特征，从概念聚类到分层结

① Poelmans J, Elzinga P, Viaene S, et al. Formal concept analysis in knowledge discovery: a survey [C] //Croitoru M, Ferré S, Lukose D. Proceedings of the 18th International Conference on Conceptual Structures: from Information to Intelligence, Kuching, Sarawak, Malaysia, 2010: 139-153.

② Aranda-Corral A G, Borrego-Díaz J, Giráldez-Cru J. On the complexity of shared conceptualizations [C] //Rutkowski L, Korytkowski M, Scherer R, et al. The 11th International Conference on Artificial Intelligence and Soft Computing, Zakopane, Poland, 2012: 629-638.

构，体现的是从表象到概念抽象的认知过程①。Stumme② 在阐述 FCA 作为人类表达的媒介等知识表征原则时，充分揭示了 FCA“以人为中心”的社会认知特性。同时，FCA 与 Folksonomy 都具有自底向上的“聚类”机制，也为两者的结合奠定了基础③。

C. 两者可以抽象为相似的数据结构模型

形式概念分析表达数据的基本工具是交叉表，从而描述形式背景。FCA 将形式化背景定义为对象、属性、对象与属性之间的关系的三元组④。从这些形式背景中提取出不同层次概念与概念间的关系，进而建立概念格可视化结构。考虑到传统的形式概念分析只能处理二维数据集之间的关系问题，Lehmann 和 Wille 提出将传统的形式概念分析技术拓展到三维背景，对三维概念分析形式化⑤。

而 Folksonomy 中用户、资源、标签三维关系，也可以抽象为一个多值形式背景的四元组 $F:=(U, T, R, Y)$，其中 U, T, R 是有限集，Y 是 U, T, R 之间的三元关系，用 $(u, t, r)\in Y$ 表示用户 u 对资源 r 标记了一个标签 t⑥（图 3-16）。可以看出，FCA 与 Folksonomy 可以抽象为相似的数据结构关系，可以利用 FCA

属性 / 对象	t_1				t_2				t_3			
	r_1	r_2	r_3	r_n	r_1	r_2	r_3	r_n	r_1	r_2	r_3	r_n
U_1	×		×		×		×		×		×	×
U_2	×		×	×		×		×		×	×	
U_3			×			×			×			

图 3-16　Folksonomy 中用户-标签-资源形式背景示例

① Ganter B，Wille R. 形式概念分析［M］. 马垣，张学东，迟呈英，等译. 北京：科学出版社，2007：15-46.

② Stumme G. Formal concept analysis on its way from mathematics to computer science［C］//Priss U，Corbett D，Angelova G. Proceedings of the 10th International Conference on Conceptual Structures：Integration and Interfaces，London，UK，2002：2-19.

③ 张云中. 基于形式概念分析的 Folksonomy 知识发现研究［D］. 长春：吉林大学博士学位论文，2012.

④ 李德仁，王树良，等. 空间数据挖掘理论与应用［M］. 北京：科学出版社，2006：399-404.

⑤ Lehmann F，Wille R. A triadic approach to formal concept analysis［J］. Ellis G，Levinson R，Rich W，et al. Proceedings of Third International Conference on Conceptual Structures：Applications，Implementation and Theory，1995：32-43.

⑥ Hotho A，Jaschke R，Schmitz C，et al. Trend detection in folksonomies［C］//Proceedings of the 1st International Conference on the Semantic and Digital Media Technologies，Athens，Greece，2006：56-70.

发现 Folksonomy 中的概念结构①。同时，Folksonomy 中用户集、标签集、资源集的任意二元之间的组合也可以抽象转化为传统的单值形式背景，从而以不同角度对 Folksonomy 进行挖掘分析。

为解决三元背景下概念的识别和概念格的构建问题，Hotho 等首先提出了 Folksonomy 三元形式化模型②，同时将 Folksonomy 的三维形式背景转化为无向超图 $G=(V, E)$，其中 $V=U\cup T\cup R$ 为节点集，$E=\{\{u, t, r\}\mid(u, t, r)\in Y\}$ 为超边集，为三维形式背景的可视化表示提供的新的思路③。Schmitz 等④认为将三维的 Folksonomy 转化为单值形式背景，可以与关系规则挖掘技术更好结合，进而进行标签、用户和资源推荐以及社区发现。

（2）基于 FCA 的 Folksonomy 聚合应用

FCA 实质上是一种概念聚类技术，它能识别数据集中的概念并通过概念格形式呈现出来，从而分析复杂概念结构和发现概念之间的隶属关系，构建概念的层级结构，使用户能方便地进行导航式浏览，还能挖掘标签之间的语义关系，建立标签本体⑤，也可以对用户行为和偏好进行识别，更好地实现资源推荐。

A. 基于 FCA 的层级导航与聚合检索

传统的聚类分析，多是从数据对象的角度出发，通过计算它们之间的相似程度（距离），从而形成合理的对象簇。而 FCA 聚类是从描述数据对象的数据本身出发，首先从这些数据中提取出基本概念，然后再对这些概念进行概化，以形成更高层的概念，最终产生聚类结果。使用这种聚类方法得到的聚类结果具有可解释性，同时通过概念格的展示，便于用户进行交互⑥。由于 FCA 是基于偏序关系进行概念聚类，不同概念在内涵上有包含（父子节点间）、相关（兄弟节点间）、

---

① Boulicaut J F. New applications of formal concept analysis：a need for original pattern domains［C］// FCAIR 2012-Formal Concept Analysis Meets Information Retrieval，Moscow，Russia，2012：2.

② Hotho A，Jaschke R，Schmitz C，et al. Information retrieval in folksonomis：search and ranking［C］// Proceedings of the 3rd European Conference on the Semantic Web：Research and Applications，Budva，Montenegro，2006：411-426.

③ Hotho A，Jäschke R，Schmitz C，et al. BibSonomy：a social bookmark and publication sharing system［C］//Proceedings of the Conceptual Structures Tool Interoperability Workshop at the 14th International Conference on Conceptual Structures，Aalborg，Denmark，2006：87-102.

④ Schmitz C，Hotho A，Jäschke R，et al. Mining association rules in folksonomies［C］//Batagelj V，Bock H，Ferligoj A，et al. Data Science and Classification. Berlin，Heidelberg：Springer，2006：261-270.

⑤ 毕强，滕广青．国外形式概念分析与概念格理论应用研究的前沿进展及热点分析［J］．现代图书情报技术，2010，（11）：17-23.

⑥ 张明卫，刘莹，张斌，等．一种基于概念的数据聚类模型［J］．软件学报，2009，20（9）：2387-2396.

不相关等多种关系，这种关系结构与分类法的结构极其吻合。同时，这些概念包含特定对象，通过概念内涵可以找到具有该属性的对象，也可以通过格结构进行扩检、缩检，从而实现用户检索提问式的精炼和扩充、整合和导航并支持分面检索①。由于概念格是由形式背景自动构建的，具有丰富、灵活特性的导航结构，用户可以通过浏览概念格结构中的概念改善查询结果，检索出通过传统的字符串匹配无法检索到的语义相关的信息②。

从等级体系构建来看，Hwang③ 从 *U-T-R* 三维形式背景入手，分别构建用户、标签、资源层次结构，提出基于三者结合构建 Folksonomy 层次关系的数据挖掘方法，该研究着眼于概念知识的模型分析，没有解析 Folksonomy 导航的详细方向和具体实现方法。以此为基础，Kang 等④提出了一种基于 FCA 生成概念层次结构关系的方法和实现步骤，该方法先构建 *U-T* 二元关系的概念格，然后选择其中的概念节点构建其 *T-R* 概念层次结构，从而发现使用相同标签的用户和被这些用户标注了相同标签的资源。但该方法需要经过多次的概念格构建才能完成，势必增加建格的复杂性。为解决概念建格过程中的复杂性问题，Ordóñez-Ante 等⑤以隐含狄利克雷分布（latent Dirichlet allocation，LDA）模型作为降低形式背景复杂性和揭示潜在语义结构的机制，在对标签进行分类的同时构建了概念间的等级结构。但 LDA 方法适用于通过主题的概率分布从文档中识别标签，缺少了用户对资源的理解和解释。而 Kiu 和 Tsui⑥ 则从 Folksonomy 与传统分类法融合的角度，探讨混合概念结构生成方法，分为标签预处理、构建领域分类法和 Folksonomy 的形式背景、聚集候选标签及将候选标签合并到分类法中四个主要步骤，该方法在聚类方法（*K*-means 聚类）、非频繁标签过滤阈值及标签相似性阈

---

① Demko C, Bertet K. Information retrieval by on-line navigation in the latticial space-search of a database, with limited objects access [EB/OL]. http://ftp.informatik.rwth-aachen.de/Publications/CEUR-WS/Vol-939/paper5.pdf[2020-02-10].

② Codocedo V, Lykourentzou I, Amedeo N. Semantic querying of data guided by Formal concept analysis [EB/OL]. http://www.ceur-ws.org/Vol-939/paper4.pdf[2020-02-10].

③ Hwang S H. A triadic approach of hierarchical classes analysis on folksonomy mining [J]. International Journal of Computer Science and Network Security, 2007, 7 (8): 76-82.

④ Kang Y K, Hwang S H, Yang K M. FCA-based conceptual knowledge discovery in folksonomy [J]. Engineering and Technology, 2009, (29): 836-840.

⑤ Ordóñez-Ante L, Rojas-Potosi LA, Suarez-Meza L J, et al. Towards the automation of the semantic annotation process for web services [C] //International Conference on Semantic Web & Web Services (SWWS' 12), Las Vegas, Nevada, USA: 1-6.

⑥ Kiu C C, Tsui E. TaxoFolk: a hybrid taxonomy-folksonomy classification for enhanced knowledge navigation [J]. Knowledge Management Research & Practice, 2010, 8 (1): 24-32.

值的选择上存在主观性[①]。

在应用 FCA 实现层级浏览与检索时，属性自动选择和判别是其中的关键环节。Cigarrán 等[②]对此做了有益的探讨，他们认为在具有最佳属性集的形式背景上，可以构建规模相对较小、结构清晰且易于浏览的概念格，该研究提出了两个指标 LDF（lattice Distillation factor）和 LBC（lattice browsing complexity）来判断属性选择的优劣，并将这些措施用于评估概念格的质量，从而进行检索查询结果的层次聚类。从基于 FCA 检索匹配过程来看，最具代表性的是 Carpineto 和 Romano[③]、Codocedo 等[④]的研究，他们分别探讨了基于概念格的检索结果排序方法（CLR）以及语义查询问题，不过这些研究主要基于一般文本文档的分析，在 Folksonomy 系统中未见相关研究报道。

The Art Collection Ecosystem 是一个应用 FCA 对数字图书馆信息空间进行导航的具体应用，该系统支持用户通过社会标签的形式概念分析浏览和探索艺术收藏[⑤]。另外，Hotho 等[⑥]提出了 Folksonomy 的形式模型，简要描述基于该模型建立的 BibSonomy 系统的功能和结构，该系统允许在个人图书馆中共享书签和出版物引用，但其构建过程未详细论述。

国内对这方面的研究还十分有限，仅有少数学者进行了探讨。藤广青等[⑦]从 $F:=(T, t, R)$ 的思路度出发，将某热门标签的第一梯次关联标签 T 作为对象集合，第二梯次关联标签 t 作为属性集合，两个梯次关联标签间的关系 R 作为形式背景的关系集合，以 BibSonomy. org 数据为研究对象，构建关联标签概念格，对关联标签中隐含的结构特征进行聚类和关联规则挖掘；为完善 Folksonomy 的标

① Kiu C C，Tsui E. TaxoFolk：a hybrid taxonomy- folksonomy structure for knowledge classification and navigation［J］. Expert Systems with Applications，2011，38（5）：6049-6058.

② Cigarrán J M，Peñas A，Gonzalo J，et al. Automatic selection of noun phrases as document escriptors in an FCA-based information retrieval system［C］//International Conference on Formal Concept Analysis，Lens，France，2005：49-63.

③ Carpineto C，Romano G. Order-theoretical ranking［J］. Journal of the American Society for Information Sciencies，2000，51（7）：587-601.

④ Codocedo V，Lykourentzou I，Amedeo N. Semantic querying of data guided by Formal concept analysis［EB/OL］. http://www. ceur-ws. org/Vol-939/paper4. pdf［2020-02-10］.

⑤ Wray T，Eklund P W. Social tagging for digital libraries using formal concept analysis［C］//CLA-2010：Concept Lattice and Their Applications，Sevilla，Spain，2010：139-150.

⑥ Hotho A，Jäschke R，Schmitz C，et al. BibSonomy：a social bookmark and publication sharing system［C］//Proceedings of the Conceptual Structures Tool Interoperability Workshop at the 14th International Conference on Conceptual Structures，Aalborg，Denmark，2006：87-102.

⑦ 藤广青，毕强，高娅．基于概念格的 Folksonomy 知识组织研究——关联标签的结构特征分析［J］．现代图书情报技术，2012，（6）：22-28.

签导航体系，他们又以 Connotea 中的参考文献知识资源为对象，所附着的标签为属性构建概念格，讨论了标签云层级体系的动态立体结构，及向下分层检索的问题①。藤广青②的研究重点关注标签维度，注重对关联标签间隐含的概念关系和潜在的语义关联进行分析揭示，探索 Folksonomy 知识组织中隐含的结构特征，但未关注用户的不同认知习惯，也没有讨论构建概念格过程中的复杂性问题。申乐和王黎明③从概念稳定性度量方法出发提出了一种概念格缩减方法，并以 delicious 数据集为基础，为 Folksonomy 的分类信息建立层次结构，这种方法不仅缩减概念格的规模，而且去除了部分噪音，使整个概念格的表达更为精确。

B. 基于 FCA 的标签本体构建

FCA 和本体是两种形式化的方法，都以构建概念模型为目标④。FCA 作为一种有用的计算和推理工具应用于 Folksonomy 系统中，能够支持发现和构建标签概念本体⑤。由于 FCA 能在构建概念格的过程中自动探寻潜在的对象和属性，并将现有的和潜在的实体以可视化的方式呈现⑥，较之于专家人工方式构建本体，或用传统的统计方法实现标签聚类和语义关系获取，FCA 方法简捷有效，准确自动，具有较大的优越性，已被广泛应用于本体构建、本体映射和本体合并等方面。

鉴于本体不仅能明确定义标签的含义，还能明确说明标签数据的结构关系，展示实体和标签之间的关系，Gruber⑦ 提出通过标签数据的语义信息识别和形式化表达概念的目标。实际上，早在 2001 年，Stumme 和 Maedche⑧ 就提出了基于 FCA 的本体构建方法 FCA-Merge，该方法在潜在的数学框架下提供了本体合并过

---

① 藤广青，毕强，陈晓美．基于概念格的 Folksonomy 知识组织研究——Tag Cloud 的层级体系构建［J］．情报学报，2012，31（2）：136-142.

② 藤广青．基于概念格的数字图书馆知识组织研究［D］．长春：吉林大学博士学位论文，2012.

③ 申乐，王黎明．概念格稳定性分析及其在 Folksonomy 中的应用［J］．计算机工程与设计，2012，33（3）：1213-1217.

④ 周文，刘宗田，陈慧琼．FCA 与本体结合研究的综述［J］．计算机科学，2006，33（2）：8-12.

⑤ Jäschke R，Hotho A，Schmitz C，et al. Discovering shared conceptualizations in folksonomies［J］．Web Semantics：Science，Services and Agents on the World Wide Web，2008，6（1）：38-53.

⑥ Zhao Y. Using formal concept analysis for semantic web application［C］//Krämer B J，Halang W A. Contributions to Ubiquitous Computing. Berlin，Heidelberg：Springer，2007：157-176.

⑦ Gruber T. Ontology of folksonomy：a mush-up of apples and oranges［J］．Semantic Web，2007，2（3）：1-11.

⑧ Stumme G，Maedche A. FCA-Merge：bottom-up merging of ontologies［C］//Proceedings of the 17th International Joint Conference on Artificial Intelligence（IJCAI），Seattle，Washington，USA，2001，1：225-230.

程的详细描述。随后，Obitko 等①、Cimiano 等②也分别探讨了 FCA 用于本体生产的具体方法，这些研究为标签本体的构建提供了有益借鉴。Mas③ 以标签形式背景 *C*、时间 *E*、资源 *R* 及三者之间的关系 *X* 来形式化表示动态标签系统 Folksodriven，通过与 SUMO 本体的结合，构建了标签的网络结构。Mas 的研究考虑了标签文本处理、加入时间因素、形式背景的嵌套等，都值得我们借鉴，但其研究主要还是关注 Folksonomy 的网络结构分析问题，并未构建传统意义上的本体。

Hotho 和 Jäschke ④详尽地探讨了从标签中进行本体学习（图 3-17）的过程和方法，提出了 FCA 和关联规则结合的 trias 算法⑤，通过建立 Iceberg 概念格来挖掘大规模概念结构中的高频概念，从而进行分类关系的提取。为了揭示标签中丰富的语义关系，消除概念间的歧义，应将社会网络分析、统计学习和聚类方法相结合来分析概念间的关系。

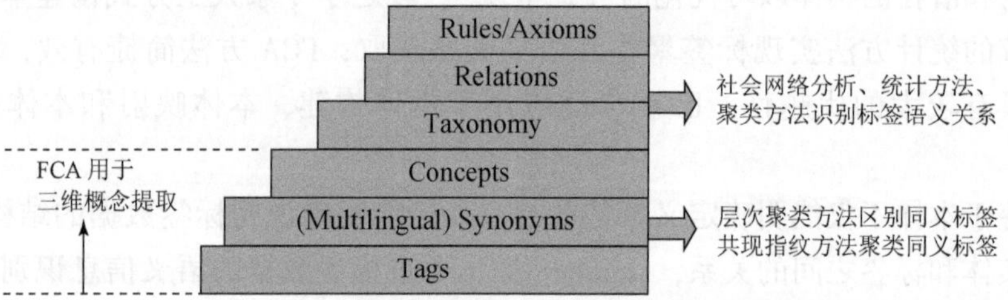

图 3-17　标签本体学习的概念层次

近年来，国内学者也开始对基于 FCA 的标签本体构建进行有益的尝试。张云中⑥在“用户-标签-资源”三元视角下，重构 Folksonomy 语义体系，厘清了语

① Obitko M, Snasel V, Smid J. Ontology design with Formal Concept Analysis [C] //Proceedings of CLA International Workshop on Concept Lattices and Their applicaton, Ostrava, Czech Republic, 2004: 11-119.

② Cimiano P, Hotho A, Stumme G, et al. Conceptual knowledge processing with formal concept analysis and ontologies [C] //Proceedings of the 2nd International Conference on Formal Concept Analysis (ICFCA), Sydney, Australia, 2004: 189-207.

③ Mas M D. Cluster analysis for a scale-free folksodriven structure network [C] //International Conferenceon Social Computing and its Applications (SCA), Sydney, Australia, 2011: 1-9.

④ Hotho A, Jäschke R. Ontology Learning fromFolksonomies [R/OL]. Tutorial at ICFCA 2011. https://amor. cms. hu-berlin. de/ ~ jaeschkr/pdf/icfca_tutorial_ontology_learning. pdf[2020-02-20].

⑤ Jäschke R, Hotho A, Schmitz C, et al. TRIAS: an algorithm for mining iceberg tri-lattices [C] //Proceedigns of the 6th IEEE Conference on Data Mining (ICDM), Hong Kong, China, 2006: 907-911.

⑥ 张云中. Folksonomy 中的语义关系呈现：Folksonomy 局部本体 [J]. 图书情报工作，2012，56 (20): 127-143.

义关系的主要类别，提出了 Folksonomy 语义与本体语义的映射机制。进一步，张云中利用 FCA 集数据分析和数据建模为一体的功能，提出了一种基于 FCA 和 Folksonomy 的标签本体构建方法模型①。该研究的局限性在于，实验样本数据量偏小，标签预处理过程也较为简略，在处理将标签映射为本体的概念或属性时，没有建立一套自动化的判别机制来自动识别某个标签应该映射为概念或概念的属性，在一定程度上影响了本体构建的效率。

刘凯鹏和方滨兴②的研究在解决噪音标签，特别是如何处理标签包容关系图中存在的不相关和不一致关系方面进行了探讨，通过 FCA 确定了标签的包容关系，以此为基础，提出一种基于随机游走的标签普遍性排序方法解决包容关系的不一致性，最后通过一种自顶向下的凝聚式聚类算法生成了本体概念层次结构。他们利用人工评价和基于标准本体的方法，对社会化标注系统中本体标签词汇和层次关系构建结果进行了评价。

为协调 Folksonomy 系统中不同用户标注行为和解决标签的语义异构限制的问题，Aranda-Corral 等③提出了一个基于 FCA 的代理协调的知识体系，可用于 Folksonomy 中复杂用户概念结构的形成。该研究选择 Delicious 书签服务进行了实证分析，但其试验结果评价方法上存在一定的局限性。他们还尝试将标签本体的构建推广到移动 Web2. 0 环境下④，详细介绍了 SinNet 项目实现环境和背后的知识工程，形式概念分析作为管理概念本体重要的数学工具，用来支撑 SinNet 背后用户行为的知识挖掘和推理，由于移动设备的特殊性带来的很多不足，还需要通过代理机制进行改进。

从当前这些研究可以看出，FCA 在标签本体构建中主要用于概念识别、处理概念的分类关系上，而概念属性的自动判别、概念格到本体的转换等还多采用手工或半自动的方式完成，有待进一步完善。

伴随着用户标签使用行为的盛行，Folksonomy 的系统功能也被赋予了更高的要求，如识别用户兴趣、推荐相关资源、构建标签本体以利于标签共享和重用等。通过分析用户如何利用标签、用户如何利用资源、标签之间如何链接，可以

---

① 张云中．一种基于 FCA 和 Folksonomy 的本体构建方法［J］．现代图书情报技术，2011，(12)：15-23.

② 刘凯鹏，方滨兴．基于社会性标注的本体学习方法［J］．计算机学报，2010，33（10）：1823-1833.

③ Aranda-Corral G A，Borrego-Díaz J，Giráldez-Cru J. On the complexity of shared conceptualizations ［C］//International Conference on Artificial Intelligence and Soft Computing，Zakopane，Poland，2012：629-638.

④ Aranda-Corral G A，Borrego-Díaz J，Giráldez-Cru J. Conceptual-based reasoning in mobile Web2. 0 by means of multiagent systems ［C］//Knowledge Engineering Notes，Proceedings of the 4th International Conference on Agents and Artificial Intelligence ICAART，Vilamoura，Portugal，2012：176-183.

从 Folksonomy 中获得更多有用的信息。FCA 作为一种概念聚类技术，能在构建概念格的过程中自动探寻潜在的对象和属性，识别数据集中的概念并通过概念格形式呈现出来，为 Folksonomy 分析提供形式化工具和理论支撑。

随着形式概念分析理论与应用研究的不断深入，可以看出，形式概念分析应用于 Folksonomy 信息聚合研究多见于国外学者的探索，国内研究尚处于起步阶段，毕强、藤广青、张云中等少数学者的研究聚焦于此问题，在研究深度和广度上与国外还存在一定的差距。未来的工作主要包括：

1）改善 FCA 处理大数据集的质量。Folksonomy 中用户、标签、资源各维度的数据量巨大、质量良莠混杂①，增加了概念格构造过程的复杂性，也给可视化带来了一定的困难。一方面，如何处理 Folksonomy 的复杂数据是面临的主要挑战，应用 FCA 必须要解决噪音标签和术语间的一致性问题，才能更清晰准确地识别概念间的语义关系和层次结构。另一方面，需要深入研究多维形式背景中概念格的快速构建方法。概念格有完善的数学基础，但是当概念过多或者应用领域非常复杂时，相应的概念格将会非常复杂，有用的信息将淹没于复杂的格结构中。鉴于多值形式背景构建的概念格很复杂，当前很多文献在单值形式背景下探讨 Folksonomy 相关研究，如藤广青、张云中、Kang、李凯等的研究。未来需要加强多值背景中概念格的有效降维、属性的自动判别和概念格快速构建方法研究，以便处理更加复杂的任务。

2）FCA 应与其他理论相结合，在标签空间中挖掘更丰富的语义信息，更精细地揭示标签结构特征。标签间通常存在着多种类型的关系，标签间关系所蕴含的层次语义关系包括：严格上下位关系；非严格上下位关系（下位概念标签可能有其他的上位概念）；自由层次关系（上位概念和下位概念在不同语境下能够自由调换）；同层关系；同义关系；无明显关系等。由于 FCA 的概念聚类方法多是基于二值属性构建的，主要层次结构关系的揭示，很难用来表示模糊以及不确定的信息，对这些复杂关系的抽象需要结合更多理论方法来进行，如 LDA、模糊逻辑理论、粗糙集理论等。将 FCA 与其他理论结合会带有更好的聚类效果，如 FCA 只能表示关系存在与否，而包含模糊逻辑的模糊形式概念分析能表示关系的强度，更加符合 Folksonomy 的状况。运用粗糙集理论能更好地处理不属于概念格中的概念，进行概念的逼近，从而构建标签的等级结构，进行知识的推理。同时 LDA 模型有助于在多维形式背景下通过文档-主题-标签的映射，缩减概念格的规模，而且去除了部分噪音。

3）FCA 在 Folksonomy 中的应用研究应更多体现多学科的相互合作。当前研

① 李蕾，章成志．社会化标签质量评估研究综述［J］．现代图书情报技术，2013，（11）：22-29.

究多分散在计算机科学、图书情报领域、人工智能、数据挖掘、知识工程等学科领域，计算机科学领域的学者多关注 FCA 概念与关系提取的算法优化，图书情报领域的学者则在概念间语义关系的梳理方面较为深入，未来需要多学科方法与技术的结合，包括与社会认知理论的整合，结合人类认知心理行为分析，理解概念的发展过程，以取得更大的进展。

形式概念分析（FCA）不仅可以实现 Folksonmoy 资源的聚合导航，本书后续 4.4.1.2 节中还利用 FCA 完成了 Folksonomy 用户兴趣识别。

3.4.2 基于语义增强的信息聚合模式

网络学术社区海量数字资源存在多种多样的类型，其中所蕴含的研究人员、机构、论文、项目、基金、专利等丰富的科研实体，以及这些实体之间的关联关系，仅仅依靠标签还无法充分揭示其丰富内涵。标签由用户自由添加，其语义模糊、非形式化等问题限制了信息聚合的深度拓展。

针对这些数字资源，可以进行特征向量（实体、概念、属性等）抽取，然后运用各种语义增强的方法，对聚合资源进行系统化的语义描述，将半结构化或非结构化信息转变为结构化语义信息，并将它们与相关的资源进行关联聚合。对于学术文献等信息，可以参考、复用、融合已有的元数据规范（如 DC、BIBO、NISO JATS、FOAF 等）进行语义标注，而对于用户生成的小片段信息（如联系方式、事件、关系等信息），由于特征稀疏而导致传统的文本处理方法作用有限，可以采用微格式等语义格式进行标注。本书构建如图 3-18 所示的语义聚合框架。

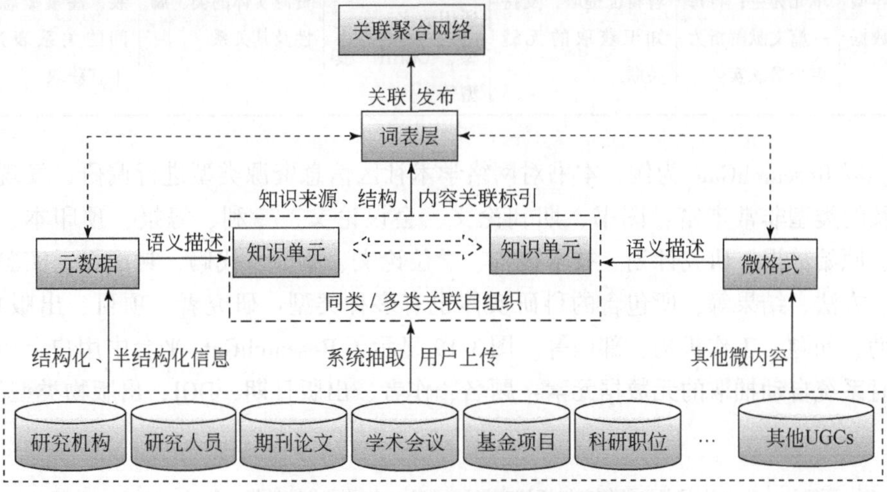

图 3-18 网络学术社区语义聚合的框架

网络学术社区中元数据记录的生成依托于词表层。词表层属于最上层，是聚合网络中的模式层，规定了元数据描述所使用的基本模式，明确了所选用的描述元素及其相应取值类型及范围①，如受控词表、本体、元数据集（RDA、FOAF、SKOS、Time、EVENT、DCTERMS 等）、语义网等，这些词表均可采用 RDF 方法表示其数据模型，通过 RDF 词表注册发布，从而形成关联聚合的资源网络。

3.4.2.1 基于元数据的信息聚合

(1) 学术社区元数据类型及应用现状

元数据是关于资源对象的结构化数据，定义了描述对象的内外部属性特征，用于描述、管理、知识产权声明等多种目的。元数据最为重要的特征和功能是为数字信息资源聚合建立一种机器可理解框架。元数据的类型大致分为描述型元数据和内容型元数据（表 3-4）。

表 3-4 元数据的类型与特点

类型	描述对象	描述目的	使用元数据集	描述字段	特点
描述型元数据	以文献单元对象为主	将每一篇文献聚合为一个数据对象，关注如何将非结构化数据转换为结构化数据	DC、MARC 等	作者、题名、刊名、卷期、出版机构、出版地点、出版时间等外部属性；主题词、分类号等少量内容属性	描述资源的内、外部属性及其格式，显性度高，抽取容易
内容型元数据	以文献中的知识单元为主；将每一篇文献解析为多个概念实体	重视资源的语义内容特征提取，支持知识获取的无缝关联	RDA、DCMI 抽象模型、Fedora 通用数字对象模型、CERIF 模型等	资源实体的类、属性及其关系	面向对象的封装，注重概念之间的关系表达；不宜获取

以 ResearchGate 为例，本书对网络学术社区信息资源类型进行调研，发现其涉及的类型非常丰富：图书、期刊论文、会议论文、专利、海报、预印本、展示、原始数据、研究计划、技术报告、学位论文、章节、代码、封面页、实验发现、方法、结果等，所包含的科研实体也有多种类型：研究者、项目、出版物、资助、问题、工作机构、部门等。图 3-19 显示了 ResearchGate 平台中用户上传文档时系统自动抽取的元数据元素：题名、作者、出版日期、DOI、出版物类型等。

---

① 贾君枝．面向数据网络的信息组织演变发展［J］．中国图书馆学报，2019，45（9）：51-60.

可以看出，当前典型网络学术社区所抽取的元数据元素主要集中在描述型元数据，重视资源外部属性表达，对蕴含其中的语义关系（如引用关系）揭示也比较有限，这就造成了基于元数据描述的资源聚合，往往根据字面意义的匹配而形成简单聚合，没有办法满足人们基于知识层面的信息深度聚合的需求。因此，有必要参考已有元数据规范，对现有元数据体系进行实体属性和语义关系扩充和优化。

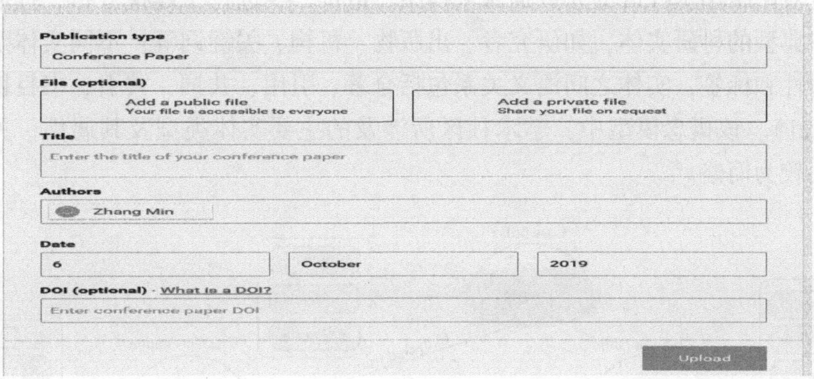

图 3-19　ResearchGate 中元数据自动抽取模板

都柏林核心元数据倡议 DCMI 模型定义了元数据规范制定的一套流程（图 3-20），包括：①功能需求分析，即为什么要设计元数据，这套元数据要达到什么目的，应用的具体需求是什么；②领域模型构建，即元素集合和相互关系定义；③设计元数据记录；④编制使用指南；⑤计算机描述语言进行形式化置标描述①。网络

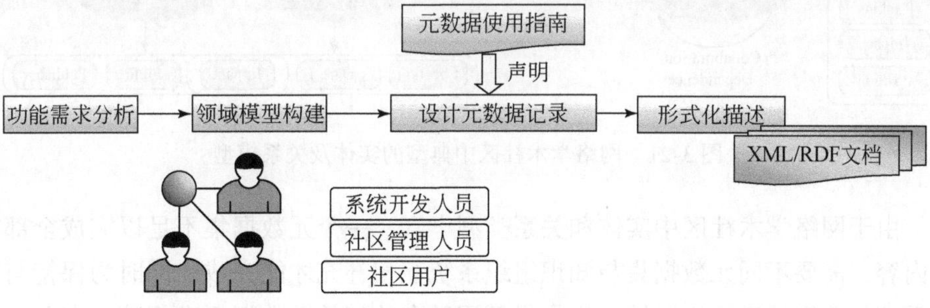

图 3-20　元数据应用框架

① 沈仲祺，张建勇，于倩倩，等. NSTL 统一文献元数据标准 3.0（正式版）[EB/OL]. 2017. http://spec.nstl.gov.cn/embed/metastandard.htm? parentPageId=1571135376302&metastandardid=357&base=base[2019-10-15].

学术社区的主要功能是满足参与学术社区的学术科研人员、系统开发及服务人员的文献管理、个人信息管理、交流合作、研究传播、影响测量等基本需求，目前还没有一致的元数据应用规范，领域模型设计需综合考虑学术社区所蕴含的科研实体基本类型、各类科研实体具有的属性和属性值类型、不同类型科研实体之间的关系类型、关系定义域以及关系值域等，选择恰当的元数据描述规范。

针对网络学术社区的元数据领域模型，Kong 等①进行了建模分析，提取学术社区中典型的科研实体，如研究者、出版物、机构、关键词等；不同实体赋予不同的属性和标签，实体之间语义关系包括合著、引用、共词、共引、书目耦合等（图 3-21）。该概念模型中，学术社区所涉及的主要实体类型及其属性、关系的定义还较为简略。

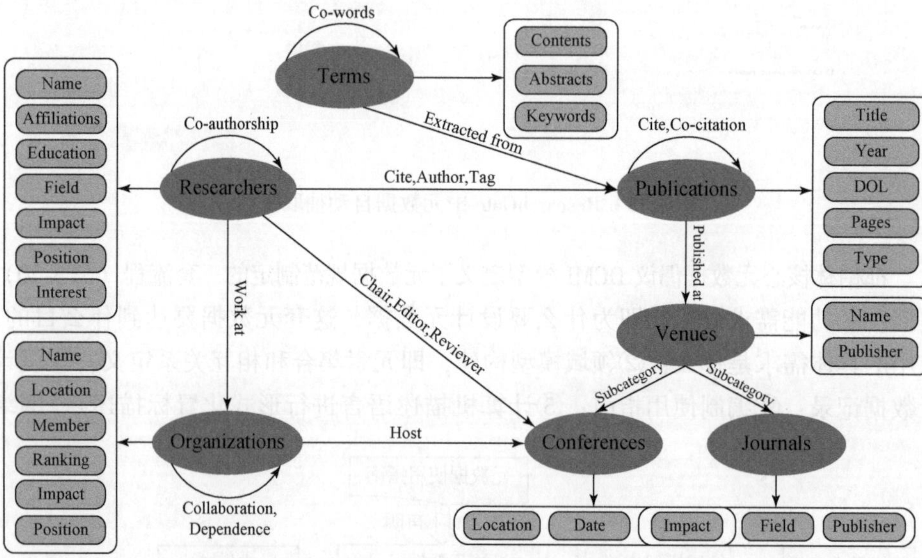

图 3-21　网络学术社区中典型的实体及关系模型

由于网络学术社区中实体和关系类型丰富，一个元数据集不足以完成全部描述内容，需要不同元数据集与知识组织系统互相补充才能完成，同时为保持与其他系统的兼容性和可扩展性，应尽量复用已有的相关元数据标准规范，在此基础上进行属性和关系的扩充，从而构建元数据本体。

① Kong X J，Shi Y J，Yu S，et al. Academic social networks：modeling，analysis，mining and applications［J］. Journal of Network and Computer Applications，2019，132：86-103.

(2) 网络学术社区元数据可参考的标准规范

元数据规范设计应考虑前瞻性、协同性、最小粒度原则、模块化原则、兼容国际标准原则等①。目前，网络学术社区元数据规范可参考的标准包括：美国国家标准 ANSI/NISO Z39. 96-2015、科技平台资源核心元数据（于 2014 年成为中国国家标准）、科学仓储元数据标准 Dryad 元数据规范、DC 元数据规范、NSTL 统一文献元数据标准、科学数据共享工程指定的《科学数据共享元数据内容》等。纵观现有的元数据规范，特别是较为成熟的科技文献元数据规范，虽各有特色，却也有很多相同之处，如都是通过相应的 Schema 描述多种类型资源，数据项丰富；多用属性进行描述，具有多种唯一标识符等。这些标准为网络学术社区信息资源组织颗粒度细化、资源灵活挖掘与聚合提供了可操作指南。

目前，网络学术社区元数据体系还缺乏清晰的界定，其构成要素、内容结构模型、聚合语义关系、元数据名称规范控制等方面是相关研究的重点。

已有的核心元数据标准②中元数据构成大致可以分为以下三个层次：①元数据元素，指元数据的基本单位，如标识符、资源名称、最新提交日期、描述、关键词、访问限制、资源信息链接地址；②元数据实体，指一组说明数据相同特征的元数据元素，如提交单位（地址、邮编、联系电话、邮件等）、资源类别（类目、代码、分类标准、版本等）等；③元数据子集，指元数据子集合，由相关元数据实体和元素组成。

在已有的元数据规范中，哪些元数据元素是资源聚合的重要元素？彭佳等③学者通过调研国家图书馆、大学数字图书馆国际合作项目 CADAL 和科学技术部数字图书馆标准规范等元数据方案，基于元素频次统计，得到如表 3-5 所示的 15 个高频元素，确定其中的题名、创建者、主题等 11 个元素为资源聚合和发现相关度高的元素。这些元数据元素主要是针对馆藏文献信息资源元数据的描述，对科研工作流、科研工作人员的组织和描述还较少涉及。

① 张建勇，于倩倩，黄永文，等. NSTL 统一文献元数据标准的设计与思考［J］. 数字图书馆论坛，2016，(2)：33-38.

② 宋佳，高少华，杨杰，等. 科技资源元数据的关联与推荐方法［J］. 中国科技资源导刊，2017，49（5）：37-44.

③ 彭佳，郑巧英，张晗，等. 基于元数据本体的特色资源深度聚合研究［J］. 图书馆杂志，2016，(11)：88-95.

表 3-5　资源聚合的重要元数据列表

高频元素标签	高频元素名称	复用	资源聚合的重要元素
题名	Title	DC	是
创建者	Creator	DC	是
主题	Subject	DC	是
描述	Description	DC	是
其他责任者	Contributor	DC	是
日期	Date	DC	是
类型	Type	DC	是
标识符	Identifier	DC	是
权限	Rights	DC	否
格式	Format	DC	否
语种	Language	DC	否
关联	Relation	DC	是
来源	Source	DC	否
出版者	Publisher	DC	是
时空范围	Coverage	DC	是

1）元数据元素内容构成框架模型方面，Qin 等将跨学科、跨领域的研究数据元数据元素按照通用的结构模块进行分类和重组，组合成研究数据的元数据总体框架①，特别指出科研上下文/工作流也是重要组成部分，研究数据元数据元素的综合信息透过此框架得以清晰地呈现，如图 3-22 所示。对科研上下文/工作流类别的元数据应该嵌入到网络学术社区信息资源描述与组织中。

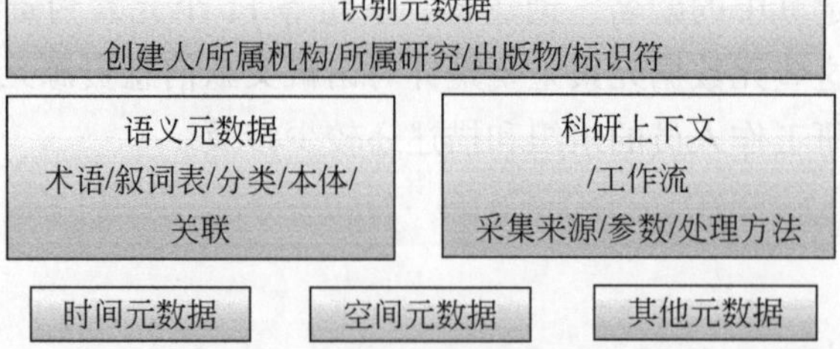

图 3-22　研究数据的元数据内容结构

① Qin J, Ball A, Greenberg J. Functional and architectural requirements for metadata: supporting discovery and management of Scientific data [C] //International Conference on Dublin Core and Metadata Applications: Metadata for Meeting Global Challenges, Sarawak, Malaysia, 2012: 62-71.

为数字环境而设计的资源描述与检索 RDA（resource description access）也提供了元数据类型划分和关系界定的内容框架模型。RDA 是建立在国际图联提出的《书目记录的功能需求》（FRBR）和《规范数据的功能需求》（FRAD）概念模型以及《国际编目原则声明》（ICP）的基础之上，是国际最新的实体及虚拟书目世界的资源描述规则。

RDA 定义了数字资源中蕴含的三组实体（作品、内容表现、载体表现与单件；个人、家族与团体；概念、事件、物体与地点），如图 3-23 所示；界定了三组实体之间的书目关系类型：作品家族关系（对等关系、延伸关系、主题描述关系，如图 3-24 所示）、整体/部分关系（聚集性及其内在部分作品、连续型或伴随性）等，其中 RDA 对第三组概念、物体、事件及地点等实体关系定义尚未完备，是未来值得关注的议题。RDA 实体关系模型为网络学术社区元数据细粒度聚合层次提供了参考借鉴。

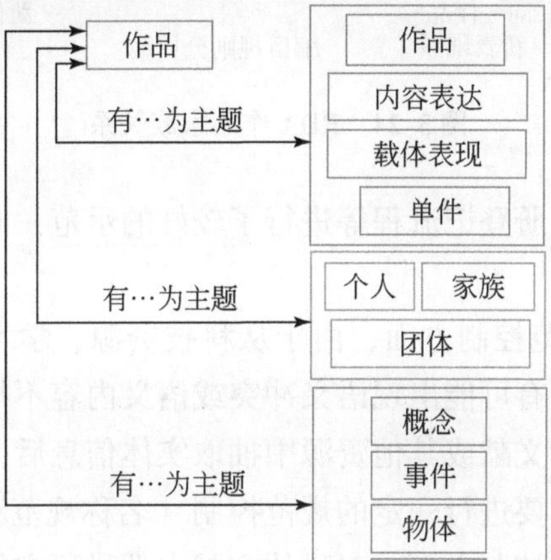

图 3-23 RDA 三组实体及关系

2）元数据聚合关系定义方面，较为典型的是国家科技图书文献中心（NSTL）统一文献元数据规范①。NSTL 科学文献元数据规范对元数据构建流程、元素/属性定义（定义了 13 种元素集、9 种元数据元素、6 种属性）、元素关系模式（5 种关系：组成关系、相关关系、规范关系、沿革关系、引用关系）、映射

① 沈仲祺，张建勇. NSTL 统一文献元数据标准 3.0（正式版）[EB/OL]. 2017. http://spec.nstl.gov.cn/embed/metastandard.htm?parentPageId=1571135376302&metastandardid=357&base=base[2019-10-15].

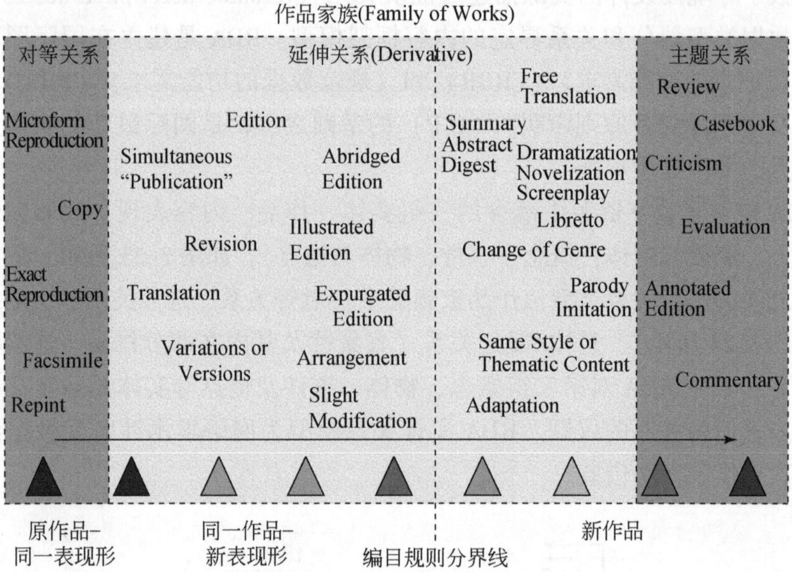

图 3-24　RDA 作品家族关系

关系、形式化表达、注册登记流程等进行了较好的示范，同时提出了书目规范控制的思路和措施。

3）元数据名称规范控制方面，由于从科技资源、学术文献中所抽取的元数据元素来源渠道多，且有可能出现语义冲突或语义内容不规范，网络学术社区的元数据聚合涉及从科技文献或其他资源中抽取实体信息后，进行多源数据融合和语义丰富化问题，同时要进行一定的规范控制（名称规范和主题规范）。

科研实体名称规范控制方面，对科技文献中的科研实体进行分析，可参考国际主流规范控制模型如 FRAD（规范数据的功能需求）、BIBFRAME（书目框架）等，对期刊信息、机构信息、基金信息、作者信息、会议、地理名称等进行消歧归并，建立不同来源数据之间的同一和归一关系，从而实现实体信息规范控制①。可采集和下载中国科学院机构名录库、教育部高校名录等作为规范库，同时利用百度百科、DBpedia 等机构数据对科学文献中机构的属性信息进行补充；利用中国科学院院所人才库等补充研究人员的属性信息。目前科研实体的名称消歧方法根据所采用的算法类型的不同，可以分为字符串相似度算法、传统机器学

① 王颖，钱力，谢婧，等. 科技大数据知识图谱构建模型与方法研究［J］. 数据分析与知识发现，2019，3（1）：19-30.

习算法、深度学习算法等。传统机器学习算法包括朴素贝叶斯、支持向量机、层次聚类、*K*-means 聚类、决策树、AP 聚类、LDA 等。深度学习算法包括分布式词向量、序列卷积网络（CNN）、双向 LSTM、循环神经网络（RNN）等①。

(3) 网络学术社区元数据聚合机理及存在问题

由于学术信息资源类型多样，差别大，描述各不同，元数据方案需针对资源特点，从满足用户需求出发，解决聚合资源的统一描述与表达问题，为异构资源整合打下基础，即不改变资源现状（产权、物理位置等）实现资源聚合与统一管理。元数据聚合关注学术资源描述特征上的关联性，重点聚焦科学文献和科学数据的不同关联维度：人员、项目、机构、引用、科研工作流、科学概念等的规范描述和聚合关系。

1）通过对相关知识元素的深入提取和规范化描述后，可以定量地挖掘元数据项目之间的相关度（或相似性）来建立信息之间的关联，如针对来源、文献、主题/分类/关键词、贡献者/机构、会议、基金、获取管理、图、表、附加资料和参考文献等元数据元素抽取，通过相关性（或相似性）计算，实现这些元素之间的关联聚类。该方法具有构建过程简单且适用于多学科、多领域、多来源学术信息资源的特点。

2）通过建立相应的元数据本体进行推理，实现知识来源、结构、内容上的关联聚合。由于学术社区中多种实体采用了不同的元数据标准，造成大量分布式的异构数据，使得不同资源对象之间的关联十分复杂，无法实现更深层次的资源发现和关联。因此，可行思路是通过元数据本体的构建，对元数据进行语义强化，不需要重建元数据方案，可以在充分利用现有元数据的同时，借助相关本体进行实体、属性和关系扩展，发挥本体概念层次化、结构化和小颗粒度等优势，通过梳理资源相关的实体关系，挖掘不同资源的共同属性，从而实现学术资源的深度聚合和知识发现。

目前比较受关注的技术实现方案是采用基于文本挖掘的主题模型进行知识单元抽取，然后通过聚类算法进行知识单元的聚类；以此为基础，进一步通过 RDF 资源描述框架对抽取单元实现其语义化描述，并依托语义关联发现框架（如 SILK、R2R、LIMES 等②）或其他关联数据可视化软件从时间、地点、任务等维

---

① 张建勇，钱力，于倩倩，等．科研实体名称规范的研究与实践［J］．数据分析与知识发现，2019，3（1）：27-37.

② 朱雯晶，夏翠娟，刘炜．SILK 关联发现框架综述［J］．现代图书情报技术，2013，(4)：18-24.

度实现多维主题聚合①。曲佳彬等②采用 LDA 模型抽取了作者论文集合中的主题作为该作者的研究主题，通过作者研究主题间的相似程度反映作者研究兴趣的相似性；然后采用 AP 聚类算法对不同作者的研究主题进行聚类，利用 Jaccad 系数计算出具有相似研究兴趣的作者，如图 3-25 所示。

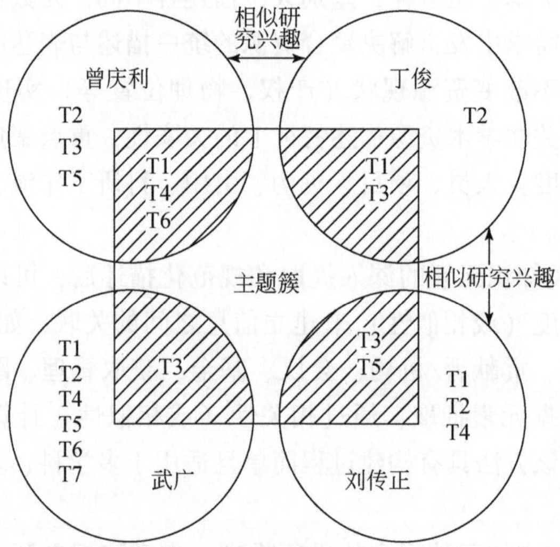

图 3-25　相似研究兴趣的作者聚类

随后进一步通过复用或扩展已有元数据规范及本体中的词汇构建了一个综合的“学术论文-作者”本体，将原始元数据进行深度扩展后转换为关联数据，实现论文、作者、所属机构等六大实体之间的相互聚合关联，最后通过关联数据的可视化软件展示不同元数据元素之间关联聚合的结果。该研究提供的元数据语义聚合实现方案较为系统，但实验数据规模较小，技术方案的可行性和有效性需结合学术大数据进一步验证。

综合而言，现有元数据聚合存在的问题包括：①元数据元素的类别分布还极不均衡，描述性元数据类别较多；涉及少数语义内容型元数据，科学概念和事件、话语意图等语义元素识别、语义关系定义还需突破；②元数据集开始嵌入科学研究的生命周期，还需进一步容纳更多科研过程（科研工作流）和研究数据

① 成全，周兰芳. 面向语义关联的微博信息多维主题聚合研究［J］. 情报理论与实践，2018，41（7）：140-146.

② 曲佳彬，欧石燕，凌洪飞. 基于深度挖掘的学术论文关联数据构建与可视化分析［J］. 情报学报，2019，38（6）：595-611.

管理相关的元数据元素，并结合相关本体进行关联扩展；③元数据的获取还需要自然语言处理和知识抽取技术的应用突破，完全依赖人工描述或模板提取的方式不能适应网络学术社区信息聚合粒度细化和学术大数据的发展要求；④为了支持跨学科领域的语义聚合，元数据标准的设计和实施中需要重点考虑模块化、可扩展性、灵活性等目标，支持不同元数据本体之间的互操作[①]。

3.4.2.2 基于本体的语义聚合

本体（ontology）是对共享概念模型的规范化、形式化和明确化的说明，聚焦领域中的概念本质以及概念之间的关系[②]。基于 OWL2 五元组表示方式，可以把网络学术社区定义为 $O=\{C, A, R, D, I\}$，其中，C 是概念的集合，概念是指对象的类型或事物的种类，通常用类来定义，具有分类层次关系；A 是属性的集合，用来描述概念的属性、特征和参数，通常定义为类的属性；R 是关系的集合，包括函数、公理等约束条件，表示概念和实例之间的作用关联（如父关系、子关系、相等关系）、函数关系和永真断言等；D 是属性域的集合，对属性的定义域或值域加以描述；I 是实例的集合，表示属于概念类的实体对象。基于本体的信息聚合，是在资源集合的上层构建一个反映资源知识结构的概念模型，利用本体概念间丰富的语义关系来映射和关联分散的信息资源，从而将信息资源聚合组织成知识网络。

基于本体的网络学术社区聚合特点在于：本体定义了领域内相关概念及其之间的关系，通过语义标注类、属性、实例个体以及个体之间的关系等要素，使得信息聚合不仅可以从纵向上按照领域概念分类体系进行，还可以在横向上根据实例的语义关系进行。语义关系的类型可以依据实际情况自由定义，类型丰富，具体个体而言，还可以考虑语义关系的方向性。因此，引入本体后，信息聚合的粒度在原有实体关联聚合的基础上还可以进一步深入概念层次。

（1）网络学术社区语义聚合涉及的本体类型

网络学术社区语义聚合涉及科研本体、学术文献本体、语义社会网络本体等多元本体协同。网络学术社区语义聚合中所涉及的这些本体，它们的类（实体）及其属性定义存在一定的交叉重叠，但其服务目的、应用场景、组件模块等又具有各自特点，分别覆盖到学术社区信息聚合中的不同对象或不同环节，实践中通常被结合使用。

---

① 朱玲．基于内容结构视图的研究数据元数据标准比较研究［J］．大学图书馆学报，2019，（6）：78-84.

② 杨建林．基于本体的文本信息检索研究［J］．情报理论与实践，2006，29（5）：598-601.

A. 科研本体

网络学术社区服务于数字化科研领域，针对科研资源、科研产出、科研情景等实体以及这些实体间关联关系进行组织管理，语义聚合可优先考虑对 VIVO、CERIF 和 RO 等流行科研本体的语义组织。VIVO、CERIF 和 RO 的组合可以揭示科研管理、科研过程的关键实体及其关系，为构建数字科研领域可重用的数字对象语义关联组织模型提供框架。

VIVO 本体（科研脸谱）① 是科内尔大学创建，美国国立卫生研究院（NIH）资助的一个开放的科学家及科学资源网络语义应用。VIVO 采用 RDF 框架，使用 OWL 语言定义类和属性，采用 Jena 和 SPARQL 等技术，集成 FOAF、SKOS、BIBO、DC、Event、geopolitical 等元数据集，建立科学家、出版物、资源、资助者、地点、服务、活动等科研相关的类，能够对科学家及其相关科研实体以统一的方式自动构建本体模型（图 3-26）。VIVO 不仅能够聚合异构的数据资源，支持本体互操作，还鼓励用户自主编辑 VIVO 资源，是一个功能较全面的应用工具②，实验证明基于 VIVO 语义关系的聚合机制具有较高的聚合细腻度。

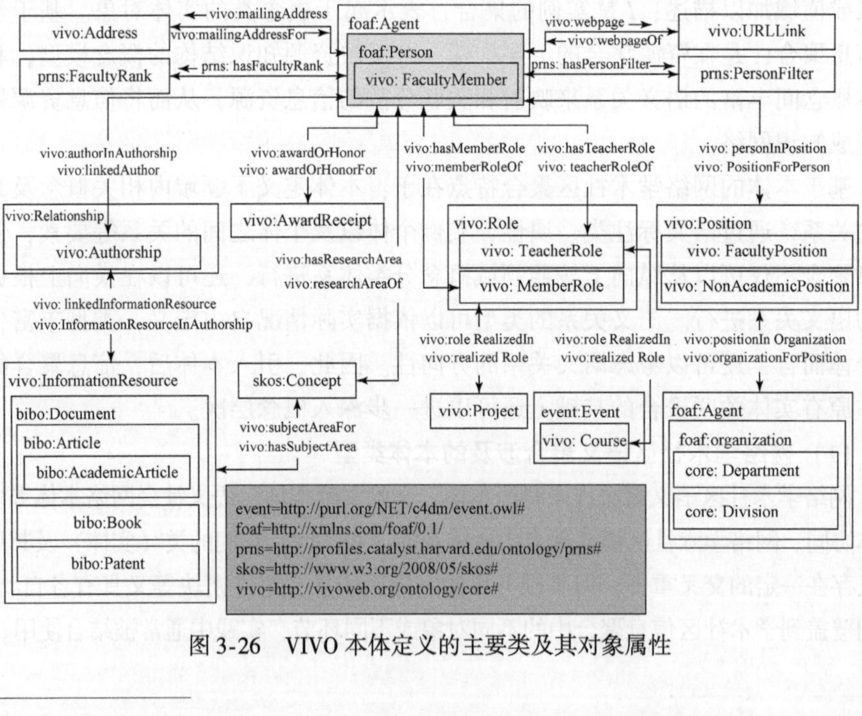

图 3-26　VIVO 本体定义的主要类及其对象属性

---

① BioPortal. VIVO ontology for research discovery [EB/OL]. https://bioportal. bioontology. org/ontologies/VIVO[2020-01-20].

② 牟冬梅，王萍，张艳侠，等. VIVO 在信息资源聚合中的应用研究 [J]. 情报科学，2017，35 (3)：57-62.

CERIF① 是欧盟推荐给其成员国的支持科研信息管理的概念模型标准，作为表示科研环境中有关实体及实体间关系的底层数据模型（图 3-27），应用于科研信息系统（CRIS）的建设。CERIF 表征出版物、项目、组织、人、产品、专利、服务、设施、设备等实体类型，通过构建实体–关系模型来表示实体之间的关系，为描述科研管理流程中的科研情景实体及其科研关系提供了参考。

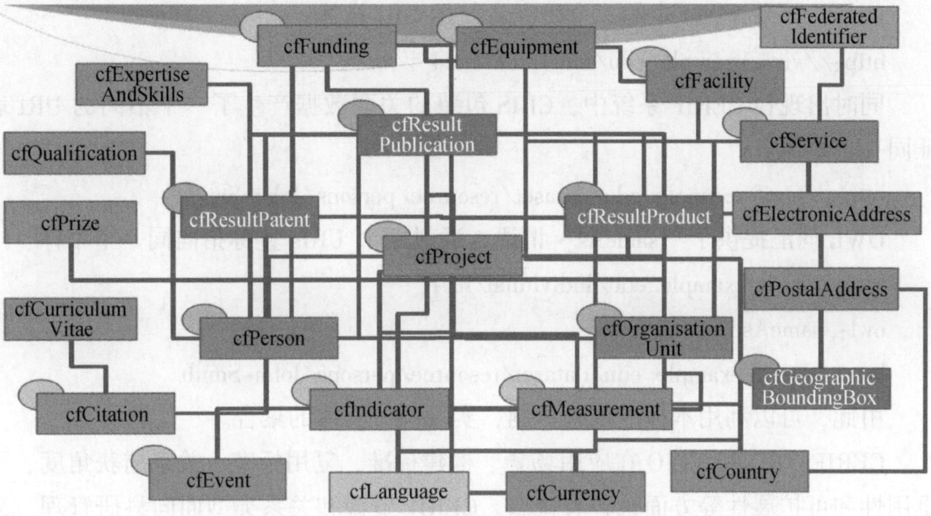

图 3-27　CERIF 定义的实体及主要关系图

RO② 则是支持科学工作流分享的社交平台 myExperience 中包（package）概念的扩展延伸，封装了有关科研过程的重要信息，包括研究数据、科研方法、科研成果产出、涉及人和机构等实体、行为操作和细节描述等注释信息以及源流、衍生等关联关系，是一种资源语义聚合的知识单元。RO 面向科学研究过程，支持科研产出及其关系的组织管理。

VIVO 和 CERIF 是目前世界范围内应用较广泛的科学本体，两者在本体定义、构成上具有一定差异③。VIVO 定义了类、数据类型属性、对象属性；而 CERIF 定义了实体、属性、链接、语言实体（支持多语种）。VIVO 目前还不具备支持多语言特性，但是具有更多类，可提供比 CERIF 更高的分类粒度，而

① euroCRIS. CERIF ontology [EB/OL]. https://www.eurocris.org/ontology[2020-01-20].

② Newman R D, Bechhofer S, Roure D. myExperiment: an ontology for e-research [EB/OL]. http://sunsite.informatik.rwth-aachen.de/Publications/CEUR-WS/Vol-523/Newman.pdf[2020-01-20].

③ Lezcano L, Jörg B, Sicilia M A. Modeling the context of scientific information: mapping VIVO and CERIF [C] //International Conference on Advanced Information Systems Engineering, Gdańsk, Poland, 2012: 123-129.

CERIF 具有更丰富的属性，可以描述更具体的信息。

VIVO 本体支持发布关联数据，CERIF 的基本实体和语义层可以通过 OWL 和 RDFs 语言转换为 RDF 数据类型，因此两者都可以发布为关联数据。基于关联数据提供的 RDF 三元组和 URIs 机制，两个本体可以在人、项目和组织等子类上进行映射①。

例如，如果 VIVO 中的一个研究者使用 URI 描述：

http://vivo. example. edu/individual/n24

同时出现在 CERIF 系统中，CRIS 包装的关联数据产生了一个不同的 URI 表征同一个个体：

http://cerif. example. edu/dataset/resource/persons/John-Smith

OWL 词汇提供了 “sameAs” 谓语，通过两个 URIs 宣称指向同一个个体：

http://vivo. example. edu/individual/n24

owl：sameAs

http://cerif. example. edu/dataset/resource/persons/John-Smith

由此，可以利用本体的推理机制，实现同一实体的聚合。

CERIF、RO 和 VIVO 在应用场景、构建标准、复用标准、关系捕获角度、可重用性和可扩展性等方面也各有特点。CERIF 资源和关系类型面向科研管理，采用资源和关系独立存在的实体关系结构，模型重用较难；通过改进 CERIF 语义和词汇，增加科研实体满足科研管理新需求方面可实现扩展；RO 面向科研过程，采用复合数字对象结构，模型重用较易；可以建立数字科研知识集成封装框架，通过研究对象类型和科研关系描述实现扩展②。而 VIVO 面向科研工作者，采用开源方式进行类和属性定义，鼓励用户搭建本地本体，模型重用较为容易。

科研本体对科研活动及科技资源采用实体-属性-关系的模式细致描述和组织。目前 VIVO 等科研本体也在不断扩充细化本体描述的实体覆盖范围，如扩展研究产出本体（research outputs ontolgoy）、学术资助分类表（grants taxonomy）、学术贡献和角色本体（contribution role ontology）、资金、研究管理和项目本体（FRAPO）、学位分类表（academic degrees taxonomy）等；加强同 schema. org 合作，扩展领域覆盖等。

---

① Lezcano L. Promoting international interoperability of research information systems：VIVO and CERIF [J]. Journal of Universal Computer Science，2013，19（2）：1854-1867.

② 马雨萌，祝忠明. 数字对象语义关联组织的典型模型研究［J］. 现代图书情报技术，2013，（1）：6-12.

这些科研本体重在对科技资源、科研过程的聚合组织，虽然集成了 SKOS、BIBO 等少量书目及概念本体，然而由于不同学科领域知识内容及结构发展存在差异，学术文献的内容本体等引起学者们关注，倡导将其引入网络学术社区，与科研本体集成在一起，相互配合完成语义内容深度聚合。

B. 学术文献语义本体

学术文献语义本体可划分为领域型、全域型和专指型①。领域型本体通常服务于特定领域的知识表示和知识组织，最典型的领域本体如神经科学领域的 SWAN；全域型本体突破学科领域限制，聚焦对科学论文内容组件及其关系的表征，最典型的如 SALT 本体②；专指型本体从修辞学、论证理论等不同视角，针对科学论文的语篇具体特征进行更细致定义，这种类型本体包括文献组件本体 DoCO、篇章元素本体 DEO 等。

还有学者针对本体描述功能，将学术文献语义本体划分为三类：描述文档结构、描述修辞元素、描述书目和引用等的本体③。一些复杂本体，如语义发布和引用本体（SPAR）可以用来注释整个文档的特征，涵盖了 FaBio、CiTO、BiRO、C4O、DoCO 等一系列本体。这些已有的学术文献语义内容本体，细致剖析了学术论文的内容组件，具有不同的功能特性，将其与知识抽取、语义标注技术相结合，可以实现学术文献内容的深度语义标注和聚合。常见的学术文献语义本体如表 3-6 所示。

表 3-6　常见的学术文献语义本体

本体类型	本体	描述	链接地址
语义出版书目引用	语义发布和引用本体（SPAR）	允许用 RDF 编码的机器可读元数据语句描述出版过程的所有方面	http://purl.org/spar
	出版角色本体（PRO）	描述作者、编辑、审稿人、出版者等在出版过程中的角色	http://purl.org/spar/pro/
	出版状态本体（PSO）	描述文档在每一个出版阶段中的出版状态	http://purl.org/spar/pso

① 王晓光，宋宁远．科学论文内容本体比较研究［J］．数字图书馆论坛，2017，（8）：2-7.

② Groza T，Handschuh S，Knud Möller，et al. SALT-semantically annotated latex for scientific publications［C］//The Semantic Web：Research and Applications，4th European Semantic Web Conference，ESWC 2007，Innsbruck，Austria，2007.

③ Ruiz-Iniesta A，Corcho O. A review of ontologies for describing scholarly and scienti c documents［C］//Proceedings of the 4th Workshop on Semantic Publishing，Anissaras，Greece，2014：1155.

续表

本体类型	本体	描述	链接地址
语义出版书目引用	出版工作流程本体（PWO）	描述与文档或其他实体的出版相关联的工作流程的步骤	http://purl. org/spar/pwo
	支持 FRBR 书目本体（FaBio）	支持 FRBR 的本体；书目参考描述	http://purl. org/spar/fabio
	书目参考本体（BiRO）	定义书目记录、参考文献，并把它们组成收藏和列表	http://purl. org/spar/biro/
	书目本体（BIBO）	描述语义网书目资源元数据	http://purl. org/ontolgoy/bibo
	引用计算和情景特征本体（C4O）	允许记录被引用源的文本引用数量	http://purl. org/spar/c4o/
	引用类型本体（CiTO）	引用关系的特征	http://purl. org/spar/cito/
	神经科学的语义网应用（SWAN）	定义书目资源的引用本体模块	http://swan. mindinformatics. org:/spec/1. 2/citations. html
	书目计量数据本体（BiDO）	书目计量数据本体	http://www. sparontologies. net/ontologies/bido
文献结构	文献组件本体（DoCO）	为文档元素提供通用的结构化词汇表，描述文档的结构和修辞组件	http://sparontologies. github. io/doco/current/doco. html
修辞元素	话语要素本体（DEO）	为文档中的修辞元素提供结构化词汇表	http://purl. org/spar/deo
其他	数据溯源模型（PROV）	对信息的质量、可靠性、可信度进行评估	https://www. w3. org/TR/prov- overview/
	源著作和版本控制（PAV）	捕获刚好必要的描述，用于追踪 Web 资源的来源、著作和版本控制	http://purl. org/pav/
	关联本体（AO）	用于将特定的关联语句描述为某一事物	http://smiy. sourcefoge. net/ao/spec/associationontolgy. html

当前，学者们围绕学术文献语义本体，尤其是学术文献内容本体进行了较多探索。深入学术文献的内容及结构特征，复用相关学术文献语义本体进行了语义

揭示和关联聚合方面，孙建军等①的研究提供了利用多本体协同进行学术文献知识抽取和语义标注的经验。在继承现有的标注本体元素的基础上构建学术文献语义标注本体，将标注本体、领域本体中的概念和学术文献中的知识元聚合关联。

学术文献语义标注涉及的多元本体见表 3-7。深度语义标引涉及论文内容组件识别、组件属性识别（知识属性和情感属性等）、规范化处理等过程。学术文献内容组件之间关系的定义和识别较为复杂。虽然修辞结构理论、论证理论都对内容组件间的关系进行了定义，但不同理论的语义关系定义存在冲突。当前学术文献语义内容本体对此考虑还不够细致，相关研究实验场景较为单一，实验数据规模较小，研究结论需进一步验证②。

表 3-7　学术文献语义标注的多元本体

内容元素	组件模块	参考本体模型
论述元素	断言、提出问题、假设、支持的证据以及它们之间的论证关系，每个科学论述元素可以与学科领域本体、社会标注中的术语或者断言进行链接	DoCO 本体、DEO 本体以及 FaBio 本体
结构元素	引言、背景、相关研究、方法、讨论、数据等期刊学术文献的结构，也包括前言、后记、附录等书籍附属部分，以及章节、段落、句子等学术文献粒度	DoCO 本体、DEO 本体以及 FaBio 本体
参考元素	参考文献集合描述、引用行为（其属性包括引用意图及情感倾向）以及引文计量	BiRO 本体、CiTO 本体、C4O 本体

C. 语义社会网络本体

网络学术社区语义聚合和传统馆藏文献语义聚合等其他应用情景不同的是，除学术文献等静态资源外，还需聚合学术社区用户的交互活动及其交互关系、用户生成内容等。聚合内容良莠混杂、快速多变。网络学术社区需集成聚合知识网络和社会网络的语义信息③。前述科研本体、学术文献本体对这些社会网络动态信息的表达涉及较少。

针对传统本体缺乏对个体行动的抽象表达，Mika 构建了行动者-概念-实例

---

① 孙建军，裴雷，蒋婷．面向学科领域的学术文献语义标注框架研究［J］．情报学报，2018，37（11）：1077-1086.

② Ruiz-Iniesta A，Corcho O. A review of ontologies for describing scholarlyand scientific documents［EB/OL］. http://ceur-ws.org/Vol-1155/paper-07.pdf［2019-10-20］.

③ Bojrs U，Breslin J G，Finn A，et al. Using the Semantic Web for linking and reusing data across Web2.0 communities［J］. Web Semantics Science Services & Agents on the World Wide Web，2008，6（1）：21-28.

的三维本体模型，提出语义社会网络的抽象栈（图3-28）①，使用RDF和社会网络相关本体（如FOAF、SIOC、RELATIONSHIP、SCOT、DOAP等）和其他特定领域的本体共同来表征社会网络数据。

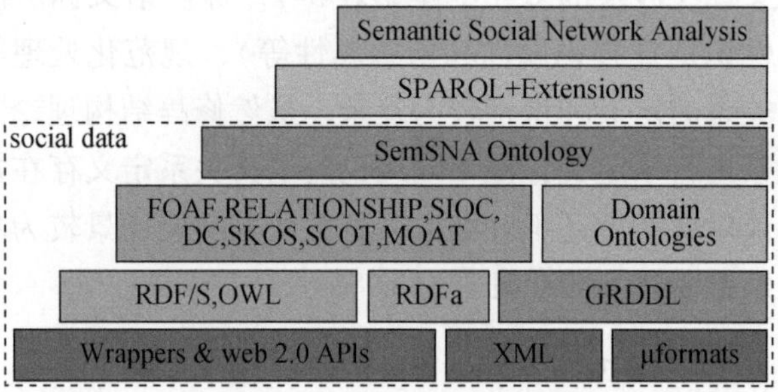

图3-28　语义社会网络分析抽象栈

社会网络信息大致可以分为两种类型：描述社会网络的交互信息和描述成员产生的内容信息。针对社会网络交互信息的描述，可利用FOAF的属性元素定义用户个人信息（profile）、用户之间的连接、网页的使用②；利用RELATIONSHIP描述用户之间的社会关系信息；针对学术社区用户交互产生的内容，可利用SCOT捕捉和利用社会标签活动③；利用SIOC和其他本体拓展链接和重用社会网络数据，例如，杨敏和马建玲基于SIOC构建科学博客本体④，利用SIOC核心本体提供描述在线社区（如博客）主要类（用户、用户群组、用户角色、论坛、站点、帖子等）及其属性信息，并详细定义了各个概念的定义域、值域和类型等（图3-29）。

还有一些研究者提出动态本体构建的思路和方法，Szilagyi等⑤提出分别构建用户信息本体、问题描述本体、学习对象本体、测试本体、技能本体等局部本体，用来集成一个动态语义学习系统，以提供高质量的、可视化的知识结构演化

① Mika P. Ontologies are us：a unified model of social networks and semantics［J］. Journal of Web Semantics，2007，5（1）：5-15.

② Challenger M. The ontology and architecture for an academic social network［J］. International Journal of Computer Science Issues，2012，9（2）：22-27.

③ Erétéo G，Buffa M，Gandon F，et al. Leveraging social data with semantics［EB/OL］. https://www. w3. org/2008/09/msnws/papers/ereteo_et_al_2008_leveraging. html［2020-02-20］.

④ 杨敏，马建玲．基于SIOC构建科学博客本体实践探究［J］．情报资料工作，2012，(6)：67-71.

⑤ Szilagyi I，Balogcrisan R，Roxin A，et al. Ontologies and knowledge aggregation in the active semantic learning system［C］// IEEE 11th International Conference on Advanced Learning Technologies，Athens，Georgia，USA，2011：388-392.

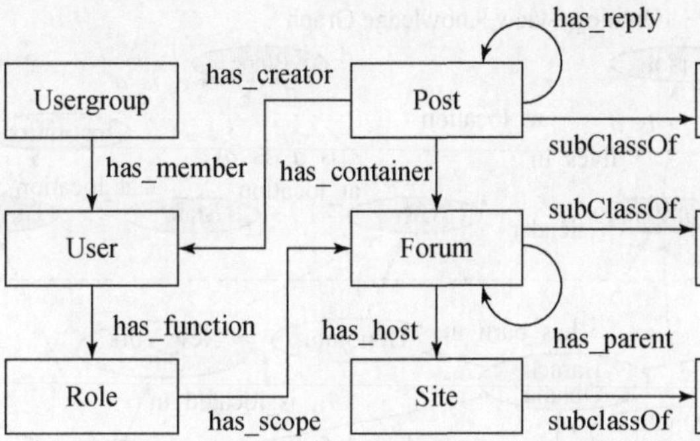

图 3-29　SIOC 核心类及其属性

过程服务。

（2）基于本体的网络学术社区语义聚合模式

网络学术社区中，利用本体可以实现不同维度的信息资源聚合组织：类（概念）、实例、属性。本体中，概念是通过具体存在的实例表达。本体知识图谱一般具备如下两个视图：以抽象概念（如 Person）与概念间关系（如 isA、livesIn）组成的本体视图；以实例（如 Barack Obama）与实例间关系（如 has_award）组成的实例视图（图 3-30）①。深入分析社区信息资源聚合维度和聚合关系，可以实现基于科研实例或概念关系不同层次的语义聚合②。

A. 基于实例进行语义聚合

借助实体抽取、知识挖掘等技术，可获取学术资源的实例信息，包括人名、地名、机构名、物种名称等。在获取实例后，进行实体识别和归类，以及规范化、本体化描述，由此可形成规范化词典。借助于科研本体，可将现实中的科研实例通过各种语义关系关联在一起（贡献关系、隶属关系、资助关系、举办关系、发表关系、收录关系等）；还可以基于关联数据，利用关联数据的 HTTP/URI 机制将科研实例关联数据化，最后将本体映射技术和关联数据中的 RDF 链接机制相结合，利用语义推理机制构建社区知识网络并将之可视化。

在科研实例关联分析的基础上，对同类实例集合按照它们之间不同的语义关系及关联强度进行聚合；异类的科研实例具有不同的特征和属性，可通过迭代标

① Hao J H，Chen M C，et al. Universal representation learning of knowledge bases by jointly embedding instances and ontological concepts［C］//SIGKDD Conference on Knowledge Discovery and Data Mining，Alaska USA，2019. http://web. cs. ucla. edu/ ~ yzsun/papers/2019_KDD_JOIE. pdf.

② 贺德方，曾建勋．基于语义的馆藏资源深度聚合研究［J］．中国图书馆学报，2012，38（4）：79-87.

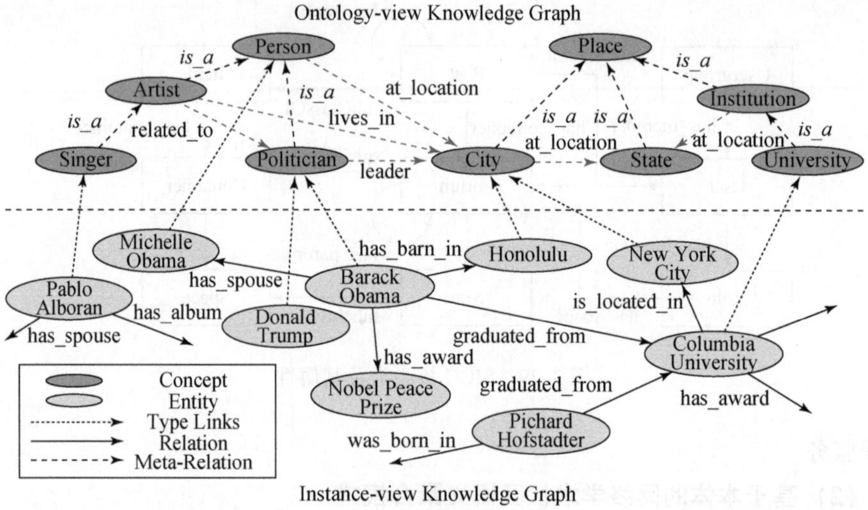

图 3-30　概念和实例双层示图

注和自动学习，对科研实例间的语义关系进行自动标注，在各个共同特征上计算相关性进行挖掘关联，从而解决异类科研实例的聚合问题。

B. 基于概念语义关系的内容聚合

1）基于不同概念颗粒度进行语义聚合。概念是人类的思维单元，反映了一定的指代物，概念关联是知识聚合的基本形式。网络学术社区语义聚合具有不同概念颗粒度，例如，颗粒度较粗的分类法，适用于学科导航或领域划分等导航式聚合；叙词表等颗粒度相对较小，适用于从概念术语和主题角度聚合组织；本体的语义关系丰富，概念颗粒度通常比较小，适用于知识挖掘和语义推理等智能聚合领域。

2）基于概念关系进行语义聚合。概念与概念之间的关系分析是实现语义聚合的关键环节①。在学术社区的语义聚合中，除了利用现成本体概念关系进行语义组织和表达，进行未知概念关系识别是最具挑战性的问题。概念之间的关系一般分为等级关系和非等级关系，或称层级关系和非层级关系②，等级关系即本体概念间的上下位关系，等级关系外的关系类型即为概念非等级关系，如因果关

① 常春，赖院根．基于文献标题词汇共现获取词间关系研究［J］．图书情报工作，2009，53（8）：17-20.

② 曾建勋．知识链接及其服务研究［M］．北京：科学技术文献出版社，2012.

系、序列关系等①②。

概念间等级关系识别的主要任务是构建概念间的上下位关系，目前针对词汇的概念等级关系识别的探索较多，主要的识别方法有：基于模式匹配的方法、基于词典或知识库的方法、基于统计的方法、基于图的方法等。针对文档内容组件之间的概念语义关系的探索研究还较为缺乏。

基于模式匹配的概念关系识别③④。这种方法以语言学为基础，通过对领域相关的基础文档进行句法分析、依存结构分析以及语义分析等，将文档中频繁出现的某些语言模式提炼成规则并建立模板，对文本中出现的词序进行模板匹配来识别概念间的等级关系，抽取类属关系（is-a）和整体部分关系（part-of）⑤ 等。基于模式匹配的方法所识别出的概念等级关系准确率较高，但是规则模板需要专家进行定义，同时，由于不同领域的语法模式不尽相同，所以该方法的移植能力较弱。

基于词典或知识库的概念关系识别⑥⑦。这种方法利用已有的词典、知识库作为基础数据库，从中抽取概念间关系建立规则。国外比较常用的语义词典是普林斯顿大学开发的 WordNet，该系统中构建的概念间关系类型主要以上下位关系、等同关系为主。国内较为有借鉴价值的是中国科学院开发的知网（HowNet）知识库系统，该系统中构建了 16 种不同类型的概念间关系。此外还有《现代汉语语义词典》《同义词词林》等。该方法能更好地揭示术语的特征，提高术语语义关系识别率，但是由于现有的词典、知识库大多是面向通用文本环境的，难以深入到某些特定领域⑧。

---

① 蒋婷，孙建军．领域学术本体概念等级关系抽取研究［J］．情报学报，2017，36（10）：1080-1092.

② 马勋，周长胜，吕学强，等．基于 SAO 结构的非分类关系抽取研究［J］．计算机工程与应用，2018，54（8）：220-225，235.

③ 汤青，吕学强，李卓．本体概念间上下位关系抽取研究［J］．微电子学与计算机，2014，31（6）：68-71.

④ 王龙甫．基于中文百科的概念知识库构建［D］．杭州：浙江大学硕士学位论文，2015.

⑤ 韩红旗，徐硕，桂婕，等．基于词形规则模板的术语层次关系抽取方法［J］．情报学报，2013，32（7）：708-715.

⑥ 孔敬．本体学习：原理、方法与相关进展［J］．情报学报，2006，25（6）：657-665.

⑦ 曾建勋．知识链接及其服务研究［M］．北京：科学技术文献出版社，2012.

⑧ 朱惠，王昊，苏新宁，等．汉语领域术语非分类关系抽取方法研究［J］．情报学报，2018，37（12）：1193-1203.

基于统计的概念关系识别。主要是基于语料库和统计语言模型，采用层次聚类①②、FCA③ 等方法获取上下位关系。基于统计的方法不需要语言学知识做支撑，具有较强移植性。但在很大程度上依赖于语料库的质量和规模，并且难以为关系类型命名④。

基于图的概念关系识别。此方法一般涉及图节点的概念、表明联系的边以及丈量概念之间间隔的概念边数，通过给定一个根结点和一些层级概念，采用预定义模板可以发现新的从属关系⑤。为了获取更丰富准确的概念关系，研究人员往往综合使用多种方法⑥⑦。

相对于概念间的等级关系，非等级关系的类别更难以确定并且更具有隐蔽性。非等级关系的识别方法更为复杂，目前主要有基于模式匹配的方法和基于统计的方法等，其中基于统计的方法主要通过关联规则的思想来实现，是较流行的方法。关联规则的基本思想是如果有成对的概念经常出现在同一个句子或同一个段落中，则成对出现的概念之间存在一定的关系，需要在特定语境中才适用⑧。

网络学术社区中的知识相比于普通学术资源更加零散无序，对资源内容的细粒度语义关联揭示提出了更高要求。值得注意的是，不同学科领域概念关系具有明显的差异，因此，引入相应的领域背景知识，将通用的概念关系，特别是相关关系细化为更多样化的、解决特定问题的概念关系类型，是网络学术社区语义聚合发展的重要方向⑨。

---

① 季培培，鄢小燕，岑咏华，等．面向领域中文文本信息处理的术语语义层次获取研究［J］．现代图书情报技术，2010，(9)：37-41.

② 温春，石昭祥，张亮．中文领域本体概念层次获取方法对比研究［J］．计算机应用研究，2009，26 (8)：2847-2850，2884.

③ 王昊，朱惠，邓三鸿．基于形式概念分析的学科术语层次关系构建研究［J］．情报学报，2015，34 (6)：616-627.

④ 蒋婷．学科领域本体学习及学术资源语义标注研究［D］．南京：南京大学博士学位论文，2017.

⑤ Kozareva Z，Hovy E. A semi-supervised method to learn and construct taxonomies using the Web ［C］// Proceedings of the 2010 Conference on Empirical Methods in Natural Language Processing，Massachusetts，USA，2010：1110-1118.

⑥ 张晓勇，章成志，周清清．基于电商产品评论的产品概念层次体系自动构建研究［J］．情报理论与实践，2016，39 (6)：120-125.

⑦ Rios-Alvarado A B，Lopez-Arevalo I，Sosa-Sosa V J. Learning concept hierarchies from textual resources for ontologies construction［J］．Expert Systems with Applications，2013，40 (15)：5907-5915.

⑧ 朱惠，杨建林，王昊．中文学科术语相关语义关系获取方法研究［J］．图书与情报，2017，(2)：125-132，5.

⑨ 陈果，朱茜凌，肖璐．面向网络社区的知识聚合：发展、研究基础与展望［J］．情报杂志，2017，36 (12)：193-197，192.

C. 概念映射

概念映射实现不同知识组织体系的互操作，揭示基于不同知识组织体系描述的学术资源之间的相互关联。通过映射特征的调控，实现不同学术资源深度聚合。

本体映射词汇（ontology mapping）包括：

- owl：equivalentClass. 表示某个类和另一个类是相同的；
- owl：equivalentProperty. 表示某个属性和另一个属性是相同的；
- owl：sameAs. 表示两个实体是同一个实体。

当前基于本体的学术社区信息聚合面临的挑战包括：

1）网络学术社区语义聚合需同时集成科研本体、学术文献本体、语义社会网络本体等多类型本体，互操作难度大。众多学科领域知识差异较大，不同领域本体对类及实例的语义关系定义存在冲突，未来需借助体裁分析、语篇分析、情报分析等多学科理论，对其中蕴含的语义关系进行深入分析。

2）不同学科领域知识组织工具发展不平衡。优势学科，如生物医学等积累了丰富的词汇资源和知识体系，而有些新兴学科则处于基础薄弱状态。网络学术社区中如何实现多学科知识聚合表征是当前待解决的难题。

3）多学科技术与方法支撑要求较高。图书情报学科对于知识关系分析较深入，而信息抽取中的复杂项，如文献主题、研究问题、解决方案的抽取需结合人工判断、自动语义标注、特征向量提取技术方法（基于规则、支持向量机、模板匹配、机器学习方法等）等核心环节，以提高本体自动构建水平。

3.4.2.3　基于关联数据的语义聚合

关联数据（linked data）是互联网的发明者 Tim Berners-Lee 为了连接互联网上的异构数据，所提出的一系列数据描述规则，具体有四个特征：①利用 RDF 语言描述数据内容；②将 Web 上的数据，大到文件、网页，小到词汇、概念、实体等，甚至是元数据都添加 URI 标识，为尽可能多的网络资源进行标记；③利用 HTTP/URI 机制查找被 URI 定义过的数据；④关联数据还需提供其他相关 URI 资源的链接，方便用户发现更多资源。

关联数据在信息聚合中的核心作用在于向不同的服务系统和知识源提供标准化访问接口和 RDF 数据模型。本体和关联数据相结合是当前网络学术社区表征和挖掘语义关系，实现语义聚合最重要的技术手段。

（1）科学关联数据集的快速增长

关联数据目前在国外应用已经十分广泛，教育和科研领域是关联数据应用的重要阵地，发布和利用教学科研相关关联数据已成为新兴趋势，大量的数据集和词汇正在稳定的迅速增长。

曼海姆关联数据目录（Mannheim Linked Data Catalog）和 LOD 云（LOD Cloud）是为关联数据集提供公开注册机制的公共目录平台。利用曼海姆关联数据目录以"science"为检索词，检索到 82 个数据集；以"research"为检索词，检索得到 125 个数据集；以"education"为检索词，得到 68 个数据集。在 LOD 数据集中以"science"为检索词，得到 24 个数据集；以"education"为检索词，得到 27 个数据集（截至 2019 年 10 月 23 日）。表 3-8 和表 3-9 列举了其中一部分关联数据集。

表 3-8　教育关联数据集的选择（部分数据）

数据集	来源 &SPARQL 端点	协议
mEducator Linked Educational Resources	http://linkededucation. org/meducator http://meducator. open. ac. uk/resourcesrestapi/rest/meducator/sparql	©*
Open University Linked Data	http://data. open. ac. uk http://data. open. ac. uk/query	CC-BY
Achiement Standards Network	http://achievementstandards. org/ http://asn. jesandco. org:8890/sparql	CC
education. data. gov. uk	http://education. data. gov. uk/ http://services. data. gov. uk/education/sparql	©*
Ariadne RDF	http://www. ariadne-eu. org/ http://knowone. csc. kth. se/sparql/ariadne-big	©*
Nature Publishing Group	http://data. nature. com/ http://data. nature. com/sparql	CC-0
SEEK-AT WD	http://www. gsic. uva. es/seek/ http://seek. rkbexplorer. com/sparql/	©*

*没有任何许可信息，所以本书假设这些数据集没有在开放的协议下。

表 3-9　科学关联数据集的选择（部分数据）

数据集	来源 &SPARQL 端点	协议
Bio2RDF datasets	http://bio2rdf. org http://*. bio2rdf. org/sparql	various *
Italian National Research Council	http://data. cnr. it http://data. cnr. it/sparql	CC-BY-NC-ND
2000 U. S. Census Data	http://rdfabout. com/demo/census http://www. rdfabout. com/sparql	CC-NC

续表

数据集	来源 &SPARQL 端点	协议
Chronicling America	http://chroniclingamerica. loc. gov-	PD
Drugbank	http://www4. wiwiss. fu-berlin. de/drugbank/ http://www4. wiwiss. fu-berlin. de/drugbank/sparql	©
Linked Life Data	http://linkedlifedata. com http://linkedlifedata. com/sparql	©
European Nature Information System	http://semantic. eea. europa. eu http://semantic. eea. europa. eu/sparql	CC-BY
GeoSpecies Knowledge Base	http://lod. geospecies. org/ http://lsd. taxonconcept. org/sparql	CC-BY-SA
Linked Sensor Data	http://wiki. knoesis. org/index. php/SSW_Datasets http://sonicbanana. cs. wright. edu:8890/sparql	CC-BY
World Bank Linked Data	http://worldbank. 270a. info/ http://worldbank. 270a. info/sparql	CC-0

* Bio2RDF 是一组数据集，这些数据集都可以以独立的协议发布。

（2）关联数据适用于科学领域信息聚合的优势及问题

A. 关联数据应用于科学领域信息聚合的优势

在基础设施层面上，关联数据提供了一系列技术栈，包括 RDF 作为数据描述标准、SPARQL 作为查询机制、标准的基础设施 HTTP 端点，促进了网络数据在基础设施层的发布、整合和共享，还提供大量的存储和整合关联数据的工具（SPARAL 引擎、URI 传递机制；Triplify 或 D2RQ 数据处理工具、Bibtex2RDF 抽取 RDF 工具等），同时伴随与领域相关的扩展工具。

在语义和句法层次，由于不同的分类表、词汇表和描述语言造成的数据互操作的障碍，而关联数据致力于：①URI 对大量异构的，来自不同网络平台的 Web 数据进行链接复用。②RDF(S) 提供数据描述表征的语言。③利用 RDF 链接对数据进行语义关系层面聚合。RDF 链接机制指的是，W3C 的 RDF 是由“主语-谓语-宾语”三部分组成的三元组。根据关联数据的原则，关联数据的三元组都应该尽可能地以 URI 来表达，以 RDF 来编码。尤其是主语，必须能够以开放的 HTTP 方式来存取，数据的 RDF 描述中应包含其他更多数据的链接，从而将来自不同数据库的本体或概念聚合在一起，从中发现事物的潜在关联和新知识。④OWL 本体描述语言提供了映射机制，例如，owl：sameAs 陈述，促进了异构数据集的互联。这些特性适用于支持科学研究过程，例如，连接已有的科学研究工作，基于引用和增殖的扩展，特别是关联开放数据（LOD）强调数据公共和开放的性质，类似于科学知识的公共特征，利于科学知识公共出版以确保再生产①。

形式化领域知识方面，关联数据产生了丰富的领域相关词汇，一些学科尤为成功，如生物医学。RDF(S) 和知识组织系统（SKOS）促进了不同领域知识模型的整合和联盟。

综合国内外文献研究，可发现利用关联数据对 Web 资源进行聚合，其中的关键技术在于对所获取数据资源的关联数据化，即将 Web 上的 RDF 文件、网页、数据库中的数据等转化为关联数据。目前有四种方式可以生成关联数据：①静态发布，指直接发布静态 RDF 文件，用户自己构建关联数据，适用于关联数据量很小的情况；②批量存储，指利用 Pubby 等服务器作为关联数据服务的前端，对 RDF 数据库关联数据化；③调用时生成，指在用户发布内容时，后台能直接根据原始内容生成关联数据，将原始数据同关联数据词表（如 VOID 词表），或关联数据搜索引擎（如 Marble）、关联数据库（如 DBpedia）中已存在的数据相对照，转化成相应的关联数据，因此需要设定一系列的数据对照规则，构建数据过滤系统等，但并不是所有原始内容都能在数据库中找到相对应的关联数据；④事后转换②，又叫 D2R 方式，指的是直接对关系数据库的资源进行关联数据转换，D2R 软件是能将关系数据库中的数据包装为关联数据的前端转换工具，因而这种方法需提前搭建关系数据库。

在网络学术社区，数据量大且更新频繁，较为适用的方法是第③④种方法。除此之外，Drupal 应用也提供了关联数据的发布功能，利用 Drupal 可以自己定义内容模型和 RDF 的映射，内容创建时即可及时生成 RDF，形成自己的 RDF 数据和关系数据库，是很有潜力的关联数据发布工具。

目前已有的学术文献关联数据构建，大多数是将论文的原始元数据直接转换成 RDF 语义数据，未能充分挖掘原始元数据中蕴含的潜在信息。曲佳彬等③采用主题挖掘技术，从论文元数据中提取出作者机构、论文主题、学科主题、作者研究主题等多种数据单元，通过复用并扩展 DCTERMS、FOAF、BIBO 等已有元数据规范和本体，将学术论文原始元数据和深度挖掘后的扩展信息转换为 RDF 关联数据，更加深入与全面地揭示学术论文中蕴涵的显性和隐性知识。

---

① Keßler C, D'Aquin M, Dietze S. Linked data for science and education [J]. Semantic Web, 2013, 4 (1): 1-2.

② 夏翠娟，刘炜，赵亮，等．关联数据发布技术及其实现——以 Drupal 为例．中国图书馆学报，2013，38 (1)：49-57.

③ 曲佳彬，欧石燕，凌洪飞．基于深度挖掘的学术论文关联数据构建与可视化分析 [J]．情报学报，2019，38 (6)：595-611.

基于关联数据的信息聚合要实现不同数据来源的关联数据融汇①，应完成关联数据过滤，排除数据冗余、无效链接、非结构化数据等，按照一定的关联模型(属性和层级关系）过滤检索到相关的关联数据，随后通过本体匹配技术等将可能存在属性名不同、取值范围不同等瑕疵的数据进行映射、合并。此外，语义网数据融合器也为关联数据融汇提供了解决思路，如 Semantic Web Pipes（SWP)②能够从不同的关联数据源抓取数据，并自动地将语义数据融汇为统一的 RDF 格式输出。

目前国内关于关联数据的研究大多是探讨数字图书馆资源聚合问题③④，涉及关联数据的自动生成、RDF 链接聚合机制、关联数据可视化聚合等内容。随着研究的深入，关联数据在网络学术社区中的研究也逐渐展开⑤⑥，赵夷平和毕强⑦探索了关联数据在学术资源网相似文献发现中的应用，提出学术资源网相似文献聚合可通过网络文献采集和预处理、文献相似度计算与筛选、关联数据生成和检索三个功能实现。

社会媒体方面，WordPress 和 Flickr 提供了将用户生成内容转变为关联数据的功能。Marginean 等⑧通过对 Facebook、Eventful 等三个社交媒体所发布的特定事件的信息进行收集、存储、过滤和分类，结合关联数据图，为用户提供了特定地域里满足用户兴趣的活动事件，并以列表和地图形式呈现给用户；Nuzzolese 等⑨开发了整合关联数据的知识聚合可视化工具 Aemoo，挖掘维基百科的链接结

---

① 刘媛媛，李春旺，黄永文. 基于 LOD 的关联参考服务构建研究［J］. 现代图书情报技术，2011，27（6）：66-71.

② Le-Phuoc D，Polleres A，Morbidoni C. Rapid prototyping of semantic mash-ups through semantic web pipes［C］//Proceedings of the 18th International Conference on World Wide Web，Madrid，Spain，2009：581-590.

③ 游毅，成全. 试论基于关联数据的馆藏资源聚合模式［J］. 情报理论与实践，2013，36（1）：109-114.

④ 牟冬梅，王萍，张艳侠. 基于关联数据的数字资源语义聚合策略［J］. 情报资料工作，2015，36（5）：18-23.

⑤ 赵芳. 基于关联数据的网络社区学术资源聚合模式研究［J］. 图书馆学研究，2016，(10)：49-52.

⑥ 贯君，毕强，赵夷平. 基于关联数据的知识聚合与发现研究进展［J］. 情报资料工作，2015，(3)：15-21.

⑦ 赵夷平，毕强. 关联数据在学术资源网相似文献发现中的应用研究［J］. 现代图书情报技术，2016，32（3）：41-49.

⑧ Marginean A，Frac B，Stantha O. Event as linked data-aggregation and classification of published events［C］//IEEE International Conference on Intelligent Computer Communication and Processing（ICCP），Cluj-Napoca，Romania，2014：83-90.

⑨ Nuzzolese A G，Presutti V，Gangemi A，et al. Aemoo：linked data exploration based on knowledge patterns［J］. Semantic Web，2017，8（1）：1-28.

构，并结合知识结构模型，为用户构建相关知识领域的学习情景，并提供有用学习建议。

B. 关联数据在网络学术社区的应用障碍

1）关联数据的质量问题，有研究者针对关联数据的可信性提出质疑。Bechhofer 等①认为关联数据缺乏科学数据出版所要求的知识产权、质量、可信、生命周期等方面的特性，应予以改进，为保证研究结果的可重用和再生产，提出研究对象（research objects）和科学发布包（scientific publishing packages）的聚合模型，并应用于 myExperiment 和 NHS e-Lab 网络学术社区环境。另外，关联数据融汇中存在的 LOD 数据质量问题，如数据不完整、不同数据源的数据不一致、URIs 识别等，也给关联数据重用带来很大挑战。

2）关联数据的查询与可视化方面，虽然 LOD 已经获得了大量的数据并且吸引了众多研究者，但关联数据聚合应用仍然存在较多障碍，如关联数据语义搜索逻辑的复杂性和缺少用户友好终端应用系统，增加了用户认知的负担，也无法弥补终端用户和语义资源之间的鸿沟②。针对关联数据网络的搜索和过滤的问题，已经有了一些方法和工具，如通过 SPARQL Endpoint 查询，或者通过 NITELIGHT、iSparql 等可视化查询系统查询。但是，使用这些工具必须了解底层的 RDF Schema 和语义查询语言（如 SPARQL）的相关知识。目前仍然缺乏针对普通用户的友好界面来帮助用户操作复杂的语义查询过程。对此，学者们提出利用关联数据的可视化来应对解决，目前国外具有代表性的关联数据可视化应用主要有：VIZ-VIVO、SWJ Portal 和 Linked Universities③。

网络学术社区领域中，科研关联数据的投入与产出考量，开发适用于学术研究的关联数据模型，保证科学数据所要求的出处、版本、知识产权、生命周期等，以确保研究结果的可重用和再生产是至关重要的课题。关联技术如何实现自动有效的数据连接、关联数据技术中的本体自动映射等也是有待解决的挑战，这些问题的解决是推动关联数据语义聚合实践开展的重要前提。

---

① Bechhofer S，Buchan l，Roure D E，et al. Why linked data is not enough for scientists［J］. Future Generation Computer Systems，2013，29（2）：599-611.

② 李楠. CAF-SIAL：一个概念聚合框架和关联数据发现系统［J］. 数字技术与应用，2012，（6）：102-103.

③ 陈涛，夏翠娟，刘炜，等. 关联数据的可视化技术研究与实现［J］. 图书情报工作，2015，59（17）：113-119.

3.4.3 基于关联挖掘的信息聚合模式

基于关联挖掘的信息聚合指的是利用计量分析、数据挖掘、聚类分析等手段发现学术社区信息资源之间隐含的知识关系，如引证、共现、耦合、链接、合作等各种数据关联，用可视化手段呈现出数字资源中蕴含的知识结构。

(1) 关联挖掘的类型及测度

已有研究围绕馆藏文献或学术出版物信息聚合展开大量探索，学者们将聚合对象划分为知识载体（资源实体，论文、著作、研究报告等）和知识内容（概念、主题、公式、定理）①，根据这些聚合对象之间的关联关系，构建多维度的聚合网络。网络学术社区同样包含这些知识载体和知识内容，已有研究所探讨的知识关联关系和聚合分析方法，为网络学术社区多维度信息聚合提供了丰富的参考借鉴。

根据学术文献（或学术出版物信息）中蕴含的知识单元间关联关系，挖掘出主体关联、主题关联和指向关联，共同构成一个多层次、多维度的知识关联网络。具体而言：

1）主体关联挖掘聚合，指挖掘与学术文献相关的主体（如作者、出版物、研究机构以及出版机构）之间所构成的约束关系，具体包括撰写关系、出版关系、隶属关系以及合作关系等，用来构建作者关联聚合、结构关联聚合、期刊关联聚合等。

2）主题关联挖掘聚合，指挖掘出学术文献主题描述关系（形式特征描述和内容特征描述）和主题共现关系，可以发现内容高度相似的文献主题关联聚合。

3）指向关联挖掘聚合，则是学术文献与数据源之间所具有的链接关系（引文链接、参考链接、推荐链接、作者链接、标签链接、语义链接等），可用于构建多维度链接网络。

学术信息资源聚合深度可以界定为知识节点之间的关联强度的定量化测度。也有学者认为可以进行关联强度测度和关联方式测度②。邱均平等③认为聚合深度应包含聚合层次和共现强度两项内容，同时结合，才能真正反映学科知识聚合

① 瞿辉，邱均平. 基于语义化共词分析的馆藏资源聚合研究［J］. 情报科学，2016，34（2）：15-20.

② 文庭孝，刘晓英，罗贤春等. 知识关联的测度及应用研究［J］. 高校图书馆工作，2010，30（4）：36-40.

③ 邱均平，刘国徽，董克. 基于合作分析的知识聚合与学科知识结构研究——以国内知识管理领域为例［J］. 情报理论与实践，2014，37（8）：6-11.

的程度和效果。关联强度是反映知识单元间的依赖或联系紧密程度的指标。有学者基于链接结构分析，认为如果两个知识单元之间链接次数越多，链接距离越短，则关联强度越大①。也有学者基于关系网络视角，通过密度、度数、中心性、距离等指标来衡量关联强度②。关联强度的计算方法包括皮尔逊相关系数、夹角余弦、欧氏距离、曼哈顿距离、切比雪夫距离等③。

除了期刊论文等传统学术出版物外，网络学术社区还需聚合用户交互话题、项目信息、评论、社交数据等碎片化和复杂多变的信息类型，隐性知识交流的特点更突出（难以编码、度量和处理）④，如图 3-31 所示。网络学术社区信息聚合类型，可以是标签聚合、话题聚合、概念聚合多种表现方式。

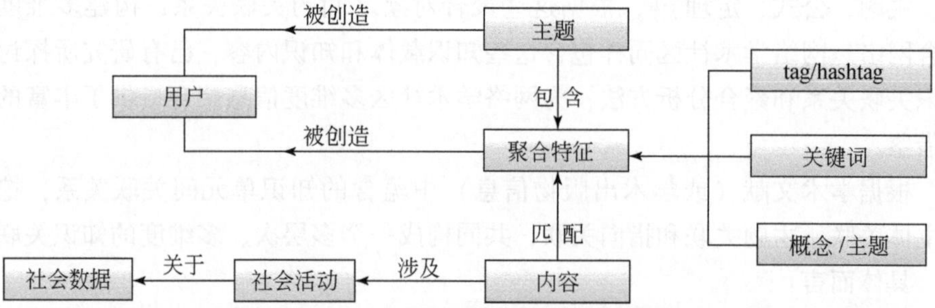

图 3-31　学术社区基于内容的推荐聚合

（2）关联挖掘的聚合方法

共现⑤、耦合⑥、引证、链接、相似度计算、社会网络分析等是较常见的关联挖掘聚合方法。多种聚合方法的结合使用是突出的特点。

A. 基于共现分析的知识关联挖掘

共现是指信息载体或内容单元中特征性描述信息共同出现的现象。狭义的共现关系以文本关键词共现为主。广义的共现包括共引（参考文献及其作者的共

① 刘平峰，杨柳，姚梦迪，等. Web 信息颗粒关联强度研究［J］. 武汉理工大学学报（信息与管理工程版），2015，37（4）：399-402.

② 吕娜. 科研领域合作关系的识别与关系强度分析研究框架［J］. 情报杂志，2014，33（2）：104-107.

③ 黄福，侯海燕，胡志刚. 五种关联强度指标对研究前沿时间特性的识别［J］. 情报学报，2018，37（6）：561-568.

④ 李国栋，冯敏，姚伟. 社会化推荐在隐性知识交流中的应用研究［J］. 情报理论与实践，2012，35（6）：83-87.

⑤ 邱均平，刘国徽. 基于共现关系的学科知识深度聚合研究［J］. 图书馆杂志，2014，33（6）：14-23.

⑥ 赵蓉英，柴雯. 基于耦合关系的馆藏数字资源语义化深度聚合研究［J］. 情报资料工作，2015，（2）：52-55.

现)、共词、共链等多种形式①，在原始共现分析的基础上，还可以进一步扩展为多元共现、多重共现乃至多维共现关系。

共现分析是将各种共现单元定量化聚类分析的方法，以心理学的邻近联系法则和知识结构及其映射原则为方法论基础，以揭示信息的内容关联和特征项所隐含的寓意。知识单元之间的共现频次越高，则相关度越强，通过共现分析可以发现研究对象间的亲疏关系，揭示领域知识结构与变化或者作者间的合作关系及紧密程度②，将相关度高的对象聚合在一起。耦合分析的本质也是一种交叉共现(称为异共现)，是通过文献中相同外部特征的共现关联来揭示不同外部特征关联关系的一种分析方法③。共现分析的类型非常丰富，包括：

1）共词分析：通过关键词之间的关联关系，根据这些关系分析领域主题结构，透视领域研究热点，把握领域发展变化过程及趋势。

2）共引分析：通过文献共引关系可以形成共引网络，该网络节点之间的远近可以反映主题内容的亲疏关系，从而绘制科学研究的领域结构。共引分析又可以划分为词共引、文献共引、作者共引、期刊共引、主题共引等多种类型。

3）合作关系分析：通过分析学术论文作者及机构的共现情况，揭示领域研究人员和研究机构的合作关系，通常用来揭示科学家的关系网络，研究领域学术观点流派。

4）文献耦合分析：引用同一篇文献的论文（即共同的参考文献）的两篇或多篇论文称为耦合论文，它们之间的关系称为文献耦合。其他耦合方式还包括作者引文耦合、作者关键词耦合、关键词与引文耦合等多种组合，可用以探寻学科知识结构及其发展。

共现分析方法一般包括4个步骤：①获取能恰当表示对象属性的数据，形成共现矩阵（表3-10和表3-11)；②根据对象特征来计算对象之间的相似程度，计算方法包括聚类分析、多维尺度分析、社会网络分析、战略坐标分析等④（表3-12)；③按照对象之间的相似程度，将相似的对象聚合成类团；④聚类结果展示⑤。

---

① Leyderdorff L，Vaughan L. Co-occurrence matrices and their applications in information science：extending ACA to the web environment [J]. Journal of the American Society for Information Science and Technology，2006，57 (12)：1616-1628.

② 张树良，冷伏海. 基于文献的知识发现的应用进展研究 [J]. 情报学报，2006，25 (6)：700-712.

③ 邱均平，王菲菲. 基于共现与耦合的馆藏文献资源深度聚合研究探析 [J]. 中国图书馆学报，2013，39 (3)：25-33.

④ 周磊，杨威，张玉峰. 共现矩阵聚类分析的问题与再思考 [J]. 情报杂志，2014，33 (6)：32-36.

⑤ 曾建勋. 知识链接及其服务研究 [M]. 北京：科学技术文献出版社，2012.

表 3-10 文献共引矩阵（对称矩阵）

	Paper1	Paper2	Paper3	Paper4
Paper1		10	20	25
Paper2	10		30	15
Paper3	20	30		12
Paper4	25	15	12	

表 3-11 文献引文矩阵（非对称矩阵）

	Cited Paper1	Cited Paper2	Cited Paper3	Cited Paper4
Citing Paper 1	1	1	0	1
Citing Paper 2	0	0	1	1
Citing Paper 3	0	0	1	1
Citing Paper 4	1	1	0	0

表 3-12 共现矩阵聚类分析的方案对比

聚类方案	操作步骤	准确性	复杂度	可视化效果
SPSS 聚类分析	Person 系数、最长距离聚类	偏差大	复杂	直观，容易解释
MDS 分析	Cosine 系数 MDS 分析	准确	较为复杂	二维显示，解释难度较大
SNA 聚类	SNA 聚类分析	准确	容易	直观、容易解释

共现分析已被广泛应用于隐性关联知识发现①②，挖掘发现不同学科领域间尚未被发现的关联，且可以复现同一学科领域内有价值的关联。进行共现分析时，多种分析方法的融合应用③、探索多重共现关系是目前相关研究的较显著的特征。阮光册和夏磊④提出将主题模型、关联规则、共词分析等方法相结合，探讨了检索结果的知识关联问题。郭秋萍等⑤构建了基于作者—关键词—引文三个

① Swanson D R, Smalheiser N R, Torvik V I. Ranking indirect connections in literature based discovery: the role of medical subject headings [J]. Journal of the American Society for Information Science and Technology, 2006, 57 (11): 1427-1439.

② 曹志杰，冷伏海．共词分析法用于文献隐性关联知识发现研究 [J]．情报理论与实践，2009，32 (10)：99-103.

③ 李纲，王忠义．基于语义的共词分析方法研究 [J]．情报杂志，2011，30 (12)：145-149.

④ 阮光册，夏磊．基于词共现关系的检索结果知识关联研究 [J]．情报学报，2017，36 (12)：1247-1254.

⑤ 郭秋萍，梁梦丽，刘秀丽，等．基于作者—关键词—引文多重共现的超网络知识关联研究 [J]．情报理论与实践，2016，39 (7)：20-26.

子网的多重共现超网络模型，该模型能够揭示科技文献网络同质节点的同质关联关系和异质节点的异质关联关系。

B. 基于内容相似度计算的知识关联揭示

基于内容的相似度计算，是将知识单元置于相应的特征空间内，以夹角余弦、相关系数，或者以距离为依据来划分类团，典型的如词语或文本的聚类、分类。或者依据一定的语义知识库将个体的语义关联转化为基于信息内容的语义相似度计算、基于属性的语义相似度计算以及混合式语义相似度计算①②。

传统基于内容相似度计算方法多采用基于 TF-IDF 方法的余弦相似度、Jaccard 相似度计算等，这些方法多基于关键词聚类计算。而在主题挖掘领域中，主题可以看成是词项的概率分布，是知识聚合的基本构建单元。隐性语义索引模型（latent semantic indexing，LIS）、潜在狄利克雷分配模型（LDA）等主题模型的广泛应用为网络学术社区信息聚合，特别是主题聚合提供了较好的思路和方法。

LDA 模型是在向量空间模型和统计语言学模型基础上发展起来的，是目前非常流行的主题模型之一，广泛应用于机器学习、自然语言处理、文本挖掘、知识发现等多个领域。LDA 训练的目标是挖掘主题分布，而主题分布在训练集中是不能直接观测到的量，因此被称之为潜在狄利克雷分布。LDA 主题模型是一个“文档-主题-词”的三层贝叶斯模型，LDA 的基本元素有文档（d）、文档主题（z）、文档词（w），这三个基本元素通过词袋表示方法形成“文档-主题”（每篇文档表示为主题的概率分布）、“主题-词”两层分布（每个主题可以表示成词汇的概率分布），如图 3-32 所示。

从图 3-32 中可以看出 LDA 模型的生成过程，LDA 涉及的参数变量有主题数 T、文档数 D 以及第 d 篇文档的文档长度 N_d，其中参数 θ 表示“文档-主题”的分布，由 Dirichlet 先验知识 α 控制产生，在每篇文档中都是不同的，α、β 分别为狄利克雷先验参数，在 LDA 主题聚类过程中只采样一次，对所有的文档都是相同的，α 一般取值为 $50/|T|$，β 一般取值为 0.1。

LDA 作为生成式模型，将语料库中的文本看作由如下过程生成的文字组合，即文本涉及若干主题、主题涉及若干词语：

$$P(\text{词语}|\text{文本}) = \sum_{\text{主题}} P(\text{词语}|\text{主题})P(\text{主题}|\text{文本})$$

① 孙海霞，钱庆，成颖．基于本体的语义相似度计算方法研究综述［J］．现代图书情报技术，2010，(1)：51-56.

② 曾建勋．知识链接及其服务研究［M］．北京：科学技术文献出版社，2012.

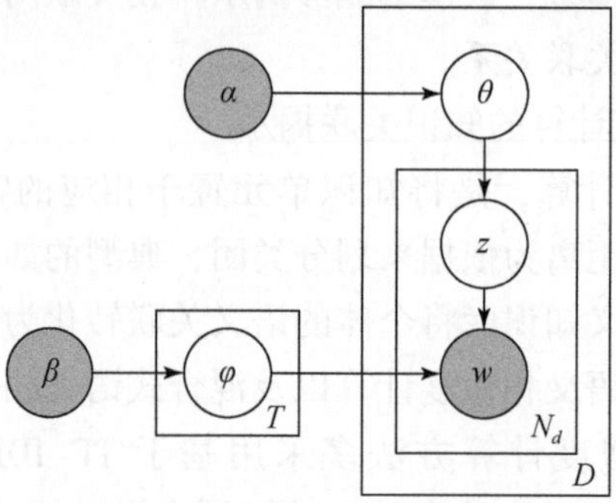

图 3-32　LDA 主题模型图

词语、主题、文本三者之间的联合概率分布，可用如下公式表示：

$$P(\theta,z,w \mid \alpha,\beta) = P(\theta \mid \alpha)\prod_{n=1}^{N} P(z_n \mid \theta)P(w_n \mid z_n,\beta)$$

LDA 模型的优点在于降低了文本数据的维度，帮助内容聚合从关键词上升到主题层次，但由于 LDA 采用词袋模型表征，仍然存在数据稀疏以及未考虑词语间的语序关系等局限，学者们将其和本体、神经网络模型等其他方法结合予以解决，并应用于用户兴趣识别①、元数据深度挖掘②、电子资源推荐③、知识发现等多个研究领域。Zenkert 等④提出一个大数据分析和文本挖掘整合框架，综合命名实体识别、主题监测、情绪分析、语义三元组抽取等工作流程，从而实现知识发现和知识图谱聚合可视化。

C. 基于引文和知识链接分析的知识关联挖掘

引文分析是利用各种数学及统计学的方法和比较、归纳、抽象、概括等逻辑方法，对各类资源之间的引用与被引用现象进行分析，以揭示其数量分布特征和内在关联规律⑤。引用分析可以从不同角度展开，如从文献作者的角度查探引用网络，可以发现聚集的学术群体；从引文内容查探引用网络，能够探寻知识发展

① 夏立新，曾杰妍，毕崇武，等. 基于 LDA 主题模型的用户兴趣层级演化研究［J］. 数据分析与知识发现，2019，（7）：1-12.

② 曲佳彬，欧石燕，凌洪飞. 基于深度挖掘的学术论文关联数据构建与可视化分析［J］. 情报学报，2019，（6）：595-611.

③ 杨辰，刘婷婷，刘雷，等. 融合语义和社交特征的电子文献资源推荐方法研究［J］. 情报学报，2019，38，（6）：632-640.

④ Zenkert J，Klahold A，Fathi M. Knowledge discovery in multidimensional knowledge representation framework［J］. Iran Journal of Computer Science，2018，1：199-216.

⑤ 邱均平. 信息计量学［M］. 武汉：武汉大学出版社，2007.

脉络，发现领域知识热点，为本体构建提供参考等。

随着互联网的发展，利用学术信息资源之间存在的引用、共引、同被引、相关等各种错综复杂的关联关系，学者们发展了知识链接的理论与实践。网络链接与科学文献的引用网络之间的天然相似性使研究者将文献计量学中的引文分析法应用于网络信息计量研究中，由此产生了网络信息计量学的链接分析法（link analysis）。目前许多学者将引文分析与链接分析结合起来，利用 Bibexcel、Pajek、Ucinet 和 Citespace 等各种可视化软件，对网络资源的同被引关系、引用关系、共现关系等进行分析，以图谱的方式展示热点主题和核心作者，反映学科领域的发展和纵深演化过程。

引文分析与链接分析结合方面，周晓英和陈兰杰提出基于引文网络的知识连接，将引文网络中的知识单元抽取出来，引文网络映射的知识单元链接形成知识群，最终将引文网络变成动态的知识网络，建立引文知识仓库①。曾建勋分析了知识链接的构建模式，提出知识链接系统主要通过引文链接、主题链接、行为关系链接、本体链接、聚类关系链接、属性链接以及推理链接等关联途径实现知识关联和链接②；Shibata 等提出通过抽取文献关键词构建引文网络，用来探究文献之间、学科之间的亲缘关系，并可提取潜在的跨学科论题③。早期基于引文的关联链接，如通过 OpenURL 等链接技术建立引文与被引文献之间的参考链接，目前已经发展到基于知识元（如名词术语）的多维关联链接。

D. 基于社会网络分析的知识关联揭示

从社会网络分析视角，可将网络学术社区看成是由知识单元、知识关联和知识群落三元组构成的网络系统。利用社会网络分析方法，从关联关系的角度出发对学术社区信息聚合展开研究，可以充分呈现与揭示不同知识维度之间的相互关联，有利于构造多维立体的知识网络。社会网络的计量指标有网络密度、平均路径长度、中心度和中心性、凝聚子群、聚集系数等，反映知识网络的整体规模、密集度、团体分布、聚集规律、连通性等特点，呈现数字环境中知识网络及其演化过程④。

---

① 周晓英，陈兰杰．基于引文网络的知识链接框架研究［J］．情报杂志，2010，29（10）：37-40.

② 曾建勋．知识链接及其服务研究［M］．北京：科学技术文献出版社，2012.

③ Shibata N，Kajikawa Y，Sakata I. Measuring relatedness between communities in a citation network［J］. Journal of the American Society for Information Science & Technology，2011，62（7）：1360-1369.

④ 周珊珊．基于 Folksonomy 模式的数字资源多维聚合研究［D］．长春：吉林大学博士学位论文，2014.

知识关联的属性划分上，将不同知识关系构成的知识关联类型大致划分为同质知识关联和异质知识关联，其中同质知识关联指相同知识对象的关联，如合著网络、引文网络、共引网络、书目耦合网络、共词网络等；从书目数据库抽取学者信息，构建论文作者网络，这些网络包含了异质信息，分析作者-论文网络，可以探索其中显性和隐性引用关系，如图 3-33 和图 3-34 所示的同质与异质网络①。

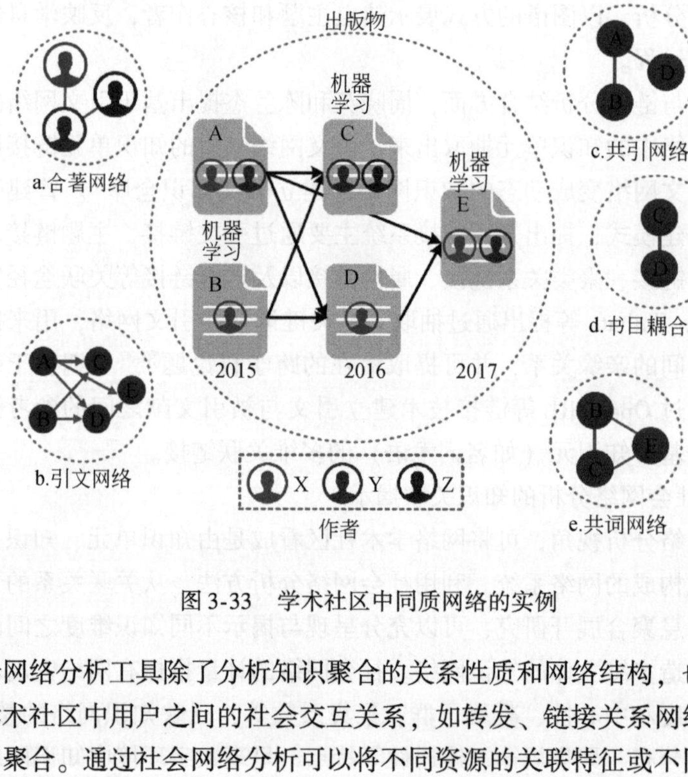

图 3-33　学术社区中同质网络的实例

社会网络分析工具除了分析知识聚合的关系性质和网络结构，也可以用来分析网络学术社区中用户之间的社会交互关系，如转发、链接关系网络以及由此引发的用户聚合。通过社会网络分析可以将不同资源的关联特征或不同资源间建立的社会网络进行整合、提取，并按用户的需求组织资源，但是目前还较难进行形式化表达。

① Kong X J, Shi Y J, Yu S, et al. Academic social networks: modeling, analysis, mining and applications [J]. Journal of Network and Computer Applications, 2019, 132: 86-103.

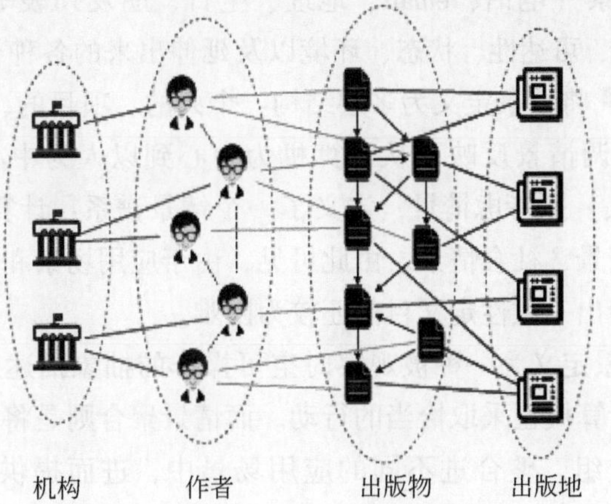

图 3-34　学术社区中异质网络的实例

3.4.4　基于情景感知的信息聚合

网络学术社区信息聚合中使用描述用户情景的信息，如地点、时间、任务等，可以产生个性化的聚合效果。使用情景信息被认为是提高信息聚合精度的重要来源。

什么是情景，信息聚合可以使用哪些类型的情景信息？牛津高级词典将情景（context）定义为“事情发生的环境，帮助你理解（事情的过程和意义）”。1927 年美国社会学家 W. I. 托马斯在《行为模式与情景》一文中首次提出了将人的行为放入社会情景中研究的观点。20 世纪 80 年代后期，情景一词开始出现在计算机科学（主要在人工智能、普适计算）、信息检索等领域。1994 年美国学者施利特（B. Schilit）首先使用情景感知（context-aware）一词，将情景定义为“位置、身份、周围的人和物体”。情景解释了你在哪儿，和谁在一起，附近有什么资源等相关问题。Abowd 等①将情景定义为两个维度：主要情景（身份、地点、时间

① Abowd G D，Dey A K，Brown P J，et al. Towards a better understanding of context and context-awareness ［C］ //Proceeding of the 1st International Symposium on Handheld & Ubiquitous Computing，Karlsruhe，Germany，1999：304-307.

和活动)、次要情景（电话、email、地址、生日、朋友列表等）。Drögehorn 等①将情景定位为位置、可达性、状态、环境以及延伸出来的各种子要素（图 3-35）。Snowdon 和 Grasso② 将情景定义为多层结构：个人的、项目的、群组的和组织的。顾君忠③的研究强调情景反映了从计算机为中心到以人为中心的转变，以人为本，围绕用户（人）来考虑情景，定义了一个情景谱系：计算情景、用户情景、物理情景、时间情景、社会情景。由此可见，由于应用场景和用户需求的多样性导致对情景信息给出一致性定义目前还较为困难。

Gao 等④将情景定义为一种被观察时空可操作的抽象描述，强调可测量时空的描述，以发展计算模型采取恰当的行动。而情景聚合则是将这些分散的、异构的时空数据进行重组，整合进不同的应用场景中，进而提供相应的行为建议。Adomavicius 和 Tuzhilin⑤ 讨论了推荐系统中情景的概念，解释了在不同领域中如何定义情景，如数据挖掘、电子商务、信息检索、移动服务系统等，认为情景是一个多面的概念，不同领域中没有一个共同接受的一致性定义。

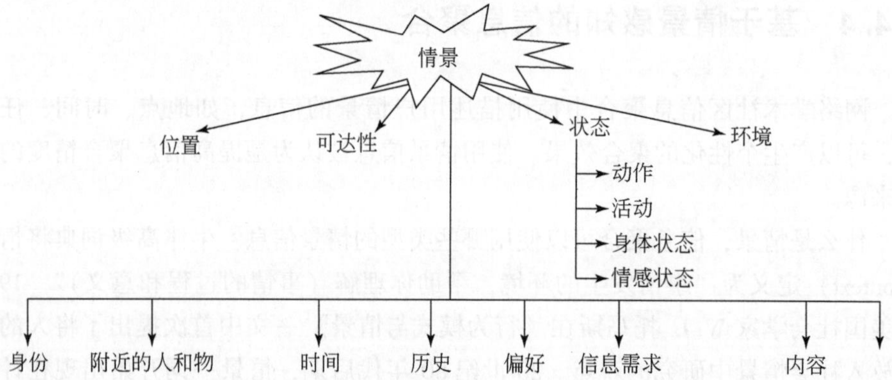

图 3-35　情景构成要素及结构

① Drögehorn O，Haseloff S，Loeffler T，et al. Context awareness in I- centric systems- dynamic context learning using a rule- based approach ［EB/OL］. http://wwwpub. zih. tu- dresden. de/ ~ dargie/papers/australia. pdf ［2019-07-30］.

② Snowdon D，Grasso A. Providing context awareness via a large screen display ［EB/OL］. https://smartech. gatech. edu/bitstream/handle/1853/3464/00-18w. pdf［2019-07-30］.

③ 顾君忠．情景感知计算［J］. 华东师范大学学报（自然科学版），2009，(5)：1-20.

④ Gao M，Singh V K，Jain R. Eventshop：from heterogeneous web streams to personalized situation detection and control ［C］ //Proceedings of the 4th Annual ACM Web Science Conference，Evanston，Illinois，2012：105-108.

⑤ Adomavicius G，Tuzhilin A. Context- aware recommender systems ［C］ //Ricci F，Rokach L，Shapira B. Recommender Systems Handbook. 2nd Edition. New York：Springer US，2015：217-253.

学术领域相关的情景信息是否具有特殊性？在学术领域中用户需求和任务需求需要特定情景信息的支撑。Schleyer 等①概念化分析了研究网络系统的构成，强调了情景因素的重要性，包括研究者的需求和目标、项目特征、组织政策、学科规范和机构约束等。成功的研究网络系统应该提供信息，帮助个人研究者发展和维护情景嵌入的协作关系。Champiri 等②鉴别了学术推荐系统中聚合的情景信息，将其归为用户、文献、环境三类（表 3-13）。每种类型的情景信息又由相关联的不同分面组成。鉴别学术领域相关的情景信息是进行信息聚合的首要挑战。过多的情景信息也可能导致计算复杂度和聚合模糊性，因此需要综合权衡，选择恰当的聚合维度。情景信息在推荐聚合中的应用形式可以分为过滤前、过滤后、情景建模三种应用方式。

表 3-13　学术性情景信息的维度及项目

维度	情景信息	子项
用户	个人信息	人口统计学信息、一般兴趣、研究领域、个人隐私、学位、学科方向、学术产出、项目描述、成员
	类型	学生、职员、研究人员（年轻、年长）
	目的/目标	维护感知、探索研究领域、发现相关资源
	活动/任务	检索相关文章、检索潜在的合作者、检索出版物、参考文献、论文写作、作业
	先验知识/技能	新手、有经验、有相关领域经验
	社会网络/主页信息	同其他用户、工作团队的合作，合著关系，同其他学者、学院工作的联系，博客信息，帖子
	日志	浏览日志、检索日志
	信息行为	查询、阅读、保存、下载
	信息需求层	即时的、无须即时
文献	书目信息	书（ISBN、题名、作者等著录信息）、论文（作者、题名等著录信息）、观点、结论、描述
	文献之间的引用	被引、同被引

① Schleyer T, Butler B S, Song M, et al. Conceptualizing and advancing research networking systems [J]. ACM Transactions on Computer-Human Interaction, 2012, 19 (1): 74-77.

② Champiri Z D, Shahamiri S R, Salim S S B. A systematic review of scholar context-aware recommender systems [J]. Expert Systems with Applications, 2015, 42 (3): 1743-1758.

续表

维度	情景信息	子项
环境	位置	地理位置
	时间	任务期限、具体时间
	服务类型	连接设施、网络宽带等

情景信息的感知方法分为主动情景感知和被动情景感知，也可以分为直接显示感知（输入）（如位置、时间和设备环境信息等）和内部蕴含感知（如用户的特点、习惯、知识层次和偏好等）。基于情景感知的信息聚合是对各种情景信息进行识别筛取，将原有零散的信息按照一定规则（如时间-空间-主题）聚合为新信息。

基于情景感知的信息聚合在多媒体处理、DSS 系统①、紧急情况监控系统②、城市交通规划系统③、战场情景评估、气象服务等领域有了较多理论和实践探索：Ramachandran 等④通过视频监视器、传感器和追踪器对外界传感信息进行持续收集和追踪，通过对此类传感信息的有机聚合，用于突发事件监测；Lesch 等⑤则将动态传感器技术与基于内容的图像检索技术（CBIR）相结合，在网络上构建多传感器辅助系统（MSACS），利用传感器收集到的动态信息来多维度地标注图片，还提供了图像所处环境的事实信息，优化了图像检索精准度；移动信息服务、GIS 信息服务方面已有较多成功尝试，李敏和顾铭斯⑥以移动气象信息服务为例，提出利用移动终端优势，多维采集用户实时情景信息，构建用户情景类库和用户个性情景库，并与气象信息数据库相聚合，提供满足用户个性化需求的移动信息服务。

为提高社交网络的服务水平，学者们开始将情景感知技术引入到社交网络。利用搜索引擎、数据挖掘技术、行为分析等方法，通过感知用户的属性特征、使

① D'Aniello G，Gaeta A，Gaeta M，et al. A new DSS based on situation awareness for smart commerce environments［J］. Journal of Ambient Intelligence & Humanized Computing，2016，7（1）：47-61.

② Kim S H，Chung K. Emergency situation monitoring service using context motion tracking of chronic disease patients［J］. Cluster Computing，2015，18（2）：1-13.

③ Lee B G，Han J W，Cho H S. Traffic control apparatus and method using navigation route information of vehicle for each navigational situation：US，US8674854［P］. 2014.

④ Ramachandran L，Hong K，Iftode L，et al. Large-scale situation awareness with camera networks and multimodal sensing［J］. Proceedings of the IEEE，2012，100（4）：878-892.

⑤ Lesch N，Compton A，Pecarina J，et al. Image retrieval for visual understanding in dynamic and sensor rich environments［C］//IEEE Conference on Cognitive and Computational Aspects of Situation Management，Savannah，GA，2017：1-7.

⑥ 李敏，顾铭斯．基于用户情境类聚合的移动信息个性化服务研究［J］．图书馆学研究，2015，（5）：65-68.

用习惯来提升社交网络的服务。当前，研究主要是基于 Web 历史数据的情景分析，例如，曹怀虎等①将用户的位置信息、环境特征、运动轨迹等作为情景感知的内容，通过智能内容聚合，形成概念化的 P2P 社交网络，能够根据用户的需求自主发现潜在的社会关系。MIT 媒体实验室的 Gao 等②、Singh 等③在网络情景信息感知与模式识别、情景评价监控和信息聚合领域开展了大量探讨性研究，研发出了一种情景聚合系统 Eventshop，将其运用于网络数据流、异构动态多媒体数据情景识别。Eventshop 的基本数据操作是在 E-mage 平台上进行的，利用可视化的方式构建新的情景，并能动态跟踪情景，聚合图谱中的像素颗粒代表 tweets 用户对话题的兴趣热度，而像素所处位置则对应了美国地图坐标位置。

基于实时情景感知的学术信息聚合研究成果目前还较缺乏，主要原因有涉及多源数据采集、数据挖掘、模式识别、信息融合等多学科理论与技术支撑；其次，情景信息聚合的难点在于异构资源的融合（图 3-36），如针对学术文献信

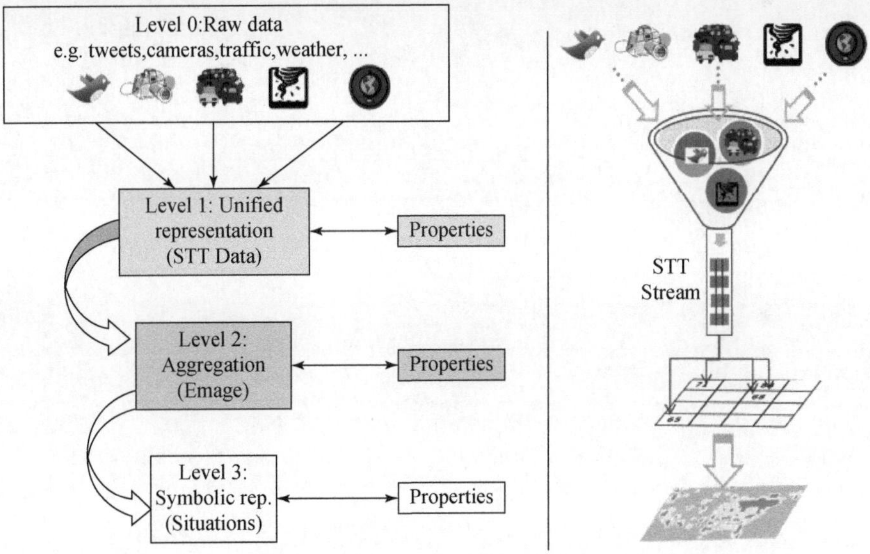

图 3-36　网络社区情景聚合实现流程

① 曹怀虎，朱建明，潘耘，等．情景感知的 P2P 移动社交网络构造及发现算法［J］．计算机学报，2012，35（6）：1223-1234.

② Gao M，Singh V K，Jain R. Eventshop：from heterogeneous web streams to personalized situation detection and control［C］//Proceedings of the 4th Annual ACM Web Science Conference，Evanston，Illinois，2012：105-108.

③ Singh V K，Gao M，Jain R. Situation recognition：an evolving problem for heterogeneous dynamic big multimedia data［C］//Proceedings of the 20th ACM International Conference on Multimedia，Nara，Japan，2012：1209-1218.

息、学者背景信息与时间、空间等多源信息，如何构建恰当的数据模型进行一致性表征；聚合空间数据，如何对图像和视频数据处理分割，聚合、监测时空模式，进行跨时空的追踪，都是有待解决的难题。

用户情景信息的收集涉及用户隐私界定问题，情景信息的收集意味着用户的地理位置、使用习惯、兴趣专业，甚至心理状态等大部分个人私密信息都会纳入情景感知数据库中，这也是当今信息技术快速发展与个人隐私保护的矛盾。

第4章 网络学术社区用户聚合模式分析

网络学术社区的信息聚合不仅是信息（知识）内容的聚合组织，更是用户交互关系的聚合组织。对网络学术社区用户及用户关系进行筛选挖掘，进而形成社会化的聚合效应，对于实现多种应用服务，如学术关系分析、学术同行评价、学术机构评价、科研用户画像构建、学术社群管理、专家推荐等均有重要作用。

本章基于用户交互及用户关系的视角，考察用户聚合模式，主要聚焦网络学术社区中用户交互活动与聚合机制，分析网络学术社区中的用户角色识别方法及用户关系模型，通过角色间的各种关系（交互关系、兴趣关系等）探究科学交流与知识共享状况。

4.1 网络学术社区中用户交互活动及聚合机制

网络学术社区用户包括系统开发人员、系统管理人员、服务人员以及终端用户等多种类型，本章主要关注参与学术社区知识交流和共享的终端用户群体。用户聚合产生于用户的交互活动中，理解网络学术社区的用户交互机制，是识别用户角色，确定用户聚合分组的前提条件。

4.1.1 网络学术社区的用户交互活动

交互是一种最基本、最普遍的日常生活现象，也是一个内涵丰富的术语。交互指的是某一个特定环境下两个或两个以上的行动者之间相互作用的过程，或者说是行动者之间（无论是生命体还是机器）连续作用和反应过程。计算机领域学者认为计算机的焦点是处理，所有软件的焦点是交互性①，关注人机交互、产品交互设计、交互式体验等问题。传播学领域学者将交互定义为信息接收者（receiver）根据来自信源（source）的信息内容（message）向信源进行反馈，通

① Crawford C. The Art of Interactive Design [M]. Sanfrancisco, CA: No Starch Press, 2003.

过双方之间的不断反馈来修改信息本身和反馈内容，最终达成良好的沟通。教育学领域学者关注学习者与学习内容的交互、学习者与指导教师的交互、学习者与学习者间的交互、学习者与学习行为之间的交互，通过不同层次交互剖析知识构建机理。社会心理学家班杜拉认为环境是决定行为的潜在因素，人和环境交互决定行为。行为、人、环境的相互关系和作用，是一种交互决定的过程。由此可见，不同学科领域的学者关注了用户交互的技术实现、交互过程、交互对象、交互认知以及心理因素等不同侧面的问题。

图书情报学领域的研究者主要从数字化信息服务各环节交互以及用户信息交互行为的视角进行分析。邓小昭①依据用户与用户的关系，将信息交互行为分为同步信息交互和异步信息交互；按照交互目的划分为学术型、知识型、情感型和娱乐型信息交互。因特网用户信息交互过程中存在社会相符性行为、聚群行为、利他行为和从众行为等特点。邓胜利②从网络用户的交互动因、交互行为机制（学习机制、信任机制、激励机制、知识创新机制）等角度对信息交互行为过程和模型进行了剖析。

同其他非学术交互活动或交互行为相比，网络学术社区用户交互的动机、内容及行为表现具有其特殊性。已有研究表明，用户参与学术社区交互是为了满足其功能需求、社会需求、心理需求（图 4-1），其中功能需求包括学者领域知识共享、学术信息消费、学者自我展示以及科研影响力的社会评估等；社会需求包

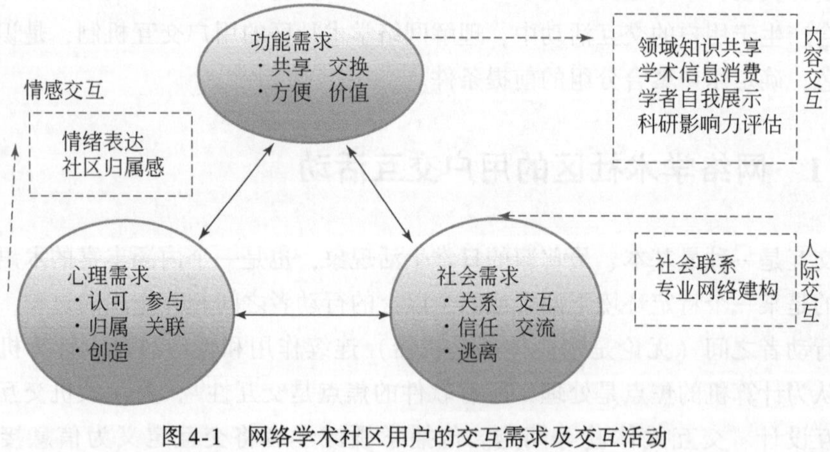

图 4-1 网络学术社区用户的交互需求及交互活动

① 邓小昭．试析因特网用户的信息交互行为［J］．情报资料工作，2003，(5)：24-25.

② 邓胜利．新一代互联网环境下网络用户信息交互行为［M］．北京：中国社会科学出版社，2014.

括学者们人际交互以及由此产生的信任、合作等专业网络；心理需求指的是学者们相互沟通、交流情感所产生的学术共同体的认同感和社区归属感。

Chua 和 Balkunje① 通过内容分析法比较两种类型（技术型、支持型）在线讨论社区用户交互活动，结果显示两种社区中存在领域知识共享、社会表达和情绪披露三种用户交互活动，其中领域知识共享的总频次最高。技术型社区用户的交互活动更多地显示出知识共享的特性，而支持型社区中用户社会表达和情绪披露是更主要的特征。网络学术社区用户在线交互活动特征方面，多位学者的研究结果显示用户更多地关注学术功能，积极参与知识共享活动，其社交功能则较少用到②。Nicholas 等③收集了来自欧洲的近 100 位学者（分属 4 个学科）对学术社交网络的态度，学者们普遍认为学术社交网络仍处于发展的初级阶段，大多数参与的学者将其当作免费的信息源，积极消费信息和内容，而并未看到其提升学术声誉的潜力（获得研究资助、会议展示、成果出版、合作机会等），消极参加平台的社交活动。由此可见，知识共享是学术社区用户最主要的交互活动。

在网络学术社区中，用户信息交互行为是多维互动的，而非单向递进的过程。本书认为网络学术社区中，用户的信息交互主要包括用户–平台互动、用户–用户互动过程④，如图 4-2 所示。

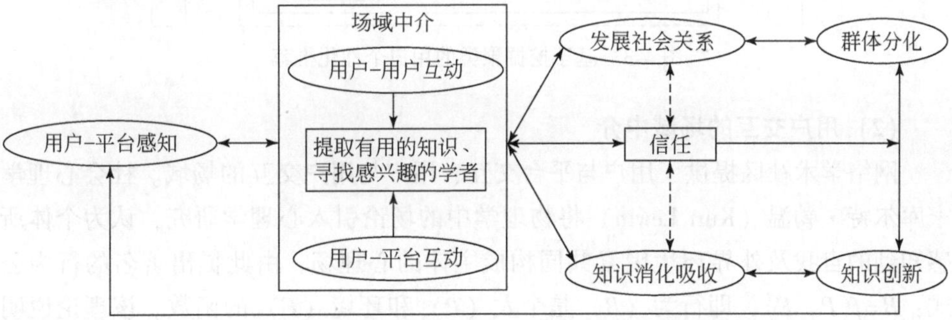

图 4-2　网络学术社区中用户–信息交互模型

① Chua A，Balkunje R S. Beyond knowledge sharing-interactions in online discussion communities［J］. International Journal of Web Based Communities，2013，9（1）：67-82.

② Wei J，He D，Jiang J P. User participation in an academic social networking service：a survey of open group users on Mendley［J］. Journal of the Association for Information Science & Technology，2014，66（5）：890-904.

③ Nicholas D，Herman E，Jamali H，et al. New ways of building，showcasing，and measuring scholarly reputation［J］. Learned Publishing，2016，28（3）：169-183.

④ 郑伟伟. 基于信任关系的虚拟学术社区知识共享研究［D］. 重庆：西南大学硕士学位论文，2015.

(1) 用户–平台感知

学术用户参与到网络学术社区中，通过关注、定制等行为感知学术社区的信息(感兴趣的资源、感兴趣的用户)。由于网络学术社区仍处于初级发展阶段，当前用户对网络学术社区的感知存在较多障碍：潜在收益不明、感知的质量不高、不信任、语言障碍、隐私关注、耗时、难以学习、消息长度太短、网络暴力等问题①。

另一方面，学术社区平台需及时感知到用户需求、识别用户需求偏好。系统平台通过主动收集和分析用户对相关资源浏览、评论、下载、跟随等信息，建立用户兴趣数据库，形成用户兴趣模型，根据兴趣相似度进行用户聚类，找到与目标用户兴趣相似度最大的其他用户（用户群），根据他们的兴趣爱好为目标用户推荐资源内容，如图 4-3 所示。

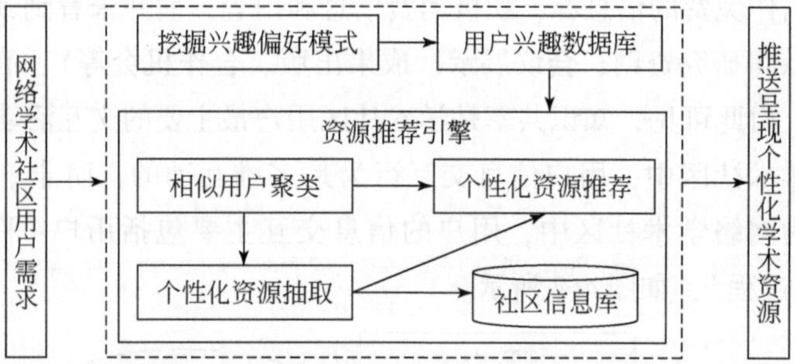

图 4-3 基于挖掘聚类的用户个性化推荐

(2) 用户交互的场域中介

网络学术社区提供了用户与平台交互、用户与用户交互的场域。社会心理学家库尔特·勒温（Kurt Lewin）将物理学中的场论引入心理学研究，认为个体所感知到的自我及外界环境因素共同构成主体的心理场，由此提出著名的行为公式：$B=f(P, E)$，即行为（B）是个人（P）和环境（E）的函数。该理论说明观察用户交互行为应根据具体情景分析。

网络学术社区中用户成员的群聚，触发用户对社会个体、群体的感知和思考。用户通过不断交互逐渐认可聚合群体，对自我进行再定义，就是从个体“我”到集体“我们”的转换。用户对学科领域共同目标、彼此相似性等的认知使得群体内的自组织协作更加频繁，从而易形成社群内关联紧密、群体外关联疏松的整体网络格局。对学术群体演化状况的认知会作用于个人，通过影响个体的

① 周庆山，杨志熊. 学术社交网络用户行为研究进展［J］. 图书情报工作，2019，61（16）：38-47.

心智情感对个体行为造成制约，如导致从众效应。认知-认同-行为-认知往复作用的过程，实质是学术社区成员参与社区知识交流共享，通过群体互动实现知识构建的过程。

网络学术社区聚合的用户和信息，同时也形成了与电荷之间通过静电力场发生作用相类似的知识场。知识场的本质是学术社区用户信息交互的物化载体，是知识在空间上的集中和时间上的积累。如图 4-4 所示，用户在网络学术社区知识场中不断进行着信息消费（下载、跟踪、浏览他人文章或项目成果、跟踪自己文章的阅读和引用情况）、信息分享（上传自己的论文、摘要或链接）、信息互动（回答或回应他人的问题）等交互活动。用户之间以论文、问题或项目为具体中介，以共同的研究兴趣为基础，进行着合作、链接、引用等学术关系构建。随着学术用户之间知识流动，知识集聚场中知识属性（可编码的知识、技巧、工艺、实践技能等意会性较强的知识）也处于不断演化中。

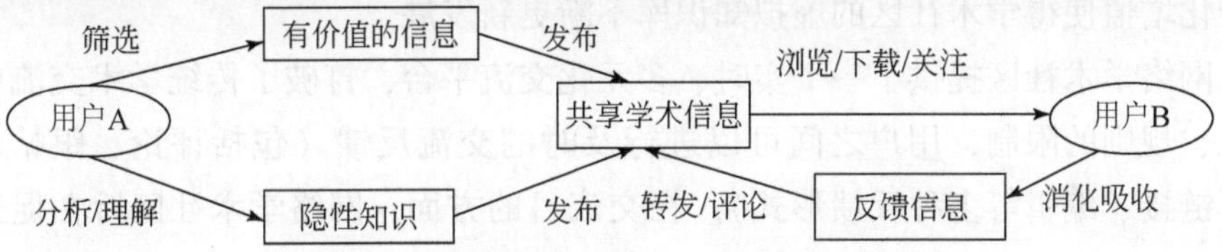

图 4-4　网络学术社区中用户-用户的交互

学者们的交互过程特征与会话方式也是学术社区用户信息交互研究关注的问题。贝尔斯的交互过程分析（Bales' interaction process analysis，将小组交互功能定义为社会情感的积极反应、社会情感的消极反应、任务领域的尝试回答、任务领域的提问）、萨克斯的会话结构分析（Sacks' conversation analysis，关注话题启动、话题延续、话题迁移、话题转换、话题回逆、话题结束等话题演化过程）、团队高级交互分析（the advanced interaction analysis for teams，Act4teams）等理论被较多学者引入来研究学术社区中用户交互模式、语言风格、认知情感分析。

（3）学术社区的用户群体关系分化

作为社会化网络，网络学术社区用户信息交互本质上体现了自组织特点①。用户自发进行的生产、发布、交流、共享信息等活动，互动话题吸引用户向一定的场域聚集。随着频繁的线上互动，社区成员发生了关系分化，逐渐出现了兴趣小组或是协作小组，在这些群组内部，成员之间会感受到彼此的相似之处，如有

① 李鹏. Web2.0 环境中用户生成内容的自组织［J］. 图书情报工作，2012，56（16）：119-126.

共同或相似的兴趣爱好和研究目标，彼此之间的心理距离较近，更易互相吸引、信任，有可能培养出一种彼此认同，进而聚合形成社区中同质化程度较强的小群体组织，群体内部的会话、链接、引用、合作等知识交互会更趋于紧密。

用户构建社会关系是为了分享和传递有价值的信息。有关知识创新的相关研究指出，同质性较强的团体网络中，成员间更能够进行深度的知识交流与共享，对保证个体成员改进型创新具有重要意义。在社区用户长期交互过程中形成的信任，作为中介变量会影响群体分化与知识创新的路径和效果，进而影响用户聚合的过程。

(4) 知识创新过程中的转化增值

网络学术社区用户通过不断交互实现学术信息的转化增值。用户（信源/信宿，既是信息消费者又是信息生产者）通过发布、转发等信息行为，将信息传递到学术社区中，信宿从社区平台获取知识，并将原有知识消化吸收（包括知识判断和知识重组）后转化生成新知识，此时信宿转为信源发布新信息资源，正是这种转化增值使得学术社区的虚拟知识库不断更新发展。

网络学术社区提供了一个实时、多元化交流平台，打破了传统学术交流中的层级、规则的限制，用户之间可以进行及时的交流反馈（包括评论、跟帖、引用、链接、编辑等多种反馈形式）。在交流目的方面，网络学术社区旨在促进不同学术思想、观点的碰撞，以便达到吐故纳新的最终目标。知识创新作为交互结果，使用户获得新的知识建构，另一方面又有助于用户从新的起点、新的视角态度对网络社区平台进行再感知。

4.1.2 网络学术社区用户聚合机制

机制是系统内各个要素之间相互作用、相互依存的有机联系，并遵照一定的原理和规律运行。网络学术社区的用户聚合机制即网络学术社区中用户聚合的本质原因、内在程序或规律等。

计算机科学领域将用户聚合定义为用户分组，总结出一些分组规则：①根据用户角色形成固定用户群组，或者自定义为临时用户群；②依据一定规则确定群组，如用户对项目喜好形成的群组；③随机形成用户群组，如加入某个兴趣群；④基于社会网络的聚合策略①。然而，这些分组规则并未揭示出用户聚合的内在

① 刘宇，吴斌，曾雪琳，等. 一种基于社交网络社区的组推荐框架［J］. 电子与信息学报，2016，38（9）：2150-2157.

原因。网络学术社区用户聚合源于学术研究是社会性的活动，学术社区用户交互活动中存在分工协作机制、激励互惠机制、情感信任机制、吸引认同机制等①，这些特点决定着学术社区中用户聚合的模式和特征。

（1）互惠性科研合作聚合

随着科学研究的复杂性和学科交叉性不断提高，科学研究的分工合作已成趋势②。Wuchty 等③基于 Web of Science 数据库中 1990 多万篇研究论文和 200 万美国注册专利分析，揭示了在所有科学领域中都存在的向团队合作的趋势性转移的特征。科学与工程领域出版物中团队作者的比例从 1955 年的近 50% 上升到 2000 年的 80% 以上。这种合作性转移不仅仅是因为认识科学事实与进行实验的挑战越来越大，越来越复杂和昂贵，数学和社会科学等靠笔写论文的学科也展现了同样趋势。1955 ~ 2000 年，社会科学领域的团队作者比例从 17.5% 上升到 51.5%。团队不仅仅是增加生产力，同时也显示出更大的学术影响力。平均而言，在几乎所有的学科领域中团队作者的论文都比单一作者的论文产生更多引用。科学受益于多样性，科学研究正日益成为国际化的事业，国际科研合作已成为全球化时代推进科学进步的必然要求，目前世界各地同类学科或跨学科研究人员之间的合作网络也已经逐渐形成。

网络学术社区中的科研合作是一种开放松散式的互惠合作。科研合作涉及知识的共享和吸收，从表面上看是一种基于知识交换的合作关系，实质上是一种基于物质或精神的互惠关系。所获资助、年龄等因素影响着网络学术社区中科学家之间的合作④。高生产力的研究者平均有更大的团队规模，研究者过去出版物的数量、质量以及平均的资助数量是其获得合作网络中更高中间中心性的关键因素。年轻的研究者倾向于链接更多不同的研究社区和合作网络。处于职业生涯中期的科学家倾向于在更紧密的团队中开展更多合作。

学术社区用户科研合作的形式包括求助型合作（以解决问题为目的）、成果型合作（以创造成果为目的）、研讨型合作（以相互启迪为目的）或是资源型合作（以共享资源为目的）。本书通过对小木虫论坛的实证调查分析发现，资源型

① 丁敬达．学术社区知识交流模式研究［M］．北京：世界图书出版社，2013.

② 贾涛，夏峰．“科学学”视角下的科研工作者行为研究［J］．大数据研究，2019，(4)：38-47.

③ Wuchty S，Jones B F，Uzzi B. The increasing dominance of teams in production of knowledge［J］. Science，2007，316（5827）：1036-1039.

④ Ebadi A，Schiffauerova A. How to become an important player in scientific collaboration networks?［J］. Journal of Informetrics，2015，9（4）：809-825.

合作和求助型合作表现较为旺盛；网络学术社区的大部分用户喜欢简要地切入话题，寻求最直接有效的帮助，探索、反思、指导性的深入讨论较为缺乏（具体调查分析结果见本书7.1节实证分析）。

（2）自相似性聚合

网络学术社区的用户聚合表现出较强的自相似性聚合，用户主动、自愿在学术社区空间中加入或建立某个虚拟群体，该群体由具有共同的学科领域研究兴趣、相同的研究目的或利益的个体聚集，形成一个有相同诉求、观念、行为的群体①。

网络学术社区中的用户聚合表现出明显的自相似性聚合，如“人以龄分”、机构同质性等。李玲丽和吴新年②通过对 Academica. edu 用户调查发现用户个人网络中，同事和熟人构成用户网络的主体。Yan 等③抓取了 ResearchGate 中美国61所大学的87 083个机构用户的跟随和被跟随数据，调查结果证明这些用户更倾向和同层次的机构用户进行相互连接。Pan 等④系统分析了城市和国家之间的引文合作网络，研究结果显示地理位置仍然是影响学者合作的重要因素，科学家之间的互动合作表现出地域临近偏好，即倾向于与其地理区域相邻的人进行互动合作；在相似区域和主题领域工作的人或团体更有可能相互合作和引用。

本书认为，微观层面成员间相关属性的同质性对社区用户之间连通和宏观层面网络结构的平衡具有重要影响作用。相关属性相似的用户在研究兴趣上更有可能趋同，年龄相似、机构同质或者地理位置临近意味着学者更有可能具有相似的背景知识、教育程度，更有可能就相同的学术热点问题展开交流合作，从而形成更具凝聚力的学术群体。

（3）吸引认同型聚合

吸引认同聚合是指围绕代表性人物或者内容而形成的群体，如权威专家、意见领袖、精品网页内容或经典科学文献、热帖等。围绕这些吸引因子的转发、跟帖是学术社区用户聚合发生的重要途径⑤。用户聚合受情景因素的影响，学术社

① 邓胜利．新一代互联网环境下网络用户信息交互行为［M］．北京：中国社会科学出版社，2014.

② 李玲丽，吴新年．开放型科研社交网络应用调查与分析——以 Academia 为例［J］．情报资料工作，2013，34（1）：90-93.

③ Yan W W，Zhang Y，Bromfield W. Analyzing the follower-followee ratio to determine user characteristics and institutional participation differences among research universities on ResearchGate［J］．Scientometrics，2018，115（1）：299-316.

④ Pan R K，Kaski K，Fortunato S. World citation and collaboration networks：uncovering the role of geography in science［J］．Scientific Reports，2012，2：902.

⑤ 邓小昭．网络用户信息交互行为研究［M］．北京：科学出版社，2010.

区的网络群体是以话题为纽带、以文字图像为中介、以共同的兴趣爱好为基础的聚合①。

物以类聚，人以群分。网络学术社区环境中，用户出于自己的心理取向和学术兴趣进行着网络交互活动，一旦定向选择某个吸引因子，就会在社区中形成频繁互动，用户自动聚合形成或发现所属的群体。由于网络聚合结构性特点，使得网络学术社区中占据网络关键位置的专家用户具有较多的优势和影响力，以专家用户为中心形成特定的交流群体。专家影响力在群体内逐渐得到扩散，社会化群体作用逐渐凝聚、放大，演变成群体知识。

较多研究结果显示，目前学术社区用户整体活跃度还较低，互动范围主要局限于熟人之间②。传统社会表现出远近亲疏的差序格局主要是以亲属关系为主轴的网络关系，受血缘、地缘、经济水平、政治地位等因素影响。而网络学术社区中用户聚合表现出的熟人交互特征主要是基于认知认同和关系信任作用的结果。

最后，网络学术社区用户聚合是以“成员之间或社区归属感”为中心，社区认同包括认知认同、情感认同和评价认同。通过对学术社区品牌的认同，用户群体的黏性、认同得以增强，激励用户持续分享知识和经验，成员之间能够借由网络社区产生并拥有共同利益形成对学术社区凝聚聚合。

（4）趋势追逐性聚合

科学家是趋势追寻者，即科学家通常会聚合在热点领域开展研究工作，因为这样的研究更可能获得关注、引用以及科研基金的支持（但是从整个科学领域的角度来看，如果领域的开拓者、领导者们都不去探索新的方向，就不是什么好事了）。Wei 等③的研究成果显示，从整体上看，科学家确实更多聚集在热门领域来开展研究工作。不同国家和地区的科学家们追踪热点的程度也显示出不一样的特征：中国、印度等国家的热点追踪程度要高于美国、德国等国家。该研究工作还发现合作者越多、署名单位越多、引文数越多，其研究工作对热点的追踪程度越高。

（5）自主或系统推荐聚合

网络学术社区用户聚合方式可以是用户自主方式形成，或是通过系统推荐方式形成聚合群体。学术社区系统用户通过与其他人建立一定的社会关系，借由“Follow”、@、“Make friend” 等功能形成自己的“社会网络”，并展示自己的社会影响力，从而满足一定的“社会聚合需要”。

① 解媛．虚拟环境下网络群体聚合特征及原因分析［D］．西安：陕西师范大学硕士学位论文，2016.
② 周庆山，杨志熊．学术社交网络用户行为研究进展［J］．图书情报工作，2019，61（16）：38-47.
③ Wei T，Li M，Wu C，et al. Do scientists trace hot topics?［J］. Scientific Reports，2013，3：2207.

借助服务商的推荐聚合（如 RSS 推荐）、基于 tag 的关联、学术行为链接等多种聚合方式，相关用户形成一个共享的网络，使得知识和集体智慧能够迅速地传播、共享和创新。推荐聚合的过程中，需对用户兴趣进行有效学习建模。社会化推荐的方式，如社会化书签、社会化标注，或者相似用户的喜好来协同推荐，也是常见的推荐聚合方式。

综上所述，网络学术社区中用户个体嵌入在学术交互的关系脉络中，网络结构通过信息流影响个体的自我认知及对群体的心理认同，进而作用于个体的行为选择。网络学术社区的用户聚合模式的形成，需分析用户的属性信息（个人特性及兴趣）、了解用户所处的互动结构关系，找到用户交互网络中的关键节点或吸引因子（关键的人或物）。

4.2 网络学术社区的用户角色识别及画像构建

4.2.1 网络学术社区用户的属性信息

网络学术社区用户不仅是知识的浏览者和使用者，也是学术社区的知识贡献者和协调者，广大用户成为学术社区的主体，能够自由平等地参与学术社区的建设，贡献学术成果和学术见解，即“用户 2.0 化”。网络学术社区用户层面研究，关注用户的属性特征对其参与行为、参与动机和参与效果的影响，通过属性信息的聚合进行学者学术关系的挖掘以及相关的聚类推荐，对学术社区用户属性特征的认识，有助于构建完整的学术用户画像。

属性是对象（事物）性质与对象（事物）之间关系的统称。关于人类属性的认识，马克思哲学认为“人有两种属性，一是人的自然属性，二是人的社会属性。人之所以为人，关键在于人的社会性。人的本质是一切社会关系的总和，人与动物的本质区别在于人的社会劳动，人与人的本质区别在于社会关系。”而《一体心理学》指出，人是自然属性、社会属性和心理属性的统一体。人之所以为人，不仅在于人的自然性和社会性，更为本质地表现为人的心理性。个性是个人一切心理活动的总和，包括个人的感觉知觉、情绪情感、意志行动等。马克思主义哲学认为应该从人的社会关系出发去了解其本质属性，而心理学强调了从人的心理行为中去把握其个性特征。

网络学术社区用户也是一个综合的概念，表现出多重属性，如个人属性、社会属性，更重要的是具有学术研究者的专有属性，如专业属性、发文属性、学术兴趣属性等。如何有效聚合用户属性信息及相关社会信息流，构建完整的学术用户画像（user profile），对于提高用户的学术可见性，进行个性化服务推荐具有重要意义。网络学术社区环境中用户信息构成维度上，一个通用的用户模型应包括多个维度，如表 4-1 所示。

表 4-1　学术用户信息类型

属性分面	数据类型	具体描述
个人属性	个人信息	姓名、地址、性别、学校、出生日期、email 等
专业属性	专业经历	求学经历、专业经历（专业职称、专业学位、学科领域）
	成果产出	学术论文、获奖、主持的项目等
	学术兴趣	用户感兴趣的话题或研究兴趣（学术文献、科学问题等）
社会属性	朋友关系	联系人列表、被关注列表、关注人列表等
	个人群组	用户参加的兴趣群、项目群、课程群、会议群等
认知属性	用户生成内容	用户发布、转发、引用的文字、图片、评论、链接等

学术用户信息具有多个维度，其中用户生成内容较为复杂，形式可能是文字、图像、音频等，这些数据不容易被机器理解，难以同其他数据类型统一处理，可以通过单独提取用户生成内容的某些数据类型，如标签、评论链接、转发链接等进行数据表征①。Vu 等②通过管理认证协议（OAuth1. 0/2. 0）和 APIs（如 Twitter REST API）取得用户允许，获取用户的社会数据，借助 FOAF 本体模型将用户数据映射成一致格式，还提供基于关键词、hashtag、本体、其他经验方法实现用户社会数据过滤和查找。

学者的社会网络信息也是用户模型中非常重要的一个因素，通过用户社交网络信息的建模，可以挖掘用户的兴趣，更好地理解其个性行为特征，例如，清华大学研发的学术大数据深度挖掘和知识服务平台 AMiner 对学者画像信息的建模概要，包含了学者、出版物、兴趣和社会网络等维度。

---

① 赵岩露，王晶，沈奇威．基于特征分析的微博用户兴趣发现算法［J］．电信工程技术与标准化，2012，（11）：79-83.

② Vu X T，Morizet-Mahodeaux P，Abel M H. User-centered social network profiles integration［C］// The 9th International Conference on Web Information Systems and Technologies，Aachen，Germany，2013：473-476.

4.2.2 网络学术社区的用户角色识别

角色一词源于戏剧表演，指演员通过道具、化妆、场景等形式刻画个体在社会舞台上的身份、个性及行为。人类学家拉尔夫·林顿最早将角色这一术语引入社会学研究。社会角色被定义为人们对于某种位置上人的行为期望或要求。社会角色在互动中形成，是人们交往中可以预见的互动行为模式以及说明个人与社会的关系。随着网络学术社区的深入发展，个体由于研究兴趣、社会活动的需要而与其他成员生成多重信息交互，进而动态演变成不同用户角色或角色丛，具有相似行为特征的用户聚合形成特征突出的小群体，从而可以总结用户分类模型、发掘用户行为模式，为解读用户信息行为规律提供支持。

网络学术社区中，一个个体在其所处的众多关系网络中的位置及其行动模式，如研究合作网络、学术兴趣网络、话题讨论网络、机构团队网络等，决定了该个体所扮演的角色。角色是以学术社区成员们彼此间的交互形式存在的，在用户互动中出现和演化。从社区信息共享角度看，由于具备不同的学术水平，用户可能扮演引导者、回应者、学习者和评价者①，对应其在知识共享中的作用可能是知识提供者、知识接受者和知识评价者等不同角色。社会成员通过扮演各类角色也会增加成员自身以及社区整体价值。

学者们展开了多角度研究，聚焦用户角色的分类维度与指标确定，角色分类数据的获取以及分类指标的测度与分析。其中，角色分类指标可以是一维的，也可以是多维的；数据的获取、测度与分析方法可以是定性的，也可以是定量的。表4-2选取了相关经典研究文献予以总结。

表4-2 网络社区用户角色的分类指标及其分析方法

分类指标	指标细化	用户角色	数据获取方法	数据分析方法	分析软件	分析平台	研究主题
用户内容	文本内容 多媒体内容 时间序列内容	组织用户 个人用户	开放数据集下载	文本、图像相似度计算 时间序列数据挖掘方法等	无	新浪微博	社交网络平台用户身份识别（张树森等，2019②）

① 王东，刘国亮．虚拟学术社区的知识共享过程及其参与主体间关系研究［J］．图书情报工作，2012，10（8）：113-117.

② 张树森，梁循，弭宝瞳，等．基于内容的社交网络用户身份识别方法［J］．计算机学报，2019，42（8）：1739-1754.

续表

分类指标	指标细化	用户角色	数据获取方法	数据分析方法	分析软件	分析平台	研究主题
用户行为 用户属性	提问数、回答数 文章撰写数 公共编辑数 获赞数、关注用户数、粉丝数、关注话题数等	信息搜索用户 专家型用户 自我学习型用户	火车头采集器自动采集	层次聚类分析	未说明	知乎平台	社会化问答平台用户分类（陈娟等，2018①）
用户贡献	累积贡献 内容数量	潜水者 普通参考者 活跃参考者 核心贡献者	Java 自编程采集	描述性统计分析 累积贡献率分析	SPSS	UGC 平台	UGC 平台用户分类（赵宇翔等,2011②）
用户属性	关注数、粉丝数 发博数、收藏数 使用天数 平均日发博数 关注对象	核心用户 边缘用户	火车头采集器自动采集	数据挖掘（聚类分析） 社会网络分析	Ucinet SPSS	Myspace 9911 网站	微博客社区用户分类（王晓光等，2011③）
用户行为	关注 不关注	精英型 实力型 活跃型 孤独型	人工采集	社会网络分析	无	西安交通大学兵马俑社区	高校 BBS 社群用户结构（宫辉和徐渝，2007④）
用户参与度 用户贡献	发文数 发文中被纳入精华文章数 原发文数 原发文中成为精华文章数 回复文章数 回复精华总数	领袖 呼应者 浏览者 共享者 学习者	未说明	数据挖掘（相斥型聚类方法、层次聚类）	SAS	BBS 站点	虚拟社区成员分类（毛波和尤雯雯，2006⑤）

① 陈娟，吴卓青，邓胜利．基于层次聚类法的“知乎”用户细分与行为分析［J］．情报理论与实践，2018，41（7）：115-120.

② 赵宇翔，朱庆华，吴克文，等．基于用户贡献的 UGC 群体分类及其激励因素探讨［J］．情报学报，2011，10（10）：1095-1107.

③ 王晓光，袁毅，滕思琦．微博社区交流网络结构的实证分析［J］．情报杂志，2011，30（2）：199-202.

④ 宫辉，徐渝．高校 BBS 社群结构与信息传播的影响因素［J］．西安交通大学学报（社会科学版），2007，27（1）：93-96.

⑤ 毛波，尤雯雯．虚拟社区成员分类模型［J］．清华大学学报（自然科学版），2006，46（z1）：1069-1073.

续表

分类指标	指标细化	用户角色	数据获取方法	数据分析方法	分析软件	分析平台	研究主题
用户属性	关注 被关注	信息源用户 朋友用户 信息查询用户	火车头采集器自动采集	描述性统计分析	Excel SPSS	ResearchGate	学术社区机构用户分类（Yan et al., 2018①）
用户属性 用户行为	群组 UID 所属学科 用户 UID 姓名等 分享文章 分享经验和信息 互动讨论 求助、点赞	所有者 参与者 追随者	API 下载	描述性统计分析	无	Mendeley 平台	虚拟学术群组用户分类（刘晓娟和刘新哲, 2015②）
知识共享 中心度 用户价值	入度中心性 出度中心性 中间中心性 论坛等级 近度 专业贡献	核心用户 咨询者 信息获取者 边缘者	未说明	数据挖掘（*K*-Means 聚类） 社会网络分析	Ucinet	人大经济论坛	专业虚拟社区的用户分类（谷斌等, 2014③）
知识共享 中心度	平均点出度 平均点入度 出度中心势 中介中心势	外围成员 核心成员 中间人	人工采集	社会网络分析	Ucinet Pajek	丁香园 小木虫 中国学术论坛	学术虚拟社区知识共享主体分类（徐美凤和叶继元, 2010④）
知识共享 中心度	点出度 点入度 中间中心度	精英型 实力型 活跃型	人工采集	社会网络分析 因子分析	Ucinet SPSS	北京大学中文论坛	学术 BBS 的成员分类（邱均平和熊尊妍, 2008⑤）

① Yan W W, Zhang Y, Bromfield W. Analyzing the follower-followee ratio to determine user characteristics and institutional participation differences among research universities on ResearchGate [J]. Scientometrics, 2018, 115 (1): 299-316.

② 刘晓娟，刘新哲．虚拟学术社群特征研究——以用户为分析视角［J］．图书情报工作，2015，59（24）：83-95.

③ 谷斌，徐菁，黄家良．专业虚拟社区用户分类模型研究［J］．情报杂志，2014，33（5）：203-206.

④ 徐美凤，叶继元．学术虚拟社区知识共享主体特征分析［J］．图书情报工作，2010，（22）：113-116，150.

⑤ 邱均平，熊尊妍．基于学术 BBS 的信息交流研究——以北大中文论坛的汉语言文学版为例［J］．图书馆工作与研究，2008，（8）：3-8.

(1) 用户角色分类维度与指标细化

网络学术社区的用户角色分类标准主要依据用户的参与度、用户的属性数据、用户的行为表现、用户贡献内容，以及用户在社区网络的结构位置等一维或多维指标，根据这些指标再进一步细化为二级指标，例如谷斌等提出从知识共享中心度与用户贡献价值两个维度构建专业虚拟社区用户分类矩阵模型，并采用 SNA 与 *K*-means 聚类算法对不同群体指标进行量化分析。

由于网络环境复杂，用户行为越来越多样，单纯依靠统计或关系网络数据很难做出对网络用户类型或性质判断，应采用更为系统的方法来挖掘用户行为特点，识别含义丰富的用户类型。黄令贺和朱庆华[①]认为在分析完社交位置关系和行为规律后，还应该辅以内容分析、环境和时间要素分析。借助网络密度、群聚系数等指标对不同时间段内角色关系的量化，可以直观展现结点间的互动及演变过程，有助于探究结点间多种关联的动态变化对网络结构等的影响，有助于管理者了解和掌握成员之间的交流关系以及演化规律，并进一步采取相应措施管控。

除个体用户的角色分类外，针对机构用户、群组用户[②]、组织用户的角色识别的相关研究也开始引起关注。如 Yan 等[③]针对 iSchool 机构用户参与 ResearchGate 的情况，利用关注和被关注的用户属性数据，将用户分为信息源用户、朋友用户、信息查询用户。群组用户或机构用户的角色识别有助于进一步剖析网络学术社区中不同学科成员结构，或为不同层级学术机构用户的知识交流差异分析及学术影响力替代计量评价奠定基础。

根据以上角色划分的依据，网络学术社区成员可分为不同的类型，社区成员的角色身份存在差异性，话语权也会有所不同[④]。在各类用户角色类型中，影响者角色、意见领袖角色、专家角色较为受关注。

(2) 用户角色分类的数据获取

相关研究获取用户分类指标相关数据时，早期采用人工采集的数据量规模较小；随着数据获取技术的发展成熟，定量分类数据获取已较为常见，大部分研究

---

① 黄令贺，朱庆华．社会角色视角下网络社区用户类型及其关系的识别［J］．情报资料工作，2013，(2)：84-88.

② 刘晓娟，刘新哲．虚拟学术社群特征研究——以用户为分析视角［J］．图书情报工作，2015，59（24）：83-95.

③ Yan W W, Zhang Y, Bromfield W. Analyzing the follower-followee ratio to determine user characteristics and institutional participation differences among research universities on ResearchGate［J］. Scientometrics, 2018,（115）：299-316.

④ 徐美凤．基于 CAS 的学术虚拟社区知识共享研究［D］．南京：南京大学博士学位论文，2011.

广泛借助 API 数据下载、Java 或 Python 自编程下载、火车头或八爪鱼等抓取软件进行数据采集，较大规模的数据样本获取成为可能。还有学者使用开放数据集展开研究，如张树森等①针对新浪微博组织用户和个人用户的分类研究。用户数据获取方法综合使用已开始出现。

（3）用户角色分类的测度分析方法

针对用户角色分类的测度分析方法①，可总结为如下 5 类（图 4-5），其中加入时间序列因素，考虑用户角色演变的相关分析方法还较缺乏。

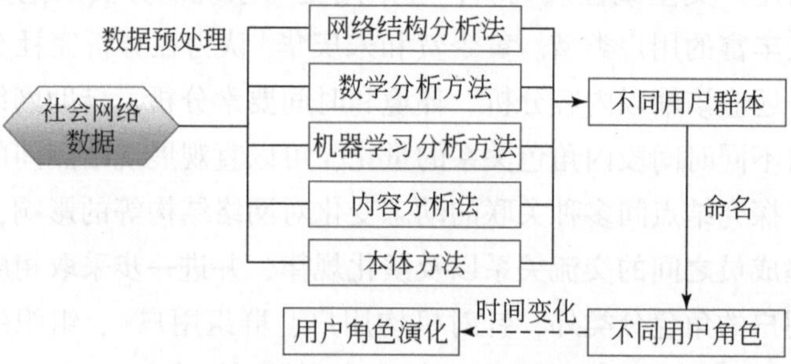

图 4-5　社区网络用户角色分类的研究流程

1）网络结构分析法是最常用的方法，根据社会网络结构或用户所处社会位置分析识别用户角色，如邱均平和熊尊妍②基于用户之间的交互关系分析，结合点入度、点出度和中间中心度三个指标进行排序，将学术社区成员分为精英型、实力型、活跃型。通过社会网络的分析，可以找到在社会网络重要位置上的结构关键用户。

2）数学分析方法，主要通过统计研究对象的某些属性特征或行为特征识别用户角色。利用 SPSS、SAS 等统计分析工具，采用聚类分析算法（如 *K*-means 聚类、层次聚类等）进行用户相似特征和用户交互关联强度的计算，从而将用户划分为不同角色类型。如胡雪娇等③基于 BBS 用户发帖、回帖等行为特征，采用动态聚类法，将 BBS 用户划分为实力型、领袖型、回应型和浏览型用户。

① 张树森，梁循，齐金山．社会网络角色识别方法综述［J］．计算机学报，2017，40（3）：649-672.

② 邱均平，熊尊妍．基于学术 BBS 的信息交流研究——以北大中文论坛的汉语言文学版为例［J］．图书馆工作与研究，2008，（8）：3-8.

③ 胡雪娇，李慧，马国栋．BBS 成员聚类及交互特性分析［J］．首都师范大学学报（自然科学版），2014，35（3）：10-13.

3）内容分析法，是通过用户所发布不同形式的内容信息（文本、图像、音频和视频等）以及网络用户的各种属性信息等识别出内容关键用户。Golder 和 Donath[①] 认为用户影响力与其参与度正相关，但角色识别中还应加入内容分析，因为影响力有正、负之分，如社区中名人类与胡言类的用户在参与度方面近似但正副作用却相异。张树森等[②]通过对文本内容中用户的口语化水平、内容（主题）复杂化水平、内容规范化水平的度量以及多媒体内容中用户图片特性和用户时间序列内容的分析，从不同角度提出机器可操作的用户组织 和个人身份识别方法，进而识别出社交网络中用户是组织用户还是个人用户。

4）机器学习方法，根据网络结构、交互信息或者同时将二者考虑进去，通过无监督的学习过程，自动将数据（或节点）分到不同角色类中，最终识别出用户角色。

5）本体方法。国外学者针对学术用户角色识别语义模糊的问题，提出开发学术贡献角色本体[③]（contribution role ontology）也是新的解决方案。例如，OpenVIVO 开发了包含60个贡献角色的 CRO 本体，学者们可以根据他们的学术贡献（作者角色、数据角色、方法角色、交流角色等）进行自主的用户角色语义标注。

当前，网络学术用户数据的海量性、用户角色评价方法的主观性，以及用户数据采集所面临的隐私和安全问题是用户角色识别存在的障碍和困难。

4.2.3 网络学术社区用户的画像构建

学术用户画像是从海量数据中获取的、由学术用户信息构成的形象集合，是基于用户真实数据的虚拟代表。学术用户画像由用户的基本属性、知识获取习惯、兴趣偏好、特长任务等方面整体呈现。

(1) 用户画像数据来源

用户与学术社区平台交互产生的数据是构建用户画像的主要来源，交互数据越丰富，就越能精确地反映和预测用户特征和专业兴趣偏好，以实现学术用户画

---

① Golder S A, Donath J. Social roles in electronic communities [C]//The Association of Internet Researchers Conference Internet Research 5.0, Brighton, England, 2004: 1-25.

② 张树森，梁循，弭宝瞳，等．基于内容的社交网络用户身份识别方法［J］．计算机学报，2019，42（8）：1739-1754.

③ Ilik V, Conlon M, Triggs G, et al. OpenVIVO: transparency in scholarship [J]. Frontiers in Research Metrics and Analytics, 2018, 2: 12.

像构建和学术内容精准推送的目的。用户画像数据的主要来源如图4-6所示。

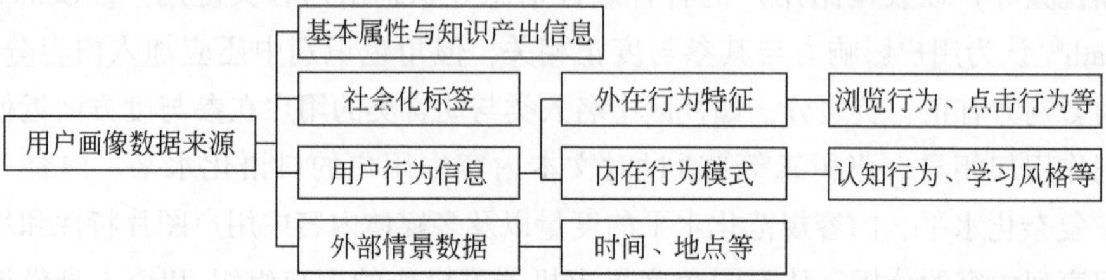

图4-6　用户画像获取的主要数据来源

1）学者基本属性与知识产出信息。传统的学术用户网络画像往往通过一系列关键词来描述。Tang等①认为关键词列表对于用户聚合相关应用所需信息而言是不够充分的，因此基于用户属性信息和相关学术成果信息的组合，实现学者信息抽取、学者信息整合和学者兴趣发现。该研究应用一个树结构的条件随机场分类模型抽取用户网页信息，通过概率模型消除名称歧义，最后通过主题模型ACT鉴别与用户相关的学术文档，结合时间因素，从中发现学者研究兴趣及其演变，从而构建完整的学术用户画像。卢利农等②提出使用爬虫程序、程序API接口、HTML DOM下载器和解析器下载三种自动获取的方法，对采集到的知识产出元数据，结合科研人员本体（科研人员-知识产出-作者单位三维核心概念集）等技术解决作者同名问题。

2）基于社会化标签数据提取。标签体现了用户对信息资源的主观理解，用户可以使用不同标签标注自己感兴趣的资源内容，因此从标签中提取用户的专业兴趣偏好是最为直观便捷的方法。

基于标签构建用户兴趣模型，重要的是解决标签语义模糊、语义关系混乱的问题，提高用户画像精准度，学者们提出了许多解决方案：利用标签主题融合方式③，从标签和对应标注文档中推断标签描述主题，再从主题出发拓展与用户查

① Tang J，Yao L，Zhang D，et al. A Combination approach to web user profiling［J］. ACM Transactions on Knowledge Discovery from Data，2010，5（1）：1-44.

② 卢利农，祝忠明，张旺强，等. 基于科研人员本体的知识产出自动获取方法与技术研究［J］. 图书与情报，2014，（1）：89-95.

③ Zhou D，Wu X，Zhao W，et al. Query expansion with enriched user profiles for personalized search utilizing folksonomy data［J］. IEEE Transactions on Knowledge and Data Engineering，2017，29（7）：1536-1548.

询相关的术语；利用外部知识库（WordNet 和维基百科）的实现思路①，将标签替换为相应的本体概念，将基于标签的用户模型升级为语义模型；采用标签推荐②的方式，不仅能控制标签词汇表，还减轻用户认知负担，或采用专家协作标注的方式，既能鼓励用户使用规范化的标签，又能为用户推荐兴趣群；将用户标签与情感词典相匹配③，能推断出标签内含的情感维度并嵌入到用户画像中；采用 FAC 方法改善标签构建画像时语义层级模糊的问题。

3）基于用户行为数据提取。除了静态属性信息外，用户行为数据是用户画像中最能体现个性化特征的方面，从中可以抽取提炼出其兴趣偏好和关系网络信息。Plumbaum 等④聚焦社会语义网络中用户建模，提出语义用户行为的追踪、建模和评价方法，通过追踪基于 JavaScript 事件，从复杂交互的网页中获得交互信息，但是关于用户动作的潜在语义知识和元数据仍旧难以捕捉到。因此该研究拓展语义标准，支持使用 RDFa 和微格式描述网页知识，从而从用户单个行动中获得网页的相关语义信息。该追踪系统基于客户端捕捉所有 JavaScripte 事件，将追踪信息发送到服务器端管理和保存，收集支持微格式和 RDFa 系统的用户行为语义信息。

用户与信息系统交互所产生信息，如浏览、点击、评论、转发等交互行为产生的数据一般保存在用户的网络日志中⑤，可以通过 n-gram 语言模型分析存储在用户网络日志中的检索时长、网页点击频率等数据来捕捉用户行为规律，从而构建能够预测用户行为趋势的画像。然而，如何准确地将网络行为数据映射到相应的网络内容，避免其他噪音信息（如广告）等的干扰，是需解决的关键问题。结构化数据挖掘、监督或非监督机器学习⑥、视觉化信息切割⑦等技术在提取和

① Movahedian H，Khayyambashi M R. Folksonomy-based user interest and disinterest profiling for improved recommendations：an ontological approach［J］. Journal of Information Science，2014，40（5）：594-610.

② Godoy D，Corbellini A. Folksonomy-based recommender systems：a state-of-the-art review［J］. International Journal of Intelligent Systems，2016，31（4）：314-346.

③ Xie H，Li X，Wang T，et al. Incorporating sentiment into tag-based user profiles and resource profiles for personalized search in folksonomy［J］. Information Processing & Management，2016，52（1）：61-72.

④ Plumbaum T，Wu S，Luca E W D，et al. User modeling for the social semantic web［J］. Spim，2013，6644（2）：405-420.

⑤ Gasparetti F. Modeling user interests from web browsing activities［J］. Data mining and knowledge discovery，2017，31（2）：502-547.

⑥ Kassak O，Kompan M，Bielikova M. Acquisition and modelling of short-term user behaviour on the web：a survey［J］. Journal of Web Engineering，2018，17（5）：23-70.

⑦ Ferrara E，De Meo P，Fiumara G，et al. Web data extraction，applications and techniques：a survey［J］. Knowledge-Based Systems，2014，70（12）：301-323.

过滤画像数据时被证明是有效的解决方法。

除根据用户外在行为表现构建用户画像，学者们还尝试将用户认知风格、学习风格等纳入画像构建中①。Steinbeck 等②的研究以现实角色为导向，通过对现实生活中的医学研究员进行调查，根据他们的知识状态、使用意图和学习方式等特征，划分出不同的角色原型，从而为用户提供相应的系统交互方式。

4）基于外部情景数据提取。外部情景数据主要包括地理位置、时间、社交等维度的数据，将地理维度数据纳入用户画像，可以挖掘特定地理位置与用户之间的语义联系③。将时间序列纳入用户画像，根据时间分布特征和用户兴趣特征的关联，采用基于时间窗口法、时间函数等方法，识别用户兴趣的动态演变，能细致描绘用户兴趣扩散和衰减的特征，更精准构建用户画像。

（2）用户画像构建的实现方法

针对用户画像构建技术方案，学者们提出了基于设计与思维、基于本体或概念、基于主题或话题、基于兴趣或偏好、基于行为或日志、基于多维或融合等多种实现方案④。其中，本体建模和深度学习技术是目前较受关注的实现方法。

学术社区中需将异构的用户社会数据描述为统一的模式，语义网提供了如 FOAF、SIOC 等描述语言⑤，由于这些语言侧重描述用户数据类型的某一个维度，如 FOAF 侧重描述用户基本信息和好友关系等，SIOC 聚焦描述用户活动，因此需将轻量级的描述语言组合在一起进行有效的语义标注⑥，实现用户数据交换融合，常见的用户信息描述语言见表 4-3。围绕科研人员需求特点，与科研知识产出相关的 BIBO、FaBio、Prism、VIVO 等已有本体也应纳入用户本体标注，复用已有本体可以使用户画像构建更快速、准确。

---

① Germanakos P，Tsianos N，Mourlas C，et al. New fundamental profiling characteristics for designing adaptive web-based educational systems［C］//Proceedigns of Cognition and Exploratory Learching in Digital Age，Porto，Portugal，2005：10-17.

② Steinbeck C，Rowland F，Hong C，et al. The enzyme portal：a case study in applying user-centred design methods in bioinformatics［J］. BMC Bioinformatics，2013，14（1）：103.

③ Tahar R，Samir K. An event-based geo-social user profile for a personalized information retrieval［C］// 2017 First International Conference on Embedded & Distributed Systems（EDiS），Oran，Algeria，2017：1-6.

④ 高广尚．用户画像构建方法综述［J］．数据分析与知识发现，2019，（3）：26-35.

⑤ Zulkefli N A B M，Baharudin B B. Interlinked personal story information and user interest in weblog by RSS，FOAF，and SIOC technology［C］//Hwang D，Jung J，Nguyen N T. Computational Collective Intelligence Technologies and Applications. Cham，Switzerland：Springer International Publishing，2014：104-113.

⑥ Xuan T V，Abel M H，Morizet-Mahoudeaux P. A user-centered and group-based approach for social data filtering and sharing［J］. Computers in Human Behavior，2015，51：1012-1023.

表 4-3　描述用户信息的语义 Web 词汇表

本体语言类型	描述对象
FOAF[①]（Friend of a Friend）	描述用户，用户与用户、对象之间的关系
RELATIONSHIP[②]	描述用户关系（如家庭、友谊、职业关系等）
DOAC[③]（Description Of A Career）	描述用户的工作经历和文化背景
GeoNames[④]	为用户位置添加地理空间语义信息
SIOC[⑤]（Semantically Interlinked Online Communities）	描述用户在博客和论坛中的活动
SCOT[⑥]（Social Semantic Cloud of Tags）	描述用户标签活动
WI[⑦]（Weighted Interests Vocabulary）	描述用户的兴趣及其兴趣热度
OPM[⑧]（Open Provenance Model）	表明用户兴趣内容的来源网站
SCoRO[⑨]	作者、出版者和研究管理人员用来描述学者贡献角色

从语义角度进行用户社会数据的聚合是研究热点。Abel 等[⑩]提出了一个聚合、连接、整合不同在线服务平台中用户数据的网络服务系统 Mypes，为终端用户和第三方应用提供用户数据的一致性聚合。该研究利用社会图谱 API 获取用户账号信息，聚合来自用户 Blog、Twitter、LinkedIn 等多个社会网络的用户公共信息，包括传统的个人属性数据、基于 tag 的信息、博文和书签帖子、朋友间的链接信息，利用 FOAF 和微格式 vCard 映射成一致的格式，同时利用 WordNet 进一步语义标注，最后为终端用户提供可视化的聚合用户数据。李楠[⑪]研究了在

① The FOAF Project [EB/OL]. http://www.foaf-project.org/ [2020-07-07].

② RELATIONSHIP: a vocabulary for describing relationships between people [EB/OL]. https://vocab.org/relationship/ [2020-07-07].

③ DOAC Vocabulary Specification [EB/OL]. https://www.edatasoft.com/es/doac/0-1/ [2020-07-07].

④ GeoNames Ontology [EB/OL]. http://www.geonames.org/ontology/ontology_v3.2.rdf [2020-07-07].

⑤ SIOC project [EB/OL]. http://sioc-project.org/ [2020-07-07].

⑥ SCOT Ontology Specification [EB/OL]. http://www.rdfs.org/scot/spec/ [2020-07-07].

⑦ The Weighted Interests Vocabulary 0.5 [EB/OL]. http://smiy.sourceforge.net/wi/spec/weightedinterests.html[2020-07-07].

⑧ The OPM Provenance Model (OPM) [EB/OL]. https://openprovenance.org/opm/ [2020-07-07].

⑨ SCoRO, the Scholarly Contributions and Roles Ontology [EB/OL]. http://www.sparontologies.net/ontologies/scoro [2020-07-07].

⑩ Abel F, Henze N, Herder E, et al. Linkage, aggregation, alignment and enrichment of public user profiles with Mypes [C]// Proceedings of the 6th International Conference on Semantic Systems, Graz, Austria, 2010: 1-8.

⑪ 李楠. CAF-SIAL：一个概念聚合框架和关联数据发现系统 [J]. 数字技术与应用，2012，(6)：102-103.

DBpedia 和 Yago 关联数据集中，通过 SPARQL Endpoint 和 SNORQL 从属性和分类存储中抽取 Person 类型的所有可能属性，将这些属性特征聚合后，进一步映射到相关的属性概念分面，最终从关联数据云中抽取的数据被构建为一个人的全面信息视图（用户画像）。

在现有的研究中，使用本体构建用户画像的方式大致可分为两种：一是利用现有的本体框架构建，如使用 YOGO 本体框架①、WordNet 本体②构建用户画像，该方法简单方便，但不适用于构建领域专业性较强的用户画像。二是从用户生成数据中抽取本体概念后，利用本体语言对概念关系进行定义，例如，Leung 等③的研究从用户点击的前 100 张网页中抽取概念构建本体。利用用户浏览行为数据构建本体④，更贴合用户实际的兴趣偏好，但所构建的往往是轻量级本体，在语义拓展方面较为受限，可与外部本体库连接来解决该问题。

深度学习是机器学习和数据挖掘领域一个新的研究方向。传统的浅层机器学习方法或简单的线性回归分析模型，由于不能深入挖掘特征之间的关系，在高维特征基础上预测用户画像标签时面临挑战，也很难刻画用户动态变化的属性。深度学习技术可以通过构建隐层的机器学习模型和海量训练数据，利用大数据来学习特征，更能刻画用户画像数据的丰富内在信息。利用深度学习技术能使用户模型从不同的资源中自动学习和提取用户和目标资源的特征，解决数据稀疏、语义模糊、数据噪音等问题。Zheng 等⑤的研究提出了一种深度神经网络（DNN）方法，通过将基于标签的用户属性信息、相关资源描述映射到一个抽象特征空间，使得用户和目标资源之间的语义相似度最大化，不相关的资源相似度最小化，从而提高用户画像和信息资源的匹配效率。此外，深度学习技术对于解决基于多模态社交媒体数据源的用户画像构建研究具有重要意义。

---

① Calegari S, Pasi G. Personal ontologies: generation of user profiles based on the YAGO ontology [J]. Information processing & management, 2013, 49 (3): 640-658.

② Moawad I F, Talha H, Hosny E, et al. Agent-based web search personalization approach using dynamic user profile [J]. Egytian Informatics Journal, 2012, 13 (3): 191-198.

③ Leung K W T, Lee D L, Ng W, et al. A framework for personalizing web search with concept-based user profiles [J]. ACM Transactions on Internet Technology (TOIT), 2012, 11 (4): 17.

④ Hawalah A, Fasli M. Dynamic user profiles for web personalisation [J]. Expert Systems with Applications, 2015, 42 (5): 2547-2569.

⑤ Zheng H X, Lukasiewicz T, Cheng C, et al. Tag-aware personalized recommendation using a hybrid deep model [C]// Proceedings of the Twenty-Sixth International Joint Conference on Artificial Intelligence (IJCAI-17), Melbourne, Australia, 2017: 3196-3202.

4.3 网络学术社区中用户聚合关系分析

网络学术社区本质上来说是社交网络，网络学术社区成员之间存在着这样或那样的关联性，即用户关系。找到用户之间的连通关系，可以将用户聚合成不同群体。

网络学术社区中成员的地位并不是平等的，不同的成员之间存在一定的差异。有一些用户很少参与学术社区的互动，处于社区的边缘或形成信息孤岛；有些成员在社区中很活跃，是讨论话题的主要发起者和知识的主要贡献者，处于学术社区的核心；还有些用户处于学术社区关系网络的中间节点，这些用户相当于桥，决定着社区信息的传播方向。处于不同位置的用户对网络学术社区的贡献是不同的。用户之间的关系性质、关系网络及其关系演变决定了用户聚合的不同模式。

4.3.1 网络学术社区中用户关系界定

关系（tie）指的是人与人之间，组织与组织之间由于交流和接触而存在的一种纽带关系。边燕杰①认为关系是由于交流和接触产生的纽带联系。网络学术社区为用户提供了相应的交互功能，如“Follow”功能，一个用户可关注自己感兴趣的用户，将其加入到个人的网络中，及时了解其研究动态；也可以跟随感兴趣的文章，或是研究项目、学术问题，由此聚合成相似的学者群、论文群、项目群、问题群。

由于用户交互方式的多样性，可以从不同角度对网络学术社区中用户关系进行界定。本书总结了学术社区用户关系类型，如图4-7所示。

1）线下关系和线上关系，学术社区的用户关系来源有两种②：一是在线上互动之前就存在，即成员之间在进入学术社区前，线下就已是熟人、朋友或同事关系；二是在长期的线上互动基础上产生，通过线上的良好互动而发展，甚至进一步可能延伸为其他形式关系，进而产生信任合作关系。线上线下关系演变决定

---

① 边燕杰．关系社会学：理论与研究［M］．北京：社会科学文献出版社，2011.

② 李国鑫，李一军，陈易思．虚拟社区成员线下互动对线上知识贡献的影响［J］．科学学研究，2010，28（9）：1388-1394.

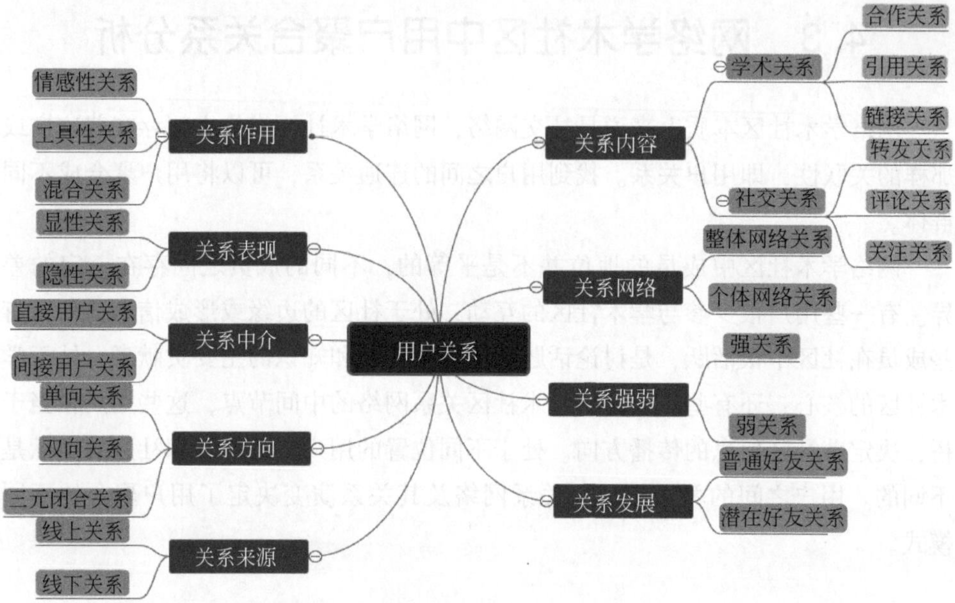

图 4-7 网络学术社区用户关系类型

着学术社区用户交流合作的方式及深度。

2）单向关系、双向关系和三元闭合关系。从关系方向角度，可以将用户关系分为对称关系和不对称关系①，对称关系是一种双向关系，双方信息互相明确，交流方式是显性可见的，消息一旦发出就希望得到回复；不对称关系则是一种单向关系。而三元闭合关系指的是在一个社交圈内，若两个人有一个共同的朋友，则这两个人在未来成为朋友的可能性会提高。关系方向决定了用户之间互惠程度，从而影响用户聚合的稳定性和持久性②。

3）直接用户关系和间接用户关系。从关系中介角度来看，可以将用户关系分为用户之间直接进行双向或单向联系，不通过任何中介（人或物）而形成的关系称为直接用户关系（第一层的关系），而用户之间需要通过中间事物而构建的关系（第二层关系），如两个用户参与了对相同信息的生产、传递或评价行

① Pankong N, Prakancharoen S, Buranarach M. A combined semantic social network analysis framework to integrate social media data [C]// International Conference on Knowledge and Smart Technology, Chonburi, Thailand, 2012: 37-42.

② Easley D, Kleinberg J. Networks, Crowds, and Markets [M]. New York: Cambridge University Press, 2010.

为，但并不直接联系，这种用户之间关系就称为间接用户关系①。

Musial 等根据用户在社区活动中的角色定位，从多维社会活动网络中层次抽取出了三种用户关系类型，分别是直接关系、基于对象的平等关系和基于对象的不平等关系②，再根据用户使用情景细化了这三种关系类型，如表4-4所示。

表4-4 用户关系类型

基于对象的关系（相同角色）	基于对象的关系（不同角色）	直接关系
评论者-评论者	意见-作者；作者-意见	联系列表
喜欢-喜欢	喜欢-作者；作者-喜欢	
作者-作者	引用-作者；作者-引用	
群组或论坛的成员		
利用关键词描述对象（tags）		

4）显性关系和隐性关系，根据用户交互行为的社会属性明显程度，将用户关系分为显性交互关系③（明显可见的好友链接等）和隐性交互关系（不容易察觉的浏览链接等）；Qin 等抽取用户跟随关系、基于 tag 兴趣关系形成显性关系网络，挖掘隐性主题关系（评论、回答、接受评论等），综合形成微博用户的兴趣关系网络④。

5）情感性、工具性和混合关系⑤。从关系的作用角度，在网络学术社区中，社区成员通过相关专业知识的共享来解决实际工作中所遇到的问题，用户关系多表现为工具性关系，以及长期交往积累形成的情感性关系，同时也存在着混合关系（如同事关系、同学关系）。不同的关系性质决定着用户交互的动机，进而影响用户聚合方式及其知识共享的模式和效率。

6）普通好友关系和潜在好友关系，从关系动态发展的角度，用户关系可以是通过兴趣、背景等建立普通好友关系，也可以通过“认识朋友的朋友”来拓

① Al-Mukhtar M M A，Al-Assafy A T A. The implementation of FOAF ontology for an academic social network［J］. International Journal of Computer Science Engineering & Technolo，2014，14（1）：10-14.

② Musial K，Bródka P，Kazienko P，et al. Extraction of multi-layered social networks from activity data［J］. The Scientific World Journal，2014：1-13.

③ 翟姗姗，许鑫，夏立新. 学术博客中的用户交流与知识传播研究述评［J］. 现代图书情报技术，2015，31（7）：3-12.

④ Qin Y，Yu Z，Wang Y，et al. Detecting micro-blog user interest communities through the integration of explicit user relationship and implicit topic relations［J］. SCIENCE CHINA：Information Sciences，2017，60（9）：95-106.

⑤ 施海泉. 关系的偏向：论社交网络的动力机制［J］. 传媒与教育，2014，（1）：110-113.

展潜在好友关系（通过中间人达到认识对方的目的）①。

7）强关系和弱关系。从关系强弱看，Granovetter 认为强关系是群体内部的纽带，弱关系是群体间的纽带。弱关系因其在信息流通过程中的桥梁作用而被视为用户得到个人机会和社区关系网络进行整合所必需的，而强关系因为限制了信息向更大范围的流通，在培育局部内聚力的同时导致了总体的支离破碎②。网络学术社区中人们建立起以兴趣导向的关系，这些关系并非都投入了情感，已有研究结果显示学术社区中用户弱连带较多，只有少数的强连带。关系的强弱，包含着机会、信任和动机等因素，不同关系强度意味着不同的社会交互模式，关系强度会随着时间和情形改变。

8）整体网络和个体网络关系。从关系网络的视角看，用户在互动过程中随着时间的推移、信息交换，以及更多的情感投入会引起对社区的依附和带有互惠意义的行动，因而在网络学术社区中产生了群聚性现象。个体网络注重人与人之间的联结，因此组成每个以“我”为中心的网络，连出许多紧密或是延伸的关系。

图 4-8 展示了人际关系的三种社会性连接：A 型网络认为用户连接是以地缘、学缘、业缘等关系层层展开的差序格局社会关系网络，地理上的亲近决定了个体的社会关系远近；B 型的社会关系认为用户可以参与不同的群体（如兴趣的多样性构成有机连带），每个团体中任何一个人的关系是明确的，很容易就能分类；C 则是通过整体网络的视角看用户所构成的连带关系，包括线上线下关系、线上高密度网络构成的社群③。

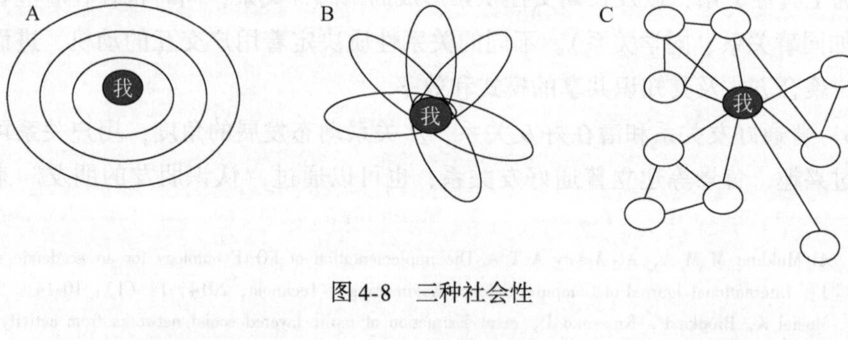

图 4-8　三种社会性

① 陈清华，李林锦，翁正秋. SNS 网站用户关系挖掘的设计与实现 [J]. 计算机工程，2011，37（3）：61-63.

② Granovetter M. Economic action and social structure：the problem of embeddedness [J]. American Journal of Sociolgy，1985，91（3）：481-510.

③ 蒋昕. 网络上的社群：从虚拟社群到社会网络观点的社会性分析 [EB/OL]. https://max.book118.com/html/2017/0221/92889234.shtm [2019-11-10].

9）关注、转发、评论等社交关系。从关系内容或关系性质角度看，由关注、转发、评论等不同性质社交关系聚合成形态各异的关系网络，由此可以绘制出特定主题的信息传播路径、结构及影响因素①。

10）学术关系。科研合作关系、作者引用关系（共被引、互引关系、耦合关系）、关联链接关系等学术交流产生的关系被称为学术关系。作者与作者之间表现出来的某种学术联系，可以帮助发现作者之间的研究相关度，学术共同体和科学知识结构，促进知识交流与传播②。丁敬达等③根据用户在学术社区的知识交流方式将用户关系分为会话关系、链接关系和引证关系。Ströele 等④认为科学社会网络是多种类型科学合作和交互关系组成的复杂网络，聚焦合作关系、项目参与、技术生产等多种关系类型及演化结构，分析了巴西科学社区的聚合特征。

11）交错关系。由于用户交互维度和属性信息的复杂性，用户间聚合关系也是多层次的交错关系，具有动态传递性、交叉性、非平衡性等特点，需借助社会网络分析、数据挖掘、语义网等技术揭示和分析。

4.3.2 网络学术社区用户关系模型

关系虽然是抽象的，但是众多研究证明用户关系可以通过频率、性质、交互质量和周期等变量进行观测。用户关系模型能够呈现用户之间的互动结构，反映社区关系聚合的路径和发展脉络，目前描述学术社区用户关系模型的文献还较为少见。学者们围绕一般网络社区关系模型，提出了社会交互模型、多维层次模型、稠密子图模型、复杂网络模型、语义结构模型等观点，为学术社区用户聚合提供了可参考的理论模型。

1）社会交互关系模型。该模型扩展了以信息为中心和以资源为中心的在线社区形成基础，着重描述网络社区中交流的社会性、双向性和动态性，以及个人与社区群组之间关系的维持方式⑤，还揭示个人与社群的社会交互。例如，回复

① 袁毅．微博客信息传播结构、路径及其影响因素分析［J］．图书情报工作，2011，55（12）：28-32.

② 杨瑞仙，张梦君．作者学术关系研究进展［J］．图书情报工作，2016，60（13）：141-148.

③ 丁敬达，杨思洛，邱均平．论学术虚拟社区知识交流模式［J］．情报理论与实践，2013，36（1）：64-68.

④ Ströele V，Zimbrão G，Souza J M. Modeling，mining and analysis of multi- relational scientific social network［J］. Journal of Universal Computer Science，2012，18（8）：1048-1068.

⑤ Kraut R，Wang X，Butler B，et al. Beyond information：developing the relationship between the Individual and the group in online communities［J］. Information System Research，2010：1-39.

率、发帖、包容性语言、参与的持续时间等如何影响社区关系的形成和维护(图4-9)。以交互为中心的关系模型解释了用户为什么贡献有价值的资源。

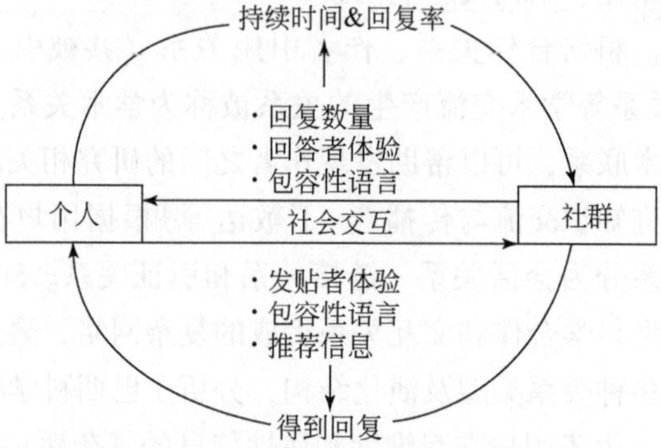

图4-9 在线社区的社会交互关系模型

2）多维层次关系模型，包含关系层次、时间层次和群组层次，关系层次描述了系统中用户之间所有的关系类型，如朋友关系、业务关系等；时间窗描述了用户关系时间节点或时间周期；群组层次包含了关系网中所有可能的用户群①。由于大量的用户网络活动产生了多种不同的关系类型，由此引发了对关系层次多维分析的需要，该模型为不同维度的用户关系聚合提供了参考（图4-10）。

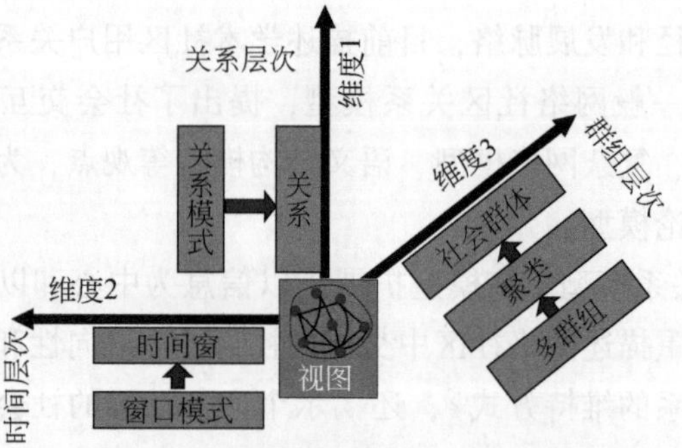

图4-10 多维社会网络的结构模型

① Kazienko P, Musial K, Kukla E, et al. Multidimensional social network: model and analysis [C]//International Conference on Computational Collective Intelligence: Technologies and Applications, Gdynia, Poland, 2011: 378-387.

3）稠密子图模型。该模型用于描述基于链接结构的网络学术社区①，采用图结构的形式描述关系网络，以节点代表学术社区中的个体用户或小团体，以节点之间的链接代表用户关系。稠密子图模型可描述个人同社区间、不同用户间、不同社区间的关系。但该模型有一定的局限性，表示链接的每条边被赋予相同的权值，忽略了网页具有的语义信息。

4）复杂网络模型。该模型同样采用图结构来描述关系网络，强调节点和关系的动态变化过程。复杂网络可以是有向图、无向图、加权图或超图。根据所描述的网络关系结构的特点，该模型又分为三类：随机网络模型、小世界网络模型和无标度网络模型。复杂网络模型可以用于探讨社会网络的拓扑性质，并解释网络学术社区的动态演化现象。

5）语义结构模型。用户的个人信息和行为信息等可以抽象成语义实体–关系图。使用语义结构模型可以很好地表达用户关系的语义信息。FOAF 是应用较成熟的本体，Al-Mukhtar 和 Al-Assafy② 提供了一个 RDF/XML 字典描述学术社区个人信息和用户之间的关系。Xuan 等③提供了一种以用户为中心，基于群组的用户社会数据整合框架模型 SoCoSys。该语义结构模型定义了用户社会活动的数据，如帖子、成员、兴趣、链接等数据，以及从关键词、概念、hashtags 中抽取主题相关的内容数据的语义结构，帮助用户聚合自己不同社交网络站点的社会数据。

6）关系发展模型。从用户行为交互推动用户关系网络发展的观点，本书构建了学术社区用户关系发展模型，如图 4-11 所示。

学术社区中用户交互活动中存在各种相似关系（由框内虚线表示），通过系统的好友和资源推荐，用户与用户之间的关系逐渐显性化；随着交互深入，以及用户对社交关系的维护，用户之间逐渐熟悉。伴随用户之间交互活动和持续系统推荐，熟人关系转化为信任关系，用户关系转变为较稳定的强关系。其中，熟人关系和信任关系的建立除了由网络相似关系转化而来，也有可能是现实生活中熟人、信任关系的网上映射。该模型揭示用户的线上关系是动态发展的，并强调了社区资源推荐对用户关系的影响。

---

① 何镝，彭智勇，梅晓茸. Web 社区管理研究综述［J］. 计算机科学与探索，2011，5（2）：97-113.

② Al-Mukhtar M M A，Al-Assafy A T A. The Implementation of FOAF ontology for an academic social network［J］. Internatioal Journal of Computer Science Engineering & Technoloy，2014，4（1）：10-14.

③ Xuan T V，Abel M H，Morizet-Mahoudeaux P. A user-centered and group-based approach for social data filtering and sharing［J］. Computers in Human Behavior，2015，51：1012-1023.

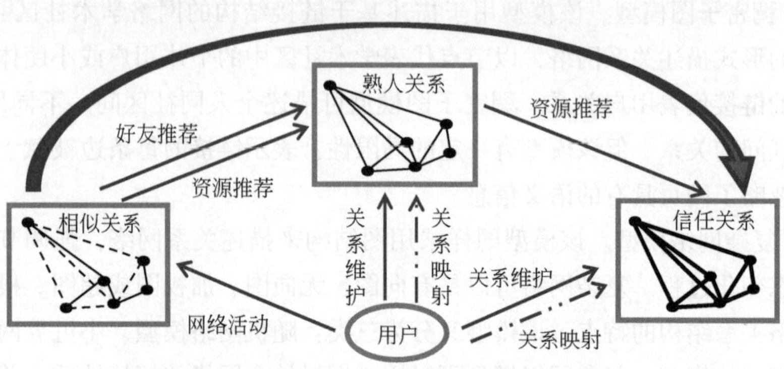

图 4-11　网络学术社区的用户关系发展模型

4.4　基于用户关系的聚合模式分析

用户交互关系、信息内容和用户影响力是网络学术社区的价值来源。网络学术社区就是一个由用户关系网络以及这个关系网络上流动的信息所构成的一个开放系统。用户关系聚合从以内容为中心到以个人为中心，逐渐发展到人际交互关系的演化，用户在学术社区交互平台上得到新的知识构建，并不断向前演化。本节主要针对用户兴趣关系和交互关系进行分析探讨。

4.4.1　基于兴趣关系的用户聚合

用户兴趣是指个人对客观事物的选择态度，表现为一个人认知、探索、接近或获得某种客观事物的倾向，是个性倾向性最明显的表现①。用户兴趣的形成受到用户个性因素的影响，而个性是具有共同倾向的心理特征的总和，包括了个性倾向性、个性心理特征、心理过程、心理状态和自我调节机制②。学术社区中用户兴趣包括用户对特定研究方向、研究论文、研究团队、领域专家、科学问题等偏好。由兴趣相似的用户自主或接受推荐就形成了用户兴趣关系聚合网络。

一个学者在其职业生涯中会研究不同的科学问题，转换不同的研究方向。一

① 石光莲．基于形式概念分析的 Folksonomy 用户兴趣识别研究［D］．重庆：西南大学硕士学位论文，2015.

② 谢祁鸿．一种基于混合用户兴趣模型的个性化推荐系统［D］．重庆：重庆大学硕士学位论文，2006.

个成功的学者需巧妙平衡探索（创新性的成果）和发掘（熟悉领域中不间断的科学贡献）这两种科研模式。Jia 等[①]以研究主题来表征学者的研究兴趣。利用科学出版物的内容分类代码（PACS 代码）构建多维研究主题空间，通过追踪科学家的出版记录，加权叠加为研究兴趣向量，最后利用余弦相似度计算研究方向的不同，量化出学者研究兴趣转变的程度。该研究结果发现大部分人的研究兴趣变化很少，变化的概率随着变化程度呈指数下降。

4.4.1.1 基于 Web 挖掘与社会网络分析相结合的用户兴趣聚合方法

基于兴趣挖掘的用户聚合（聚类），研究者做了大量研究探索，数据挖掘、复杂网络、社会关系网络等是较常见的实现方法。

数据挖掘方法大体有两类[②]：一类是通过 Web 日志挖掘用户访问路径，基于用户访问路径相似性或者在用户访问路径的基础上抽取用户兴趣、用户偏好的相似性以聚类不同的用户[③]；另一类是基于不同用户对项目评分的相似性对用户进行聚类，这一类方法主要用于协作过滤推荐系统。

基于访问路径的用户聚类，一般是在对 Web 日志预处理的基础上进行用户识别、会话识别和事物识别，使用用户点击次数、点击频率、访问频率、访问次序等变量构建用户访问模式、用户访问路径相似矩阵或其等价矩阵等，对这些处理好的数据采用已有的聚类方法或者基于传统聚类方法的改进算法进行聚类，识别具有较高相似度的用户群。

基于项目评分的用户聚类利用用户对项目的评分进行用户聚类[④]，从而用于过滤与推荐，主要用于基于合作的过滤推荐服务中。也有较多学者综合使用多种数据挖掘方法进行多模型融合计算，如赵岩露等[⑤]提出基于特征分析的微博用户兴趣发现算法，将用户画像数据分为个人信息、微博信息、社交关系信息和行为信息四个维度，采用统计模型、向量空间模型和图模型进行加权融合，进行用户

---

① Jia T，Wang D，Szymanski B K. Quantifying patterns of research-interest evolution［J］. Nature Human Behaviour，2017，1（4）：0078.

② 张敏，刘海鹏，李鹏．基于 Web 挖掘与社会网络分析的用户聚类研究［J］．数字图书馆论坛，2014，(3)：49-54.

③ 王宇．基于搜索历史的用户兴趣建模［D］．上海：复旦大学硕士学位论文，2011.

④ 廖开际，叶东海，席运江．基于大项集组的互联网用户兴趣建模［J］．统计与决策，2010，(15)：49-52.

⑤ 赵岩露，王晶，沈奇威．基于特征分析的微博用户兴趣发现算法［J］．电信工程技术与标准化，2012，(11)：87-91.

兴趣聚类和协同过滤推荐。

传统的数据挖掘方法在用户聚类方面的应用较为成熟，然而众多聚类算法在解决用户类别归属的问题上存在一些先天不足。相比而言，复杂网络方法在用户网络的整体评估和优化方面更加有效和可控，因此被较多学者引入社区用户聚类研究中①。例如，滕广青等②借助复杂网络理论与技术，基于标签与用户的隶属关系构建“标签-用户”2 模网络进行多变量对应分析，在联合对应分析空间中通过测量标签与用户之间的空间距离，对特定领域的用户与标签的偏好关系进行剖析。值得注意的是，当前，复杂网络数据抽取往往只适用于理想状态。采用不同的抽样方式，原网络和抽样得到的网络的关系也不尽相同，抽样得到的研究结论多大程度上能代表整个网络？怎样的抽样才是合理的？如何结合数据挖掘算法问题等这些都需要得到严谨回答。

传统基于兴趣挖掘的用户聚合研究中存在的不足如下：

1）用户的兴趣或者行为特征具有多样性，因此其聚类结果有一定的模糊性，即用户既可以属于某一用户群也可以同时聚类到另外的用户群。当前的聚类算法多为硬聚类算法，聚类结果唯一，降低了聚类结果的准确性和可用性。因此，用户兴趣细粒度建模以及用户的多类别归属问题是研究焦点。

2）用户的行为特征会随时间、任务、兴趣变化而变化，新的用户也在不断涌现。目前多数用户聚类实现研究中均未考虑到用户聚类结果的更新问题，如何采用一定的方法保证用户聚类数据有效更新，是有待解决的问题。

3）用于表征用户访问路径模式的变量有点击次数、点击频率、相对访问时间、停留时间、访问频率、访问次序等，一般只是简单地将其中的几种变量结合，未能对这些变量的可表征程度做出系统的分析，变量结合中未能给出对应的权重。基于多重特征聚类、多指标的权重分配问题是待解决的难题。

4）用户兴趣度的计算上多以使用频率为基础，并没有考虑用户的兴趣结构，用户所有兴趣都是平级关系；也没能考虑用户自身的认知结构，使兴趣计算结果不能准确反映用户真实情况。用户的网络行为产生于其信息需求的驱动。而用户的信息需求一般来源于两个方面：解决任务或问题所需的信息和满足用户个人兴

① 李晓军，刘怀亮，杜坤．一种基于复杂网络模型的作者身份识别方法［J］．图书情报工作，2015，59（18）：102-107.

② 滕广青，陈思，常志远，等．基于对应分析的用户与标签间偏好关系研究［J］．图书情报工作，2016，60（11）：120-127.

趣所需的信息。对应的信息行为主要有两类：信息检索行为与信息浏览行为，这两者在一定程度上代表着用户对不同信息资源的偏好和访问模式的不同。而当前用户聚类研究中，一般只是直接利用 Web 日志挖掘用户访问路径模式，在预处理过程中未对这些原始素材做出分类以完成不同目的的聚类分析。

本书认为，相对于通过 Web 挖掘的用户间的相似性而言，用户在网络学术社区环境中的相关性是一种较强的“关系”或“连带”，相似性是一种较弱的“关系”；相关性在一定程度上，是一种显在的“关系”，极易浮出水面，而相似性是一种隐性的“关系”，需要通过一定的手段进行挖掘。社区环境中用户聚合而成的群体，或者称用户社群，在进行形式化的描述时可以认为是社会关系网络与兴趣图谱的组合，即一个用户与其他用户的相关性中可能包含有兴趣相似性。因此，仅仅通过 Web 挖掘手段识别用户间的相似性来聚类用户是不尽完善的。

传统的 Web 挖掘技术，无论是基于用户使用记录或项目评分，都是通过内容相似度计算，分析用户之间的关联（主要表现为兴趣相似性或人口统计学相似性），从而进行用户聚类，主要体现的是一种基于内容的聚类。网络学术社区环境下，用户之间的相互影响与作用机制更为明显，用户之间的关联或者关系的内涵表现得更加丰富，除兴趣关系外，还有可能由交互行为产生相互影响关系（关注、链接、转发等），单纯的 Web 挖掘技术无法揭示更丰富的用户关联层次。而社会网络分析关注的焦点是关系和关系的模式，有别于传统的统计分析和数据处理方法，采取结构分析路径，着眼于行为体间的“位置及其相对关系”。社会网络分析主要从结构和用户行为两方面的因素进行分析，其中测量用户聚类节点重要性和节点间关系的常用方法主要有两类：一类是中心性分析；另一类是拓扑链接结构分析①。通过与已经存在于 Web 中的社会关系网络的比对，可以以一个用户群内某个用户节点的中心势，确定聚类中心，删除一些无关节点，识别关键用户聚类节点和核心用户，改善用户聚类效果。由此可见，相比于传统的内容聚类，社会网络结构分析的方法是一种关系聚类，能从整体上把握社交网络的总体特征和用户交互情况，揭示用户之间的关系结构、关系性质及强度。

非社交网络的网站中，例如，电子商务网站，内容内在的联系是很重要的聚类原则，因为用户访问内容的数据相对稳定，因此传统 Web 挖掘技术在性能与复杂度方面具有一定优势。然而在博客或者论坛等网络社区系统，用户访问内容数量是海量的，同时也是更新频繁的，所以从复杂度来看基于用户关系的聚类更

① 王连喜，蒋盛益，庞观松，等. 微博用户关系挖掘研究综述［J］. 情报杂志，2012，(12)：91-97.

具优势。

Web 挖掘与社会网络分析法两者结合能取得更好的聚类效果，可采用层次聚类或者多重聚类方式进行。例如 Hannon 等①提出了 Twittomender 系统，根据用户发布的大量属性信息细节和用户关系信息（tweet、好友、粉丝以及好友和粉丝的 tweet）对用户进行建模，利用 Lucene 的 TF-IDF 衡量关键词的权重，通过 SNA 结合内容相似度算法进行推荐，实证研究证明推荐效果更好。

基于这样的思路，本书提出基于 Web 挖掘和社会网络分析相结合的用户聚类模型，如图 4-12 所示。通过对 Web 日志的预处理，分别实现用户识别、会话识别和事务识别。其中，在会话识别过程中采用综合多重因素评价的方法，以期判别出用户在一定的时间阈值内访问的页面集，排除偶然点击的链接等噪声；在事务识别过程中，采用概率潜在语义分析，以期识别出最有代表性的语义概念，减少主题词维度。预处理过后，利用获得的页面集合与事务集合构建事务-页面矩阵，用于表述用户访问路径模式；同时，对会话进行文本分析，获取用户浏览兴趣。最后，结合用户访问途径模式与用户浏览兴趣，采用更具模糊性质的软聚类算法进行用户聚类，得到用户聚合结果。

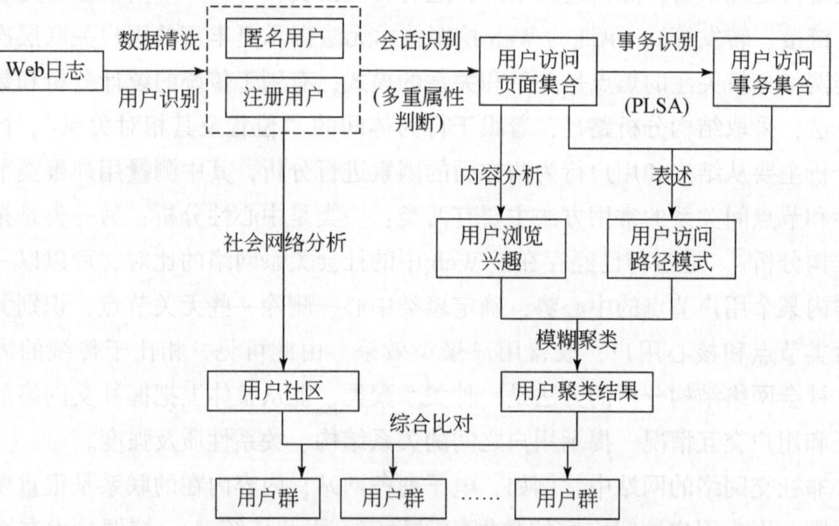

图 4-12　基于 Web 挖掘与社会网络分析的用户聚合分析

---

① Hannon J，McCarthy K，Smyth B. Finding useful users on twitter：twittomender the followee recommender [C]//Clough P，Foley C，Gurrin C，et al. Advances in Information Retrieval. Boston：Kluwer Academic Publishers，2011：784-787.

图4-12中还需要说明的一点是，对于多数网络学术社区用户而言，为了能够维持与其他用户，特别是处于自己的社会关系网络中的用户联系与交互，一般均注册为实名用户，因此很容易进行用户识别。然而，由于某些站点为了提高用户体验，匿名用户在一定范围内也可以浏览。因此，经过识别后将用户区分为两种，主要针对注册用户进行社会网络分析。社会网络分析的数据源为这些Web2.0站点的服务器。

4.4.1.2 基于形式概念分析的 Folksonomy 用户兴趣识别研究

用户兴趣隐藏在学术社区用户活动背后，通过在不同的兴趣主题上进行计算，能够显示用户是否对某个主题感兴趣，以及对该主题感兴趣的程度①。较多学者提出基于标签的社区网络用户兴趣的表征方法，Camagnola 等②认为，如果一个用户花费大量的时间添加标签或对某个条目进行评论，说明用户对那个条目感兴趣。用户产生的标签描述了他们标注资源的内容，并且这些标签更简洁，更利于人类理解，可以通过用户使用的标签表征用户的兴趣爱好③。

Folksonomy 标签完全依赖于用户的概念、术语、兴趣、爱好、突发奇想和个人风格，分析标签的使用情况，基于 Folksonomy 获取用户知识和兴趣具有巨大的潜能④。学术社区通过对用户、资源、标签等的统计分析，可以挖掘用户兴趣偏好，为社区信息服务和网站建设提供建设性意见和导向⑤。实际上，由于用户兴趣的多样性，不同的用户其兴趣结构是不一样的，如何对用户兴趣进行更为细致、精准的形式化描述与分析是当前研究较为欠缺的。FCA 作为一种概念聚类的数学方法（见3.4.1.2小节），不仅能表示标签间的语义信息，还能以形式化的方式显示标签之间的结构关系，为用户兴趣的表征和挖掘提供了新的思路，有助于深化基于兴趣相似性的用户聚合研究。

本书尝试以形式概念分析为工具，进行用户兴趣识别及推荐等相关问题的研

---

① 胡玲杰. 基于用户潜在兴趣网络的社会化推荐方法及应用 [D]. 上海：上海大学硕士学位论文，2014.

② Camagnola F，Cena F，Console L，et al. Tag-based user modeling for social multi-device adaptive guides [J]. User Modeling and User-Adapted Interaction，2008，18 (5)：497-538.

③ Li X，Lei G，Zhao Y E. Tag-based social interest discovery [C]//Proceedings of the 17th International Conference on World Wide Web，Beijing，China，2008：675-684.

④ Zavitsanos E，Vouros G A，Paliouras G. Classifying users and identifying user interests in Folksonomies [EB/OL]. http://ceur-ws.org/Vol-781/paper8.pdf [2019-08-30].

⑤ 贾君枝，张宁. 社会标签的应用功能分析 [J]. 信息系统，2012，35 (11)：112-116.

究。本书主要聚焦于单用户和用户群的兴趣识别两个方面。单用户的用户偏好强调兴趣上的个性，而用户群的用户偏好则强调用户兴趣上的相似性[①]。

（1）单用户兴趣研究现状

单用户兴趣识别主要是从单个用户标注的资源及添加的标签入手进行兴趣挖掘，强调不同用户间的差异性，可以针对每个用户的独特兴趣提供个性化的推荐。

Boucher-Ryan 和 Bridge[②] 将 FCA 引入到 Folksonomy 的协同推荐中，从用户对资源的评分来实现用户兴趣推荐的问题。该研究以用户为对象，资源为属性，将用户评分矩阵转化为形式背景，并构建了相应的概念格。基于概念格结构分析，从属性和对象两方面来预测用户对推荐资源的兴趣度，从而进行推荐。该方法的局限性在于，基于对象的协同推荐主要是通过用户在概念格结构中所处的位置寻找相似用户，但仅仅考虑用户是否对资源进行评分，而忽视具体分值的做法实际上是不合理的。基于属性的协同推荐首先要选择相应的推荐项，再计算目标用户对应的兴趣度，无法选择用户最感兴趣的内容进行推荐。李凯[③]提出了构建核心概念格的协同推荐方法，该方法通过减少空概念来简化概念格构造的复杂度，但依然没有解决无法选择用户最感兴趣的内容进行推荐的问题。以上研究从用户对资源的评分来研究用户兴趣，没有考虑标签的维度，虽然能识别用户感兴趣的资源，但并不能精确识别用户的具体兴趣。

考虑到基于用户评分研究用户兴趣的局限性，Zhang 和 Feng[④] 从用户所使用标签的角度进行分析，以 FCA 为工具，构建个人标签空间来表示标签和协作资源，通过将用户使用的标签和资源建立概念格，对每个生成的描述用户兴趣的概念分别计算出权重并计算概念间的相似度，以此为基础构建层次化的用户兴趣模型。但该方法在计算兴趣概念的权重时，仅考虑了目标用户标注标签的频次情况，未考虑到兴趣概念间的语义包含关系，同时该方法只能识别用户显示出来的兴趣，并未考虑以 Folksonomy 用户间的关系挖掘目标用户的潜在兴趣。

---

① 石光莲．基于形式概念分析的 Folksonomy 用户兴趣识别研究［D］．重庆：西南大学硕士学位论文，2015，

② Boucher-Ryan P，Bridge D. Collaborative recommending using formal concept analysis［J］. Knowledge-Based Systems，2006，19（5）：309-315.

③ 李凯．基于形式概念分析的协同推荐技术研究［D］．成都：西华大学硕士学位论文，2008.

④ Zhang Y，Feng B. Tag-based user modeling using formal concept analysis［C］//Proceedings of 8th IEEE International Conference on Computer and Information Technology，Sydney，Australia，2008：485-490.

(2) 用户群兴趣研究现状

用户群兴趣研究主要是从用户间的关系出发，寻找相似用户并对用户进行分类，将所属用户群的兴趣推荐给目标用户。Jaschke 等①聚焦概念格构造算法研究，将传统的 FCA 技术拓展到三维背景，提出了较为高效的 Trias 算法，进行 Folksonomy 中用户-标签-资源的形式概念分析，识别具有相同标注行为的用户，从而发现用户兴趣社区并进行资源推荐。随后，该研究团队进一步对该算法改进，并应用于现实环境，进行社区用户群间的兴趣关系识别，并进行 Folksonomy 中共享概念的发现②。该算法中用户、标签、资源的最小出现频率关系到对象相关关系的揭示程度，然而未涉及概念在反映社区用户兴趣上的权重，以及如何针对不同的用户进行更好的推荐等问题。

Kim 等③④的研究侧重解决社区共享概念在反映用户兴趣时的权重问题。他们以博客用户及其使用的标签为形式背景，在构造博客标签的概念层次结构时，考虑到不同标签使用频率上的差异，依据使用频率划分标签等级，构建了多值形式背景及相应的概念格，这种方法不仅考虑了不同用户标签使用差异，也兼顾了用户群的使用情况。相同标签集由于使用频率的不同形成了不同的概念，这在一定程度上增加了概念格的复杂度，导致构建的概念格过于庞大而无法显示，最后只能划分成小部分进行分析。其后，他们还尝试了以用户群为基础，通过概念中每个对象使用属性的频率分别计算每个概念的重要性，从而识别用户共同的兴趣及其兴趣度⑤。

以张云中等⑥为代表，国内学者也围绕 FCA 构建用户兴趣挖掘模型展开系列

---

① Jäschke R, Hotho A, Schmitz C, et al. TRIAS: an algorithm for mining iceberg tri-lattices [C]// Proceeding of the 6th IEEE International Conference on Data Mining, Hong Kong, 2006: 907-911.

② Jäschke R, Hotho A, Schmitz C, et al. Discovering shared conceptualizations in folksonomies [J]. Web Semantics: Science, Services and Agents on the World Wide Web, 2008, 6 (1): 38-53.

③ Kim H G, Hwang S H, Kang Y K, et al. An agent environment for contextualizing folksonomies in a triadic context [C]//Nguyen N T, Grzech A, Howlett R J, et al. Agent and Multi-Agent Systems: Technologies and Applications. Berlin, Heidelberg: Springer, 2007: 728-737.

④ Kim H L, Hwang S H, Kim H G. FCA-based approach for mining contextualized folksonomy [C]// Proceedings of the 2007 ACM Symposium on Applied Computing, Seoul, Korea, 2007: 1340-1345.

⑤ Kim H L, Breslin J G, Decker S, et al. Mining and representing user interests: the case of tagging practices [J]. IEEE Transactions on Systems, Man and Cybernetics, Part A: Systems and Humans, 2011, 41 (4): 683-692.

⑥ 张云中，杨萌，徐宝祥．基于 FCA 的 Folksonomy 用户偏好挖掘研究 [J]．现代图书情报技术，2011，(6)：72-78.

研究，张云中将 Folksonomy 多值形式背景单值化，分别从形式背景 $F^U:=(U, T\times R, Y^U)$ 和 $F^R:=(R, U\times T, Y^R)$ 出发，用 FCA-Wizard 转化为用户行为和用户偏好概念格，构建了基于 FCA 的用户兴趣挖掘模型。进一步地，张云中①以 Folksonomy 用户偏好挖掘的一个螺旋过程为周期，研究了基于 FCA 的典型用户群的用户偏好挖掘过程以及基于 FCA 的活跃单用户的用户偏好挖掘过程，提出 Folksonomy 用户群偏好权重及 Folksonomy 单用户偏好权重的计算方法，通过对不同时期 Folksonomy 系统的用户偏好对比，分析用户偏好转移的具体信息。张云中的理论模型展示了用户兴趣挖掘的全过程，但其模型对于兴趣度的计算没有考虑到兴趣概念之间的结构关系，同时对于单用户和用户群的兴趣挖掘没有给出具体操作方法。

综上所述，已有研究较多从用户群的整体兴趣结构出发，找出用户群的兴趣结构，通过标签使用频率来计算较重要的兴趣。事实上，不同用户在标签使用上具有个体习惯和差异，基于用户群的兴趣结构并不能替代目标用户的认知结构。相对而言，单用户兴趣结构精确识别的研究比较少，用户兴趣的结构关系也较少涉及，与此同时，结合用户群使用标签的情况来挖掘用户潜在兴趣也是需加强探索的重要问题。

（3）基于 FCA 的用户兴趣识别方法与实现

Folksonomy 用户对资源添加的标签，反映了用户对资源的喜好，是用户兴趣的具体体现。本书提出了基于形式概念分析的用户兴趣识别方法，从单用户的兴趣概念出发，依据标签的使用频率结合概念格结构，计算用户对相关概念的兴趣度，并结合概念格结构和兴趣度提取推荐概念；同时从用户群概念格出发，挖掘用户群标签使用的关联规则，并消除概率因素对其造成的影响，从而挖掘用户兴趣的关联性。本书提出综合利用两种层次的兴趣概念格进行用户兴趣识别的方法，不仅有利于识别用户表现出来的兴趣，而且可用于发现用户的潜在兴趣，从而提供更准确、全面的信息推荐服务②。

A. 基于单用户概念格的用户兴趣结构分析及兴趣度计算

针对用户表现出来的兴趣识别，首先以目标用户的资源集 R 和标签集 T 为形

---

① 张云中. 基于形式概念分析的 Folksonomy 知识发现研究［D］. 长春：吉林大学博士学位论文，2012.

② 石光莲. 基于形式概念分析的 Folksonomy 用户兴趣识别研究［D］. 重庆：西南大学硕士学位论文，2015.

式背景，构建基于单用户的兴趣概念格，然后通过概念格结构的识别及标签使用频率计算用户的兴趣度，并提出兴趣度和概念格结构相结合的用户兴趣推荐策略。

传统的 Folksonomy 用户兴趣度计算方法，多考虑标签的使用频率，忽视用户兴趣的结构问题。本书综合用户使用标签的频率和标签概念所处层级结构来计算用户兴趣度，更加精确地反映用户自身的认知习惯和结构。概念格中，概念的外延是拥有概念内涵的对象，即用户添加了概念内涵中所有标签的资源集。因此可以根据概念中资源对象的情况来得知用户对属性标签集感兴趣的情况。具体而言，假定有目标用户 U，其资源 R-标签 T 形式背景见表 4-5，其对应的 Hasse 图见图 4-13。

表 4-5　二值形式背景

U	t_1	t_2	t_3	t_4	t_5	t_6	t_7	t_8	t_9	t_{10}
r_1			×							
r_2									×	
r_3		×		×						
r_4	×									×
r_5		×						×		
r_6	×	×							×	
r_7		×		×				×		
r_8		×					×			×
r_9	×	×								
r_{10}	×									
r_{11}	×					×			×	
r_{12}			×							
r_{13}	×					×				
r_{14}		×								×
r_{15}				×	×					

从图 4-13 可以看出，在用户 U 的兴趣概念格中，以用户最高层概念为用户兴趣大类，即添加标签的资源整体。第一层有 5 个概念节点，可以认为用户 U 拥有 5 种兴趣类型，分别是 t_4、t_2、t_{10}、t_1 和 t_3，分别以这 5 个概念节点为上层概

念，又延伸了不同的子类，依次类推，最终构成用户的兴趣结构。

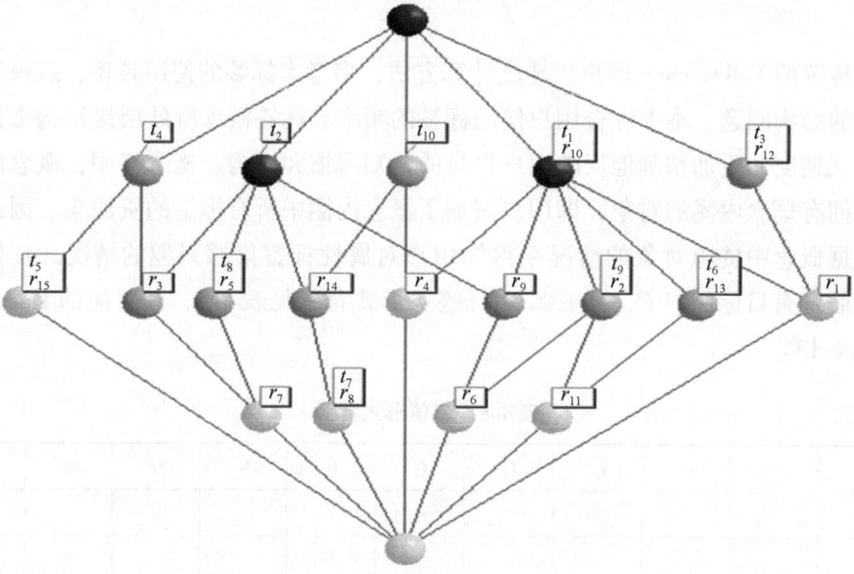

图 4-13　形式背景表 4-5 所对应的概念格

t 表示标签；r 表示所标注的资源

假设该概念格是用户对感兴趣的资源添加的标签，当兴趣概念为第 0 层时，即用户对标注标签的资源整体的兴趣度，假设用户对其兴趣度为 1。在具体计算用户 U 对每个概念的兴趣度时，本书认为不同兴趣概念应该在同一兴趣类下进行比较，如在图书大类下，用户主要喜欢 t_4、t_2、t_{10}、t_1、t_3 类型的图书，应该通过这 5 种类型的比较来分别判断用户对相应标签概念的兴趣度，具体计算时，兴趣度为添加了概念标签的对象数占添加标签的对象总数的比例。例如，在 t_4 类型下，用户又喜欢 t_5、t_2 两种小类型的图书，它们之间可相互比较。假设用户对标签概念 t_4 的兴趣度为 0.143，在 t_4 概念下，用 t_2 标注了资源 r_3、r_7，用 t_5 标注了 r_{15}，其资源比例分别为 2/3 和 1/3，则用户对标签概念 $\{t_4, t_2\}$ 和 $\{t_4, t_5\}$ 的兴趣度分别为 0.095 和 0.048。即用户对 $\{t_4, t_5\}$ 标签集的兴趣度计算为：标注标签集 $\{t_4, t_5\}$ 的对象数占标注标签集 $\{t_4\}$ 的对象数的比例，乘以用户对标签 $\{t_4\}$ 的兴趣度。公式如下：

$$\text{Interest}(C)=\frac{|A|}{|A_{\text{父}}|}\times\text{Interest}(C_{\text{父}}) \tag{4-1}$$

式中，Interest（C）为用户对标签集 $\{t_4, t_2\}$ 或者标签集 $\{t_4, t_5\}$ 的兴趣度；

Interest（$C_{父}$）为用户对标签 $\{t_4\}$ 的兴趣度；$|A|$ 为标注标签集 $\{t_4, t_5\}$ 的对象数或者标注标签集 $\{t_4, t_2\}$ 的对象数；$|A_{父}|$ 为标注标签集 $\{t_4\}$ 的对象数。

通过上述方法计算的兴趣度会导致越是底层概念，其兴趣度越来越小，从而造成不同层次的概念之间无法比较的问题。而实际上越是底层概念，其内涵越大，用户兴趣表示更精确，其推荐效果也更加理想。所以本书认为有必要对不同层次的概念用概念所处的层级进行相应的调节，因而调节系数应该是大于 1 且与所处层级有关。同时考虑到具体兴趣概念的兴趣度是通过用户对其父节点的兴趣度计算而来，有必要消除父节点的层级因素，从而消除多次层级调节问题，因此，本书将层级调节系数设置为 $n/(n-1)$。通过层级调节系数的调节可以使各个兴趣概念之间能够进行相互比较。具体而言，用户对概念格上概念的兴趣度可以通过式（4-2）进行计算。

$$\text{Interest}(C)=\begin{cases}1, & n=0\\ \dfrac{|A|}{|A_{父}|}\times\text{Interest}(C_{父}), & n=1\\ \max\left(\dfrac{|A|}{|A_{父}|}\times\text{Interest}(C_{父})\times\dfrac{n}{n-1}\right), & n\geqslant 2\end{cases} \tag{4-2}$$

式（4-2）中，Interest(C) 表示用户对概念 $C(A, B)$ 的兴趣度，其中，A、B 分别表示概念的外延和内涵。概念外延是概念内涵可以确定的最大的对象集合，概念内涵是概念外延中所有对象的共同属性的集合。一个概念就是一个完备的二元组。概念 $C_{父}(A_{父}, B_{父})$ 是概念 $C(A, B)$ 的直接父节点，$|A|$ 是概念 C 中所包含的对象数（即标签出现的频次），n 表示概念 C 在概念格中所处的层级。若概念 C 有多个父节点，兴趣度则为分别通过几个父节点计算的兴趣度中的最大值。

通过这种方法就可以逐层算出用户对兴趣概念格中各个兴趣概念的兴趣度，而这些兴趣概念格之间通过层级调节系数的调节，可以相互比较。该方法在考虑了标签的使用频率的同时，结合了用户的自身认知结构，使推荐结果更加符合用户的真实情况。

B. 基于概念格结构的兴趣推荐策略

事实上，在进行推荐时，推荐兴趣概念内涵的大小是关键。概念内涵过于宽泛，如第一层概念，它们往往只包含一个标签，不能体现用户兴趣的详细方向。而如果概念内涵过于狭小，用户的兴趣度往往不高，同时也难以找到符合条件的资源。那么如何推荐概念内涵适中且兴趣度较高的标签概念给用户，就成了问题的关键。

本小节通过概念格结构的分析，提出用户兴趣推荐的策略。具体操作方法：通过式（4-1）计算出概念格中各个节点上的兴趣度 Interest(C)，设兴趣度阈值为 θ，即符合兴趣度阈值条件的兴趣概念才可能被推荐。具体推荐过程如下：

1）设推荐兴趣集为空集。

2）以最小概念为待推荐节点 C。

3）判断Interest(C) 和 θ 的关系。

如果 Interest(C)$\geqslant\theta$，则判断节点 C 是否在推荐兴趣集中：①若 C 不在推荐兴趣集，则将 C 加入推荐兴趣集中；②若 C 在推荐兴趣集，则结束此次判断。

如果 Interest(C)$<\theta$，则判断节点 C 所处的层次：①若为 0，则此次判断结束；②若大于 0，则 $C=C_{父}$，重复 3）。

例如，在图 4-13 中，最小概念为 $\{(), (t_1, t_{10}, t_2, t_3, t_4, t_5, t_6, t_7, t_8, t_9)\}$，由于其不包含任何资源，兴趣度为 0，小于 θ，判断其父节点 $\{(r_7), (t_2, t_4, t_8)\}$ 的兴趣度，若其兴趣度大于 θ，则加入推荐列表，若其兴趣度小于 θ，则继续判断其父节点 $\{(r_3, r_7), (t_4, t_2)\}$ 和 $\{(r_5, r_7), (t_2, t_8)\}$ 节点的兴趣度。这样就可以在满足兴趣度阈值的前提下，将兴趣概念格中概念内涵较小的标签概念推荐给用户。其中，兴趣度阈值 θ 与目标用户 U 标注标签的资源数量以及标注标签的数量有关。为避免出现无推荐兴趣或太多推荐结果的问题，不同用户 θ 取值应该有所不同。因此，本书认为可以规定一个适当的推荐数量，如将 θ 取值为兴趣度排名为第十的值。通过这种方式可以使推荐结果数量上较为适中。

FCA 根据用户资源-标签数据关系信息，通过概念之间的隶属关系，构建用户兴趣概念格，这种概念格结构是依据用户的真实数据构建，其构建过程体现了用户个体对标注标签概念结构的理解与认识。本书所提出的基于单用户概念格的兴趣识别方法，从用户兴趣度计算到兴趣概念的推荐都是从具体的资源-标签概念格结构出发，符合用户的个性化认知习惯。

C. 基于用户群概念格的潜在兴趣关联规则挖掘

通过式（4-2），可以形成目标用户的兴趣层次关系并计算每个兴趣概念的兴趣度。但如果仅依据单用户的标签概念格进行用户兴趣识别，就只能发现用户已有的兴趣，而不能进行用户潜在兴趣的挖掘。但往往会存在用户尚未表现出来，甚至是还没有意识到的兴趣，如何挖掘用户未表现出来的兴趣是研究重点。事实上，用户之间在标签的使用上存在一定的规律性，可以通过用户群在标签使用上的规律来挖掘用户兴趣之间的关联性，从而预测目标用户的潜在兴趣。

在介绍关联规则基础知识的基础上，本书提出对关联规则评判标准——置信度的改进方法，该方法消除了概率因素造成的影响，从而能更加准确地找出用户兴趣间的关联性，形成用户兴趣推理规则。

a. 关联规则基本知识

由于形式概念分析以概念格的形式使数据有机地组织起来，概念格节点体现了概念内涵和外延的统一，非常适合规则型知识的发现。而关联规则作为描述一个事物中，物品之间同时出现规律的知识模式，经常被用于发现数据中不同项目之间的联系，得到用户的行为模式等，成为形式概念分析的一个重要应用领域。同理，关联规则也可用于挖掘用户兴趣之间的联系①。通过关联规则分析，可以预测用户没有表现出来的潜在兴趣，从而形成综合用户兴趣，更全面、准确、恰当地进行兴趣推荐。

定义 4.1：给定一个形式背景 $K=(U,\ T,\ R)$，一条关联规则是形如 $M_1 \Rightarrow M_2$ 的逻辑蕴含式，其中 $M_1 \subseteq T$，$M_2 \subseteq T$，且 $M_1 \cap M_2 = \phi$。其中 M_1 叫作关联规则的前件（antecedence），M_2 叫作关联规则的后件（consequence）②。

关联规则主要有两个衡量指标：支持度和置信度。具体而言，支持度用于衡量关联规则的有用性，而置信度则衡量关联规则的确定性③。

关联规则 $M_1 \Rightarrow M_2$ 的支持度是用户集合中，同时使用 M_1 和 M_2 中标签的用户数与用户集合中所有用户数 N 之比，记为 support（$M_1 \Rightarrow M_2$），即

$$\text{support}(M_1 \Rightarrow M_2) = P(M_1 \cup M_2) = \frac{|M_1 \cup M_2|}{N}$$

关联规则 $M_1 \Rightarrow M_2$ 的置信度是用户集合中，同时使用 M_1 和 M_2 中标签的用户数与使用了 M_1 中标签的用户数之比，记为 confidence($M_1 \Rightarrow M_2$)，即

$$\text{confidence}(M_1 \Rightarrow M_2) = P(M_2 \mid M_1) = \frac{|M_1 \cup M_2|}{|M_1|}$$

支持度和置信度均在 0 ~ 1。支持度低的规则很可能只是由于偶然因素而出现的，因而没有说服力；置信度越高，规则的可靠性越高，在包含的事务中出现的可能性就越大。如果一条关联规则的支持度大于最小支持度阈值，则该关联规

---

① 高俊峰，王淑梅．基于概念格的数字图书馆信息推送服务方法研究［J］．图书情报工作，2012，59（17）：122-125.

② 海宇峰．基于形式概念分析的用户查询词扩展方法的研究［D］．成都：西华大学硕士学位论文，2007.

③ 刘萍，胡月红．基于 FCA 和关联规则的情报学本体构建［J］．现代图书情报技术，2012，（2）：34-40.

则称为频繁关联规则（frequent association rule），同时满足最小支持度阈值和最小置信度阈值的关联规则称为强关联规则（strong association rule）。其中最小支持度阈值和最小可信度阈值由用户根据需要定义，记为 min_sup 和 min_conf，取值区间均为［0，1］①。

b. 关联规则置信度的改进

在关联规则中，存在一些受概率影响的关联规则，如有些标签被很多用户感兴趣而添加，一些低频标签很可能就会与其一同出现，从而导致低频标签推导高频标签的置信度很高，而被认为关联规则成立。而有些关联规则由于事件出现概率很低而未引起关注。

基于此，本书提出了置信度计算的改进方法，从而消除概率因素对关联规则造成的影响。具体而言就是排除事件由于自身出现概率较大而出现的关联规则，使置信度不是很高而自身出现概率很小的关联规则浮现出来。以下是置信度改进方法的原理及思路。

假设在总数 N 中，事务 t_1、t_2 分别出现了 n_1、n_2 次，若用 $P^m_{t_1,t_2}$ 表示 t_1、t_2 出现 m 次相同位置的概率，则 $P^m_{t_1,t_2}=\dfrac{C^{n_1}_N C^m_{n_1} C^{n_2-m}_{N-n_1}}{C^{n_1}_N C^{n_2}_N}$，即

$$P^m_{t_1,t_2}=\frac{C^m_{n_1} C^{n_2-m}_{N-n_1}}{C^{n_2}_N} \tag{4-3}$$

若有关联规则 $M_1 \Rightarrow M_2$，其置信度为 confidence$(M_1 \Rightarrow M_2)=P(M_2 \mid M_1)=\dfrac{|M_1 \cup M_2|}{|M_1|}$。

表示在 N 个用户中，M_1 与 M_2 分别被 $|M_1|$、$|M_2|$ 个用户所标注，同时标注 M_1、M_2 的用户数为 $|M_1 \cup M_2|$，出现这种情况的概率可通过式（4-3）计算出来，即

$$P^{|M_1\cup M_2|}_{M_1,M_2}=\frac{C^{|M_1\cup M_2|}_{|M_1|} C^{|M_2|-|M_1\cup M_2|}_{N-|M_1|}}{C^{|M_2|}_N} \tag{4-4}$$

消除概率因素造成的影响以后的修正置信度 confidence$(M_1 \Rightarrow M_2)'$ 计算如下：

$$\text{confidence}(M_1 \Rightarrow M_2)'=\text{confidence}(M_1 \Rightarrow M_2)\times(1-P^{|M_1\cup M_2|}_{M_1,M_2})$$

即

① 滕广青，毕强．基于概念格的数字图书馆用户用法细分—数字图书馆用户使用方法的关联规则挖掘［J］．现代图书情报技术，2010，(5)：8-12.

$$\text{confidence}(M_1 \Rightarrow M_2)' = \frac{|M_1 \cup M_2|}{|M_1|} \times \left(1 - \frac{C_{|M_1|}^{|M_1 \cup M_2|} C_{N-|M_1|}^{|M_2|-|M_1 \cup M_2|}}{C_N^{|M_2|}}\right) \quad (4\text{-}5)$$

式中，$0 \leqslant \text{confidence}(M_1 \Rightarrow M_2)' \leqslant \text{confidence}(M_1 \Rightarrow M_2) \leqslant 1$。通过这种方法可以消除概率因素对关联规则造成的影响，找出兴趣标签之间的关联性，从而能更加准确地挖掘用户的潜在兴趣，进行兴趣推荐。

D. 用户潜在兴趣挖掘流程

利用用户群 *U-T* 形式背景构造的概念格，挖掘出的关联规则表示用户在使用兴趣标签时，使用了前件中标签的用户以较高的置信度同时使用了后件中的标签，可以认为同时对前件中的所有标签感兴趣的用户，其很可能也对后件中的标签感兴趣。同时关联规则也需要一定的支持度，出现关联规则情况的用户数就成了支持标签关联规则的重要依据。通过用户群 *U-T* 概念格关联规则的挖掘可以知道用户在兴趣上的关联性，从而为用户潜在兴趣推荐提供了依据。

为了简化概念格中关联规则挖掘的复杂度，可以对概念格进行简约化表示。在显示概念格中的概念时，标识其所有对象及属性的方式难免存在一些冗余信息。消除这些冗余，能在不丢失任何信息的情况下，以更简洁的方式展现概念格。概念格中，由于子节点继承父节点的所有属性，父节点包含子节点中的所有对象，定义子概念内涵集中的自有内涵为主内涵，其继承父概念的内涵为副内涵，父概念外延集中的自有外延为主外延，其兼容子概念的外延为副外延①。通过简约副内涵和副外延的方法可以有效对概念格进行简约化标识，即简约形式概念中内涵和外延中的副内涵和副外延。具体而言有以下两种方式②③：

约简内涵（属性）中的副内涵：对于一个概念（A, B），B（内涵）将出现在它的所有子节点中，则子节点中这些通过继承得到的属性值可以被约简。设 B' 为属性 B 中不出现在其任何父节点中的属性值，那么在概念格中本书就可以用（A, B'）来代替（A, B）。

约简外延（对象）中的副外延：对于一个概念（A, B），A（外延）将出现在它的所有父节点中，则父节点中这些通过包含得到的对象值可以被约简。设 A'

① 张云中，杨萌．Tax-folk 混合导航：社会化标注系统资源聚合的新模型［J］．中国图书馆学报，2014，(40)：78-89.

② Haav H M. A Semi- automatic metho to ontology design by using FCA［C］//Snasel V，Belohlavek R. Proceedings of the CLA 2004 International Workshop on Concept Lattices and Their Applications，Czech Republic，2004：14-24.

③ 龚雪．基于形式概念分析的本体学习方法研究［D］．长春：吉林大学硕士学位论文，2009.

为对象 A 中不出现在其任何子节点中的对象值，那么在概念格中本书就可以用 (A', B) 来代替 (A, B)。

采用简约形式概念中内涵的副内涵方式来表征用户群概念格，利用上层概念的内涵标签集推出下层概念的主内涵标签集。具体过程如下：

1）构造用户群 U-T 形式背景并建格。

2）分别以目标用户概念节点及其所有父节点属性作为关联规则前件，所有前件节点的子节点主内涵为对应前件的后件，形成关联规则；

3）通过最小支持度阈值，寻找频繁项集（支持度=概念所包含的对象数/第 0 层概念所包含的对象数）；

4）计算关联规则的置信度（置信度=后件节点对象数/前件节点对象数）；

5）利用式（4-5）计算改进后的置信度，消除概率因素造成的影响；

6）以一定的修正置信度 $\text{confidence}(M_1 \Rightarrow M_2)'$ 阈值找出概念标签之间的关联性；

7）用户对后件属性标签的兴趣度为用户对前件属性标签中兴趣度 Interest (C) 的较小值与关联规则的修正置信度 $\text{confidence}(M_1 \Rightarrow M_2)'$ 的乘积。

通过关联规则可以挖掘用户对未使用标签的兴趣，从而为进行全方面、多方位的兴趣推送提供了基础。

E. 形成用户综合兴趣

通过用户已有兴趣和潜在兴趣的结合便可得到用户的综合兴趣概念。在识别用户兴趣方面，从单用户标签使用的概念格出发，提出基于用户兴趣结构计算用户对相应标签概念兴趣度的方法，从用户的认知结构出发，计算用户对标签概念的兴趣度；并提出基于兴趣度和概念格结构相结合的兴趣推荐策略，从而在满足用户兴趣的同时，将内涵较小的标签概念推荐给目标用户。

在挖掘潜在兴趣方面，从用户群在标签使用上存在的关联规则入手，针对关联规则中存在概率因素影响的问题，提出了具体的置信度改进方法，以便更加准确地挖掘用户兴趣间的关联性，并认为用户对后件属性标签的兴趣度为用户对前件属性标签兴趣度的较小值与关联规则的修正置信度 $\text{confidence}(M_1 \Rightarrow M_2)'$ 的乘积，从而为潜在兴趣的挖掘提供支持。通过用户已有兴趣及潜在兴趣关联规则的结合便可以识别出用户的潜在兴趣，通过将大于一定阈值的潜在兴趣集和推荐兴趣概念的结合便可形成用户的综合兴趣。图 4-14 展示了基于 FCA 的 Folksonomy 用户兴趣识别方法的具体流程。

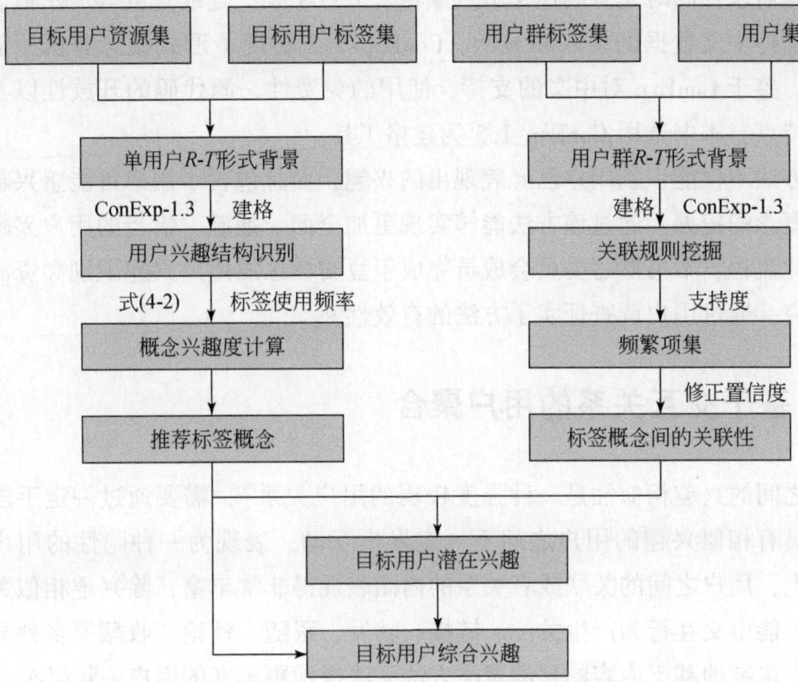

图 4-14　基于 FCA 的 Folksonomy 用户兴趣识别流程图

目前，国际上常用的概念格构建工具主要有①：ConExp②、Lattice Mineir③、Galicia④、FcaBedrock⑤、ToscanaJ⑥、Coron⑦ 等，它们各有其优势。相较其他建格工具，ConExp（Concept Explorer）存在一定的优势⑧：形式背景编辑时重视软件的基本功能并强调软件的感知易用性；提供了多种概念格视图呈现模式，满足

① Uta Priss. Formal concept analysis homepage[EB/OL]. http://www.upriss.org.uk/fca/fcasoftware.html [2020-05-25].

② SourceForge. Concept Explorer[EB/OL]. http://sourceforge.net/projects/conexp/[2020-05-25].

③ SourceForge. Lattice Miner[EB/OL]. http://sourceforge.net/projects/lattice-miner/[2020-05-25].

④ David Grosser. Galicia lattice interactive constructor[EB/OL]. http://www.iro.umontreal.ca/~galicia/ [2020-05-25].

⑤ SourceForge. FcaBedrock formal context creator [EB/OL]. http://sourceforge.net/projects/fcabedrock/ [2020-05-25].

⑥ SourceForge. ToscanaJ[EB/OL]. https://sourceforge.net/projects/toscanaj/[2020-05-25].

⑦ The Coron Data Mining Platform. The Coron system. [EB/OL]. http://coron.loria.fr/site/downloads.php [2020-05-25].

⑧ 滕广青，毕强. 概念格构建工具 ConExp 与 Lattice Mineir 的比较研究［J］. 现代图书情报技术，2010，(10)：17-22.

用户的不同需求；同时充分利用了节点颜色、节点半径、连线宽度等展示概念间的关系；支持中文数据的输入和显示。ConExp-1.3 实现了形式概念分析所需的基本功能，鉴于 ConExp 对中文的支持、使用的免费性、源代码的开放性以及操作简单等特点，本书选用 ConExp-1.3 为建格工具。

这种方法不仅能识别用户已经表现出的兴趣，而且包含了用户可能感兴趣的潜在标签概念的挖掘。通过该方法能够实现更加全面、准确、恰当的用户兴趣推荐。按照此流程，本书撰写委员会成员完成了豆瓣社区的用户兴趣识别和资源推荐实证研究，通过用户调查证实了方法的有效性①。

4.4.2 基于交互关系的用户聚合

用户之间的兴趣相似性是一种强度较弱的用户关系②，需要通过一定手段进行挖掘，具有相似兴趣的用户之间不一定发生互动，表现为一种隐性的用户关联。事实上，用户之间的关联或者关系的内涵表现得非常丰富，除兴趣相似关系外，还有可能由交互行为产生关注、链接、转发、跟随、评论、收藏等多种显性关联关系，单纯的基于内容的兴趣聚类方法无法揭示更丰富的用户关联层次。

（1）基于交互的用户聚合关系网络

网络学术社区中，用户与社区系统、用户与服务者、用户与用户之间不断发生着行为互动、信息交换和感知反馈的过程。用户聚合就发生在特定的网络系统中，是基于信任的人际关系而表现出的行为特征③。用户之间有机关联和交互内容的有效聚合，是网络学术社区动态发展的重要因素。

用户关系网络的构成源于用户的关注、转发、评论等行为，这些行为形成了用户之间的关系联结，随着互动的深入逐渐形成了复杂的用户关系网络。基于交互关系的用户聚合，可以利用社会网络分析方法，将整个网络学术社区的关系网络，根据不同交互行为，划分为多个用户关系紧密、关系结构明确的子网络，从而实现不同层次的网络社区的用户聚类，如图 4-15 所示。

---

① 石光莲．基于形式概念分析的 Folksonomy 用户兴趣识别研究［D］．重庆：西南大学硕士学位论文，2015.

② 约翰·斯科特．社会网络分析法［M］．重庆：重庆大学出版社，2016.

③ 刘春茂，米国伟．基于 Web2.0 的网络用户群“社会性”行为的系统分析［J］．图书情报工作，2010，54（20）：32-35.

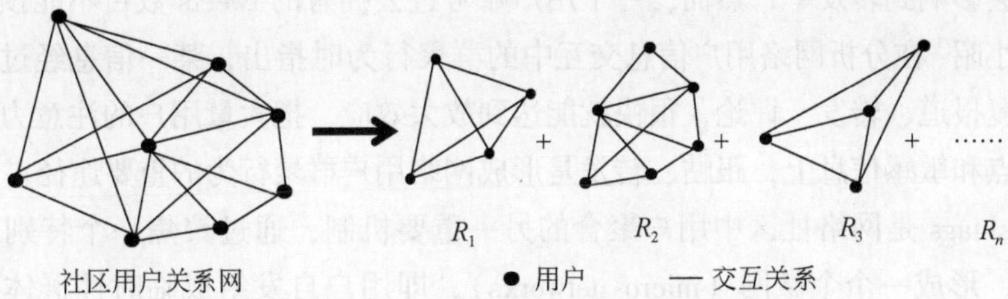

图4-15　用户交互关系的划分

网络学术社区成员之间通过会话和互动，进行知识的交流和升华，逐渐达成一致的看法和认识，最终凝结为学术社区的共享知识，因此，以用户为节点、以用户之间的会话关系为弧，以会话数量为权重，可以构建用户会话的有向加权网络，从而绘制出网络学术社区的“知识交流路线图”①。学者们围绕多种交互关系类型展开了用户聚合模式的分析。彭红彬和王军②基于成员之间的会话关系调查了 CSDN 技术论坛知识交流的特点，由一个话题所引发的所有（有效）讨论或编辑构成一次会话。白淑英和何明升③将 BBS 成员的互动关系划分为主帖（自主成立主题发布的帖子）、帖出（回复他人的帖子）、帖入（被他人回复）等类型。

基于不同交互关系类型所形成的用户聚合网络，其中关注、跟随及转发关系研究较多。同时，学者们探讨了影响用户聚合的因素，目前主要聚焦于调查信息内容特征及相关用户的属性方面④⑤。

转发是社交网络中用户聚合的关键机制，一条重要的内容在不断转发过程中吸引了无数用户，形成了以高质量或高吸引力的内容为中心的用户网络⑥。可能影响转发率的一系列特征包括：内容特征方面，内容中包含的 urls 和 hashtags 同转发率具有强关联关系；情景特征方面，一个账户的跟随和被跟随者的数量、账户存

---

① 丁敬达．学术社区知识交流模式研究［M］．北京：世界图书出版社，2013.

② 彭红彬，王军．虚拟社区中知识交流的特点分析——基于 CSDN 技术论坛的实证研究［J］．现代图书情报技术，2009，25（4）：44-49.

③ 白淑英，何明升．BBS 互动的结构与过程［J］．社会学研究，2003，（5）：8-18.

④ Petrovic S M，Lavrenko V. RT to win! Predicting message propagation in Twitter［C］// Proceedings of the Fifth International Conference on Weblogs and Social Media，Barcelona，Catalonia，Spain，2011：586-589.

⑤ Shulman J，Yep J，Tomé D. Leveraging the power of a Twitter network for library promotion［J］. The Journal of Academic Librarianship，2015，41（2）：178-185.

⑥ Suh B，Hong L，Pirolli P，et al. Want to be retweeted? Large scale analytics on factors impacting retweet in Twitter network［C］//IEEE International Conference on Social Computing/IEEE International Conference on Privacy，Security，Risk and Trust，Minneapolis，Minnesota，2010：20-22.

在时间会影响到转发率，然而，一个用户账号过去拥有的 tweets 数目不能预测转发率。邓小昭[①]在分析网络用户信息交互中的群聚行为时指出，某一信息经过网上集中、反复报道、转发、评论，很快就能达到放大效应，把大量用户的注意力集中到这一热点和敏感信息上，跟帖、转发是形成网络用户群聚行为的重要途径。

Hashtags 是网络社区中用户聚合的另一重要机制，通过聚焦一个特别的话题或议题，形成一个个微网（micro-networks），即用户自发组成临时性群体，交流反馈促进共享资源。Ewbank[②] 进行了#savelibraries 和#getESEAright 两个 hashtags 的传播分析，通过社会网络的分析工具 NodeXL，可视化分析 Twitter 对话类型及其结构，分析揭示了 hashtags 聚合的子网、聚合结构和路径，研究结果显示应该同那些具有更大影响力的用户建立战略联系，从而更有效性地传播 hashtags 消息。Shulman 等[③]对跟随和被跟随的用户聚合网络进行分析，研究结果同样显示通过和有影响力的用户合作拓展了信息的有效传播，从而也有效扩展了用户聚合的网络规模。

（2）用户聚合关系的分析方法与分析指标

在用户聚合关系分析中，社会网络的分析方法是其中重要的分析方法。基于对不同交互关系的抽取，利用社会网络的分析方法可以探究用户聚合的关系结构和关系性质。分析流程如图 4-16 所示。

通过对用户交互数据抽取，提取用户在学术社区产生的社交数据，这些社交数据包括了用户属性数据和用户关系数据，关系数据源于用户的网络活动，如评论、链接、转发、跟随、下载、浏览等。在完成用户社会数据的存储和标引中，可以利用一定的语义格式实现语义标注和转换。最后利用社会网络分析法，分析整体网络的拓扑结构，把握聚合网络的整体规模结构；测定关系网络中的中心性、群聚性等指标[④]。

网络中心性分析是对用户关系网络的整体把握，可用于识别关键用户；网络群聚性分析包括网络内部结构和层级划分，是用户群划分的关键方法，衡量指标

---

① 邓小昭．网络用户信息交互行为研究［M］．北京：科学出版社，2010.

② Ewbank A D. Library advocacy through Twitter：a social media analysis of #savelibraries and #getESEAright［J］. School Libraries Worldwide，2015，21（2），26-38.

③ Shulman J，Yep J，Tomé D. Leveraging the power of a Twitter network for library promotion［J］. The Journal of Academic Librarianship，2015，41（2）：178-185.

④ 袁园，孙霄凌，朱庆华．微博用户关注兴趣的社会网络分析［J］．现代图书情报技术，2012，28（2）：68-75.

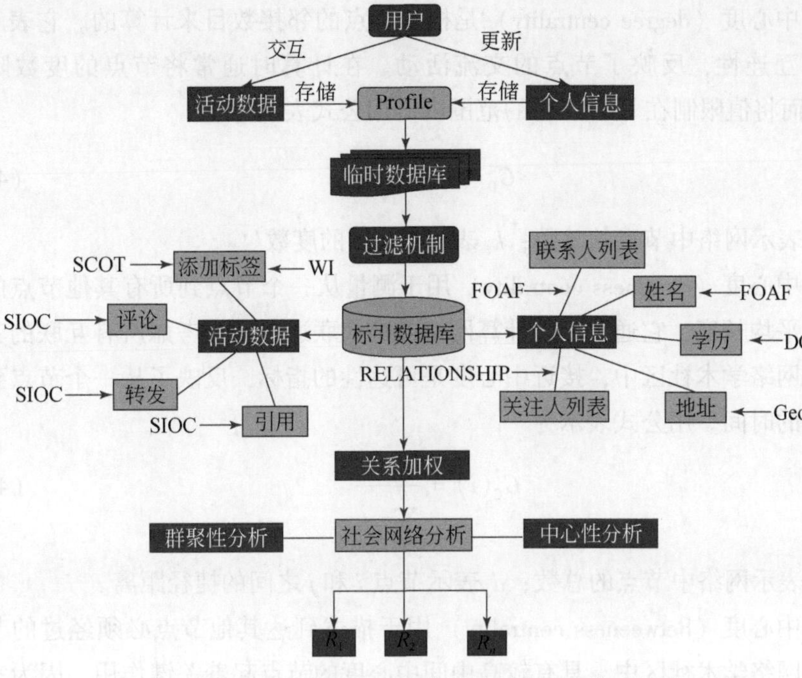

图 4-16 基于社会网络分析的用户聚合模型分析

有成分分析和派系分析等①。点度中心度、接近中心度、中间中心度以及特征向量中心度、PageRank 是计算节点中心性的基本方法②。如图 4-17 所示，根据这些中心度可以计算出最重要的用户节点。

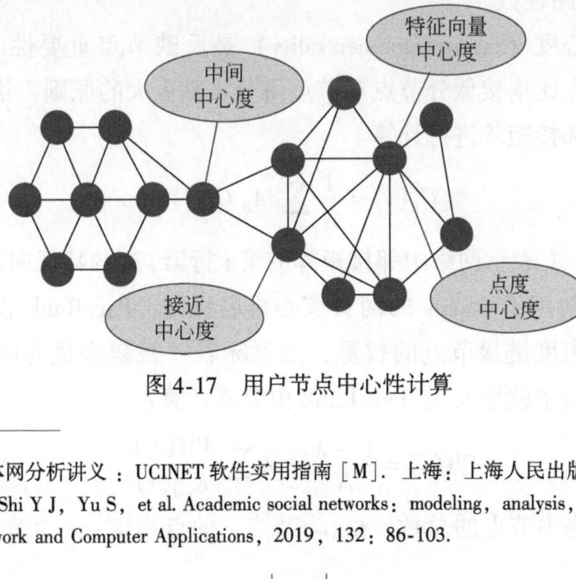

图 4-17 用户节点中心性计算

① 刘军. 整体网分析讲义：UCINET 软件实用指南 [M]. 上海：上海人民出版社，2009.

② Kong X J，Shi Y J，Yu S，et al. Academic social networks：modeling，analysis，mining and applications [J]. Journal of Network and Computer Applications，2019，132：86-103.

点度中心度（degree centrality）是根据节点的邻接数目来计算的。它表示网络节点的互连性，反映了节点的交流活动。在计算时通常将节点的度数除以 $N-1$，从而将值限制在［0，1］的范围内。用公式表示为

$$C_{\mathrm{D}}(i) = \frac{k_i}{N-1} \tag{4-6}$$

式中，N 表示网络中节点的总数；k_i 表示节点 i 的度数。

接近中心度（closeness centrality）用于测量从一个节点到所有其他节点的最短路径的平均长度，它通常用于计算网络的最大联通子网，考虑所有互联的其他节点。在网络学术社区中，接近中心度是可达性的指标，反映了从一个节点到另一个节点的时间。用公式表示为

$$C_{\mathrm{C}}(i) = \frac{N-1}{\sum_{j \neq 1}^{N} d_{ij}} \tag{4-7}$$

式中，N 表示网络中节点的总数；d_{ij}表示节点 i 和 j 之间的捷径距离。

中间中心度（betweeness centrality）用于描述到达其他节点必须经过的节点范围。在网络学术社区中，具有较高中间中心度的节点起着关键作用，因为它们充当学者间的桥梁，并在一定程度上控制网络中的信息流。用公式表示为

$$C_{\mathrm{B}}(i) = \sum_{s \neq i \neq t \in V,\ s < t} \frac{\sigma_{st}(i)}{\sigma_{st}} \tag{4-8}$$

式中，$\sigma_{st}(i)$ 表示节点 s 和 t 之间存在的经过节点 i 的最短路径数；σ_{st}表示节点 s 和 t 之间的最短路径数。

特征向量中心度（eigenvector centrality）是反映节点重要性的另一种度量。根据连接高分节点比连接低分节点对节点得分贡献更大的原则，给出所有节点的相对得分。通过邻接矩阵进行计算

$$C_{\mathrm{E}}(i) = \frac{1}{\lambda} \sum_{j} A_{ij}\, C_{\mathrm{E}}(j) \tag{4-9}$$

式中，λ 为常数；A_{ij}表示网络中邻接矩阵的第 i 行第 j 列的特征向量。

PageRank 最初用于 Google 的网页核心排名机制。PageRank 找到重要节点的方法是通过计算出度链接节点的权重，这意味着“被越多优秀网页所指向的网页，它是优质的概率就越大”。PageRank 由公式计算：

$$\mathrm{PR}(i) = \frac{1-\lambda}{N} + \lambda \sum_{i=1}^{k} \frac{\mathrm{PR}(r_i)}{K_{\mathrm{out}}(i)} \tag{4-10}$$

式中，N 代表网络中节点的总数；K_{out}为节点 r 的点出度；r_i为节点 r 的点入度；

λ 为阻尼因子。

(3) 网络学术社区用户聚合关系的应用

在网络学术社区中，基于交互关系的用户聚合网络分析，划分出关系紧密的用户群的同时，还能识别群体中心用户，利用中心用户对其他用户的影响力和传播力，可以进行好友推荐和资源推荐等应用，提高社区学术交流效率。

用户交互关系分析被用来实现社会推荐。传统的推荐技术一般包括基于人口统计学特征（用户属性）过滤、协作过滤、基于内容过滤和混合的方法 4 种。人口统计学特征过滤方法是使用用户的描述信息来抽取条目和用户群组的关系，基于个人注册时提供的用户属性信息对用户进行分类，每个条目（网页或者服务项目）按照某种权重（如反应态度）被匹配给其中某一类用户。协作过滤方法依赖于其他人给予条目的意见。系统将其他用户高度评价的条目推荐给具有相似品味和偏好的人。基于内容过滤方法主要指系统会推荐给用户以前喜欢过或被高度评价的条目给用户。混合的方法是以上三种的推荐方法的综合。

在网络学术社区中，可以利用用户关系给学者推荐合作者或推荐学术资源。例如，Przemyslaw 等①按照用户的行为角色抽取了多种用户关系，形成多维分层的社会网络，基本的关系包括基于人和基于对象（object），如喜欢、意见、评论、作者、标签等，社会关系经过整合后被用于社会推荐。这些关系融合了用户活动的社会背景和语义，每种关系被赋予不同的权重，研究证明在复杂社会网络发布系统中综合考虑多个维度的用户关系可以实现更高的推荐精度。如何确定多维关系的权重，采用什么样的标准划分行为类型等是关键。

基于交互关系分析的用户聚合可以应用于解释信息传播结构和路径、用户参与模式、还可以进行用户影响力、用户生成内容的质量评价等诸多层面的研究。许丹青等②分析大规模在线社会网络的图结构关系，发现社会网络的强联通关系呈现纺锤形状，表明社会网络中的趋同性使得用户的联通关系加强。该研究引入用户的发文行为、浏览行为与标签社区小世界属性对用户社会影响力模型进行建

① Kazienko P, Musial K, Kajdanowicz T. Multidimensional social network in the social recommender system [C]//IEEE Transactions on Systems, Man, and Cybernetics—Part A: Systems and Humans, Edmonton, Canada, 2011, 41 (4): 746-759.

② 许丹青，刘奕群，张敏，等．基于在线社会网络的用户影响力研究［J］．中文信息学报，2016，30 (2): 83-89.

模，实验证明比 PageRank 等传统算法在识别最具影响力用户上表现更好。Agichtein 等①针对问答社区用户生成内容的质量建模时，将用户之间的交互关系（提问、回答、投票等）分析、使用特征、文本特征整合起来作为评价指标，用于评价高质量的用户生成内容，实现自动提取。

本书在 7.3 节利用美国图书馆专业组织 tweets 进行了用户聚合和话题内容聚合的实证分析。

① Agichtein E, Castillo C, Donato D, et al. Finding high-quality content in social media [C]// Proceedings of the 2008 International Conference on Web Search and Data Mining, California, USA, 2008: 183-194.

第5章　基于用户关系聚合的网络学术社区知识共享模式研究

网络学术社区中用户通过共同的学术兴趣聚集在一起，用户上传或生产的学术信息聚合成为有用的知识，被当作社区的公共物品，所有成员都可以自由地获取。学术资源在具有相同喜好的人群中传播、共享，不同参与者分享的知识最终都将汇集于以网络设备为载体的社区平台，实现了知识聚合，而聚合的知识流又为后续的共享创造了条件。

值得注意的是，学术用户参与网络社区不仅仅是交换学术文献等显性知识，更重要的是分享科研技巧、学术经验等隐性知识，而隐性知识根植于用户的行动、经验和思绪中，通常只能透过人际间的社会互动才能分享传递。本章从社会学和心理学的视角，关注知识共享的实现，特别聚焦嵌入在关系情景的隐性知识聚合共享过程，其中信任关系、熟人关系等社会资本对隐性知识共享具有重要的影响。

5.1　网络学术社区知识共享动机及其测量

知识共享的定义，目前学界尚未达到统一认知，管理学、心理学、教育学、经济学等多个学科领域的研究者分别从交换过程、转化过程、知识互动等多种视角进行了界定。Usoro 等①将知识共享定义为知识提供者和知识获取者之间的交流

① Usoro A，Sharratt M W，Tsui E，et al. Trust as an antecedent to knowledge sharing in virtual communities of practice［J］. Knowledge Management Research & Practice，2007，5（3）：199-212.

过程；van den Hooff 和 de Ridder①、Wang 和 Yang ②把知识共享定义为个体相互交换自己的外显和内隐知识，并且共同创造新知识的过程；也有学者从共享的效果作用角度对知识共享进行定义，如 Senge③ 认为知识共享是“协助对方发展有效行为的能力，且知识共享必须与对方互动，形成对方的行动力”，他强调知识共享不仅是将信息传给另一方，还包含愿意帮助另一方了解信息内涵并从中学习，发展个体新的行动能力，也就是创造学习的过程。

此外，从共享的实现方式上看，网络学术社区中知识贡献者和知识接受者需要通过网络超链接、评论、收藏、转载等方式实现彼此间的信息交互，这个过程必须借助不同的技术手段和传播渠道才能实现知识的学习、交流理解、整合和创新，即对网络技术和设备具有依赖性，因此，从这个角度上看知识共享应包含人与人、人与机器两层含义④：一是社区成员间直接的知识传递和经验分享；二是社区成员提供的信息知识被存入网络数据库，其他成员又从数据库中间接获取所需要的知识。

尽管对知识共享当前还没有一致的界定，但对其组成要素——共享的主体、客体、共享的意愿和能力、环境因素、主体间形成的共同认识⑤等看法基本一致。值得注意的是，Chua 和 Balkunje⑥ 辨析了知识共享行为与社会交互行为的联系与区别，总结了在线讨论社区中社会交互的类型，将其划分为领域知识共享、社会表达、情绪揭示三类，指出知识共享行为在社会交互中产生，是在线交互行为的子类。

研究情景方面，知识共享研究从传统团队和组织情景逐渐拓展到 Twitter⑦、

---

① van den Hooff B，de Ridder J A . Knowledge sharing in context：the influence of organizational commitment，communication climate and CMC use on knowledge sharing [J]. Journal of Knowledge Management，2004，8 (6)：117-130.

② Wang J，Yang J. An empirical study of employees' tacit knowledge sharing behavior [J]. Journal of Systems Science & Information，2015，3 (3)：264-278.

③ Senge P. Sharing knowledge [J]. Executive Excellence，1999，15 (6)：11-12.

④ 张蒙，刘国亮，毕达天 . 多视角下的虚拟社区知识共享研究综述 [J]. 情报杂志，2017，(5)：175-180.

⑤ 代宝，刘业政 . 虚拟社区知识共享的实证研究综述 [J]. 情报杂志，2014，33 (10)：201-206.

⑥ Chua A Y K，Balkunje R S. Beyond knowledge sharing：interactions in online discussion communities [J]. International Journal of Web Based Communities，2013，9 (1)：67-82.

⑦ Shi Z，Rui H，Whinston A B. Content sharing in a social broadcasting environment：evidence from Twitter [J]. MIS Quarterly，2014，38 (1)：123-142.

Facebook①、Wikipedia②、微博③④、在线论坛⑤、微信⑥等社会网络情景中，网络学术社区同普通社区信息共享相比，用户彼此间共享的信息知识具有较强的科研学术属性⑦。

5.1.1 知识共享动机

动机是推动人们开展各种活动的直接原因，心理学上一般认为动机涉及行为的发端激活、方向指引、强度维持等各个环节。网络学术社区中促使个人分享知识的动机有很多，如经济动机、交往动机、认知动机和利他动机等，而上述4种动机又可以划分为外在经济动机和内在非经济动机两大类。

外在经济动机研究方面，经济交换理论指出，个人行为受理性的自我利益所引导，人们产生知识共享行为的动机体现在其获得或感知的经济收益大于实施成本；知识市场理论秉持着与交换理论类似的观点，该理论将知识共享视为一种市场行为⑧。知识市场遵循一般市场的运行机制和规律，对于知识拥有者而言，当他觉得有可能获取利益时才会将所拥有的知识拿到市场去共享。在实证研究中，学者们主要采用薪酬奖励或感知的物质奖励来测量经济动机，但在经济动机与知识共享的关系上，已有研究结果存在着较大分歧。Kohn⑨认为外在的激励与奖酬仅仅能够造成社区知识共享参与主体暂时性的顺从而无法彻底改变其行为，因此

---

① Arnaboldi V, Guazzini A, Passarella A. Egocentric online social networks: analysis of key features and prediction of tie strength in Facebook [J]. Computer Communications, 2013, 36 (10-11): 1130-1144.

② Cho H, Chen M, Chung S. Testing an integrative theoretical model of knowledge- sharing behavior in the context of Wikipedia [J]. Journal of the American Society for Information Science and Technology, 2010, 61, (6):1198-1212.

③ Gaál Z, Szabó L, Obermayer-Kovács N, et al. Exploring the role of social media in knowledge sharing [J]. Electronic Journal of Knowledge Management, 2015, 13 (3): 185-197.

④ 彭柯，朱庆华，王雪芬. 微博用户共享行为影响因素研究 [J]. 图书情报知识，2013，(2)：81-85.

⑤ Hou H T, Sung Y T, Chang K E. Exploring the behavioral patterns of an online knowledge- sharing discussion activity among teachers with problem- solving strategy [J]. Teaching and Teacher Education, 2009, 25 (1): 101-108.

⑥ 张艳伟. 微信平台中信息共享行为的影响因素研究 [D]. 北京：北京邮电大学硕士学位论文，2015：5-15.

⑦ 徐美凤，叶继元. 学术虚拟社区知识共享行为影响因素研究 [J]. 情报理论与实践，2011，34 (11)：72-77.

⑧ 赵书松，廖建桥，张可军. 个体知识共享动机：国外研究综述与本土化的理论拓展 [J]. 情报杂志，2010，29 (1)：114-122.

⑨ Kohn A. Why incentive plans cannot work [J]. Harvard Business Review, 1993, 71 (5): 54- 63.

仅通过外在激励无法促成深度的知识交流、形成真正的分享文化。

知识分享是组织成员之间人际关系互动的交换行为，对知识供应者而言，知识分享行为带来的收益除了短期的经济性利益，还有其他社会心理层面的益处。鼓励知识分享行为更多地要依赖来自个人社会心理因素的内在激励因素，而不仅仅是传统认为的外在激励。持上述类似观点的相关学者具体主要从交往动机、认知动机、利他动机等方面进行研究①。

1）交往动机。交往动机是指个体愿意归属于某一团体，乐于与人交往，希望得到别人的关心、合作、赞赏等，它是个体愿与他人接近、合作、互惠并发展友谊的内在需要。从社会交换理论角度看，人类的交往动机和行为体现出社会交换的特征和过程属性，即社会交换是一种没有明确定义价值的、内在的奖励，人们共享知识的目的是期望将来的互惠和获得他人的认可。

2）认知动机。社会认知理论认为行为可以依据认知、行为与环境决定因素之间持续的交互作用而得到最佳的解释，其核心概念包括自我效能、结果期待和个人目标。自我效能是指个体对实现特定目标所需行为过程的能力信念，是自我评估的一种形式。一般认为具有较高自我效能的人比那些低自我效能的人更可能执行相关行为。结果期望是指个人对自己完成某项任务的可能结果的判断。在知识共享行为中，当人们认为共享的知识能为组织或其他人带来好的结果时，他们往往会产生更大的知识共享动力②。而个人目标则帮助知识共享者对知识共享的过程进行监控和自我调节。

3）利他主义。指的是自愿采取帮助他人的行为，且预期不会得到任何形式的回报。移情理论、自我归因理论、个性品质理论等都为利他动机提供了理论基础，Chennamaneni③认为人们之所以愿意帮助他人，在于能从帮助他人中获得内在的快乐。个体共享知识因为其相信帮助他人解决有挑战性的问题是令人感兴趣的且能使他们感觉良好，获得内在愉悦。

此外，关于知识共享的动机，国内学者还有其他的一些总结和划分方法，如

---

① 刘宁，张正堂．知识供应者的动机与团队知识分享的激励机制［J］．情报杂志，2010，29（11）：146-149.

② Zhang S，Liu Q，Wang Q. A study of peer coaching in teachers' online professional learning communities［J］. Universal Access in the Information Society，2017，16（2）：337-347.

③ Chennamaneni A. Determinants of Knowledge Sharing Behaviors：Developing and Testing an Integrated Theoretical Model［D］. Arlington：The University of Texas at Arlington PhD Dissertations，2006.

甘春梅和王伟军①从心理感知的视角出发，认为参与网络学术社区知识共享的动机包括社会性动机和心理性动机，社会性动机包括身份认知、社会认同、价值感和归属感等，心理性动机包括获得地位、声誉或愉悦感；刘枫②指出，用户参与知识共享的动机包括满足知识需求、物质需求和精神需求，其中满足知识需求是最重要的动机；徐美凤和叶继元③根据用户参与知识共享的目的将动机分为信息性动机和心理性动机，信息性动机指成员在社区获取信息、知识或者解决问题的动机，心理性动机指社区成员通过知识共享得到被承认、被尊重、被需要的心理感受，包括认同和利他。

总体来看，分析知识共享动机需要从知识工作者的个人需求着手，社区管理者可以根据提供者的内在动机，充分肯定和认定其对于社区组织的贡献，营造利他主义文化并倡导团队分享精神。

5.1.2 知识共享类型

网络学术社区属于一种兴趣型的网络社区，它具有社区的一般特征，也有着网络环境下以学术交流为核心的特殊性，知识共享的实质是共享主体（知识拥有者与知识接受者）之间以知识流（显性或隐性知识）为过程的互动，其核心要素是人、认知与系统，基于此可以从共享主体涉及的范围、客体知识属性、知识存储平台等不同标准划分网络学术社区信息知识共享的类型。

以共享主体涉及的范围为标准，可以将网络学术社区知识共享分为同一组织单元内的共享、跨组织单元的共享两种类型，而这里的组织单元是一个相对的概念，可以指代一个大的学科门类、一个兴趣小组，也可以指代一个学校或一个中小型的学术研究团队等。以小木虫科研学术论坛为例，该社区具有比较细化的不同专业学科板块（如数学、化学、管理学、材料学等），也有不区分学科的综合性资源共享区，假设一个数学学科背景的学术资源贡献者选择在数学学科板块上传数学资料进行共享，可视为同一组织单元内的知识共享，反之若在综合性资源共享区上传数学资料进行共享，可视为跨组织单元的共享。此外，同一组织单

---

① 甘春梅，王伟军．在线科研社区中知识交流与共享：MOA 视角［J］．图书情报工作，2014，58（2）：53-58.

② 刘枫．基于学术博客的知识共享模式研究［D］．武汉：华中师范大学硕士学位论文，2012.

③ 徐美凤，叶继元．学术虚拟社区知识共享行为影响因素研究［J］．情报理论与实践，2011，34（11）：72-77.

元、跨组织单元的共享类型下，根据知识提供者和接受者参与数量情况还可以进一步划分为一对一、一对多、多对一、多对多4种类型的共享。

根据共享的知识能否被清晰地表述和有效地转移，可以把网络学术社区的知识共享分为显性知识的共享和隐性知识的共享两大类。显性知识是以文字、图像和符号表述，以印刷或电子方式记载的图书、会议文献、专利、档案、录音录像等。隐性知识是人们通过经验产生的感性认识，尚未用思维逻辑工具语义明确地表达和记载，通常表现为技巧、经验、诀窍、洞察力、直觉、心智模式、团队默契等形式。而事实上，任何知识的形式都是从完全未编码到完全编码的众多变化形式与状态之一。当编码方式越具有通用性，则该类型的知识进行有效交流的可能性就越大，否则其可交流性就越小，而且编码化的程度越高，其可复制性就越强，保持稀缺性的可能就越低①。知识越明确、越容易表达和编码就越容易实现共享，与之相对应，知识越隐含则越不容易表达，其共享对交流媒介的要求就越高，越不容易实现共享。在网络学术社区知识共享过程中，隐性知识和显性知识的共享是相互联系、相互交融的，显性知识本源上是从隐性知识转化而来的，但同时又是后续相关知识接受者萌发新隐性知识的前提②。

以知识共享平台的功能为划分标准，可以将网络学术社区的用户知识共享进一步划分为在线获取与存档（如Google scholar、百度学术等以共享出版物为主）、内容交换与知识问答（如小木虫论坛等以学术信息交流共享为中心）、用户画像信息存档和共享（如Mendeley、ResearchGate等为代表的专家网络构建、发展合作机会）等多种共享类型。

5.1.3 知识共享测量

知识共享测量方面，少数研究者采用描述统计的方法分析具体的知识共享行为，揭示了特定类型的知识共享行为特性。更多的研究者采用问卷调查的方式，通过用户参与和交互量来进行总体测量③。也有研究者指出，知识共享是一个复杂过程，不能简单通过交互和参与的频度和数量来测量，需要将知识共享行为概

① 韩毅. 基于知识场模型的知识管理调控策略［J］. 图书情报工作, 2008, 52 (6): 56-59.

② 储节旺, 方千平. 国内外知识共享理论和实践述评［J］. 情报理论与实践, 2007, 30 (5): 705-709.

③ He W, Wei K K. What drives continued knowledge sharing? An investigation of knowledge-contribution and-seeking beliefs［J］. Decision Support Systems, 2009, 46 (4): 826-838.

念化，通过维度解析进行具体测量①。

目前的研究中，有的研究者将知识共享行为当成一维指标，测量知识共享行为的态度、倾向或知识共享满意度等。例如，Lin 等②从参与倾向、推荐倾向、忠诚倾向等方面测量知识共享行为倾向；Lin 等③用参与频率、参与时间、参与持续三个测量指标来测量知识共享行为；王传清和毕强④用参与可行性和持续参与意愿两个指标来测量知识共享意愿。

也有研究者将知识共享行为分解为不同的行为类型进行测量。例如，Chen 和 Hung⑤ 将知识共享行为分解为知识贡献行为和知识收集行为；Tedjamulia 等⑥总结了虚拟社区中成员的行为，包括浏览社区、提问咨询、回答其他成员问题、参与互动、服务社区等，根据参与程度不同将其分为浏览行为和贡献行为两类；徐美凤和叶继元⑦、熊淦和夏火松⑧进一步将这两种行为细分为三种类型：单纯浏览、发帖行为、回帖行为。还有研究者将知识共享行为分解为数量、质量两个观测维度⑨。王伟军等⑩的研究与徐美凤和叶继元的研究比较类似，将学术博客中的知识共享行为分为撰写、浏览、评论，并编制问卷构建测度学术博客社区知识交流与共享行为的理论模型。相比知识共享行为或意愿测量的研究，当下对知

① Ghadirian H，Ayub A F M，Silong A D，et al. Knowledge sharing behavior among students learning environments：a review of literature［J］. Asian Social Science，2014，10（4）：38-44.

② Lin C Y，ChenY S，Lo Y W. The impact of social capital on the knowledge sharing behavior among the community members of a social network knowledge platform［J］. Lecture Notes in Electrical Engineering，2015，329（1）：183-190.

③ Lin M J J，Hung S W，Chen C J. Fostering the determinants of knowledge sharing in professional virtual communities［J］. Computers in Human Behavior，2009，25（4）：929-939.

④ 王传清，毕强．泛在学术环境下科研人员知识共享行为影响因素研究［J］. 情报理论与实践，2012，35（7）：61-64，55.

⑤ Chen C J，Hung S W. To give or to receive? Factors influencing members' knowledge sharing and community promotion in professional virtual communities［J］. Information & Management，2010，47（4）：226-236.

⑥ Tedjamulia S J J，Dean D L，Olsen D R，et al. Motivating content contribution to online communities：toward a more comprehensive theory［C］//Proceedings of the 38th Hawaii International Conference on System Sciences，Big Island，HI，USA，2005：1-10.

⑦ 徐美凤，叶继元．学术虚拟社区知识共享行为影响因素研究［J］. 情报理论与实践，2011，34（11）：72-77.

⑧ 熊淦，夏火松．组织承诺对微博社区成员知识共享行为的影响研究［J］. 情报杂志，2014，33（1）：128-133.

⑨ Chiu C M，Hsu M H，Wang E T G. Understanding knowledge sharing in virtual communities：an integration of social capital and social cognitive theories［J］. Decision Support Systems，2006，42（3）：1872-1888.

⑩ 王伟军，甘春梅，刘蕤．学术博客知识交流与共享心理诱因的实证研究［J］. 中国图书馆学报，2012，38（3）：91-99.

识共享效果测量的关注相对较少，如 Chiu 等 ①、陈明红②均从社会资本理论的视角对知识共享效果进行了研究。由此可见，知识共享行为的测量目前没有一定之规，通常会根据具体的研究情景和问题进行具体分析。

5.2 网络学术社区知识共享的影响因素

与一般网络社区类似，网络学术社区普遍也存在知识共享意愿较低、知识质量不高等问题。因此，探讨网络学术社区知识共享的影响因素，挖掘提高用户知识共享意愿的措施受到学者的较多关注。已有研究主要从个人因素、人际因素、社区因素、知识因素对网络学术社区知识共享的影响因素进行归纳总结③。

（1）个人因素

个人因素主要包括学术社区成员个体背景特征、自我效能、知识共享动机和成员的结果预期、自身能力等。

1）个体背景特征，包括年龄、性别、所在学科、教育背景、使用经历等。网络学术社区中，社区成员的行为受到个体背景特征的影响，如王伟军等④通过对科学网知识交流与贡献影响因素研究发现，年龄和使用博客经历正向显著影响成员的知识共享行为。另外，由于从众心理的存在，一些成员对等级较高的成员所提供的知识更为关注，进而积极地参与互动，以期待自己提出的问题能得到高级别成员的指点，这里的等级包括虚拟等级和现实等级，现实等级包括学历、职称、学校等。

2）自我效能。Bandura⑤ 从社会学习的观点提出了自我效能理论，自我效能是指个人对于能够利用所拥有的技能完成任务或工作的自信程度。个人的知识量、学习能力等取决于个人的教育程度、个人经验等，影响自身的行为方式。在网络学术社区知识共享影响因素的研究中，自我效能被广泛引入研究模型，解释了在特殊情景下行为发生不是源于外在环境，而是来自个体的心理。刘蕤等⑥、

---

① Chiu C M，Hsu M H，Wang E T G. Understanding knowledge sharing in virtual communities：an integration of social capital and social cognitive theories［J］. Decision Support Systems，2006，42（3）：1872-1888.

② 陈明红．学术虚拟社区用户持续知识共享的意愿研究［J］．情报资料工作，2015，36（1）：41-47.

③ 蔡小筱，张敏，郑伟伟．虚拟学术社区知识共享影响因素研究综述［J］．图书馆，2016，（6）：44-49.

④ 王伟军，甘春梅，刘蕤．学术博客知识交流与共享心理诱因的实证研究［J］．中国图书馆学报，2012，38（3）：91-99.

⑤ Bandura A. Self- efficacy：toward a unifying theory of behavioral change［J］. Advances in Behaviour Research & Therapy，1978，1（4）：139-161.

⑥ 刘蕤，田鹏，王伟军．中国文化情境下的虚拟社区知识共享影响因素实证研究［J］．情报科学，2012，30（6）：866-872.

郑伟伟①、蔡小筱②均证实了自我效能对网络学术社区知识共享行为的正向影响。徐美凤和叶继元③将知识共享行为分为浏览、发帖和回帖，实证结果表明，知识共享自我效能正向显著影响发帖和回帖行为，而负向影响浏览行为，这说明社区成员的自我效能越高，越愿意以更主动的方式参与到知识共享中。

3）结果预期。结果预期是个人对自己能否完成某项任务的可能结果的心理判断。在网络学术社区中，从获取利益的对象来看，社区成员对知识共享活动的结果预期包括个人结果预期和社区导向的结果预期，个人结果预期包括知识增长、获得尊重、寻求支持、结交朋友等，社区导向的结果预期主要指为社区集聚知识、维持社区的持续发展等。

其他因素还包括参与共享双方知识水平的差别状况、知识共享满意度、私欲等。

知识水平差别状况：如果在一个知识共享的过程中双方知识的程度、能力、水平等方面落差太大的话，则可能会导致共享的结果是对双方均产生消极影响，知识水平具有优势的一方会因为在知识共享过程中取得的收益太小，或者认为与其输出的不对等，不愿意分享其所拥有的知识，而另一方即处于知识劣势的一方因不能充分、准确地理解知识的实质内涵和全部意义，心理上产生强烈的失落感、挫败感，同样也会萌生消极态度和想法。

知识共享满意度：这里的满意度指网络学术社区成员对知识共享满足个体需求的主观评价，是其对知识共享感知绩效与其期望进行比较后的结果。陈明红④对科学网博客进行调查，分析结果发现知识共享满意度显著正向影响成员的持续知识共享意愿。

私欲：由于知识具有很强的“公共物品”属性，不论社区成员是否对其做出贡献，都能享受知识带来的好处，贡献知识的成员由于害怕知识产权的剥夺或丧失自身价值，而不愿意贡献学术知识，即私欲导致成员更多地获取知识，较少或不贡献知识。

（2）人际因素

在网络学术社区中，影响社区成员知识共享的人际因素主要包括社区成员之间的互惠、信任、交互关系、成员间的相似性等。

---

① 郑伟伟．基于信任关系的虚拟学术社区知识共享研究［D］．重庆：西南大学硕士学位论文，2015.

② 蔡小筱．基于熟人关系的虚拟学术社区知识共享行为研究［D］．重庆：西南大学硕士学位论文，2015.

③ 徐美凤，叶继元．学术虚拟社区知识共享行为影响因素研究［J］．情报理论与实践，2011，34（11）：72-77.

④ 陈明红．学术虚拟社区用户持续知识共享的意愿研究［J］．情报资料工作，2015，36（1）：41-47.

1）互惠。根据社会交换理论，大多数用户是为了将来能得到他人的帮助而贡献自己拥有的知识。在具体的研究中，Lin 等①对信息技术专业社区的研究表明，互惠因素正向影响知识共享行为。陈明红②基于社会资本理论视互惠为关系资本的重要内容，对科学网用户展开调查，分析结果表明，关系资本显著正向影响成员知识共享效果。而徐美凤和叶继元的研究得出不同的结论，互惠因素对发帖行为有显著的负向影响，即在网络学术社区知识共享中，对互惠的预期越大，参与知识共享行为的可能性越低，网络学术社区成员更加注重知识交流本身，而不是利益交换。

2）信任。与传统的学术社区不同，由于网络学术社区的虚拟性、匿名性等特点，成员之间的关系相对更为脆弱，而成员彼此之间的信任对用户参与知识共享具有较大的影响力，且有助于营造一种利于成员交互的良好氛围，减少成员的机会主义倾向。本书撰写委员会成员专门针对网络学术社区中基于信任关系的知识共享进行研究，从人际信任（认知信任、情感信任）、系统信任展开分析③。

3）交互关系。在社会资本理论中，交互关系是结构维度的核心，在一定程度上反映了成员之间关系的强度和交互频率。在网络学术社区中，通常情况下，成员会对自己熟悉的成员发起的话题更为关注，从而积极地参与互动，故交互关系显著影响成员知识共享数量。本书撰写委员会成员针对熟人关系对知识共享的影响展开分析，从网络学术社区中互动频率、互动时间、成员成分等展开熟悉程度的测量，分析认同、信任、自我效能、人情、面子等对知识贡献和知识获取的影响④。

4）成员间的相似性。相似性指个体所感知到的与他人的共有特征，在网络学术社区中，成员间的相似性包括共同的语言和共同的愿景，共同的语言为成员彼此理解提供途径，而共同的愿景可增强成员之间的凝聚力，有益于促进成员间的知识共享。在社会资本理论中，共同的语言和共同的愿景是社区成员的认知资本，显著正向影响成员的知识共享效果。

（3）社区因素

在网络学术社区中，社区系统为学术用户提供了知识共享的平台，因而社区自身的一些属性也会影响到共享的效果，这些社区因素简言之可归结为社区的管

① Lin M J J, Hung S W, Chen C J. Fostering the determinants of knowledge sharing in professional virtual communities [J]. Computers in Human Behavior, 2009, 25 (4): 929-939.

② 陈明红．学术虚拟社区用户持续知识共享的意愿研究［J］．情报资料工作，2015，36（1）：41-47.

③ 郑伟伟．基于信任关系的虚拟学术社区知识共享研究［D］．重庆：西南大学硕士学位论文，2015.

④ 蔡小筱．基于熟人关系的虚拟学术社区知识共享行为研究［D］．重庆：西南大学硕士学位论文，2015.

理软文化环境、网络硬件等支持环境两方面。

1）社区管理软文化环境。社区文化主要包括社区所倡导的价值观、激励机制等。信任是社区文化建设的重要内容，在信任程度较好的环境中，人们更愿意参与社会交换。在网络学术社区中，随着交互的深入，社区成员形成对彼此关系的一种认知，并逐渐形成对社区的归属感。对社区成员来说，在社区中自由发表自己的观点、寻求帮助，能够感受到其他成员的诚意，是其建立归属感的来源。社区的有效管理，可规范社区成员的信息行为，有效防止成员的投机取巧行为。社区成员对系统感知（包括社区管理水平、社区知识质量等感知）对知识共享有显著的正向影响①。激励是引起个体产生特定行为的内在驱动力。网络学术社区中，激励主要指激发社区成员参与知识共享的有效措施，借此调动社区成员的积极性，增强用户的黏性，实现社区的持续发展。常用的激励措施包括成员等级、虚拟货币等。

2）网络硬件支持环境。网络技术的发展程度高低间接地影响到知识的共享效率。网络学术社区知识共享中，网络技术是必须考虑的支撑因素。网络硬件的支持不仅包含了网络平台的构建，还包含了网络功能模块的设计，甚至还包含了知识的结构化设计以及储存。网络平台的构建是否稳定、合理关系到知识共享能否可持续发展；知识的结构化设计和存储关系到用户对知识获取、数据库检索是否便捷。网络功能模块的设计关系到知识的流通是否顺畅。网络硬件对知识共享提供的技术性支持环境从各个方面影响到知识共享的效果。

5.3 基于用户关系聚合的知识共享模式研究

网络学术社区用户参与知识共享的过程，不仅仅是对自身知识量、知识水平和知识结构的评估过程，还是一个对自身所处人际关系网络的认知过程。知识共享行为的影响因素研究，除了认知、技术、文化、动机等维度的因素研究成果较多外②③，社会关系因素成为引人关注的核心要素④。

---

① 郑伟伟. 基于信任关系的虚拟学术社区知识共享研究［D］. 重庆：西南大学硕士学位论文，2015.

② 代宝，刘业政. 虚拟社区知识共享的实证研究综述［J］. 情报杂志，2014，33（10）：201-206.

③ Chang C M，Hsu M H，Lee Y J. Factors influencing knowledge-sharing behavior in virtual communities：a longitudinal investigation［J］. Information Systems Management，2015，32（4）：331-340.

④ Hersberger J A，Rioux K S，Cruitt R O. Examining information sharing and relationship building in online social networks：an emergent analytic framework［C］//Proceedings of the Annual Conference of CAIS. Canada：Canadian Association for Information Science，2005：1-12.

社会关系因素的研究，可以从关系结构与类型、关系强度等角度进行细致分析[①]。其中，社会关系结构影响研究方面，有的研究者从宏观视角，通过整体网络分析方法，采用网络密度、中心度等指标分析社会关系结构对知识共享行为的影响[②]，整体网络分析多在特定组织内部或有边界的网络中进行网络结构数据的取样分析，进而探讨知识共享行为的特征。社会关系类型方面，与一般社区不同，网络学术社区多采用实名认证，无论是创作分享还是人际交流，多围绕相对固定的学科领域展开，表现出较为明显的熟人交往倾向，因此本节选择信任关系和熟人关系两种关系类型，细致探究网络学术社区知识共享的特点，同时针对关系强度进行探索性分析。

5.3.1 基于信任关系的网络学术社区知识共享

网络学术社区为用户提供了全新的互动平台，改变了人们传统的学习与交流沟通模式，也改变了信息本身的产生和存在方式。社区成员间良好互动和信息共享是网络学术社区赖以生存和发展的基础[③]。而信任是影响用户间交互和知识共享的关键因素之一[④]。一般来说，处于高度信任环境中的人们，会更愿意参与知识共享和社会交换[⑤]。

同传统社会信任建立所依存的血缘、地缘、业缘基础相比，伴随着应用系统从面向封闭的、熟识用户群体和相对静态的形式向更加开放的、公共可访问的和高度动态的服务模式的转变，信任也成为网络社区中最复杂的用户关系之一，是一个较难度量、抽象的心理认知[⑥]。如何界定用户之间的信任关系，如何评估信任对知识共享的影响，直接关系到社区的信息安全管理和持续发展。信任问题已成为一个跨学科的话题，社会学、心理学、计算机科学、经济学、图书情报学等多个学科的学者从不同角度进行了探索和解释。

---

① Boer N I, Berends H, Van Baalen P J. Relational models for knowledge sharing behavior [J]. European Management Journal, 2011, 29 (2): 85-97.

② Lin S W, Lo L Y S. Mechanisms to motivate knowledge sharing: integrating the reward systems and social network perspectives [J]. Journal of Knowledge Management, 2015, 19 (2): 212-235.

③ 徐美凤，叶继元. 学术虚拟社区知识共享研究综述 [J]. 图书情报工作，2011，55 (13)：67-71.

④ 徐小龙，王方华. 虚拟社区的知识共享机制研究 [J]. 自然辩证法研究，2007，23 (8)：83-86.

⑤ 孙红萍，刘向阳. 个体知识共享意向的社会资本透视 [J]. 科学学与科学技术管理，2007，(1)：111-114.

⑥ 龚主杰，赵文军. 虚拟社区知识共享持续行为的机理探讨——基于心理认知的视角 [J]. 情报理论与实践，2013，36 (6)：27-31.

本小节梳理了国内外相关研究成果，总结基于信任的网络学术社区知识共享的研究框架（图 5-1），从虚拟社区中信任前因、类型、中介变量及作用机制等几个方面进行综述，最后指出存在的问题和未来的研究趋势。

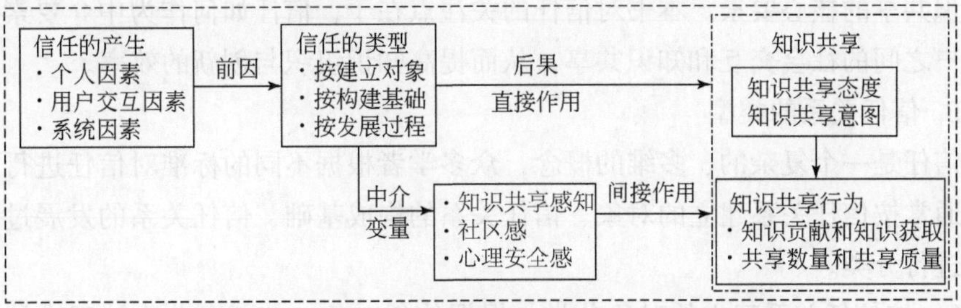

图 5-1　基于信任的网络学术社区知识共享研究框架

（1）网络学术社区中的信任内涵及其类型

A. 信任的内涵

20 世纪 50 年代，美国心理学家多伊奇运用心理分析手段对“囚徒困境”中的信任进行实验研究①，引起了人们对信任问题的普遍关注。半个多世纪以来，作为一个跨学科的议题，不同学科领域的学者从不同的角度对信任进行解释和探讨②，目前还没有得到一个普遍认同的定义。心理学家侧重从被信任者的个体特征出发，把信任视为个体面对外界各种刺激所做出的心理和行为反应，认为信任是个体对未来的一种信念；社会心理学家则从人际交往层面，认为信任是人与人之间或者人与制度之间相互关系的嵌入性属性，界定信任为人们面对复杂社会的一种态度和信念，由于个人自身理性的局限和获取有效信息的困难，信任作为一种简化机制，可以弥补理性的缺陷，降低社会交往过程中的复杂性，强调信任不仅仅取决于行动者个人的特性、决策和目标，还受到外在客观环境的影响；经济学家则从经济人自私理性的假设前提出发，认为信任是个人理性选择下的产物，是一方对另一方的履约意向及能力所持的认可态度及正向的预期，经济学视角中的信任是一种基于理性计算的信任，是个体根据内在价值观对潜在收益进行精确计算得出的，具有节约交易成本的功能；组织行为学家认为，信任是指一方在预期对方会表现合乎自己利益的基础上，不管有无能力监督或控制对方的行为，愿意承担受伤害的风险；计算机科学的学者则认为信任不仅是一个社会问题，也是一个技术问

① Deutsch M. Trust and suspicion [J]. Journal of Conflict Resolution, 1958, 2 (4): 265-279.
② 洪名勇，钱龙．多学科视角下的信任及信任机制研究［J］．江西社会科学，2013，(1)：190-194.

题，利用技术方法有助于建立信任，尝试通过身份认证、角色管理、访问控制等机制解决分布式环境中数据获取和传递的安全性问题。

图书情报学领域的学者认为，信任是增进虚拟社区用户交互，促进信息交流和知识共享的核心要素。本书对信任的关注点在于，信任如何作为中介要素作用于用户之间的社会交互和知识共享，从而提高知识组织与创新的效率。

B. 信任关系的类型

信任是一个复杂的、多维的概念，众多学者根据不同的标准对信任进行了分类，通常按信任关系建立的对象、信任关系的构成基础、信任关系的发展过程对信任进行分类。

1）按信任关系建立的对象分类：根据信任对象，信任可分为社区成员之间的信任（人际信任）和社区成员对社区的信任（系统信任），人际信任对象是其他社区成员，系统信任对象是社区系统本身。由于网络社区时空分离的特性，社区成员之间缺乏面对面的交流，彼此之间存在一种陌生感和不信任感，但随着社区成员之间的交互加深，可能产生对其他社区成员的能力、善意的信任。与传统组织不同，网络社区中社区成员之间的交流符号化，没有公共的制度、标准来约束他们的行为，社区的建设和管理主要依靠社区成员的自制，注册成员均可发布信息，信息质量良莠不齐。另外，社区成员在网络空间的信息交流需依赖于相关技术的支撑，系统是否容易操作、能否确保社区成员的信息不被非法获取和利用等都决定着社区成员是否信任该社区。人际信任可以营造知识共享的氛围，系统信任是知识共享发生的必要基础①。

2）按信任关系的构成基础分类：网络社区中的信任通常有不同的构建基础，目前常见的有两种划分：第一种划分方法是从人际信任的角度，把信任关系分为能力基础信任、善意信任、诚实信任三种类型。例如，McAllister② 的分类，将信任分为情感信任和认知信任，情感信任是相信对方是有诚心的，会主动关心自己的利益，不会利用自己的“弱点”，认知信任是相信一个人有足够的能力来办好一件事③。

---

① 甘春梅，王伟军．在线科研社区中知识交流与共享——MOA 视角［J］．图书情报工作，2014，58（2）：53-58.

② McAllister D J. Affect- and cognition-based trust as foundations for interpersonal cooperation in organization［J］. Academy of Management Journal，1995，38：24-59.

③ 王子喜，杜荣．人际信任和自我效能对虚拟社区知识共享和参与水平的影响研究［J］．情报理论与实践，2011，34（10）：71-74.

Usoro 等①单独考虑了专业网络社区知识共享中的信任因素（图 5-2）；Ridings 等②则把基于诚实的信任和基于仁慈的信任合并为对社区成员品质的信任。

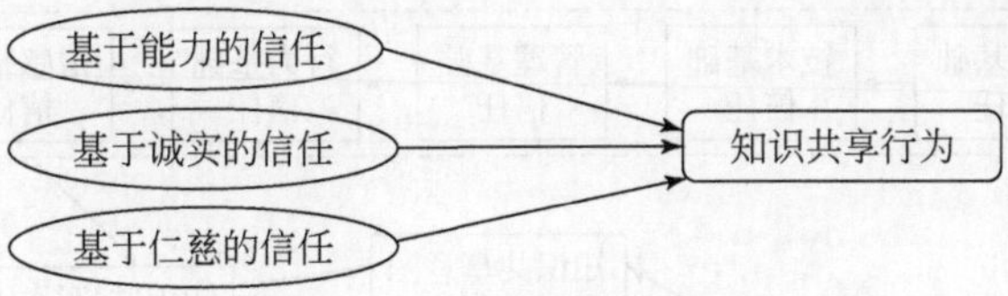

图 5-2　Usoro 的研究模型

第二种划分方法是从整个社区出发，把信任关系分为个人基础、计算基础、关系基础、技术基础等，如 Hsu 等③把影响信任建立的因素归为计算基础、关系基础和技术基础，其中计算基础信任和关系基础信任指社区成员间的信任，技术基础信任是对系统的信任。

3）按信任关系的发展过程分类：网络社区的信任关系不是一蹴而就的，存在一个动态发展变化过程。Huang 等④探讨了网络社区中信任的发展过程（图 5-3）。经济基础信任是指社区成员因参与知识共享可降低成本（如花费的时间）、增加收益（如知识的增长）而建立起来的信任；技术基础信任指社区成员对社区所采用的技术机制的信任；信息基础信任和技术基础信任类似，为社区成员因社区健全的安全机制、互惠政策、规则等建立的信任；行为基础信任是成员之间因能力（提供信息的完整性、可信赖性、准确性）而建立起来的信任；情感基础信任是社区成员通过交互产生情感纽带而建立起来的信任。其中经济基础、技术基础和管理基础是社区成员对系统的信任，行为基础和情感基础是成员之间的信任。Hsu 等⑤基于社会认知论，认为信任是一种环境因素，把技术基础、管理

① Usoro A，Sharratt M W，Tsui E，et al. Trust as an antecedent to knowledge sharing in virtual communities of practice [J]. Knowledge Management Research & Practice，2007，5（3）：199-212.

② Ridings C M，Gefen D，Arinze B. Some antecedents and effects of trust in virtual communities [J]. Journal of Strategic Information Systems，2002，11（3）：271-295.

③ Hsu M H，Chang C M，Yen C H. Exploring the antecedents of trust in virtual communities [J]. Behaviour & Information Technology，2011，35（5）：587-601.

④ Huang C C，Yen C H，Chiu J，et al. Establishing knowledge sharing in virtual community through trust，self-efficacy and IS success model [C] //Pacific Asia Conference on Information Systems，Bangkok，Thailand，2005：9.

⑤ Hsu M H，Ju T L，Yen C H，et al. Knowledge sharing behavior in virtual communities：the relationship between trust，self-efficacy，and outcome expectations [J]. International Journal of Human-Computer Studies，2007，65（2）：153-169.

基础合并起来称为信息基础信任，认为其发展过程依次为经济基础信任、信息基础信任和认同基础信任。

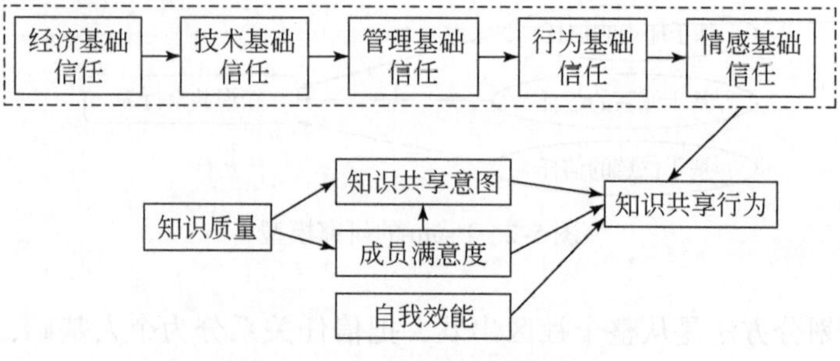

图 5-3　Huang 等的研究模型

(2) 信任关系建立的前因

信任关系的建立受多种因素的制约。本小节从个体因素、成员交互因素、系统因素三个层面总结了网络社区中影响信任关系建立的因素。

1）个体因素：信任是个人的一种心理状态，是一种主观感受。网络社区中信任关系的形成会受个体特征的影响，如性别、网龄、个人信任倾向等。Evan①探讨了现实组织成员的人口统计学特征（包括性别、年龄、教育背景等）对知识共享行为的影响。在网络社区中，学者们更多从个人信任倾向角度探讨信任关系的建立。个人信任倾向（disposition to trust、tendency to trust）是一个人显示出愿意通过一系列广泛的条件和人员而依赖他人的趋势程度。姜洪涛等②从个体特征角度出发，分析了个体信任倾向与成员的认知信任和情感信任的关系；Ridings 等③证实了成员的信任倾向显著影响社区成员之间的信任，包括基于能力的信任和基于诚实、仁慈的信任。

2）成员交互因素：网络社区中的交互包括人人交互和人机交互，大量实证研究表明，在网络社区中，交互影响信任关系的建立。赵玲④的研究表明社会交

① Evans M M. Knowledge sharing: an empirical study of the role of trust and other social-cognitive factors in an organizational setting [D]. Toronto: University of Toronto PhD Dissertations, 2012.

② 姜洪涛，邵兵家，许博. 基于 OCB 视角的虚拟社区知识共享影响因素研究 [J]. 情报杂志, 2009, 27 (12): 152-154.

③ Ridings C M, Gefen D, Arinze B. Some antecedents and effects of trust in virtual communities [J]. Journal of Strategic Information Systems, 2002, 11 (3): 271-295.

④ 赵玲. 虚拟社区成员参与行为的实证研究 [D]. 武汉: 华中科技大学博士学位论文, 2011.

互关系对社区成员之间的信任有积极的正向影响；Wang 等①探讨了感知的交互与信任之间的关系，认为在网络社区中社区成员感知的交互显著地影响成员之间的信任和成员对系统的信任。

在网络社区中，成员间的交互多以互惠为基础，通过对收益与成本的理性评估来建立信任，互惠规范是影响信任关系建立的一个因素。Lin 等②认为互惠规范（norms of reciprocity）和信任是个体行为的主要环境因素，实证研究发现，互惠规范并不是社区成员知识共享的必要条件，但互惠规范会影响信任关系的建立，信任与知识共享行为显著正相关。胡雅惠③采用问卷法调查了台湾的信息技术社区成员，数据分析表明，互惠规范是信任关系建立的决定性因素。感知的响应、感知的收益是互惠的重要形式，而 Wu 和 Tsang④ 对台湾的网络社区进行调查分析，发现感知的收益也可提高社区成员间的信任。

另外，根据社会认同理论，相似的人们之间更可能发生交互，即社区成员间的相似性会影响他们之间的交互，进而影响信任关系的建立。赵玲等⑤在交易社区研究中已证实感知的相似性（主要指兴趣和价值观）与成员的信任正相关；上述 Wu 和 Tsang 对台湾网络社区成员的调查结果显示，共同的价值观会显著影响社区成员之间信任关系的建立。共同的兴趣是否对其他社区中人际信任产生影响还有待进一步探讨。

3）系统因素：由于网络社区的匿名性、异步性等特点，使得个体的行为具有更多的不可预期性，个体处于不确定的风险中，社区系统因素（如易用性、稳定性、可靠性等）会影响社区成员对系统信任的建立，社区成员可能因对个人隐私泄露或被不法利用的担忧而降低他们参与知识共享的意愿。上述 Wu 和 Tsang 的实证研究还表明，系统的监督、保密政策会对社区成员的信任产生积极的影

---

① Wang H, Meng Y, Wang W. The role of perceived interactivity in virtual communities: building trust and increasing stickiness [J]. Connection Science, 2013, 25 (1): 55-73.

② Lin M J, Hung S W, Chen C J. Fostering the determinants of knowledge sharing in professional virtual communities [J]. Computers in Human Behavior, 2009, 25 (4): 929-939.

③ 胡雅惠. 从社会认知论的观点探讨专业虚拟社区中影响知识分享行为的因素 [D]. 台湾：长庚大学信息管理研究所，2011.

④ Wu J J, Tsang A S L. Factors affecting members' trust belief and behaviour intention in virtual communities [J]. Behaviour & Information Technology, 2008, 27 (2): 115-125.

⑤ 赵玲，鲁耀斌，邓朝华. 虚拟社区信任与社区成员购买行为研究 [J]. 工业工程与管理，2009, 14 (3): 105-111.

响，特别是社区的监督；Hsu 等[①]认为网络社区中系统质量和知识质量会影响社区成员对系统的信任，其实证研究表明，知识质量与社区成员对系统的信任有显著的正向影响，而系统质量并没有显示出显著的影响。

Wu 和 Tsang 与 Hsu 等的研究结论略有不同，分析其可能的原因，第一，两者调查对象不同，前者没有限制实证研究的对象类型，而后者的调查对象为台湾的信息技术社区；第二，Hsu 等用系统的稳定性、易用性和安全性来衡量系统的质量，而 Wu 和 Tsang 将其细化为系统的监督制度和保密政策；第三，Hsu 等把信任分为系统信任和人际信任两类，而 Wu 和 Tsang 并未对信任进行划分。

（3）知识共享中信任的作用机制

A. 理论视角

知识共享是用户参与网络学术社区的动机之一，但网络学术社区并不是“建了它，人们就会参与共享”[②]。众多学者从不同的理论视角构建了基于信任的知识共享影响因素模型，表 5-1 总结了主要的理论视角和观点。

表 5-1　基于信任的网络社区知识共享的理论视角和观点

理论视角	主要观点	相关文献
社会认知理论	信任是影响用户认知和行为的一个重要的环境因素，可以营造利于社区成员交互的环境，促进用户知识共享行为的产生，还可通过用户认知间接地影响用户的知识共享行为	Lin 等（2009）[③]； 胡雅惠（2011）[④]； 雷雪等（2008）[⑤]
社会交换理论	高程度的信任可以降低社区成员对知识共享成本的感知，会正向显著影响用户的知识共享行为	Tsai 等（2013）[⑥]； 李金阳（2013）[⑦]

① Hsu M H，Ju T L，Yen C H，et al. Knowledge sharing behavior in virtual communities：the relationship between trust，self-efficacy，and outcome expectations［J］. International Journal of Human-Computer Studies，2007，65（2）：153-169.

② Brazelton J，Gorry G A. Creating a knowledge-sharing community：if you build it，will they come?［J］. Communications of the ACM，2003，46（2）：23-25.

③ Lin M J，Hung S W，Chen C J. Fostering the determinants of knowledge sharing in professional virtual communities［J］. Computers in Human Behavior，2009，25（4）：929-939.

④ 胡雅惠. 从社会认知论的观点探讨专业虚拟社区中影响知识分享行为的因素［D］. 台湾：长庚大学硕士学位论文，2011.

⑤ 雷雪，焦玉英，陆泉，等. 基于社会认知论的 Wiki 社区知识共享行为研究［J］. 现代图书情报技术，2008，（2）：30-34.

⑥ Tsai M T，Chang H C，Cheng N C，et al. Understanding IT professionals' knowledge sharing intention through KMS：a social exchange perspective［J］. 2013，47（5）：2739-2753.

⑦ 李金阳. 社会交换理论视角下的虚拟社区知识共享行为研究［J］. 情报科学，2013，31（4）：119-123.

续表

理论视角	主要观点	相关文献
社会资本理论	成员之间的信任关系对个人来说是一种私有资产，对社区来说是一种公共资产，信任会正向显著影响社区成员的知识共享行为	Chiu 等（2009）①；张鼐和周年喜（2012）②；甘春梅和王伟军（2014）③
组织公民行为理论	个人的信任倾向可直接作用于用户的虚拟社区感，也可通过产生积极的认知信任和情感信任，间接影响用户的虚拟社区感知，引起社区成员的公民行为，促进成员自发参与知识共享	姜洪涛等（2009）④
承诺信任理论	存在信任的成员之间才会建立合作关系，成员间的信任可直接影响他们的知识共享行为	黄照贵和颜郁人（2009）⑤
嵌入性理论	个体间的社会关系有助于信任的产生，会直接影响他们的知识共享行为	周军杰和左美云（2011）⑥
心理安全理论	信任是制约社区成员心理安全的一种社会环境因素，可调节他们的心理安全水平，进而影响他们的知识共享行为	Zhang 等（2010）⑦
知识发酵理论	信任机制是一种知识酶，可以提高主体参与知识共享的意愿，提高社区成员之间知识共享的效率	王东（2010）⑧
社会认同理论	与不相似的成员相比，相似的成员之间更可能建立信任关系，进而促进他们的知识共享行为	Cheng 和 Guo（2015）⑨

① Chi L, Chan W K, Seow G, et al. Transplanting social capital to the online world: insights from two experimental studies [J]. Journal of Organizational Computing and Electronic Commerce, 2009, 19 (3): 214-236.

② 张鼐，周年喜．社会资本和个人动机对虚拟社区知识共享影响的研究［J］．情报理论与实践，2012，35（7）：56-60.

③ 甘春梅，王伟军．在线科研社区中知识交流与共享——MOA 视角［J］．图书情报工作，2014，58（2）：53-58.

④ 姜洪涛，邵兵家，许博．基于 OCB 视角的虚拟社区知识共享影响因素研究［J］．情报杂志，2009，27（12）：152-154.

⑤ 黄照贵，颜郁人．以关系承诺观点探讨虚拟社群不同参与程度成员之行为［J］．信息管理学报，2009，16（S）：57-81.

⑥ 周军杰，左美云．虚拟社区知识共享的动因分析——基于嵌入性理论的分析模型［J］．情报理论与实践，2011，(9)：23-27.

⑦ Zhang Y X, Fang Y L, Wei K K, etal. Exploring the role of psychological safety in promoting the intention to continue sharing knowledge in virtual communities [J]. International Journal of Information Management, 2010, 30 (5): 425-436.

⑧ 王东．虚拟学术社区知识共享实现机制研究［D］．长春：吉林大学博士学位论文，2010.

⑨ Cheng Z C, Guo T C. The formation of social identity and self-identity based on knowledge contribution in virtual communities: an inductive route model [J]. Computers in Human Behavior, 2015, 43: 229-241.

在虚拟情景下，不同理论视角认为信任具有不一样的作用机制。如社会资本理论和嵌入性理论从社会学的角度研究信任，认为信任是一种社会关系，可视为一种社会资本；社会认知理论、承诺信任理论和心理安全理论则是从心理学的角度探讨信任，认为信任是社区成员的一种心理状态，影响他们对情景的感知，进而对他们的知识共享行为产生作用；知识发酵理论则是借用生物学理论来探讨知识共享，认为信任机制则是其中的一种酶，会促进知识共享的产生。

B. 信任关系对知识共享的作用方式

信任关系是影响社区成员知识共享的关键性因素，可直接作用于用户知识共享，也可通过影响其他因素而对知识共享产生间接的作用。

a. 直接作用

众多学者通过实证研究表明，当人们之间的社会关系处于高度信任时，一般会更愿意参与社会交往和知识共享，人际信任对用户的知识共享存在正向显著作用[①][②]。在这些研究中，信任作为影响用户知识共享的一个因素，如 Chiu 等[③]、张鼐和周年喜[④]认为社区成员之间的信任关系是一种社会资本，会对知识共享行为产生积极的影响；而雷雪等[⑤]则认为信任是社区文化建设的重要组成部分，是影响用户知识共享行为的重要环境因素，虚拟社区中的信任机制直接影响社区成员发生知识共享的频率与强度，支撑着社区的持续发展；黄照贵和颜郁人[⑥]则认为信任是一种心理状态，知识共享可看作一种合作行为，因信任的存在，社区成员之间更有可能产生合作关系。由此可见，已有较多的研究成果认可网络社区中的信任会对用户知识共享产生直接作用。

---

① Chang H H, Chuang S. Social capital and individual motivations on knowledge sharing: participant involvement as a moderator [J]. Information & Management, 2011, 48 (1): 9-18.

② 李金阳. 社会交换理论视角下的虚拟社区知识共享行为研究 [J]. 情报科学, 2013, 31 (4): 119-123.

③ Chiu C M, Hsu M H, Wang Eric T G. Understanding knowledge sharing in virtual communities: an integration of social capital and social cognitive theories [J]. Decision Support Systems, 2006, 42 (3): 1872-1888.

④ 张鼐，周年喜. 社会资本和个人动机对虚拟社区知识共享影响的研究 [J]. 情报理论与实践, 2012, 35 (7): 56-60.

⑤ 雷雪，焦玉英，陆泉，等. 基于社会认知论的 Wiki 社区知识共享行为研究 [J]. 现代图书情报技术, 2008, (2): 30-34.

⑥ 黄照贵，颜郁人. 以关系承诺观点探讨虚拟社群不同参与程度成员之行为 [J]. 资讯管理学报, 2009, 16 (专刊): 57-81.

b. 间接作用

根据社会认知论，个体的行为、主体认知和环境三者是动态交互决定的，即信任可直接影响用户的知识共享行为，也可通过主体认知对用户行为产生间接作用。其中，主体认知包括对自身行为的感知和对网络社区的感知。

信任可通过知识共享的感知间接影响用户知识共享行为。社区成员对知识共享行为的感知包括自我效能感知、感知收益、感知的相似性。Hsu 等①的研究证明信任的这种间接作用（图 5-4）。

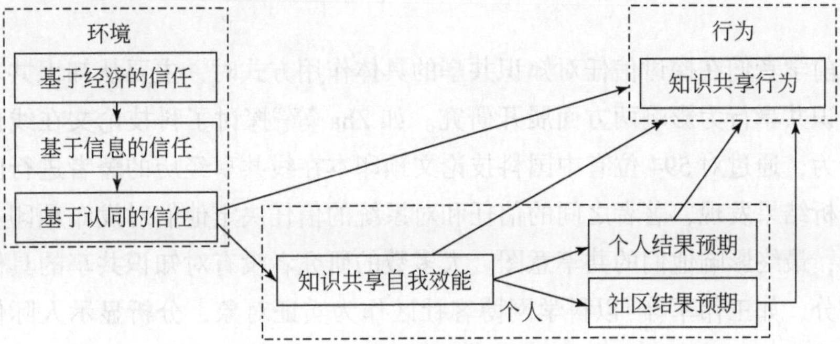

图 5-4　Hsu 等的研究模型

信任也可通过对网络社区的感知间接影响用户的知识共享，对网络社区的感知包括网络社区感和心理安全。网络社区感是社区成员对社区的一种归属感和依附感，信任关系的产生对增强用户网络社区感是非常重要的。姜洪涛②的研究表明，积极的认知信任和情感信任会直接导致网络社区感，引起网络社区成员的公民行为，促进成员自发参与社区，并为社区的生存和发展尽自己最大的努力且不求任何的回报。

网络社区情景下，心理安全指社区成员不会因担忧与自我形象、地位等相关的负面评价而影响对自我情绪的表达，是对周围环境的感知。社区成员的心理安全为知识共享提供了合适的氛围。石密等③从心理安全的视角分析了用户知识共

① Hsu M H, Ju T L, Yen C H, et al. Knowledge sharing behavior in virtual communities: the relationship between trust, self-efficacy, and outcome expectations [J]. International Journal of Human- Computer Studies, 2007, 65 (2): 153-169.

② 姜洪涛. 虚拟社区组织公民行为影响因素研究 [D]. 重庆：重庆大学硕士学位论文，2009.

③ 石密，李旭培，时勘. 从心理安全的视角看虚拟社区的知识共享 [J]. 人类工效学，2012, 18 (1): 74-76.

享行为的影响机制，Zhang 等①利用网络问卷调查了香港一所大学的两个内部社区，分析发现当社区成员之间存在较高程度的信任时，他们会有更高程度的心理安全，更可能共享自己的知识（图 5-5）。

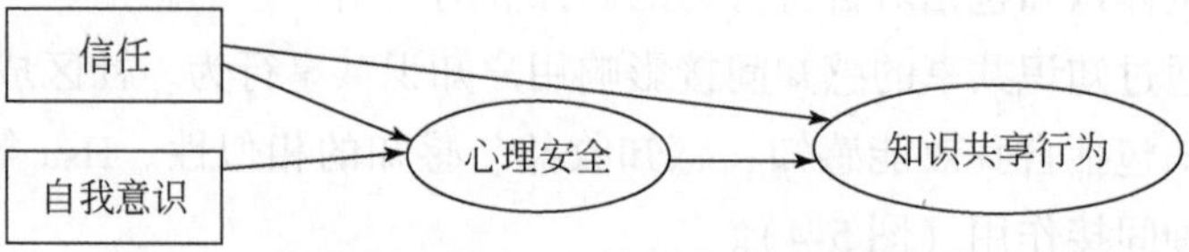

图 5-5　石密等、Zhang 等的研究模型

当前学者们在探讨信任对知识共享的具体作用方式时，主要从知识共享意愿和对知识共享行为影响两方面展开研究。如 Zha 等②探讨了科技论文在线预印本共享行为，通过对 594 位有中国科技论文预印本在线共享经历的著者进行问卷调查，分析结果发现，著者之间的信任和对系统的信任决定他们对发布预印本共享的态度，最终影响他们的共享意图。大多数的研究者没有对知识共享的具体行为进行细分，如王伟军等③以科学网博客社区作为实证对象，分析显示人际信任有助于促进科研人员的知识交流与共享行为；但徐美凤④的研究表明，网络学术社区中社区成员间的信任对他们的浏览、发帖、回帖三种行为均没有显著的影响，只有用户对社区的信任对他们的回帖行为产生显著的影响。分析其可能原因：一方面是调查对象的不同，徐美凤选取的实证对象是丁香园、小木虫、中国学术论坛等，而王伟军等的实证对象是科学网；另一方面，徐美凤将知识共享行为分为浏览、回帖、发帖三种，而王伟军等的研究并未对知识共享行为进行细分。Usoro 等⑤利用问卷调研美国的信息技术服务公司内部虚拟社区，分析结果表明了信任的三个维度（能力、诚实和善意）与社区成员的知识共享行为（数量、质量和集中度）存在显著正相关关系。

---

① Zhang Y X, Fang Y L, Wei K K, et al. Exploring the role of psychological safety in promoting the intention to continue sharing knowledge in virtual communities［J］. International Journal of Information Management, 2010, 30 (5): 425-436.

② Zha X J, Li J, Yan Y Y. Understanding preprint sharing on sciencepaper online from the perspectives of motivation and trust［J］. Information Development, 2013, 29 (1): 81-95.

③ 王伟军，甘春梅，刘蕤. 学术博客知识交流与共享心理诱因的实证研究［J］. 情报学报，2012，31 (10): 1026-1033.

④ 徐美凤. 基于 CAS 的学术虚拟社区知识共享研究［D］. 南京：南京大学博士学位论文，2011.

⑤ Usoro A, Sharratt M W, Tsui E, et al. Trust as an antecedent to knowledge sharing in virtual communities of practice［J］. Knowledge Management Research & Practice, 2007, 5 (3): 199-212.

(4) 网络学术社区中用户信任的转化机制

信任的产生贯穿于群体交互活动的整个过程，同时在循环往复发展中影响着用户需求的不断变化。本书撰写委员会成员①根据实证调查结果，构建出网络学术社区中信任关系的转化形成机制（图 5-6）。在网络用户交互过程中，用户信任的建立是随着知识共享过程而形成和发展变化的，经历了初始信任、信任选择和信任持续三个阶段的发展过程。

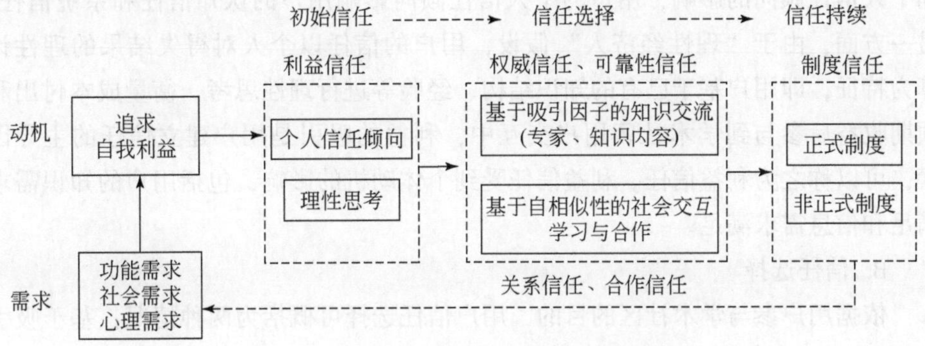

图 5-6　网络学术社区用户信任的转化机制

网络学术社区构建的主要目的是为学术用户提供广阔的交流空间，促进用户广泛、及时交流，提高用户知识创新效率。用户参与网络学术社区的目的主要包括功能需求、社会需求和心理需求，即用户通过知识交流与共享产生新的学术思想、学习新技能，不断完善自我的知识体系；另一方面加固用户之间的联系纽带，促进专业社会关系网络的发展；具有共同需求或兴趣的用户通过交互增强对彼此的认同感，巩固社区归属感②。

需求诱发动机的产生，进而刺激个人实施行为。网络学术社区中用户信任的形成转化轨迹可概括为：①学术用户初次参与网络学术社区平台，因知识需求和发展社会关系等需求产生追求自我利益的动机，建立基于双方利益互惠并且行为可预见的理性思考，即利益信任；②随着交互的逐渐深入，彼此了解更多对方的信息，在这个过程中利益信任转化为非制度化的权威信任、可靠性信任、关系信任、合作信任；③建立制度信任。

① 郑伟伟．基于信任关系的虚拟学术社区知识共享研究［D］．重庆：西南大学硕士学位论文，2015.

② 邓胜利，冯利飞．Web2.0 环境下网络用户的群体动力分析［J］．图书情报知识，2011，(2)：78-82.

A. 初始信任

在进入网络学术社区的初期，群内成员间的信任多基于对个人背景资料信息的了解，地缘、业缘等相似属性易成为成员间信任的基础。在满足知识需求和情感需求等最初动机的驱使下，用户对交互行为和对象产生积极的预期，基于双方利益均衡且行为可预见性的理性考虑，用户间初次合作和信任得以建立。

此阶段交互双方没有既往的交互经历。一方面，用户的信任在较大程度上受到个人信任倾向的影响，用户的个人信任倾向影响用户的认知信任和系统信任；另一方面，由于“理性经济人”假设，用户的信任以个人对得失结果的理性计算为特征，即用户基于已有的知识结构、经验等进行理性思考，衡量成本付出和预期收益后参与到学术社区用户交互中，利益的吸引是用户建立信任的主导因素，可以称之为利益信任。利益信任受到个体动机的影响，包括用户的知识需求满足和信息需求满足。

B. 信任选择

依据用户参与学术社区的目的，用户信任选择可概括为两种情况：基于吸引因子的知识交流；基于自相似性的社会交互。

在网络学术社区中，非权威来源但质量高的内容与权威学者发布的内容，是易获得用户大量关注的信息类型，基于吸引因子的知识交流主要表现为针对代表性权威用户或知识内容而进行的知识共享，这些权威成员或知识内容即吸引因子，用户通过与权威成员的互动而建立较持久的权威信任和可靠性信任。与此同时，用户的信任主要来自在对交互对象的研究成果或发布的信息质量的评价认同。成员声誉可作为吸引因子。

基于自相似的社会交互是指相似用户之间的交互活动，这种相似属性包括研究领域、兴趣等，可以理解为“物以类聚，人以群分”的同化效应。用户在此过程中建立起了较利益驱动更深层的关系信任、合作信任。在网络学术社区中，知识共享是群体动态行为，不限于一次交互，而是知识贡献者和接受者之间反复的知识交流过程。自相似性主要来自用户的认知，包括共同的语言、共同的愿景、社会交互关系等显著影响认知信任的因素。

C. 持续信任

信任就主体对象而言是一种内在的、未来指向性的心理期望，由于信息的不对称及其他不确定性等因素使得信任又具有一定的风险性。持续信任的建立需要保证较低的信任风险，较低的信任风险意味着活动空间必须具有一定的秩序和制度，以保证成员间的行为具有较高的可预见性。制度有助于造就稳定的客观秩序和可预见的、确定性的行为，最终建立起基于制度认同（正式制度与非正式制度）的信任。

正式制度简言之即以某种明确的形式被确定下来而且具有一定强制力的契约规章等。社区所采用的技术、规章可以明确规范用户的交互行为，并影响到用户参与交互的态度，如对文档等共享资源的著录规则、依据访问或下载量而划分的等级奖励制度等，对于资源质量的规范、用户贡献资源意愿的提升等有着重要的保障和支撑意义。由此建立制度信任，制度信任是普遍信任的前提，制定的制度越完善，越可能降低成员的不确定性，建立对社区的信任。正式制度主要源于社区的管理，对社区系统感知显著影响系统信任。

非正式制度是人们在长期交往中无意识地逐步形成的、具有持久生命力、并得到成员认可的、约定俗成的行为准则，具有非强制性和广泛持续性，可以表现为身份认同、声誉机制、信仰、归属感等形式，支持或制约着人们在特定环境中进行判断和行为抉择。非正式制度的形成主要是用户通过不断交互达成共识，形成相同的价值观，用户之间建立较强的关系。

正式、非正式制度相互依存，不可分割，并且在一定的条件下又可以相互转化，引导和制约着用户的行为，可以在一定程度上提升用户的心理安全，进而促成用户建立基于制度的认同。当稳定和可预测的制度结构建立后，一种基于制度的信任就会产生，并将促进用户间原有的共享信任不断地增强。

大众创造内容并彼此交互的网络学术社区中，用户处在一个多维的信息空间中，知识的获取与建构不仅依赖信息获取，同时受周围环境的影响。信任作为影响用户交互和知识共享的关键因素之一，越来越多地被众多研究者所关注。图书情报学领域的学者也开始尝试将基于网络平台的信息资源的共享组织与用户的社会交互作用视为一个整体加以研究。分析国内外已有的研究发现，网络学术社区基于信任的知识共享研究存在的问题和未来需要加强的方面如下：

1）从研究内容来看，网络学术社区的信任包含人际信任和对系统的信任，现有研究多从人际信任层面展开研究，而对系统信任的研究较少；人际信任多为对制度规范下的一群人的一般信任，对存在于两两关系中的特殊信任研究较少，由特殊信任延伸形成的信任网络则更少触及。研究者通常把信任作为一个影响因素来探讨其对知识共享的影响，对信任的前因研究多见于单因素或者某些因素的研究，全面系统的研究较少。

2）现有网络学术社区中信任关系的研究多为某一时间段的静态研究，信任动态发展变化的过程研究有待进一步探讨。当前研究多考虑单向的因果研究，即信任是否会对用户知识共享产生影响，知识共享是否会反作用于用户的关系结构和关系性质，则较少被触及。

3）现有研究成果多表现为信任对知识共享意愿或动机的影响，对于知识共享具体行为的研究较少。未来的研究有必要探讨信任对不同的知识共享行为的影响，特别是加强对知识共享的质量（深度、广度）影响的深入探究。

4）就研究方法而言，目前网络学术社区中基于信任的知识共享研究，主要采用的研究方法包括问卷调查法、访谈法、社会网络分析法①、实验法②和博弈模型分析法③④等。现有研究多采用实证研究的方法，在进行样本选择时，多采用个案样本随机抽样的方式，由于被试者群体代表性局限，限制了结论的推论能力，未来需要更多的研究持续进行加以验证。同时，由于信任是和用户心理认知密切相关的概念，未来研究需更多地加入质性研究方法，例如，应用扎根理论方法，采用定量与定性相结合的混合研究法等进行深入探究。目前实证研究对象多见于一般网络社区，对网络学术社区等专业社区研究相对少见，由于学术信息共享的特殊性，信任的建立及其作用机制等问题还有待进一步探讨。

5.3.2 基于熟人关系的网络学术社区知识共享

网络学术社区用户交互活动表现出较为显著的熟人交往倾向⑤，线上关系与线下社会关系交织，因此，本小节借鉴社会学熟人关系的理论进行了分析和探讨，梳理了基于熟人关系的知识共享研究成果，构建了相关研究框架⑥（图5-7）。

---

① Suh A，Shin K S. Exploring the effects of online social ties on knowledge sharing：a comparative analysis of collocated vs dispersed teams［J］. Journal of Information Science，2010，36（4）：443-463.

② Chi L，Chan W K，Seow G，et al. Transplanting social capital to the online world：insights from two experimental studies［J］. Journal of Organizational Computing and Electronic Commerce，2009，19（3）：214-236.

③ 王东．虚拟学术社区知识共享实现机制研究［D］．长春：吉林大学博士学位论文，2010.

④ 王健．虚拟学术社区中知识共享行为的博弈分析［D］．武汉：华中师范大学硕士学位论文，2013.

⑤ 张素芳，张晓晓．科研社交网络用户行为倾向的影响因素分析［J］．国家图书馆学刊，2014，23（4）：36-41.

⑥ 蔡小筱，张敏．虚拟社区中基于熟人关系的知识共享研究综述［J］．图书馆学研究，2015，（2）：2-10.

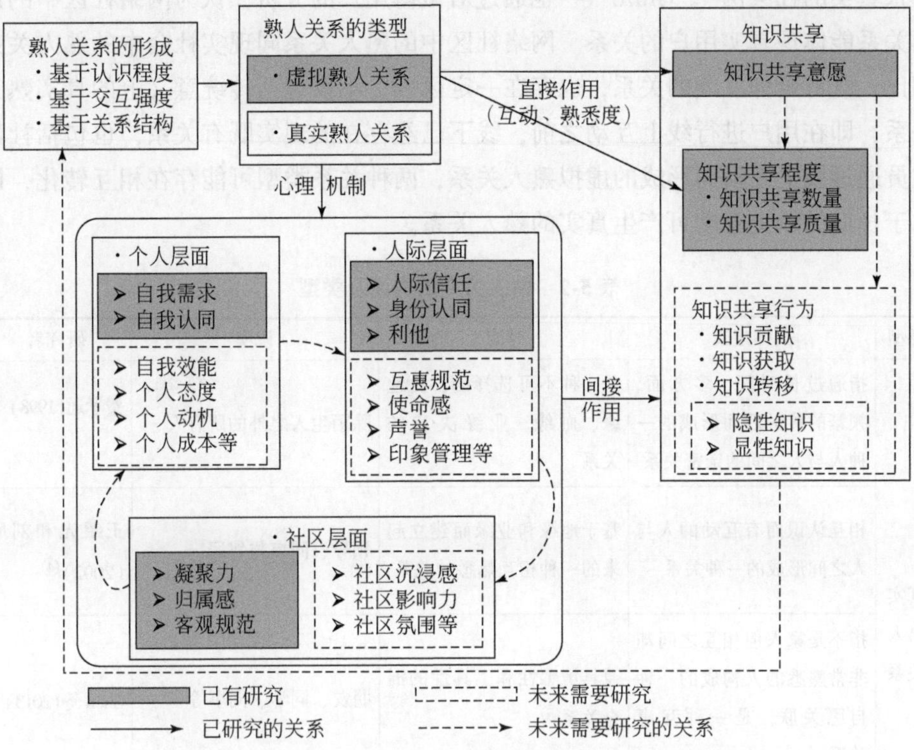

图 5-7 基于熟人关系的网络学术社区知识共享研究框架

（1）网络学术社区中熟人关系的内涵及其测量

A. 熟人关系的内涵

熟人关系在术语上的使用存在着较大的差异。研究人员使用较多的英文术语主要有 aquaintances、familiarity、friends、strength of tie、social interaction ties。而相对应的中文术语有：熟悉关系、熟人关系、好友、朋友、同事、关系强度、社会互动关系等。

社会学、管理学、组织行为学、心理学等诸多领域的学者对熟人关系的内涵、类型的界定奠定了网络社区中熟人关系的研究基础。从表 5-2 可以看出，众多学者从关系强度、关系结构或关系功能等角度对熟人关系进行不同的界定和分类。

Wellman 认为网上人际关系是网下社会关系网络的一种延伸，互联网背后是一张真实的社会网①。Gruzd 等②也通过对微博用户的分析，认为网络社区中的用户关系能体现真实用户的关系。网络社区中的熟人关系同现实社会中的熟人关系相比，既有延伸发展的关系，也存在一定区别，不仅包括传统意义上的真实熟人关系，即在用户进行线上互动之前，线下已经存在的现实既有关系，也包括社区成员通过线上互动而形成的虚拟熟人关系，两种关系类型可能存在相互转化，即由于长期的线上互动可产生真实的熟人关系。

表 5-2　熟人关系的内涵及类型

类型	具体定义	特点	说明	研究者
真实熟人关系	指通过长时间、多方面、频繁的接触后而形成的一种人与人之间的亲密关系	是一种不可选择的，由地缘、血缘、业缘决定的关系	除陌生人之外的所有人	费孝通(1998)③
	相互认识而有互动的人与人之间形成的一种关系	基于地缘和业缘而建立起来的一种相互熟悉的关系	领导、同事与邻居	王绍光和刘欣(2002)④
	指不是家人但相互之间却非常熟悉的人构成的一种自愿关联，是一种互惠关系	兼具情感性和工具性的混合关系⑤	朋友、同学、同事等	Chen 等(2013)⑥
	熟人关系是由关系的强度决定，是一种弱关系⑦	基于关系强度	相互间接触、互动较多，但不亲密的关系	Granovetter (1983)⑧

① Wellman B. An Electronic Group is Virtually a Social Network [M]. Mahwah: In Cultures of the Internet, 1997: 179-205.

② Gruzd A, Wellman B, Takhteyev Y. Imagining Twitter as an imagined community [J]. American Behavioral Scientist, 2011, 55 (10): 1294-1318.

③ 费孝通. 乡土中国 · 生育制度 [M]. 北京：北京大学出版社，1998：9-10.

④ 王绍光，刘欣. 信任的基础：一种理性的解释 [J]. 社会学研究，2002，(3)：23-39.

⑤ 罗家德. 社会网络分析讲义（第二版）[M]. 北京：社会科学文献出版社，2010：105.

⑥ Chen C, Chen X P, Huang S S. Chinese guanxi: an integrative review and new directions for future research [J]. Management and Organization Review, 2013, 9 (3): 167-207.

⑦ Granovetter M. The strength of weak ties [J]. American Journal of Sociology, 1973, (78): 1360-1380.

⑧ Granovetter M. The strength of weak ties: a network theory revisited [J]. Sociological Association, 1983, (1): 201-233.

续表

类型	具体定义	特点	说明	研究者
真实熟人关系	熟人关系是强关系和弱关系的组合	基于地缘、学缘、业缘等	包括除了亲属关系和陌生关系之外的所有关系	苟天来和左婷(2009)①
虚拟熟人关系	指个体之间通过网络交互合作、相互了解达到一定程度而形成的关系	基于用户间的交互特征、互动量	如 SNS 中的朋友关系、合作关系等	Guy 等(2009)②
	指网络用户互动达到一定程度而形成的一种关系	基于个体间的互动量、互动频率	相互认识的人	Hinds 等(2000)③ Shen 等(2010)④

目前网络社区熟人关系还没有一致的界定。通过对已有研究的梳理，网络社区熟人关系可借鉴真实社会中熟人关系的界定，通过用户认识时间、交互频率、互动时间及交互特征等进行定义。学者们多通过用户间的互动强度或关系结构来定义网络社区中的熟人关系，例如，Shen 等以社区成员间的互动量对网络社区中用户熟悉程度进行测量，而 Guy 等认为只要有过合作的用户之间都可以建立熟人关系，其中有合作频繁的用户，也有合作频率较低的用户。

熟人关系与强关系都属于社会网络研究中的核心概念，属于人际关系的一种划分类型。两者具有一定的联系，也有一定的区别。从表 5-2 可知，从社会学观点来看，熟人关系和强关系都强调关系强度。由此可见，两者具有天然的联系。

然而，对熟人关系究竟是强关系还是弱关系的认识还存在差异。格兰诺维特从互动频率、亲密程度、情感强度和互惠交换 4 个维度对关系强弱进行定义，认为互动次数多、感情较深、关系亲密、互惠交换多为强关系，反之则为弱关系⑤。格兰诺维特界定的强关系具有情感特征，在其关系强度测量中，有两个指标直接指向情感，即情感密度（emotional intensity）和亲密性（intimacy），而互

① 苟天来，左婷．从熟人社会到弱熟人社会：来自皖西山区村落人际交往关系的社会网络分析［J］．社会杂志，2009，(1)：42-161.

② Guy I，Ewerdling N，Carmel D，et al. Personalized recommendation of social software items based on social relations［C］．//Proceedings of the Third ACM Conference on Recommender Systems，New York，USA，2009：53-60.

③ Hinds P J，Carley K M，Krackhardt D，et al. Choosing work group members：balancing similarity，competence，and familarity［J］．Organizational Behavior and Human decision Processes，2000，81（2）：226-251.

④ Shen Y C，Huang C Y，Chu C H，et al. Virtual community loyalty：an interpersonal- interaction perspective［J］．International Journal of Electric Commerce，2010，15（1）：49-73.

⑤ 格兰诺维特．弱关系的力量［J］．国外社会学，1998，(2)：39-49.

惠交换内容（reciprocal service）作为关系强度的另一指标也间接指向了情感因素①。同时，格兰诺维特也考虑互动频率，他认为相比于密友，熟人间互动较少，因此，熟人关系是弱关系。而中国学者边燕杰从中国人际关系的三大特点（熟悉、亲密性、值得信任和互惠义务）出发，用熟悉性测量关系强度，认为熟人关系是强关系，而关系网络的作用不是“关系”假定下的信息桥作用，而是一张人情网，即熟人关系②。由此可见，由于东西方文化背景的差异，对于熟人关系与强关系的认识具有一定差异，需视具体情景来区分两种概念。

B. 熟人关系的测量划分

目前，网络社区中熟人关系的度量通常采用三种观测维度：关系性质、关系强度和关系结构。

a. 基于关系性质

在网络社区中，熟人不仅包括通过线上互动相互认识的人，还有一部分用户将线下既存的真实熟人关系带入社区。Fan③ 将熟人关系分成三类：先天关系、自然关系和后天关系，并认为熟人关系是基于社会基础而形成的一种后天关系，即是通过长时间的认识而逐渐形成。由此可见，用户间关系性质是测量熟人关系的一个维度。根据社会关系性质，网络社区中用户间熟人关系可分为不同类型，主要表现为亲情关系、同事关系、同学关系、师生关系等。不同类型的熟人关系对共享内容、意愿和行为模式等会产生重要影响。但现有研究较少对不同类型的熟人知识共享进行对比分析。

b. 基于关系强度

较多学者沿用格兰诺维特的思想用关系交互强度定义熟人关系，即指相互合作过的个体间互动达到一定程度而形成的一种关系。Gruenfeld 等④及 Sánchez-

① Krackhardt D. The strength of strong ties: the importance of philos in organization［C］// Nohria N, Eccles R G. Networks and Organizations. Cambridge: Harvard Business School Press, 1992: 216-239.

② 边燕杰. 找回强关系：中国的间接关系、网络桥梁和求职［J］，国外社会学，1998，(2)：50-65.

③ Fan Y. Questioning guanxi: definition, classification and implications［J］. International Business Review, 2002, (11): 543-561.

④ Gruenfeld D H, Mannix E A, Williams K Y, et al. Group composition and decision making: how member familiarity and information distribution affect process and performance［J］. Organizational Behavior and Human Decision Processes, 1996, 67 (1): 1-15.

Franco 等[①]借鉴格兰诺维特关系强度的思想，以“认识时间的长短、互动的频率、亲密性以及互惠性服务内容”4 个维度测量关系强度，用四分法对用户关系的熟悉程度进行划分，即：不了解、熟悉、了解、非常了解。

c. 基于关系结构

此维度主要沿用“差序格局”的思想，通过关系结构来测量熟人关系，即以个人为出发点，血缘或亲缘关系为纽带，形成由内而外的一层一层的关系网络[②]。通过自己与他人之间的距离概念对熟人关系进行测量，离个人中心点距离越近，两人就越熟悉。借助社会网络分析方法，通过用户的中心性测量个人关系结构位置，程度中心性和接近中心性是测量熟人关系的重要指标[③]。在网络社区中，熟人关系可以采用接近中心性进行度量，中心性越高，用户之间的关系更亲密，熟悉强度越高。

（2）熟人关系对知识共享的作用机制

目前，网络学术社区中熟人关系对知识共享的作用机制研究主要集中于对知识共享意愿、数量、质量、知识共享行为的影响。鉴于目前熟人关系对网络学术社区知识共享作用机制研究较少，根据熟人关系的定义，以下综述包括用户间的熟悉关系、互动关系、关系强度对知识共享的作用机制相关研究。

A. 熟人关系对共享意愿的影响

在网络学术社区中，成员间的频繁互动能维持并提高对彼此关系的期望，会对用户持续参与社区活动意愿产生正向影响[④]。用户处于一个相互熟悉环境中时，更易产生知识共享的倾向，通过互动获得更多社会关系，这将有助于获得更多所需知识。Tsai 和 Ghoshal[⑤] 指出，社交互动关系是信息资源的流动渠道，在这一过程中随着成员间熟悉度的增强，成员更了解社区社交规范，更愿意进行资

---

① Sánchez-Franco M J, Carballar- Falcón J A, Martínez- López F J, et al. The influence of customer familiarity and personal innovativeness towards informationg technolongies on the sense of virtual community and participation [C]//International Federation for Information Processing on Human- Computer Interaction, Lisbon, Portugal, 2011: 265-279.

② 费孝通. 乡土中国·差序格局 [M]. 北京：北京大学出版社，1998：26.

③ 约翰·斯科特. 社会网络分析法 [M]. 刘军译. 重庆：重庆大学出版社，2007：58-63.

④ Chen I Y L. The factors influencing members' continuance intentions in professional virtual communities—a longitudinal study [J]. Journal of Information Science, 2007, 33 (4): 451-467.

⑤ Tsai W, Ghoshal S. Social capital and value creation: an empirical study of intrafirm networks [J]. Academy of Management Journal, 1998, 41 (4): 464-476.

源的交换和整合，促进用户共享相关知识或经验。Zhao 等[①]基于社会资本视角将熟悉关系界定为社会关系的结构维，通过实证分析指出，用户熟悉关系作为一种社会资本，对用户分享信息的意图产生直接影响，并通过信任、感知相似性和群体归属感间接作用于用户获取知识和分享知识的意图，如图 5-8 所示。

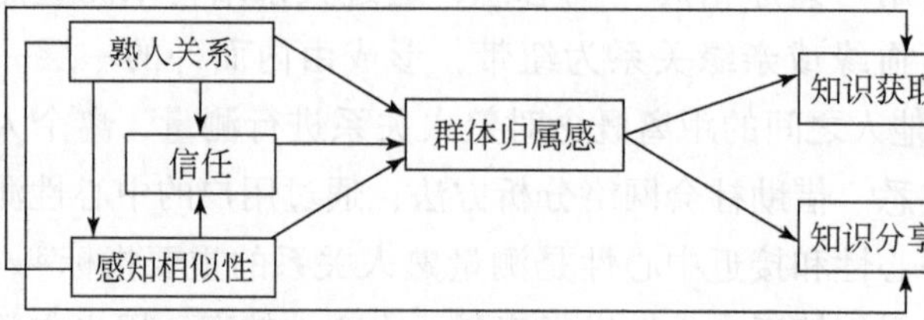

图 5-8　Zhao 等（2012）的研究模型

B. 熟人关系对知识共享数量的影响

知识共享数量是衡量知识共享程度的重要指标，衡量着用户知识共享的广度。Larson[②] 和 Renko 等[③]指出，成员间社交互动程度越高，用户越熟悉，那么，用户的信息交换密度、频率和广度会随之增加。在此基础上，Chiu 等[④]通过实证研究证实了社交互动对用户的知识共享的数量具有显著正向作用。在社会资本理论视角下，学者们认为频繁的互动会增强用户间的熟悉度，同时使得用户拥有更多社会资本，有利于拓宽知识传播渠道，提高知识共享的数量。然而，Chang 和 Chuang[⑤] 研究指出，由于受到用户参与强度（互动量）的控制，社会互动关系对知识共享的数量并不产生影响。分析研究结果存异的原因：可能是因为研究对象不同。Chiu 等是对虚拟专业社区成员进行研究，而 Chang 和 Chuang 的研究对象为在线论坛和微博用户。由此可见，不同类型的熟人关系对知识共享作用机制存在差异。

---

① Zhao L，Lu Y，Wang B，et al. Cultivating the sense of belonging and motivating user participation in virtual communities：a social capital perspective［J］. International Journal of Information Management，2012，32：574-588.

② Larson A. Network dyads in entrepreneurial settings：a study of governance of exchange relationships［J］. Administrative Science Quarterly，1992，37（1）：76-104.

③ Renko Y H，Autio E，Sapienza E. Social capital，knowledge acquisition，and knowledge exploitation in young technology based firms［J］. Strategic Management Journal，2001，22（6）：587-613.

④ Chiu C M，Hsu M H，Wang E T G. Understanding knowledge sharing in virtual communities：an integration of social capital and social cognitive theories［J］. Decision Support Systems，2006，（42）：1872-1888.

⑤ Chang H H，Chuang S S. Social capital and individual motivations on knowledge sharing：participant involvemenet as a moderator［J］. Information & Management，2011，48：9-18.

C. 熟人关系对共享质量的影响

知识共享质量包括知识共享的可靠程度、深度、效果等指标。社会网络中的人际关系会促进知识转移，提高获取知识的质量①。Chang 和 Chuang 通过实证研究指出，在网络社区熟人关系网络中，由于声誉的调控作用，知识贡献者更关注知识共享的质量，更易共享可靠信息，熟人关系对知识共享质量具有直接正向影响。French 和 Read② 探讨了真实熟人关系对网络社区信息共享的影响，研究揭示：在不同的社交圈里分享信息时，用户自我印象管理对信息共享起着调控作用，即用户在发布信息时，会根据不同类型的熟人关系对自己共享信息的深度进行控制。

然而，现有研究只证实了熟人关系对于知识共享质量有影响，但并未提出具体的测量指标。Lerman③ 通过对企业内部虚拟社区平台中用户互动交流的网络日志进行数据挖掘，根据用户间的互动量及现实合作关系，将用户关系划分为熟人关系和相似关系，比较分析了两种关系的推荐效果，研究揭示：相较于相似关系，基于熟人关系的推荐效果更好。Levin 和 Cross④ 指出，以信任作为调节变量，熟人关系利于隐性知识的接受（图 5-9）。韩艳和王安民⑤的研究揭示了不同的关系类型对知识共享的影响，情感性人际关系的团队成员之间倾向于同时共享显性和隐性知识；混合性关系的成员之间倾向于共享显性知识；冲突型人际关系倾向于不共享知识。选择性格相近的人组成团队，在成员之间建立情感性人际关系，能够促进有效的知识共享。

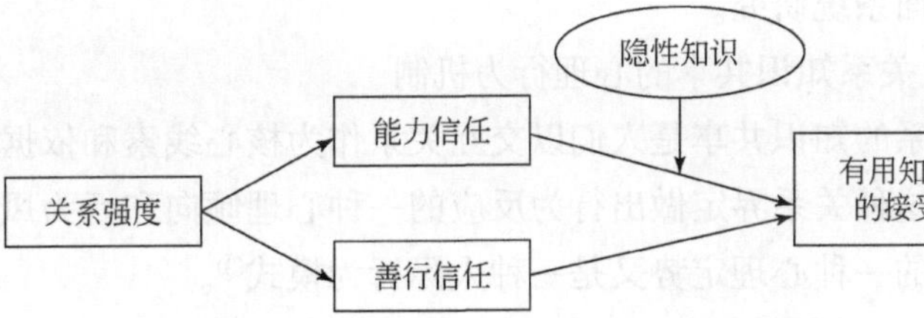

图 5-9 Levin 和 Cross（2004）的研究模型

① Cummings J N. Work groups, structural diversity, and knowledge sharing in a global organization [J]. Management Science, 2004, 50 (3): 352-364.

② French A M, Read A. My mom's on Facebook: an evaluation of information sharing depth in social networking [J]. Behaviour & Information Technology, 2013, 32 (10): 1049-1059.

③ Lerman K. Social networks and social information filtering on Digg [EB/OL]. https://arxiv.org/pdf/cs/0612046.pdf [2020-01-10].

④ Levin D Z, Cross R. The strength of weak ties you can trust: the mediating role of trust in effective knowledge transfer [J]. Management Science, 2004, 50 (11): 1477-1490.

⑤ 韩艳，王安民. 小团队内人际关系对知识共享的影响 [J]. 科学学与科学技术管理，2008，(10): 124-126.

D. 熟人关系对共享行为的影响

目前，相关研究主要关注成员互动关系对知识贡献（分享）的影响，对知识获取具体行为涉及较少。网络学术社区中，成员间互动关系有利于人际信任的形成，对群体产生高度依赖感和归属感，确保了社区成员群体的稳定性，这将促进用户产生知识贡献行为并保证知识贡献的水平。李国鑫等①、周军杰和左美云②通过研究指出，线上线下互动都对知识贡献行为水平具有显著的直接影响，具体表现为：通过互动，具有相似兴趣爱好的用户形成一个群体，群体成员更愿意贡献知识（图 5-10）。

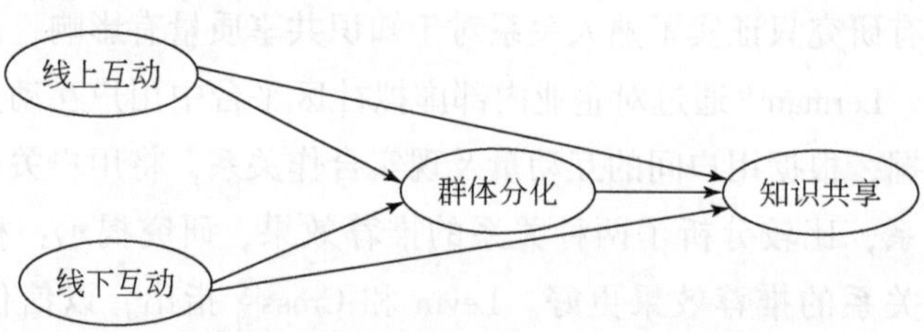

图 5-10 周军杰和左美云（2012）的研究模型

综上，关于网络学术社区中熟人关系对知识共享意愿、数量、质量和知识贡献产生影响的研究较多，但对知识共享具体行为的作用机制研究相对较少，且现有研究只将熟人关系作为作用因素之一进行研究，并未就熟人关系对知识共享的作用机制进行全面系统研究。

E. 基于熟人关系知识共享的心理行为机制

基于熟人关系的知识共享是人们以交互关系作为核心线索和依据对人对己进行界定，并依据这种关系界定做出行为反应的一种心理倾向和行为风格，这种关系取向既是个体的一种心理定势又是一种人际行为模式③。

Yoon 和 Rolland④ 基于自我决定理论，以用户的基本心理需求作为调节变量，比较了网络社区中成员间的熟悉和匿名性对社区成员知识共享的影响。研究表

① 李国鑫，李一军，陈易思．虚拟社区成员线下互动对线上知识贡献的影响［J］．科学学研究，2010，（9）：1388-1394.

② 周军杰，左美云．线上线下互动、群体分化与知识共享的关系研究—基于虚拟社区的实证分析［J］．中国管理科学，2012，20（6）：185-192.

③ 佐斌．中国人的关系取向：概念及其测量［J］．华中师范大学学报（人文社会科学版），2002，41（1）：74-80.

④ Yoon C，Rolland E．Knowledge-sharing in virtual communities：familiarity，anonymity and self-determination theory［J］．Behaviour & Information Technology，2012，31（11）：1133-1143.

明，熟悉关系通过基本心理需求（感知能力和感知相关性）对社区知识共享行为产生正向影响。这一研究从心理层面揭示了：需求是引发共享行为的触点。在虚拟环境中，相互熟悉的个体更能了解对方是否具备能感知其需求并满足其需求的能力，以此选择共享对象，解决了知识共享以个人心理需求为导向的问题。Zhao 等①的研究也揭示了基于熟人关系的知识共享的作用机制，即用户的“认知—感情—实践”心理行为过程。用户倾向于与自己有着某些相似之处或是相同类型的人交往，熟人关系有助于增强用户之间的信任感，进而产生社区归属感及依存感，从而进一步促发知识共享意图和行为。

熟人关系对用户知识共享行为的影响不仅仅是单一或某几个变量的作用，可能是复杂因素引起的一个长期作用的过程。Lu 等②从经济学出发，从个人、人际和组织三个层面研究了网络社区中人际关系对组织内部人员知识共享行为的影响。研究表明，个人利益会阻碍组织内部人员知识共享，但组织成员的熟人关系通过增强自我效能感，对隐性知识和显性知识的共享产生积极作用。由此可见，知识共享的实现是通过个人利益逐步向团体利益转化、成员自我效能感和同事间的信任感逐步增强、团队合作等多因素共同作用的结果。

在网络社区中，随着用户间熟悉程度的加强，用户的信任度、个人预期和共享的内容及模式等都会相应发生变化。这是一个多因素相互影响、共同作用的长期、复杂、动态的心理行为过程。目前的相关研究多关注于某特定时期内熟人关系是否对知识共享产生影响，至于互逆过程的影响研究，即知识共享是否会反作用于用户关系的研究还相对欠缺。

F. 熟人关系对用户知识共享的调节方式

众多学者对用户信息行为的影响因素进行了论述，Wilson 将用户需求与信息行为的影响因素划分为个人特质、人际关系和环境因素③。Wang 等④将用户与网络资源交互的影响因素划分为三类：认知因素、情感因素和物理因素。其中认知

① Zhao L, Lu Y, Wang B, et al. Cultivating the sense of belonging and motivating user participation in virtual communities: a social capital perspective [J]. International Journal of Information Management, 2012, 32 (6): 574-588.

② Lu L, Kwok L, Pamela T K. Managerial knowledge sharing: the role of individual, interpersonal, and organizational factors [J]. Management and Organization Review, 2006, 2 (1): 15-41.

③ Wilson T D. On user studies and information needs [J]. Journal of Documentation, 2006, 62 (6): 658-670

④ Wang P, Hawk W B, Tenopir C. Users' interaction with World Wide Web resources: anexploratory study using a holistic approach [J]. Information Processing & Management, 2000, 36 (2): 229-251.

因素涉及用户的理解力，包括知识技能、问题解决、决策以及心智；情感因素能够增强用户的满意和信心；物理因素与系统使用的实践有关。借鉴这些思路，本小节从个人、人际、社区三个层面总结了熟人关系对用户知识共享的调节方式（表5-3），可以看出，网络学术社区中熟人关系对用户知识共享产生影响的调节因素主要集中于人际关系层面，其中，信任这一调节变量的相关研究比较成熟。需要注意的是，这些调节因素往往是学者们基于一定的理论模型提出的，在内涵上可能会存在着部分交叉和重叠。

表5-3　熟人关系对知识共享影响的调节方式

划分维度	调节因素	理论视角	主要观点	相关研究
个体层面	自我需求	自我决定理论	在虚拟环境中，相互熟悉的个体更能了解对方是否具备能感知其需求并满足其需求的能力，以此选择知识共享对象，并进行知识共享。	刘刚（2011）①
	自我认同			
人际层面	信任	社会资本理论	通过频繁互动而形成的熟人关系会促进用户相互信任程度，从而构建一种属于用户的私有资产，进而对虚拟社区用户知识共享产生间接影响。	Lu 等（2010）②；杨学成和钱明辉（2006）③；Smith 等（2006）④；
		社会认知理论	熟人关系会减少不确定性，熟人之间更容易产生信任感，人们倾向于信任自己比较熟悉的人，从而促进用户间的知识交换和传递。	Ridings 等（2002）⑤；Sinha 和 Swearingen（2001）⑥；汪涛和李燕萍（2007）⑦

① 刘刚．一种虚拟社区中社会资本的作用机制——以人人网与新浪微博为例［N/OL］．人民网，2012-02-24. http://media. people. com. cn/GB/22114/150608/150615/17211889. html［2019-10-13］.

② Lu Y，Zhao L，Wang B. From virtual community members to C2C E-commerce buyers：trust in virtual communities and its effect on consumers' purchase intention［J］. Electronic Commerce Research and Applications，2010，9（4）：346-360.

③ 杨学成，钱明辉．网上口碑对消费者决策的影响及启示［J］．当代经济管理，2006，（3）：27-31.

④ Smith E R，Miller D A，Maitner A T，et al. Familiarity can increase stereotyping［J］. Journal of Experimental Social Psychology，2006，42（4）：471-478.

⑤ Ridings C M，Gefen D，Arinze B. Some antecedents and effects of trust in virtual communities［J］. Journal of Strategic Information Systems，2002，11（3）：271-295.

⑥ Sinha R，Swearingen K. Comparing recommendations made by online systems and friends［EB/OL］. http：//citeseerx. ist. psu. edu/viewdoc/download？doi=10. 1. 1. 23. 2733&rep=rep1&type=pdf［2020-01-20］.

⑦ 汪涛，李燕萍．虚拟社区中推荐者特性对推荐效果的影响［J］．商业经济与管理，2007，193（11）：50-55.

续表

划分维度	调节因素	理论视角	主要观点	相关研究
人际层面	身份认同	社会认同理论	用户在虚拟社区中交往会呈现出趋同性，即用户倾向于与自己有着某些相似之处或是相同类型的人交往，熟人关系会促进用户对彼此身份的认同，从而进一步推进知识共享。	Tajfel 和 Turner（2004）①
	利他	个人动机理论	知识属于用户个体，知识共享会使用户失去自己独立拥有的知识。在无任何奖励的情况下，知识共享并不容易发生。但当个体处于熟人社会网络，为了达到共同目标，用户会发出利他行为，从而共享自己的知识。	Sánchez-Franco 等(2011)②
社区层面	凝聚力	社区感理论	互动会增强用户熟悉度，由此提高团队凝聚力，群体凝聚力与知识转移的难易程度具有正向相关性，会提高知识共享的可能性。	Reagans 和 McEvily (2003)③；Bakker 等（2006）④
	归属感		熟识用户通过参与虚拟社区活动会对社区产生归属感和依赖感，增强用户社区沉浸感，对知识共享意愿产生积极作用。	赵玲等（2009）⑤
	群体规范	心理认知理论	相互熟悉的用户更了解群体内关键性规范，有利于提高信息传递效率	Jeroen 等（2009）⑥

由于熟人关系是一个与用户的社会关系结构、心理行为状态密切相关的概念，因此，学者们广泛借助认知心理学、社会学等多个学科的理论观点展开研

① Tajfel H，Turner J C. The social identity theory of intergroup behavior ［C］//Worchel S. Austin W G. Psychology of Intergroup Relations. London：Psychology Press，2004：7-24.

② Sánchez-Franco M J，Carballar-Falcón J A，Martínez-López F J，et al. The influence of customer familiarity and personal innovativeness towards informationg technolongies on the sense of virtual community and participation ［C］// International Federation for Information Processing on Human- Computer Interaction，Lisbon，Portugal，2011，6（4）：265-279.

③ Reagans R，McEvily B. Network structure and knowledge transfer：the effects of cohesion and range ［J］. Administrative Science Quarterly，2003，48（2）：240-267.

④ Bakker M，Leenders R J，Gabbay S M，et al. Is trust really social capital? Knowledge sharing in product development projects ［J］. The Learning Organization，2006，13（6）：594 -605.

⑤ 赵玲，鲁耀斌，邓朝华．基于社会资本理论的虚拟社区感研究［J］. 管理学报，2009，（9）：1169-1175.

⑥ Jeroen J，Erkens G，Kirschner P A，et al. Influence of group member familiarity on online collaborative learning ［J］. Computers in Human Behavior，2009，25（1）：161-170.

究，可以看出，目前研究变量主要集中在认知和情感因素方面。同时，由于熟人关系与社会情景密切相关，当前学者们主要从群体凝聚力、群体规范、社区归属感等层次展开研究，而从整体的社会文化对于熟人关系的形成，以及对用户知识共享的心理行为作用机制进行考察的研究还较少。刘蕤等[①]从个体心理维度和社会文化维度出发，探讨了虚拟社区知识共享影响因素，关系为影响因素之一，主要从争面子、护面子等中国文化情景考察社会关系对知识共享的作用。

5.3.3 社会关系强度对知识信息共享的影响

5.3.3.1 基于社会关系强度的知识共享影响研究概述

目前对于社会关系强度的影响因素分析，一般采用两种维度。一种比较常见的分析方法是采用了 Nahapiet 和 Ghoshal[②] 提出的社会资本三维度模型——结构维（网络结构、社会关系强度等）、关系维（信任、规范、认同等）、认知维度(共享规则、语言、文化)，将社会关系强度作为社会资本的结构维，与其他维度一起做综合多因素的因果影响分析，如 Wasko 和 Faraj[③]，Yeon 等[④]的研究成果。其中 Hsiao 和 Wang[⑤] 以 Flickr. com 为例，分析了影响用户贡献 UGC 的社会因素，指出人们在分享 UGC 时会尝试建立自己的虚拟社会关系网络，对用户状态、社会地位、声望或者流行度等社会信息的感知和比较会影响用户分享 UGC 的数量，社会关系强度和社会身份会对用户贡献 UGC 产生正向影响。

另外一种分析方法是专门针对社会关系强度，从自我中心网络的视角，将社会关系强度划分为强、弱不同的等级，分析其不同影响效果。例如，Tan 等[⑥]以

① 刘蕤，田鹏，王伟军．中国文化情境下的虚拟社区知识共享影响因素实证研究［J］．情报科学，2012，30（6）：866-872.

② Nahapiet J，Ghoshal S. Social capital，intellectual capital，and the organizational advantage［J］. The Academy of Management Review，1998，23（2）：242-266.

③ Wasko M M L，Faraj S. Why should I share? Examining social capital and knowledge contribution in electronic networks of practice［J］. MIS Quarterly，2005，29（1）：35-57.

④ Yeon K N，Wong S F，Chang Y H，et al. Knowledge sharing behavior among community members in professional research information centers［J］. Information Development，2015，31（1）：1-18.

⑤ Hsiao S H，Wang Y C. The effect of social factors on user-generated content productivity：evidence from Flickr. com［C］//Twenty-first Americas Conference on Information Systems，Puerto Rico，2015：1-7.

⑥ Tan C H，Sutanto J，Tan B C Y. Empirical investigation on relational social capital in a virtual community for website programming［J］. ACM SIGMIS Database，2015，46（2）：43-60.

网络编程虚拟社区为例，通过关系强度的两个指标——交流频率、亲密性，将社会关系强度划分为强联系（朋友）和弱联系（熟人），分析强、弱联系对信任、互惠规范、认同的影响。

社会关系强度的作用对象方面，当前考察对象主要集中在知识共享的数量和质量、共享意愿以及对特定知识类型共享的影响方面，然而相关研究结论存在较大分歧。Chiu 等①研究了专业虚拟社区中社会关系强度（未进一步划分等级）对知识共享数量和质量的影响，指出用户间的关系强度对知识共享的数量产生正向影响，对共享质量无显著影响。而 Chang 和 Chuang② 的研究采用同 Chiu 等非常类似的理论框架，得出来相反的结论。类似地，强、弱关系的作用效果方面研究同样未达成一致共识。Levin 等③认为，在受信任控制的情况下，与具有强关系的知识接受者相比，具有弱关系的知识接受者获益更多，易获得更多共享的知识。Luo 等④指出在强关系之间（如朋友、家人）有利于信息接受，能使个体更容易接受信息和新事物；在弱关系之间，如认识的人，有助于用户和新团体建立联系并提升创造力，激发新灵感。

综上所述，伴随着社会网络的发展，学者们将知识共享行为视为一种用户之间的社会交互现象，尝试从社会关系网络角度去解释知识共享现象。社会关系因素，特别是社会关系强度因素引人关注，相关研究结论显示社会关系强度会对知识共享行为产生影响，然而具体作用方式和作用效果一直未有普适性结论，相关研究结论分歧较大，有待进一步验证。社会关系强度与知识共享行为方式的关联研究相对欠缺。

5.3.3.2 社会关系强度对知识共享行为的影响调查

本小节以微信平台中大学生知识共享行为为研究对象，探讨了微信平台中大学

---

① Chiu C M, Hsu M H, Wang E T G. Understanding knowledge sharing in virtual communities: an integration of social capital and social cognitive theories [J]. Decision Support Systems, 2006, 42 (3): 1872-1888.

② Chang H H, Chuang S S. Social capital and individual motivations on knowledge sharing: participant involvement as a moderator [J]. Information & Management. 2011, 48 (1): 9-18.

③ Levin D Z, Cross R, Abrams L C. The strength of weak ties you can trust: the mediating role of trust in effective knowledge transfer [J]. Management Science, 2004, 50 (11): 1477-1490.

④ Luo Z L, Cai W D, Li Y J, et al. The correlation between social tie and reciprocity in social media [C]//International Conference on Electronic & Mechanical Engineering and Information Technolgy, Harbin, China, 2011, 9 : 3909-3911.

生知识共享中的社会关系强度现状，对社会关系强度对于大学生不同类型的微信知识共享行为的影响进行了实证分析。

现有研究中，针对微信知识共享行为的研究较少，综合文献调研结果，发现熊淦和夏火松①、徐美凤和叶继元②的知识共享行为分类方式反映了网络社区知识共享行为的主要特点，被普遍采纳，因此本书借鉴其分类方式将具体的测量项目确定为：浏览行为、发帖行为、回帖行为，没有另行开发其他的行为测量量表。

关于社会关系强度的测量，考虑到国情、文化背景差异会影响测量项目的具体设置，本书综合借鉴周建利③和 Granovetter④ 的相关理论。周建利通过互动频度、持续时间、情感强度、互惠程度、亲密性/亲近度 5 个维度进行测量，累加各维度的得分即为关系强度，而 Granovetter 则通过互动频率、情感强度、亲密程度、互惠交换 4 个维度将社会关系分为强连带和弱连带关系。本书综合两者方法，利用周建利的 5 个维度进行测量，同时利用自动聚类的方法使其聚成两类，分为强关系与弱关系，具体考察其对知识共享行为方式的影响（图 5-11）。

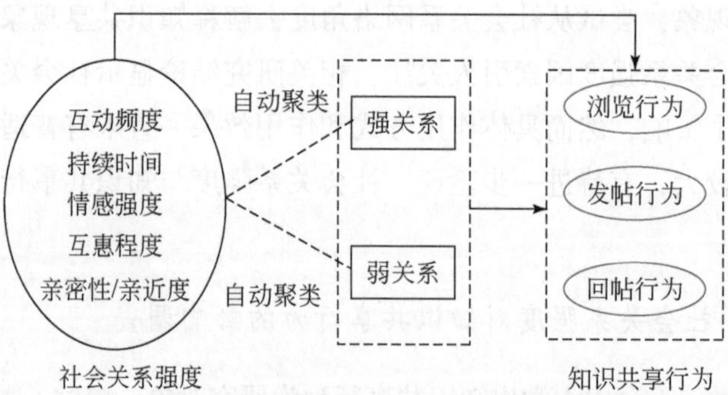

图 5-11　社会关系强度对知识共享行为的影响

① 熊淦，夏火松．组织承诺对微博社区成员知识共享行为的影响研究［J］．情报杂志，2014，33（1）：128-133.

② 徐美凤，叶继元．学术虚拟社区知识共享行为影响因素研究［J］．情报理论与实践，2011，34（11）：72-77.

③ 周建利．社会关系强度对社交网络中应用接受意愿的影响研究［D］．北京：北京邮电大学硕士学位论文，2013.

④ Granovetter M S. The strength of weak ties［J］. American Journal of Sociology，1973，78（6）：1360-1380.

本小节研究以西南大学的大学生为调研对象，采用问卷调查法对数据进行收集。调查问卷主要由三部分组成：第一部分为个人信息与基本情况，共6题，内容涵盖个人基本情况（性别、年级）和微信使用情况（使用时间、使用频率、使用功能、使用目的）；第二部分为社会关系强度的测量，包括6题，其中关系类型选择1题，另从互动频度、持续时间、情感强度、互惠程度、亲密性5个测量维度测量“用户与选定对象”之间的关系强度（通过打分的方式确定）；第三部分为用户与选定对象之间知识共享行为的测量，包括3题，分别针对浏览、发帖、回帖三种行为设三个问项，采用李克特（Likert）五级量表（由“非常不同意”到“非常同意”）。

研究数据获取时间为2014年12月19日至2015年2月28日，本次正式调查分发纸质问卷180份，实际收回172份问卷，有效问卷为154份；网络问卷总共填写120份，有效问卷为87份。剔除无效样本后，总体有效样本数为241份，有效率为80.3 %。对样本使用微信目的的调查显示，学术求知和交流分享的比例分别占到20.3%和42.7%。

（1）社会关系强度与知识共享行为的相关性分析

首先对样本数据进行定量统计分析，了解微信平台上大学生社会关系强度的一般状况，如表5-4所示。

表5-4　社会关系强度各项子指标得分情况

测量项	互动频度	持续时间	情感强度	互惠程度	亲密度	关系强度（总）
各项分值	4	4	4	4	4	20
得分均值	2.43	3.57	1.98	2.02	2.18	12.20

数据分析结果显示，样本总体除了持续时间得分较高外，情感强度、互惠程度、亲密度得分都不太高。说明微信中大学生用户与大部分人的情感强度较低，互惠程度、亲密度不高，互动频率一般。这一结论同姚小涛等①的研究结论类似，他们对企业成长的社会关系进行测量，发现关系强度的平均值是中等强度，认为对企业帮助最大的关系属性属于中等强度的关系。

接下来，利用SPSS统计软件，采用Pearson系数进行相关分析，探究社会关

① 姚小涛，张田，席酉民．强关系与弱关系：企业成长的社会关系依赖研究［J］．管理科学学报，2008，11（1）：143-152.

系强度与知识共享行为之间的关联关系，如表 5-5 所示，社会关系强度和浏览行为的相关系数 r 为-0.178，一般地，$|r|<0.3$，则表明两者的关系极弱，可以认为其不相关。社会关系强度和发帖行为的相关系数 r 为 0.735，一般地，$0.5 \leqslant |r| <0.8$，表示两者为显著相关，且为正相关。社会关系强度和回帖行为的相关系数 r 为0.703，表示两者为显著相关，且为正相关。

表 5-5　社会关系强度与知识共享行为的相关分析

测量项		社会关系强度	浏览行为	发帖行为	回帖行为
社会关系强度	相关系数 r	1	-0.178*	0.735**	0.703**
	显著性（双侧）		0.011	0.000	0.000
	N	241	241	241	241

*在 0.05 水平（双侧）显著相关；**在 0.01 水平（双侧）显著相关。

上述分析结果表明，社会关系强度与浏览行为不相关，与发帖行为、回帖行为均显著相关，且为中度正相关。

(2) 知识共享行为中强弱关系的差异分析

本小节利用 PASWStatistics18 对关系强度进行聚类分析，探究强弱关系在知识共享行为中的不同影响。当前社会关系强度理论大多是基于格兰诺维特提出的强连带和弱连带理论进行定性分析，大多数研究未定量区分关系强弱程度。根据互动频度、持续时间、情感强度、互惠程度、亲密度以及最终的关系强度结果 6 个方面进行层次聚类，聚类前并不确立分类的标准，让样本自动进行分类，虽然这种方法具有较强的机械性，但并不影响整体的分析结果，如表 5-6 所示。

表 5-6　社会关系强度的聚类

测量项	强关系		弱关系	
	均值	标准误	均值	标准误
互动频度	2.92	0.120	2.22	0.080
持续时间	3.82	0.045	3.46	0.055
情感强度	3.75	0.051	1.21	0.035
互惠程度	2.70	0.129	1.74	0.058
亲密度	2.84	0.128	1.89	0.073

续表

测量项	强关系		弱关系	
	均值	标准误	均值	标准误
所占比例/%	30.29		69.71	

注：其中互动频度取值区间为 0 ~4，持续时间为 0 ~4，情感强度为 0 ~4，互惠程度为 0 ~4，亲密度为 0 ~4。

经过测试，样本最终聚类为两类，可以更好地予以区分和解释，因此，将其确定为强关系和弱关系。从聚类结果可以看出，强关系在互动频度、持续时间、情感强度、互惠程度以及亲密度得分普遍较高；弱关系在互动频度等 5 项指标上得分有高有低，持续时间和互动频率得分较高，情感强度、互惠度、亲密度得分较低，导致总体得分较低。从聚类结果看，强关系只占 30.09%，而弱关系占 69.71%。说明大学生在微信社会关系网络中，弱关系占较大比例。

这一研究结果同 Tan 等① 、Luo 和 Zhong② 的结论一致。Tan 等采用了互动频率和亲密程度两个指标测量社会关系强度，根据交流频率的日/周（强）还是月（弱）进行强弱划分，结果显示强关系只占弱关系的总数的 56%；Luo 和 Zhong 的研究采用了持续时间、互动频率和亲密度三个指标测量旅游社区的社会关系强度，采用了与本书研究类似的自动聚类方法，聚类为强、中、弱三类，结果显示三者所占比例分别为 31.1%、27%、41.9%。以上研究尽管采用不同的测量指标和强弱聚类方法，研究对象也不同，但是结果均显示弱关系占据主要比例。按照格兰诺维特的弱联系理论，强联系影响和他人构建信任，弱联系有助于传递知识和信息，说明以上研究社区均对知识和信息传递共享起着重要的作用，不仅仅是情感交流和表达。

为进一步探究强、弱关系的影响差异，将不同关系强度的两组样本看作是互不影响、相互独立的两组样本，采用独立样本 t 检验，比较两组样本是否存在明显的差别。在进行独立样本 t 检验前，通过 P-P 图对相关数据进行了正态分布的检验，发现检验数据分布在 P-P 图对角线的两侧，可认为两组样本数据符合正态分布。分析结果见表 5-7。

① Tan C H, Sutanto J, Tan B C Y. Empirical investigation on relational social capital in a virtual community for website programming [J]. ACM SIGMIS Database, 2015, 46 (2): 43-60.

② Luo Q J, Zhong D X. Using social network analysis to explain communication caracteristics of travel-related electronic word-of-mouth on social networking sites [J]. Tourism Management, 2015, 46: 274-282.

表 5-7　知识共享行为独立样本检验

测量项		方差齐性检验		均值方程的 t 检验						
		F	显著性	t	df	显著性（双侧）	均值差值	标准误差值	差分的 95% 置信区间	
									下限	上限
浏览行为	假设方差相等	0.235	0.628	−0.579	239	0.563	−0.232	0.402	−1.024	0.559
	假设方差不相等			−0.592	151.050	0.555	−0.232	0.393	−1.008	0.543
发帖行为	假设方差相等	0.024	0.877	3.175	239	0.002	1.124	0.354	0.427	1.822
	假设方差不相等			3.117	136.792	0.002	1.124	0.361	0.411	1.837
回帖行为	假设方差相等	0.087	0.769	3.656	239	0.000	1.247	0.341	0.575	1.919
	假设方差不相等			3.806	157.793	0.000	1.247	0.328	0.600	1.895

方差齐性检验中，检验统计量 F 的相伴概率分别为 0.628、0.877、0.769，皆大于 0.05，采用“假设方差相等”时 t 统计量的相伴概率，“浏览行为”的 t 统计量的相伴概率为 $0.563>0.05$，即可认为强关系与弱关系在浏览行为中不存在显著性差异；“发帖行为”和“回帖行为”的相伴概率都小于 0.05，即大学生的强关系与弱关系在“发帖行为”和“回帖行为”具有显著性差异。进一步从均值比较结果中可以发现，强关系中发帖行为的均值为 9.41，弱关系中的发帖行为均值为 8.29，说明强关系会引发较多的发帖行为；同时，强关系中回帖行为的均值为 10.25，弱关系中的发帖行为的均值为 9.01，说明强关系会引发较多的回帖行为。

以往研究中，学者们往往基于关系强度，考察其对知识共享行为意愿或者知识共享行为质量、数量、共享知识类型的影响。Chen 和 Hung①、徐美凤和叶继

① Chen C J, Hung S W. To give or to receive? Factors influencing members’ knowledge sharing and community promotion in professional virtual communities [J]. Information & Management, 2010, 47 (4): 226-236.

元①、熊淦和夏火松②将知识共享行为进行了具体分解，在其所构建的影响因素模型中，包含身份、信任、互惠规范、组织承诺等因素，但是并未就知识关系强度进行关联分析。本书重点考察社会关系强度对大学生在微信中的三种知识共享行为的影响，最终证明了关系强度对发帖行为和回帖行为具有显著正向作用，强关系具有较多的发帖和回帖行为。

(3) 研究结论

社会关系是大学生获取和交流信息，进行知识共享的重要渠道，通过谁获取，和谁交流分享知识信息，对大学生的学习成长会产生深远的影响。本书考察了社会关系强度对知识共享行为，即对发帖、回帖、浏览行为的影响，同时，进一步探究了大学生所拥有的强、弱关系对各种知识共享行为影响的差异。

本书对社会关系强度的整体测量结果显示，微信中大学生用户的社会关系强度的平均值处于中等水平，说明对用户知识共享帮助最大的是中等强度的社会关系类型。同时，考察了社会关系强度对大学生不同类型的知识共享行为的影响，最终证明了关系强度对发帖行为和回帖行为具有显著正向作用，对浏览行为无显著影响。

样本根据社会关系强度进行聚类，数据结果显示大学生的社会关系中弱关系与强关系所占比例为 7∶3，说明在大学生的社会关系类型中，大多数还是弱关系，弱关系的真正意义是营造多元开放的信息交流环境，且有助于获取新信息，说明大学生用户使用微信进行知识获取和共享需求高。当前微信平台应在促进关系构建、情感交流和情绪表达的基础上，进一步促进信息传播和知识共享，完善知识的推送服务功能。

本书调查结果显示强弱关系在发帖与回帖行为中具有显著性差异，强关系中存在较多的发帖和回帖行为。说明大学生在进行知识共享行为时是亲疏有别的，且重视强联系。微信平台上大学生的社会关系网络是强关系与弱关系的有机结合，强关系和弱关系在大学生知识共享行为中都会起到重要作用，其中，强关系帮助大学生进行情感、信息的交流，弱关系的建立则有助于无冗余的新知识获取。

---

① 徐美凤，叶继元．学术虚拟社区知识共享行为影响因素研究［J］．情报理论与实践，2011，34（11）：72-77.

② 熊淦，夏火松．组织承诺对微博社区成员知识共享行为的影响研究［J］．情报杂志，2014，33（1）：128-133.

5.4 网络学术社区知识共享的激励机制

在网络学术社区中，激励主要指激发社区成员参与知识共享的有效措施，借此调动社区成员的积极性，增强用户的黏性，实现社区的持续发展。根据已有研究成果显示，知识分享者的外在动机是期望通过个人的共享行为获得某种物质利益或声誉，而分享知识的内在动机则包括赢得他人的欣赏、提升专家权、责任感等，内在动机是知识分享的根本动因。内外在动机并不互相排斥，奖酬制度只能在一定程度上激励团队成员进行知识分享，并不能保证促进真正的知识共享，也就是说影响知识共享行为的因素是复杂多样的，这就决定了需要从解决多重障碍因素的角度建立综合的激励机制。

不同类型激励措施对成员的激励效果有显著差异①，研究显示个人价值型激励措施的激励效果较佳，最受成员重视的前三项激励措施分别为："账号权限""申请成为版主""社区积分值"；"自我肯定""联谊交友"对个人价值型激励机制的激励效果有显著影响。

不同学科领域的学者对激励机制的感知效果也有差异，徐美凤②对自然科学和人文科学两类学术社区知识共享行为影响因素进行了对比分析，发现自然科学社区的成员信息性动机较强，更重视社区管理的有效性，积分和等级激励形式效果显著；而人文科学社区成员的参与更多出于心理性动机，等级和荣誉称号对成员激励更有效。田小芳③基于网络社区发展阶段特征探索了激励社区成员积极分享知识的相关手段，研究结论指出：在组织激励层面，物质激励与精神激励均对知识分享意愿有显著的正向影响，并且网络社区在初始与成熟阶段应分别采取物质激励与精神激励的方式。刘蕤④从拓展虚拟社区技术平台、完善虚拟社区基本功能、建立虚拟社区内部规则、创造虚拟社区文化氛围 4 种途径提出构建网络社区知识共享激励机制。

---

① 黄刚铭．虚拟社群激励机制之研究［D］．台湾：南华大学硕士学位论文，2003.

② 徐美凤．不同学科学术社区知识共享行为影响因素对比分析［J］．情报杂志，2011，(11)：135-139.

③ 田小芳．网络虚拟社区知识分享激励机制研究［D］．长沙：湖南大学硕士学位论文，2016.

④ 刘蕤．虚拟社区知识共享影响因素及激励机制探析［J］．情报理论与实践，2012，35 (8)：39-43.

单纯的激励举措尽管理论上可行，但并非都能达到理想状态，吴强和张卫国①通过建立以间接互惠为基础的知识共享氛围演化模型，探讨了在进行大规模知识共享的背景下员工如何对两种激励方式进行选择的问题，发现外在激励或者内在激励对知识共享氛围的形成都并非绝对的占优策略，在激励知识共享时两种激励方式可以根据当前的情景分别采用，并且无论是外在激励还是内在激励，均只有在共享主体收到的激励超过其付出的成本时，良好的知识共享氛围方能形成。Goes 等②在对用户生产内容的研究中发现：以荣耀为基础的激励措施可能会激励用户在达到目标之前做出更多贡献，但在此之后，用户贡献水平将大幅下降，即精神激励措施对用户贡献的积极影响只是暂时的。

另外，需要注意的是缺乏有效的激励管理或过于强调激励考核的文化都有可能使社区参与成员的内在动机受到外在动机的排挤，反而会造成内部竞争行为与知识隐瞒，如 Cheng 和 Coyte③ 研究发现人们更愿意在一个主观意愿下与周围同事分享知识而不是基于程式化的外在计划，因此完全依赖基于经济人假设的激励举措并不能够达到理想的目标，还需要辅以人性中软的因素以构造更有效的激励机制，并视情景区分使用内外激励措施，如施涛和姜亦珂④的研究结果发现：外在激励能够大幅度提升用户复制型回答的数量，但会减少创作型回答的数量；内在激励能够有效促进创作型回答，提高学术虚拟社区的回答质量。

在众多研究文献中，信任一直被作为重要的影响因素，互信的团队成员能够创造出有益于知识共享的良好氛围，因此信任应当被看作网络学术社区用户聚合的重要成功因素。张敏等⑤以博弈理论为指导的研究结论表明较低的折现因子可以弥补网络学术社区中激励机制和约束机制缺失和不完善的弊端，即隐性的心理感受对博弈双方而言变得非常重要，成员间的信任关系会促进成员间知识共享，当成员之间建立情感信任之后，他们会产生心理上的认同，表现出更多的互动行为，更愿意进行信息交流和共享，并且成员间在权衡知识共享时也不再只是考虑

---

① 吴强，张卫国．大规模知识共享的激励方式选择策略［J］．系统管理学报，2016，25（3）：498-505.

② Goes P，Guo C，et al. Do incentive hierarchies induce user effort? Evidence from an online knowledge exchange［J］. Information Systems Research，2016，27（3）：497-516.

③ Cheng M M，Coyte R. The effects of incentive subjectivity and strategy communication on knowledge-sharing and extra-role behaviours［J］. Management Accounting Research，2014，25（2）：119-130.

④ 施涛，姜亦珂．学术虚拟社区激励政策对用户知识贡献行为的影响研究［J］．图书馆，2017，（4）：82-86.

⑤ 张敏，郑伟伟，石光莲．虚拟学术社区知识共享主体博弈分析——基于信任的视角［J］．情报科学，2016，34（2）：55-58.

利益的得失。刘臻晖①同样秉持"信任"与"激励"相结合的研究思路，从教育虚拟社区知识共享的信任缺失问题出发，基于博弈论思想设计了包含技术机制、信任机制、激励机制、组织机制在内的促进知识共享机制体系，其中信任机制是社区共享主体进行知识共享的主观意愿的最直接、关键的影响要素，是把隐性知识转换为显性知识的重要条件；而激励机制是促进社区成员知识共享的驱动力，是维持虚拟社区良性共享的外在动力；组织机制有利于知识的流通而形成有利于主体间进行知识共享的文化氛围，反过来增进信任，加强激励，增加了知识的原创性，最终提高知识共享效率。

综上，激励机制的后续研究在考虑内外经济、非经济举措的同时，还可以考虑增加人际关系维度诸如融合信任与激励的问题。另一方面任何激励措施效用的发挥都依赖于其所处的知识情景，并不存在一种万能的、适用于各种知识共享情景的激励措施，未来的研究还需要进一步细化探讨不同情景下知识共享过程中激励因素与知识属性的匹配机制问题。

本书选择了 4 个代表性的网络社区，CSDN 是中国软件开发联盟（Chinese Software Develop Net）的缩写，是一个大型的 IT 社区，该论坛主要是面向从事 IT 或者对 IT 技术感兴趣的用户，是技术类虚拟社区的典型；百度百科是综合性极强、内容涵盖了各领域的中文百科型虚拟社区；CNKI 学术论坛隶属于中国知网，主要围绕科学技术发展状况、学术前沿动态交流新的学术思想和新方法，是学术类型网络社区的代表；维基百科是一个面向全人类的公益型的大型社区，该社区的管理维护主要是靠用户自发完成的，是自由、免费、开放型社区的典型代表；这 4 类社区基本上覆盖了各行业领域，社区发展起步较早，自身的发展管理以及激励机制也相对比较成熟。因此，本书主要选择 CNKI 学术论坛、CSDN、维基百科和百度百科为例，对比分析了不同类型社区中知识共享的激励措施差异。

表 5-8 是经过综合整理后得出的激励措施的对比表。经过整理分析发现，各种类型的网络社区均采用了各种物质或者精神激励措施，相对于商业性的专业社区、综合性社区，网络学术社区在激励措施上还比较单一。

精神激励方面，如氛围激励、团队激励等机制上需借鉴其他社区措施。氛围激励方面，如 CSDN 设立活动专区，提供社区成员可以在线下或者线上参与的活动，营造良好的社区氛围；团队激励方面，维基百科通过为用户提供"互助客栈"和"讨论页"，方便用户间进行合作与讨论，以激励用户参与到社区的知识

① 刘臻晖. 教育虚拟社区知识共享机制研究［D］. 南昌：江西财经大学博士学位论文，2016.

共享和创新当中。百度百科提供百度合作平台，促进合作编辑所属领域词条获得全面展示等。

表 5-8 网络社区激励措施对比分析

激励机制＼社区		学术社区	专业社区	综合社区	
		CNKI 学术社区	CSDN	维基百科	百度百科
物质激励	积分与等级激励	√	√		√
	知识晋升激励	√		√	√
	资源-积分激励		√		√
精神激励	用户排名激励	√	√		√
	荣誉、表扬专栏		√	√	√
	热点专栏	√	√	√	√
	氛围激励		√	√	√
	团队激励		√	√	√

物质激励方面，如采用资源-积分激励。资源-积分实际上是一种积分与资源间的兑换行为，是为了奖励做出积极贡献的用户，只要符合兑换要求，就可以用积分换取相应的奖品，包括虚拟兑换和实物兑换，从而提高了用户参与知识问答分享平台的积极性。CSDN 采用了资源-积分的激励措施，通过参与一些活动来换取一定的积分，同时通过使用一定积分来获取自己所需要的知识或资源。百度百科成员通过参与和完成各种任务来获取积分，成员可以利用积分获取所需资源或者在百科商城兑换实物，即从物质上激励用户的参与，同时也组织许多的活动供用户参与以换取积分。网络学术社区中用户对激励机制的感知以及激励效果评价方面，是未来研究需深入探讨的问题。

第6章 网络学术社区信息聚合与共享服务的推进

网络学术社区的迅猛发展，学术资源及研究者聚集效应愈加明显。信息聚合技术不断发展，从传统 RSS/Atom 到 OpenID、开放式 API、widgets 等个性化聚合技术的发展，到元数据、本体、标签等语义聚合技术的不断进展；从信息聚合到 Mashup 应用聚合推进，信息聚合服务正处于快速发展演变中。

无论是学术资源的内容聚合还是社会关系交织的用户聚合，都可能带来网络学术社区平台服务策略与服务模式的改变，推动用户个性化、细分化、精准性、交互性的服务需求满足，实现知识获取、知识发现、知识推荐等方面的服务完善。本章将结合前文对网络学术社区信息内容聚合和用户聚合的特点和规律研究的结果，探讨相应的服务策略，以期为网络学术社区服务组织、管理提供参考。

6.1 从元数据聚合到社会化信息聚合服务发展

早期的信息聚合服务，主要关注信息层面的内容聚合，内容描述规范和信息互联传输协议是其中的关键。在实践方面，英国联合信息系统委员会（JISC）长期致力于高等教育信息化整体化发展，是网络学习环境信息组织研究的倡导者，围绕科研及教育信息的聚合与共享资助了一系列科研项目，JISC 早期资助的项目注重利用元数据、中间件技术实现跨系统的资源聚合，如 INSPIRAL、DELIVER 等项目。随着网络学术社区的发展，JISC 开始关注学术社区的信息聚合，如 meAggregator项目，通过建立基于 Folksonomy 及语义 Web 技术的信息聚合框架，支持学术社区信息无缝获取。近年来，JISC 将关注转向人的因素及其信息流组织，探讨基于社会化参与的用户贡献内容聚合组织，资助开发了发现、共享和讨论学习与教学资源的网络社区 Cloudworks。下面以 DELIVER 项目和 Cloudworks 为例，分析信息聚合服务发展变化。

（1）基于元数据聚合的网络学术社区信息聚合服务

“增强图书馆资源与 VLE 资源的动态链接”（dynamically enhancing VLE

information from the library，简称 DEVIL）项目是 JISC 资助的，由爱丁堡大学和开放大学合作的一体化网络学习项目，是 DELIVER 项目的子项目，DEVIL 项目的目标是构建一体化网络学习社区，寻求学习对象整合的方法，建立资源发现、一体化检索的协议和原型系统。从图 6-1 可以看出，DEVIL 聚合的信息资源包括图书馆资源、课程团队或教师自己资源、第三方资源（包括博物馆、档案馆、其他研究机构等的资源）。一体化网络学习聚合服务需对不同种类、不同来源、不同载体形态、不同数据结构的资源进行集成整合，通过统一的界面向用户提供对异构资源的获取和利用，屏蔽用户访问资源中的各种限制。建立元数据仓储是其中的关键。

图 6-1 是 DEVIL 所描述的为实现一体化网络学习而构建的元数据仓储的内容和结构体系①。一体化的网络学习服务体系中将各类资源加以选择、整理和揭示，对元数据的格式加以规范，并按照教学驱动的原则，将它们嵌入到网络的学习共享空间中去。DEVIL 项目的创新之处在于将大学图书馆作为大学的学术信息资源与交流中心，与网络学习环境整合，实现网络学习系统、图书馆管理系统、机构管理信息系统等多个系统的有效链接和整合，从而为教学科研提供嵌入式的聚合服务。

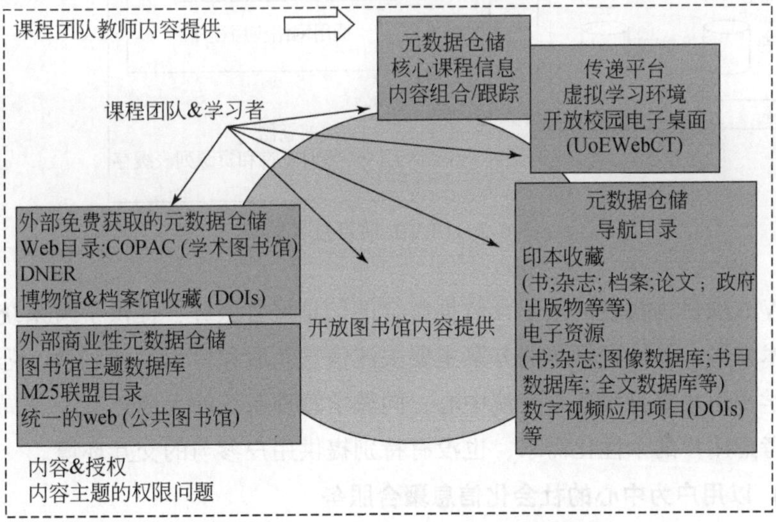

图 6-1　DEVIL 开放校园元数据仓储框架

① 张敏．面向知识创新的跨系统协同信息服务［D］．武汉：武汉大学博士学位论文，2009.

在元数据仓储聚合的基础上，一体化网络学习协同服务实现了系统互联的多种技术解决方案。主要是通过电子资源的 Java 获取技术（java access for electronic resource，简称 JAFER）、可共享的内容对象参考模型（shareable content object reference model，简称 SCORM）、资源目录系统、开放链接协议（OpenURL）等中间件技术来实现系统连接。图 6-2 展示了 DEVIL 项目实现图书馆仓储和网络学习系统互联的技术框架。

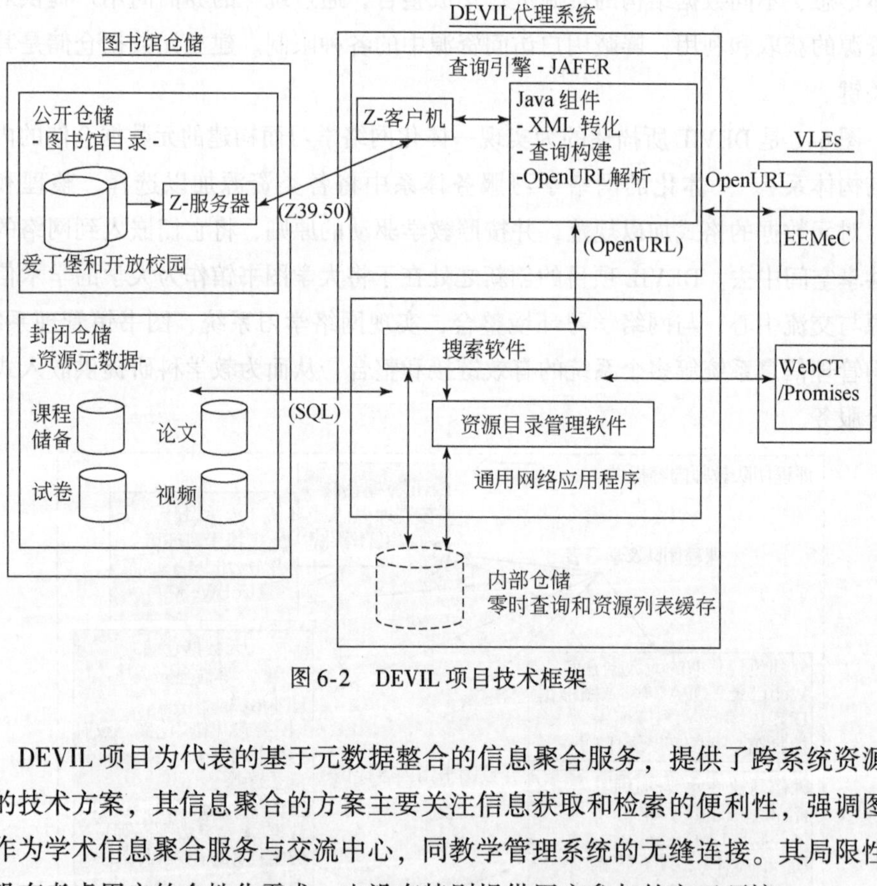

图 6-2 DEVIL 项目技术框架

DEVIL 项目为代表的基于元数据整合的信息聚合服务，提供了跨系统资源整合的技术方案，其信息聚合的方案主要关注信息获取和检索的便利性，强调图书馆作为学术信息聚合服务与交流中心，同教学管理系统的无缝连接。其局限性在于没有考虑用户的个性化需求，也没有特别提供用户参与的交互环境。

（2）以用户为中心的社会化信息聚合服务

随着 Web2.0 技术的发展，网络学术社区的兴起，JISC 资助建立了 Web2.0 技术背景下共享知识的 Cloudworks 网络学习社区，该项目是 JISC-OULDI（Open University Learning Design Initiative，开放大学学习设计倡导）项目的子项目。

Cloudworks 的目标是促进人们发现、共享和讨论与学习和教学相关的观点，通过社会网络连接具有相同教育兴趣的人，提供设计教学活动和发展教学资源的灵感；提供给不同群体讨论、合作和聚合相关材料、观点和设计的场所，鼓励在那些无学习和教学经验的人们之间的资源共享。

同现存的教育仓储不同，Cloudworks 强调动态仓储的构建，收集关于教育内容（学习设计、案例研究、资源和工具）的观点和经验；确保参与贡献内容的低门槛，没有关于内容细节和元数据格式、质量控制和拥有权的烦琐要求，所有贡献内容都要可以公开获取；以人为中心，发现合适交谈的人和找到合适的资源一样重要；确保 Cloudworks 像导管，通过 APIs 聚合相关站点的内容，保证站点能最大化促进内容摄取和重用。

Cloudworks 核心原则是开放，即任何人都可以加入和参与使用，促进不同利益相关者（政策制定者、研究者、教师、学习者等）的自由交互。Cloudworks 聚合人的知识交流，让用户使用信息网关组织自己的信息流和活动，将信息聚合从静态内容聚合转变为一个更便于交互、个性化、适应性，以及混合多种用户行为的聚合服务学习社区。Cloudworks 主页见图 6-3，框架结构见图 6-4。

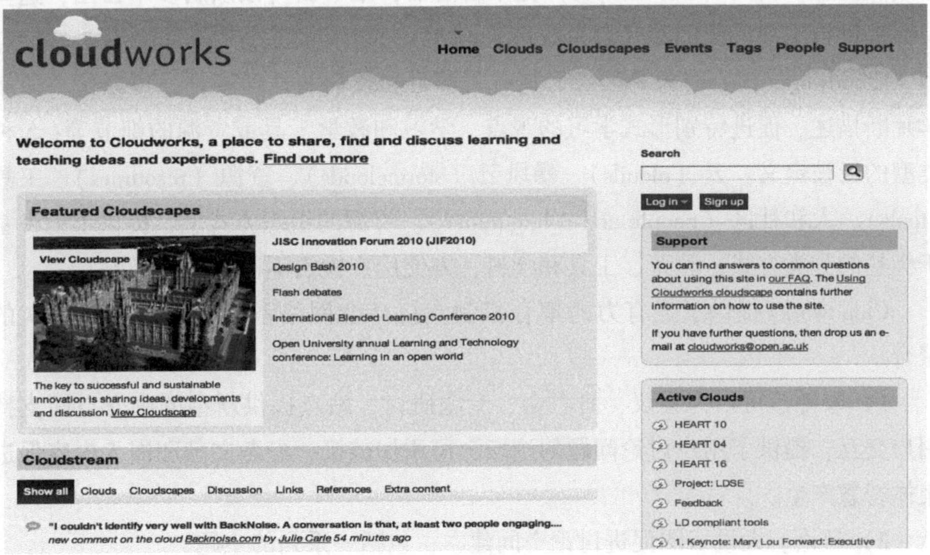

图 6-3　Cloudworks 主页

Cloudworks 组合了大量社会参与技术的特征：第一，它像多用户博客一样运行，显示了一系列有序的入口，链接和资源可以由用户自由添加到云中；第二，讨论论坛，用户可以添加评论；第三，提供与社会书签网站相同的功能来聚合资

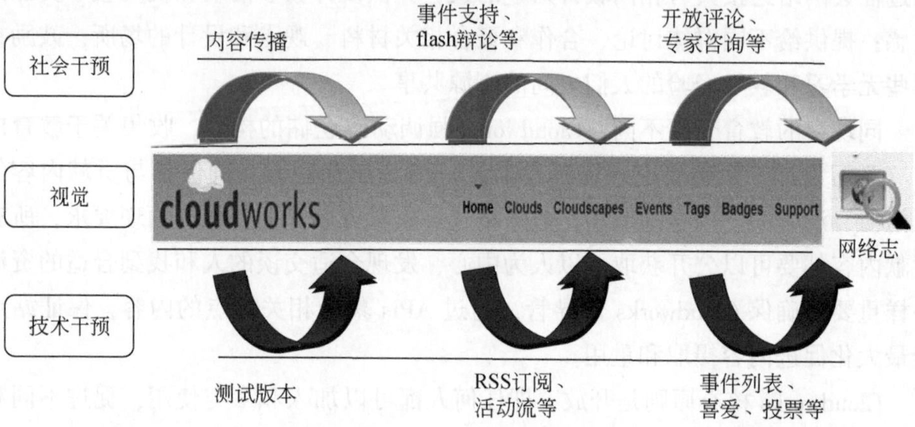

图 6-4 Cloudworks 框架结构

源（链接和学术参考文献可以添加）；有一系列交互功能，如添加 tag、RSS 订阅和 Twitter 一样的跟随和被跟随功能；可以添加活动流，由用户主导资源聚合的方式和内容；云图（cloudscapes）是聚合的云，某个云可以从属多个云图，这些特征提供给用户广泛的路径自由改进云。

Cloudworks 核心对象是云。云是有关学习和教学的任何事情，可以是一段教学片断描述、促进特别形式学习的观点、学习和教学工具或资源的细节等；5 种类型的云被定义：云（clouds）、暴风云（stormclouds）、资源（resources）、工具（tools）、人和社区（people and communities）。资源的组织方式上，提供了三种基于标签的分类方式：教育、工具和学科，方便用户检索不同类型的资源。

Cloudworks 提供了强有力的聚合机制支持社会网络不同方法和不同层次的聚合。

1）事件。可以为会议、研习会、专题研讨，站点提供新型的中介空间支持用户交互，提供了用户讨论问题的论坛，可添加链接、参考文献和嵌入内容促进集体智慧产生。

2）辩论。大量云图促进讨论空间建立，包括一系列的主题。

3）开放评论。Cloudworks 提供一个良好的环境支撑开放评论，可为研究问题建立一个云以聚合资源。评论也可以添加评语。

4）资源聚合。Cloudworks 作为聚合器，聚合特别的主题或资源，例如，生成关于在线研究工具的云图，聚合课程相关的资源和共享专业实践经验。

5）课程。支持开放的原创课程，特别是与教学相关的资源和情景。

6）阅读圈。阅读云图，聚合空间和讨论阅读相关的阅读材料。

7）专家启发和咨询。提供一个空间展示交流关于某一个主题的专家看法。通过文献评论和专家引导，验证研究产出。

Cloudworks 代表着信息聚合服务的社会化发展方向，实现完全由用户主导创建基于问题、基于资源和基于活动的互动信息流聚合。通过添加云，增加社区成员的能动性，改变单向传播模式。同基于元数据聚合服务的根本区别在于网络的开放和互动。以元数据为中心的单向聚合模式没有体现“开放和互动”，也与 Web2.0 概念中网络用户“自主创造”的核心特征不符。因此，Cloudworks 改变单向传播模式，让网络用户在学术社区网站上能够自主地储存、管理和加工信息，围绕某一个知识点形成有序的知识流，体现了个人兴趣的自组织聚合共享过程。

6.2 基于 Mashup 的个性化学术聚合服务

Mashup 中文翻译为“混搭”，也有学者称为“汇聚”或“聚集”①。Mashup 最早出现在音乐界，意味着将两种音乐混合在一起。Mashup 的内涵在于整合不同外部数据源的内容和服务，可以把松散的学术信息资源、要素、服务和功能集成在网络环境之中，提供增值的、创新的内容、服务和统一完整体验的网络信息系统②。

（1）Mashup 聚合原理

Mashup 是大量应用 Web2.0 技术综合而成的一种应用程序，通过 Atom/RSS、开放 API、REST、SOAP、JSON 等方式把不同内容聚合起来③，如图 6-5 所示。

Mashup 聚合服务的底层技术是内容描述格式规范及其实现 API（RSS/MetaWeblog），主要分为服务聚合和数据聚合两种方式④。当 Mashup 聚合服务响应用户请求时，通过调取 API 来获取数据源的功能。开放 API 所使用的协议有所不同，典型的协议包括 Atom/RSS 订阅源、REST、SOAP、JSON 和 XML-RPC 等。Atom/RSS 订阅源和 REST 操作简单，SOAP 和 XML-RPC 传递参数较复杂，而

---

① 祁晓晖，郑滔．Mashup 研究综述［J］．计算机应用，2010，30（S1）：203-208.

② 张敏．图书馆协同信息服务的技术实现策略研究［J］．情报理论与实践，2011，34（9）：110-114.

③ 李峰，李春旺．Mashup 关键技术研究［J］．现代图书情报技术，2009，（1）：44-49.

④ 秦灵伶，王文东，贾霞，等．Mashup 技术及其发展趋势［J］．电信科学，2009，25（9）：80-86.

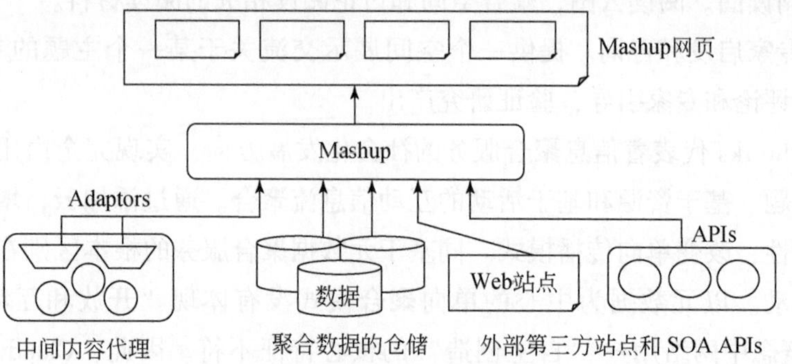

图 6-5 Mashup 聚合的资源

JSON 适合浏览器端使用。Mashup 在聚合数据时使用 RSS 或 Atom 来获取数据。

目前 Mashup 开发平台主要是帮助 Mashup 创造者更加方便和快速地开发出自己想要的 Mashup 应用，常用的 Mashup 平台工具如 Intel 的 Mashmaker，卡内基梅隆大学的 Marmite，微软公司的 Popfly、Yahoo！Pipes、Dapper，MIT 的 Simile①，IBM 的 Lotus Mashups、JackBe Presto Wires、Openkapow、Anthracite 等。

Mashups 是为使用服务的用户而创建的，并且通常是由用户自己创建。Mashup 采用 REST、RSS、JSON 等网络规则和现存标准，轻量级的解决方法降低了开发门槛，易于构建，易于重用，易于访问，满足了日益增长的情景化聚合需求。

（2）语义 Mashup 的实现

传统的 Mashup 服务存在数据源结构多样性，聚合数据语义的非一致性、缺乏适应性、可扩展性和互操作性等问题，例如相同的数据元素使用不同的名称，不同数据元素具有不同的意义却拥有相同的名称等。在 Mashup 实现聚合服务时，语义网和 RDF 可以帮助实现高质量的 XML 数据聚合和 RSS 提要内容聚合。大量开放关联数据的重用，也提出了语义 Mashup 的应用需求。

聚合数据采用本体框架进行表征，使用 OWL 等本体语言描述，根据 RDF 数据模型、关联数据规范、SPARQL 语言等加工处理数据，将来源于异质数据源的数据资源聚合和转变成一致的数据格式，由此构建关联数据的 Mashup 服务。语

① Tuchinda R，Szekely P，Knoblock C A. Building mashups by example ［C］// Proceedings of the International Conference on Intelligent User Interfaces，Gran Canaria，Spain，2008：139-148. https://doi. acm. org/10. 1145/1378773. 1378792.

义 Mashup 的开发方法如表 6-1 所示①。

表 6-1　语义 Mashup 开发方法总结

	名称	语义网技术	范围/目的
技术	数据三元组	RDF OWL Linked data	将数据转换为机器可读的数据 语义 Mashup 工具的支持方法 适用于许多语义 Mashup 服务
技术	语义网服务	RDFa 微格式 JSON-LD	以明确的计算机可解释语言描述服务的功能和内容 改进现有任务的质量和健壮性 自动发现、调用、组合、监控和执行
Mashup 语言	MashQL	RDF SPARQL	轻松查询和混搭 Web 数据源 不需要了解数据源的底层结构或技术细节
Mashup 语言	Mashup 规则语言	Ontology	适合一般用户 Web 资源聚合构建系统 一般或适应性 Mashup
设计框架	SMASHAKER②	Ontology OWL	推荐系统聚焦于（半）自动支持 Mashup 设计 主动的交互式 Mashup 组件（数据源）选择和组合 系统需要语义增强的数据源（SA-REST 和 SAWSDL）
设计框架	sMash	RDF	方便用户聚合 Web 数据的系统 系统帮助新手用户轻松掌握数据 APIs 和它们之间的关系 该系统鼓励各种用户构建更吸引人的 Web 数据 Mashup

语义 Mashup 技术实现方案非常丰富，例如，基于 Widget 方法、数据库启发式方法、通过表的查询方式（如 YQL、MashQL 等）、类似电子表单方法、可视化脚本语言的方法、自动创造的方法、语义管道的方法等③。Le-Phuoc 等④分析

---

① Kalou A K，Koutsomitropoulos D A. Towards semantic mashups：tools，methodologies，and state of the art［J］. International Journal of Information Retrieval Research，2015，5（2）：1-25.

② Bianchini D，De Antonellis V，Melchiori M. A recommendation system for semantic mashup design［C］//Proceedings of the Workshops on Database and Expert Systems Applications，Bilbao，Spain，2010：159-163. doi：10. 1109/DEXA. 2010. 48.

③ Hoang H H，Cung T N P，Truong D K，et al. Semantic information integration with linked data mashups approaches［J］. International Journal of Distributed Sensor Networks，2014：1-12. https://dx. doi. org/10. 1155/2014/813875.

④ Le-Phuoc D，Polleres A，Morbidoni C. Rapid prototyping of semantic mash-ups through Semantic Web Pipes［C］// Proceedings of the 18th International Conference on World Wide Web，Madrid，Spain，2009：581-590.

了 Semantic Web Pipes（SWP）的体系结构，提示从不同的关联数据源抓取数据，进行数据融汇的实现过程。SWP 的目标不是取代复杂的工作流语言，而是促进一个非常简化的非循环数据处理模型。更具体地说，它是建立在 SPARQL 数据集上的，支持拆分和合并两种工作流模式，能实现不同数据源格式转换成统一的 RDF 格式输出。

语义 Mashup 的执行可以采用两种主要的体系结构：客户端语义 Mashup 应用程序和服务器端语义 Mashup 应用程序（图 6-6 和图 6-7）。客户端可以直接发送一个远程 Mashup 服务请求，不用经过任何代理服务器，远程 Mashup 服务程序加工聚合服务请求，以要求的格式返回数据，返回的数据装载在客户浏览器的动态的脚本 <script> 中；服务器端 Mashup 框架可以看成是一种代理形式的 Mashup，服务和数据整合在服务提供方的平台中，所有来自用户的请求都通过代理服务器处理。

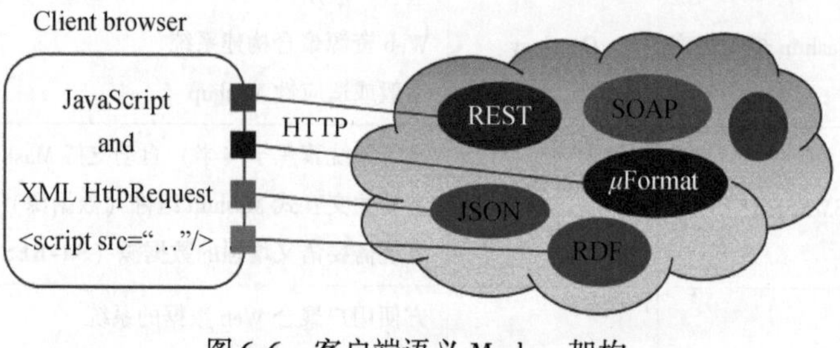

图 6-6　客户端语义 Mashup 架构

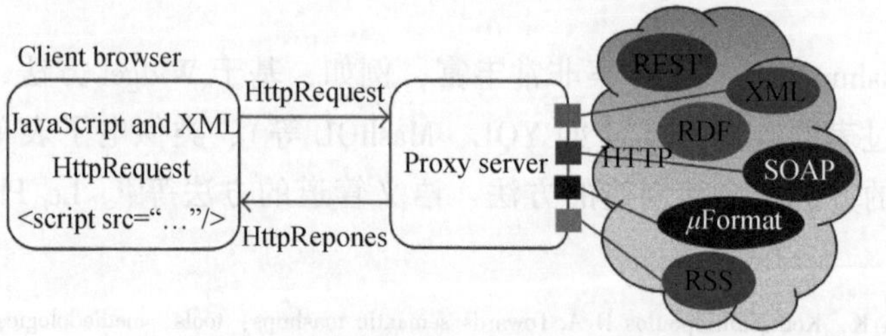

图 6-7　服务器端语义 Mashup 架构

（3）学术信息 Mashup 聚合服务的现状及问题

据 Programmble Web 网站（API 经济网络杂志）的数据显示①，截至 2017 年

① APPs and Mashup Directory [EB/OL]. https://www.programmableweb.com/category/all/mashups?order=created&sort=desc [2017-7-30].

8 月 13 日，全球共有 16 318 个 API 注册，Mashup 应用程序注册有 6362 个。经统计分析发现，自 2005 年起，Mashup 应用聚合服务经历了迅猛到相对平稳的发展（表 6-2）。

表 6-2　Mashup 的应用程序注册数量统计（截至 2017 年 7 月）

年份	Mashup 应用程序注册总数量	年新增 Mashup
2005	139	139
2006	797	658
2007	1853	1056
2008	2679	826
2009	3384	705
2010	4091	707
2011	4872	781
2012	5389	517
2013	5805	416
2014	6151	346
2015	6277	126
2016	6335	58
2017	6361	26

Mashup 应用聚合服务的类型非常丰富，经统计排在前 7 位的分别是 mapping、search、social、photo、videa、travel 和 music（表 6-3）。其中 mapping 应用最多，占到了总数的 36%。由此可见，Mashup 应用聚合服务已经在各个领域积累了较丰富的应用经验。

表 6-3　Mashup 注册服务的类型（截至 2017 年 7 月）

序号	类型	数量
1	mapping	2287
2	search	963
3	social	942
4	photo	656
5	videa	557
6	travel	507
7	music	452
8	learning & research	277

教育、科研领域的 Mashup 应用也逐渐拓展，从 2005 年的开端发展到 2017 年 7 月的 277 个。典型的领域应用如学习管理，主要包括虚拟教室和学习管理系统的技术与内容聚合；个人信息管理，例如，在 LinkedIn People Search 上提供 Mashup 聚合服务，通过在页面上高亮显示用户全名，点击右键，就可互联到谷歌、LinkedIn、维基百科、Facebook 等网站上实现关联搜索。

Mashup 在网络学习应用方面成果较多①②。Mashup 具有聚合性好、交互性强、成熟性好和易于开发等技术特征，适用于解决网络学习资源海量、分散的缺点，从技术角度、学习者角度和学习资源与服务角度看，Mashup 均具有较好的应用前景③。在个性化学习环境构建方面，Mashup 将学习内容从不同的来源聚合起来构成单一的接口④。围绕创造、连接、注释、聚合、获取和共享等学习环节，用户可以按照自己的需求通过 API 和用户定义的小部件（widgets）聚合各种工具和服务，如社交书签工具、RSS 阅读器、微博客工具，实现个性化的学习环境创建，如图 6-8 所示。

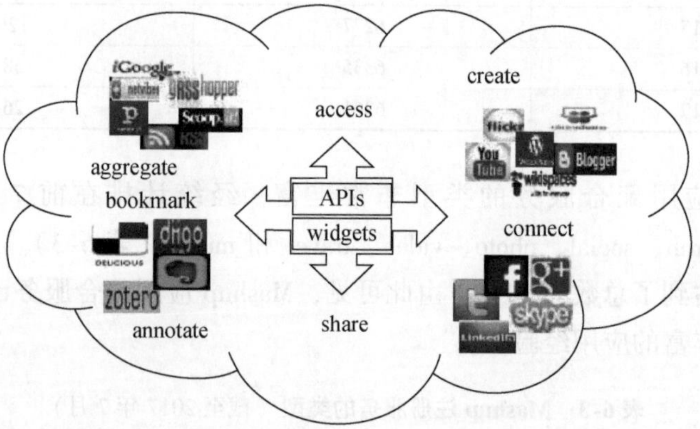

图 6-8　基于 Mashup 创建个性化的学习和研究环境

① 王萍，张际平. Mashup 聚合技术与网络学习［J］. 电化教育研究，2008，(3)：63-66.

② 杨光. 基于 Mashup 聚合技术的网络学习研究［J］. 产业与科技论坛，2012，(8)：77-79.

③ 张豪锋，王小梅. 基于 Mashup 聚合技术对网络学习的有效支持探微［J］. 现代教育技术，2009，19 (4)：109-112.

④ Saadatmand M，Kumpulainen K. Content aggregation and knowledge sharing in a personal learning environment：serendipity in open online networks［J］. International Journal of Emerging Technologies in Learning，2013，8 (S1)：1-8.

Mashup 应用于科学研究的实践正在拓展①，Kiah 等②将 Mashup 应用在定制医学信息搜索引擎中，通过混搭可信的数据源，提高了检索效率。可以看出，Mashup 能够按照用户的需求和使用习惯来聚合学术数据和服务，创造个性化的学习和研究环境，对于需要系统知识和有序知识结构支撑的学术研究和网络学习而言，各种服务和数据的聚合对于学术研究者开拓研究思路、激发创新灵感、集成管理科研流程等具有重要的应用价值。

相对其他领域的应用聚合而言，学术 Mashup 聚合服务还处于发展的初级阶段，具备良好的应用前景。当前面临的挑战：

1）面对日益增多的 Mashup 服务和 Web API，如何快速获取和查找现存的、可利用的学术科研相关 Mashup 数据和服务，增强 Mashup 服务感知③、数据源推荐、服务推荐等是首先需要解决的问题。

2）数据获取权限问题。Mashup 的数据集成是重要的聚合应用模式，通过 API 或者屏幕抓取技术获取聚合数据时，数据获取的权限往往受限，这也是困扰 Mashup 学术应用聚合服务发展的难题④。

3）数据的语义和质量问题。Mashup 的数据来源不同，有组织的、个人的，有结构化的和非结构化的，而 Mashup 的创造者可能并不是专业的源数据模型领域专家，所以在处理数据的质量方面能力有限，而正确、可信的数据对 Mashup 学术应用聚合服务至关重要，对教育、科研领域而言数据质量尤为关键，也是完成 Mashup 中的信息集成和语义融合的关键环节。

6.3 基于聚合的学术知识导航服务

网络学术社区中存在着大量的信息碎片、知识碎片，对学术用户而言，获取与自己相关的学术论文、科研项目，找到潜在的合作者和领域专家，发现有价值的问题答案仍然相对困难。信息和用户的有效聚合就是要解决信息超载和

---

① Cramer H, Rost M, Holmquist L E. Services as materials: using mashups for research [C]// Proceedings of the 2nd International Workshop on Research in the Large, Beijing, China, 2011: 9-12.

② Kiah M L M, Zaidan B B, Zaidan A A, et al. MIRASS: medical informatics research activity support system using information mashup network [J]. Journal of Medical Systems, 2014, 38 (4): 1-15.

③ Cao B, Liu J, Tang M, et al. Mashup service recommendation based on usage history and service network [J]. International Journal of Web Services Research, 2013, 10 (4): 82-101.

④ Khokhar R H, Fung B C M, Iqbal F, et al. Privacy-preserving data mashup model for trading person-specific information [J]. Electronic Commerce Research & Applications, 2016, 17: 19-37.

信息迷航问题，实现个性化的知识导航与知识推荐服务，促进知识的有效共享。

传统的信息服务往往依赖单一的层次结构，例如，简单的网站分面结构导航，或是基于关键词的搜索服务、社会评价（social rating）机制①等。基于聚合的网络学术社区知识导航服务侧重从领域知识的视角，从信息内容中提取术语的概念结构，建立知识节点之间的互链，同时有效区分聚合类别②，实现网站导航结构的智能优化。按照导航实现机制的不同，知识导航可以划分为认知导航、本体导航、基于学术大数据挖掘的导航等不同类型。

(1) 认知导航

认知导航指以用户个人认知语境为出发点③，实现个性化导航。认知语境包括领域背景、认知经验、认知偏好、能力度量等，通过建立用户档案、追踪用户兴趣点等进行认知语境的获取。鉴别创造知识的智力条件，提供领域相关知识和联结跨领域的知识，使用元数据④、标签等实现认知导航，支持新知识的创造。

由于 Folksonomy 标签包含了数字资源内容、资源背景以及个体主观认知(个人喜好、自我参考等)，代表了用户的社会认知性聚合，较多学者尝试利用 Folksonomy 所映射的用户认知特征，构建 Folksonomy 标签导航结构。

Folksonomy 标签导航是一种基于"链接指引+内容特征+社会化推荐"的混合机制，标签导航路径应体现"概念-词汇-应用环境"之间的知识关联，由此陈朝⑤提出基于标签概念封装和启发式语义功能封装的深度语义聚合模型，在保持标签平级结构的基础上，对导航"路标"进行语义充实，辅助用户识别所处的客观知识环境；同时，基于复杂网络分析抽取标签云或关联标签中的语义关联信息，通过可视化方式模拟标签语义关联网络结构，帮助用户识别知识源头的流动趋势，实现基于标签的广度语义聚合。也有较多学者利用形式概念分析

---

① Sarma D, Sarma A, Gollapudi S, et al. Ranking mechanisms in twitter-like forums [C]//Proceedings of the Third ACM International, New York, USA, 2010: 21-30. DOI: 10.1145/1718487.1718491.

② 李亚婷. 知识聚合研究述评 [J]. 图书情报工作, 2016, 60 (21): 128-136.

③ 何海亮, 何楚媛. 用户认知语境视角下个性化导航实践应用分析 [J]. 信息与电脑（理论版）, 2017, (6): 37-38.

④ Sabharwal A. Knowledge domain navigation in interdisciplinary digital landscapes [J]. Journal of Library Metadata, 2011, 11 (2): 63-82.

⑤ 陈朝. 面向双维度标签语义聚合在 Folksonomy 导航架构研究 [J]. 图书馆学研究, 2015, (13): 68-73.

(FCA) 从 Folksonomy 中提取概念层级结构来实现知识导航；从标签和传统分类法、本体融合的思路实现知识导航也是较为通用的实现路径。Kiu 和 Tsui[①] 探讨了整合大众分类法和专家分类法实现知识导航的方案，借鉴这一思路，张云中和杨萌[②]利用形式概念分析法，将社会化标签融入层级结构鲜明的专家分类体系中，构建适应 Web2.0 环境的 tax-folk 混合导航模型；白华[③]把大众标签融入本体概念中，构建出具有良好语义功能和结构功能的知识浏览框架。

(2) 本体导航

本体导航聚焦跨多个知识领域概念间的关联层次，利用本体、关联数据、主题图等可实现聚合知识的导航服务。本体知识导航支持跨学科环境下学者们的偶遇发现。知识导航的方向可以是横向（两个或多个相关的主题领域之间）或纵向（限于某一个特定的主题领域）。

从本体维度所构建的知识导航，可以使用知识分类的多种形式：词单、树、矩阵、分面、系统图谱等进行多学科、跨学科知识整合；或通过使用 OWL 语言和 RDF 元数据标准建立信息之间的关联关系，强调语义聚合后知识结构的层级展示，期望能表达出较为全面的领域知识分类体系和概念之间的隶属关系，例如，Mendes 等[④]从 e-Learning 的角度出发，先利用模糊聚类算法实现动态知识概念的自动关联，并在关联知识的基础上利用 Topic Map 技术构建关联知识浏览框架；Topic Map（主题图）是目前用于构建知识导航的流行工具，它能够表达复杂的知识结构，具有较好的灵活性和适应性，通常用作知识聚合的可视化工具，指引用户到达相关资源合集。

除了网站层次的知识结构导航，在分面导航检索上，白海燕[⑤]分析关联数据的成功应用经验。以 DBPedia 分面检索为例，利用关联数据的类数据和实例数据，在检索方面可以实现基于对象和关系的语义检索，提供有针对性的分面浏览

---

① Kiu C C, Tsui E. TaxoFolk: a hybrid taxonomy-folksonomy classification for enhanced knowledge navigation [J]. Knowledge Management Research & Practice, 2010, 8 (1): 24-32.

② 张云中，杨萌 . Tax-folk 混合导航：社会化杨萌标注系统资源聚合的新模型 [J]. 中国图书馆学报，2014，(3)：78-89.

③ 白华 . 大众分类本体与知识组织系统融合研究 [J]. 图书馆学研究，2016，(10)：53-59.

④ Mendes M E S, Martinez E, Sacks L. Knowledge- based content navigation in e- Learning applications [EB/OL]. http://www. ee. ucl. ac. uk/lcs/papers 2002/LCS115. pdf[2019-7-8].

⑤ 白海燕 . 从关联数据的应用场景看信息服务发展的新动向 [J]. 数字图书馆论坛，2012，(6)：59-65.

和分面导航的服务功能。Li 等①利用相关的知识网络构建（知识重要性分析、知识概念本体构建）方法，提出的社会知识导航机制，实现基于知识概念的知识图谱，结合个性化知识流（分析文章阅读次序）的可视化导航推荐，能有效地减轻信息超载、误解或滥用。其中知识重要性分析包括社会交互分析和网络结构分析，社会交互分析主要通过专家排名和大众排名确定，网络结构分析主要通过测量文章之间的结构强度和关系强度确定，除了知识地图的生成，个性化知识流的导航推荐是较为创新的思路。

（3）基于学术大数据挖掘的知识导航

网络学术社区除了通过各种分类法与语义网技术相结合来构建知识导航系统外，随着社区聚合的学术大数据指数级增长，利用大数据挖掘实现知识导航成为研究热点，例如，通过挖掘文献中相关的学科知识，以及合著者等信息，构建以专家为核心的文献资源导航系统，实现系统自动获取专家文献合集的功能②；清华大学开发的 AMiner 是此类型导航系统的典型代表。AMiner 是为全球计算机科学相关领域的科研人员提供学术检索和挖掘服务的搜索引擎，自 2006 年上线，截至 2020 年 7 月 5 日，已集成来自多个数据源的超过 2.6 亿条学术文献数据，这些数据是构建 AMiner 上层服务的基石。

从海量文献及互联网信息中，AMiner 利用数据挖掘和社会网络分析技术，自动获取研究者相关信息并建立研究者描述页面，同时结合自动抽取的出版物信息，实现名称消歧、社会网络建模等流程。

AMiner 自动从互联网中发现作者的个人主页，并从个人主页中自动抽取单位、邮箱、个人经历以及头像等信息。抽取的个人信息要进行的预处理流程包括：把网页文本分成一个个 token，这些 token 分属于不同的类别，设定不同的标签（也就是个人信息的属性）。对于每一个 token 单元，AMiner 选择条件随机场（conditional random field，CRF，比较流行的序列标注模型），进行个人信息的语义标注，该模型引入基于内容的特征、基于模式的特征、基于 term 的特征和基于格式的特征等进行学习。利用学到的标注模型标注新样本。AMiner 采用的账户自动关联算法解决用户多网络账号关联。

---

① Li Y M，Lin L F，Lin Y H. A recommender mechanism for social knowledge navigation in an online encyclopedia［J］. Information Processing & Management，2014，50（5）：634-652.

② 周津慧，王衍喜，王永吉，等. 基于领域专家学科知识链的文献资源组织与导航［J］. 科研信息化技术与应用，2011，2（1）：33-42.

作者重名排岐方面，AMiner 提出了一种结合全局度量和局部链接的学习算法①，将每个相关实体投影到低维的公共空间，可直接计算作者相似性。全局度量主要是基于文档特征向量学习每对文档间的距离函数，然而仅仅根据内容相似度还不能取得很好的聚类效果，作者之间不同类型的关系对于区分不同的作者非常有效，因此 AMiner 综合使用局部链接分析方法，利用来自邻居的拓扑信息量化作者相似性。同时，结合人的参与，定义来自用户/注释的潜在特征，将其结合到不同组件中以改善消岐准确性。

AMiner 系统基于信息自动抽取标注、主题建模、社会网络分析等学术信息挖掘和处理，提供以下功能②：①搜索，包括研究者搜索、论文搜索、综述文献搜索、权威机构搜索、关联关系搜索以及基于话题的子图搜索等；②学术推荐，包括权威审稿人推荐、优秀论文推荐等；③深层分析/挖掘功能，包括领域专家发现、热点话题发现以及论文引用模式挖掘、研究者能力图谱、学术评估等。AMiner 系统能够为计算机科学相关领域的研究者提供全面的领域知识、针对性的研究话题和合作者信息，为科研人员提供信息获取和导航帮助。

6.4 基于聚合的学术知识推荐服务

知识推荐是知识聚合的另一重要目的，网络学术社区中资源海量，基于聚合的知识推荐，为学术用户及时推荐相关领域的研究热点、研究成果、领域专家、潜在合作者等，提高用户知识获取效率。

基于多维的聚合对象，网络学术社区可以提供丰富多样的推荐策略③④。本节对典型网络学术社区的推荐项目进行了对比分析，如表 6-4 所示，显示网络学术社区的推荐服务各有特色，例如，Academia 和 AMiner 侧重资源推荐分享；ResearchGate、学者网、科研之友则推荐功能较全面。

---

① Zhang Y, Zhang F, Yao P, et al. Name disambiguation in AMiner: clustering, maintenance, and human in the loop [C]// Proceedings of the 24th ACM SIGKDD International Conference on Knowledge Discovery and Data Mining, London, UK, 2018. doi: 10.1145/3219819.3219859.

② Winkaka. AMiner背后的技术细节与挑战 [EB/OL]. https://blog.csdn.net/u010161379/article/details/50760788 [2019-11-20].

③ 刘先红，李纲．科研社交网络的推荐系统对比分析 [J]. 图书情报工作，2016，60 (9)：116-122.

④ 岑咏华，邓三鸿，王昊．关联推荐及其在学术资源检索网站中的应用研究 [J]. 图书情报工作，2009，53 (6)：41-45.

表 6-4　科研社交网络的推荐项目

推荐项目	ResearchGate	Academia	科研之友	学者网	AMiner	小木虫
科研人员	✓	✓	✓	✓	✓	✓
科研社群	✓	✓	✓	✓	✓	✓
科研成果	✓	✓	✓	✓	✓	✓
科研职位	✓	✓		✓		✓
兴趣特长	✓	✓	✓	✓		✓
问题解答	✓			✓		✓
学术期刊	✓		✓	✓	✓	✓
科学基金	✓	✓	✓			✓
科研项目	✓		✓			✓
教学课程				✓		
学术会议				✓	✓	✓
出版社推荐					✓	
学术机构			✓	✓	✓	
研究前沿			✓	✓	✓	

Kong 等①从用户导向、网络导向、关系导向三个维度总结了网络学术社区的服务应用：①用户导向方面的服务应用非常丰富，例如，用户层次任务方面，包括作者名称消歧、作者排序、作者兴趣发现、专家发现、学术新星发现；论文层次任务包括论文影响力评价、论文影响预测；期刊层次任务包括期刊影响预测等；②关系导向的学术社区服务应用包括作者关系预测，学术推荐（合作推荐、论文推荐、出版社推荐），社区、群组监测，学术链接预测等；③网络导向的学术社区服务应用包括合作范式分析、跨学科研究演化、研究趋势预测等，如图 6-9 所示。

基于学术资源在学术环境中的多维耦合关系分析，Yang 等②抽取适用于网络学术社区的知识推荐项目：论文推荐、合作者推荐、专家推荐、学术会议推荐、标签推荐。本书借鉴以上分析框架，对学术知识推荐服务予以总结归纳。

① Kong X J, Shi Y J, Yu S, et al. Academic social networks: modeling, analysis, mining and applications [J]. Journal of Network and Computer Applications, 2019, 132: 86-103.

② Yang Z, Yin D, Davison B D. Recommendation in Academia: a joint multi-relational model [C]// International Conference on Advances in Social Networks Analysis and Mining, Beijing, China, 2014: 566-571.

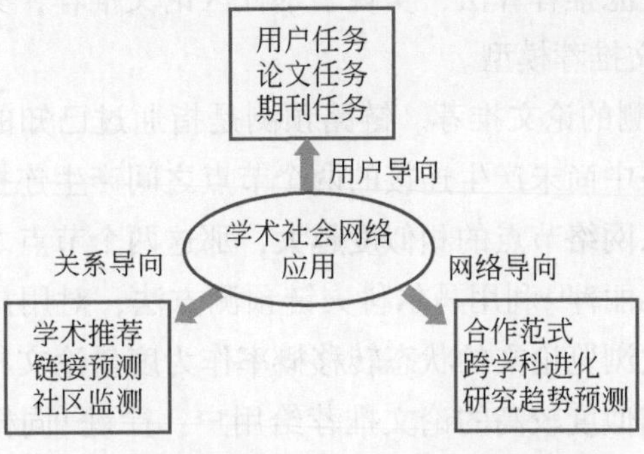

图6-9 网络学术社区的知识推荐服务应用

(1) 学术论文推荐

学术论文推荐可以帮助研究者找到其研究领域的相关文章，是目前研究最多，应用较为成熟的学术知识推荐项目。常用的聚合推荐方法，包括基于关联挖掘、社区划分、链路预测等。

1）基于关联挖掘的学术论文推荐。由于学术文献包含着丰富的语义关系，如关键词的内容描述关系，作者的撰写、合著、引用关系，数据源的链接关系等，学者们利用学术论文存在的这些语义关联进行挖掘，从而实现有效推荐。雷雪等①利用关联规则算法挖掘与检索主题相关的核心知识节点及其关联关系，应用于检索系统的文献推荐；瞿辉和王菲菲②通过对文献作者、关键词和机构之间的语义关联构建，实现以研究主题为中心的关联文献推荐；栗欢③在社区发现的基础上，利用关联规则算法 Apriori 算法，挖掘关联规则的频繁项集合，构建了基于社区划分和关联规则相结合的混合论文推荐系统。

2）基于社区划分的论文推荐。其思路是在对社区用户群体划分的基础上，再结合其他论文推荐模型，实现针对不同用户群的论文推荐。例如，贺超波等④通过对学术社区用户信息（profile）的相似度计算，划分出若干个用户社群的基

① 雷雪，侯人华，曾建勋．关联规则在领域知识推荐中的应用研究［J］．情报理论与实践，2014，(12)：67-70.

② 瞿辉，王菲菲．基于多维语义关联的学术文献展示方法研究［J］．情报杂志，2015，(11)：157-161.

③ 栗欢．基于社区发现和关联规则的论文混合推荐技术研究［D］．武汉：华中师范大学硕士学位论文，2015.

④ 贺超波，沈玉利，余建辉，等．基于学术社区的科技论文推荐方法［J］．华南师范大学学报（自然科学版），2012，44（3）：55-58.

础上，再结合协同过滤推荐算法，实现学术社区论文推荐，类似的研究还有黄泳航等①和袁伟②的论文推荐模型。

3）基于链路预测的论文推荐。链路预测是指通过已知的网络节点和网络结构等信息来预测网络中尚未产生连接的两个节点之间产生连接的可能性，该方法的研究假设是，如果网络节点的相似度越大，那这两个节点之间存在链路的可能性就越大。例如，蔡丽萍③利用马尔科夫链预测方法，对用户浏览论文的过程进行量化，将相邻两次浏览论文的状态转移概率作为度量论文相似度的标准，把与用户当前浏览论文相似度较高的论文推荐给用户；徐键④同样提出利用链路预测的相似算法分析学术论文引证网络，实现论文推荐。

（2）合作者推荐

合作者推荐的目的是为用户推荐潜在的、未来有可能会产生合作关系的其他学术用户。合作者推荐以用户网络结构分析为主要切入点，可以分别从同质网络和异质网络两种网络关系挖掘，张斌和马费成⑤总结了知识网络的分类，如表 6-5 所示。

表 6-5　知识网络类型和典型代表

网络类型		典型代表
同质网络	无权有向网络	引证网络
	无权无向网络	各种网络的二值特殊形态
	加权有向网络	作者互引网络、期刊互引网络等
	加权无向网络	合作网络、共词网络、耦合网络、同被引网络等
	二分网络	科学家-论文二分网络
异质网络		作者多重交互网络

同质网络中，节点具有同一属性，节点所构成的关系也具有同一属性，如引证网络、作者合著网络等；异质网络中，网络节点类型多样，属性多样，构成的

① 黄泳航，汤庸，李春英，等．基于社区划分的学术论文推荐模型［J］．计算机应用，2016，36（5）：1279-1283.

② 袁伟．科技论文社区网络结构划分及论文推荐算法的研究［D］．北京：燕山大学硕士学位论文，2014.

③ 蔡丽萍．基于马尔科夫链和节点中心度的论文推荐算法研究［D］．武汉：华中师范大学硕士学位论文，2016.

④ 徐键．基于引证网络的科技论文推荐系统［D］．成都：电子科技大学硕士学位论文，2013.

⑤ 张斌，马费成．科学知识网络中的链路预测研究述评［J］．中国图书馆学报，2015，41（3）：99-113.

关系属性也各不相同，如 DBLP[①] 书目网络。

基于同质网络的合作者推荐，探讨最多的是合著网络。合著网络是指在两个或多个作者公开发表共同署名的科研论文中作者之间所构成的合作关系网。同质合著网络中，同质性可以分为作者相似性、学科相似性和地域相似性，作者的合著关系还可以分为间接合著关系、直接合著关系和无合著关系，通过分析相似性因素对这三种合著关系的影响，可以提供不同的合作者推荐算法[②]；Chen 等[③]在研究合著网络的基础上还考虑了用户的个人兴趣，创建了 CollabSeer（合作者推荐）系统；Huynh 等[④]考虑了不同作者关系强度发展的趋势信息，提出了一种合著网络节点相似度计算的方法。

网络学术社区中学者实际所处的网络是复杂多样的异质性网络，异质网络的合作者推荐考虑的影响因素更加复杂。杨辰[⑤]根据用户情景，将合作者推荐分为基于相似性的合作者推荐和基于特定情景的合作者推荐，并考虑了用户社交网络、机构合作和专业知识三种网络维度，提出一种混合的合作者推荐方法，然后在学术网站"科研之友"验证了该方法的有效性。Xu 等[⑥]从知识关系（概念）和社会关系（研究者）两个层面探讨了合作者推荐的问题，其中概念指的是用于表征研究者专业信息的主题词，由词或字段组成。该研究通过关键词抽取表征研究者的专业知识，构建概念网络。合作者社会关系网络构建则是通过研究者之间的各种社会关系抽取，如合作关系、引用关系、参加同样的学术会议、拥有同样的教育和工作背景等。当社会网络和概念网络子网生成以后，通过研究者姓名和关键词的共现关系将两个网络整合起来，研究结果显示，组合两种维度的推荐方法比单独的语义分析、社会网络分析具有更好的推荐效果。

---

① Ley M. The DBLP computer science bibliography：evolution，research issues，perspectives［C］// String Processing and Information Retrieval，International Symposium，Lisbon，Portugal，2002：1-10.

② 刘欣，杜秀春，康文杰. 基于同构合著网络的合作者推荐模型研究［J］. 长沙大学学报，2017，31（2）：62-66.

③ Chen H H，Gou L，Zhang X，et al. CollabSeer：a search engine for collaboration discovery［C］// Proceedings of the 2011 Joint International Conference on Digital Libraries（JCDL 2011），Ottawa，ON，Canada，2011：231-240.

④ Huynh T，Hoang K，Lam D. Trend based vertex similarity for academic collaboration recommendation［C］// International Conference on Computational Collective Intelligence. Technologies and Applications，Craiova，Romania，2013：11-20.

⑤ 杨辰. 科研社交网络平台中的合作者推荐［D］. 安徽：中国科学技术大学博士学位论文，2015.

⑥ Xu Y H，Guo X T，Hao J X，et al. Combining social network and semantic concept analysis for personalized academic researcher recommendation［J］. Decision Support Systems，2012，54：564-573.

基于同质网络的合作者推荐中，最常用的方法是基于节点的相似性进行链路预测，这种方法适合对现存的用户合作关系进行分析，对于合作关系较少的研究人员不太适用；异质网络的合作者推荐将用户的社交网络、引证网络、研究主题的语义关系网络等进行整合分析，并涉及社会网络分析法、语义网技术、链路预测法、数据挖掘方法的综合应用，会取得更精确的推荐效果。

（3）领域专家推荐

信息过载和专家信息的隐藏化使得寻找满足用户需求的领域专家变得较为困难。领域专家推荐的目标是，根据用户的背景信息和研究状况，为用户提供合适的领域专家列表。专家推荐常用的方法包括基于知识需求匹配的专家推荐和基于权威度排序的专家推荐。

基于知识需求匹配的专家推荐，一般采用文本挖掘技术和语义网技术，提取用户知识需求（如检索词或标签）和专家发布文献（或用户 profile 信息）的关键词，构建用户需求向量和关键词向量，通过计算两个向量之间的相似度，推荐符合用户需求的专家。例如，段旭磊等①和 Li 等②的研究通过数据挖掘技术建立专家档案，再通过与用户需求的相似性匹配，实现以用户为中心的专家推荐。

基于权威排序的专家推荐方法，主要应用于社交活跃的学术社区，如知识问答社区、论坛、博客等，通过专家社交网络分析或链接分析，识别核心的、影响力大的领域专家，或利用专家权威度评估算法，对专家权威度进行排名。例如，Liu 等③专门针对问答社区所设计的推荐模型，该模型根据用户的回答关系创建一个链接网络，结合 PageRank 和 HITS 算法，实现领域专家排名；Bozzon 等④认为社交网络既是获取专业知识的来源，又是接触领域专家的途径，该研究收集“潜在专家”的个人资料和网络活动信息，分析网络活动产生的链接，构建评估专家权威度的知识模型，最后将经过权威排序的专家列表推荐给用户，研究证明对“潜在专家”社会活动、社会关系和社会共享内容的分析，更有助于提高专家推荐系统的有效性。

---

① 段旭磊，张仰森，李超逸．基于科技文献库的领域专家群发现及其推荐方法［J］．北京信息科技大学学报（自然科学版），2016，31（6）：23-27.

② Li M，Liu L，Li C B. An approach to expert recommendation based on fuzzy linguistic method and fuzzy text classification in knowledge management systems［J］. Expert Systems with Applications，2011，38（7）：8586-8596.

③ Liu D R，Chen Y H，Kao W C，et al. Integrating expert profile，reputation and link analysis for expert finding in question answering websites［J］. Information Processing & Management，2013，49（1）：312-329.

④ Bozzon A，Brambilla M，Ceri S，et al. Choosing the right crowd：expert finding in social networks［C］// International Conference on Extending Database Technology，Genoa，Italy，2013：637-648.

(4) 学术会议/出版期刊推荐

学术会议是用来展示学术成果的平台，同时也旨在将研究人员和参会者连接到同一个领域，促进潜在合作。对学者来说，关注领域内高水平的学术会议/期刊，参加前沿、热门的会议，投稿给领域相关且有录用可能的学术会议或期刊，对促进学者学术交流、增加学术合作机会，提升学术水平等方面具有重要意义。

基于内容的会议推荐方面，Yang 和 Davison ①提出一种整合论文主题和写作风格的扩展协同过滤推荐方法，并对不同类型的相邻文献进行贡献区分，从而为研究者推荐合适的学术会议，该研究抽取 ACM 和 CiteSeer 数据集证明了方法的有效性。Lao 和 Cohen② 构造了一个大的边值图，图中节点链接了论文标题术语和会议名称，利用链路预测的方法，帮用户论文找到合适的会议投稿。

另一种研究方法以学术人员为中心，目的是预测适合科研人员的论文投稿会议或期刊。例如，Luong 等③分析了研究人员之前的出版信息、人员之间的合著关系，通过构建历史出版网络，生成作者将来可投稿的相关会议或期刊；同样地，陈振④从学术新手的角度出发，通过分析学者间合作关系、学者与会议间的参会关系，构建学术科研网络，利用 PAVE 模型计算节点相似性（该模型通过带有偏好的转移矩阵来驱动科研信息网络上的重启型随机游走），预测适合学术新手参与的会议。

此外，也有很多学者将用户情景和社会信息融入会议推荐系统中，能够动态地满足用户个性化需求。例如，Pham 等⑤提出了基于情景感知的移动推荐服务，利用社会网络分析和链路预测等方法，分析了用户合著关系网络和引证网络，以此推测出学术社区用户的社会背景信息，并将用户动态和社会背景相结合，为特定用户推

---

① Yang Z, Davison B D. Venue recommendation: submitting your paper with style [C]// International Conference on Machine Learning and Applications, Roca Raton, FL, USA, 2012: 681-686.

② Lao N, Cohen W W. Relational retrieval using a combination of path- constrained random walks [J]. Machine Learning, 2010, 81 (1): 53-67.

③ Luong H, Huynh T, Gauch S, et al. Publication venue recommendation using author network's publication history [C]//Proceedings of the 4th Asian Conference on Intelligent Information and Database Systems, Kaohsiung, Taiwan, 2012: 426-435.

④ 陈振. 基于科研信息网络的学术会议推荐策略研究 [D]. 大连: 大连理工大学硕士学位论文, 2016.

⑤ Pham M C, Kovachev D, Cao Y, et al. Enhancing academic event participation with context- aware and social recommendations [C]//IEEE/ACM International Conference on Advances in Social Networks Analysis and Mining, Istanbul, Turkey, 2012: 464-471.

荐其感兴趣的学术活动；类似地，Asabere 等[①]提出了基于社会感知的会议推荐系统，该系统基于用户兴趣相似度和社会关系强度，与曾参与学术会议的用户社会背景信息匹配，能随着用户兴趣的动态变化，实现学术会议智能化推荐。

（5）标签推荐

标签系统的出现便于用户对网络资源进行分类索引，但是随着学术网络数字资源的海量增长，标签系统中存在着大量只被使用过数次的标签，以及仅仅包含数个标签的资源，针对这一问题，易明等[②]提出利用社会化标签-评价矩阵的方法进行标签质量控制，并针对社会化标签-评价矩阵方法可能面临的“冷开始”“新用户”“新资源”等问题，综合运用基于社会化标签网络的内容推荐和基于知识互动型社会网络的协作过滤推荐来协同解决。传统的协同推荐方法是从用户-项评估矩阵中诱导出用户-用户相似度矩阵，再通过相似度的大小找出目标用户的“最近邻居”集。Boucher-Ryan 和 Bridge[③]、李凯[④]等将形式概念分析 FCA 引入到 Folksonomy 的协同推荐中。基于概念格的标签推荐方法，利用生成的概念层级，不需要计算目标用户与所有用户之间的相似度，只计算目标用户与有可能成为目标用户“最近邻居”集用户（如父子节点、兄弟节点）的相似度。因此该方法能加快检索目标用户的“最近邻居”集，从而提高推荐效率。Wang[⑤] 将用户社交网络与“标签-资源”矩阵整合起来，构建能根据用户社交关系调整的标签推荐系统。

（6）研究前沿推荐

由用户聚合机制的分析可知，网络学术社区的用户具有趋势追逐性聚合的特性。由此可见，洞察科研动向，尤其是跟踪新兴专业领域或研究前沿对学者而言尤为重要。研究前沿（research fronts）又称为科学前沿，也有学者将其等同为新兴研究话题、新兴趋势等。“研究前沿”一词最早由 Price[⑥] 提出，用来描述某一研究领域的瞬时性特征，是经常被引用且近期发布的文献集的核心内容。

---

① Asabere N Y，Xia F，Wang W，et al. Improving smart conference participation through socially aware recommendation [J]. IEEE Transactions on Human-Machine Systems，2014，44（5）：689-700.

② 易明，邓卫华，徐佳．社会化标签系统中基于组合策略的个性化知识推荐研究［J］．情报科学，2011，（7）：1093-1097.

③ Boucher-Ryan P，Bridge D. Collaborative recommending using formal concept analysis [J]. Knowledge-Based Systems，2006，19（5）：309-315.

④ 李凯．基于形式概念分析的协同推荐技术研究［D］．成都：西华大学硕士学位论文，2008.

⑤ Wang H，Chen B，Li W J. Collaborative topic regression with social regularization for tag recommendation [C]// International Joint Conference on Artificial Intelligence，Beijing，China，2013：2719-2725.

⑥ Price D J D S. Networks of scientific papers [J]. Science，1965，149（3683）：510-515.

Garfield 将所有共被引网络里的施引文献和被引文献共同称为研究前沿①。Persson② 和陈超美等③则进一步区分了研究前沿和知识基础，其中，知识基础是由同被引文献簇所表示，研究前沿则是由与知识基础有引证关系的文献群表示。总体而言，研究前沿是一个热门研究话题在整个生命周期中（从产生到消亡）涌现阶段的称谓，其表现形式主要涉及高被引文献集合、共被引文献集合、施引文献集合、突发词和热点主题等④。

研究前沿的分析关注基于研究人员的相互引用而形成的知识之间和人之间的联系。通过持续跟踪全球最重要的科研和学术论文，分析论文被引用的模式和聚类，特别是成簇的高被引论文频繁地共同被引用的情况，可以发现研究前沿。研究前沿探测的数据来源，绝大部分来源于科技文献和技术专利，同时学位论文、会议论文、科研基金项目、社会化媒体数据也会对前沿主题发现起到辅助作用。一簇高被引论文组成该研究前沿的核心论文。围绕研究前沿的成长性指标（活跃性）、影响力指标及新颖性指标，学者们总结了研究前沿探测方法框架⑤；而吴菲菲等⑥则强调从创新性和学科交叉性出发，构建研究前沿探测模型，如图 6-10 所示，并以智能材料领域研究前沿探测为例进行了实证分析。

研究前沿探测方法主要包括文本挖掘方法和科学计量分析方法。文本挖掘的方法是利用自然语言处理技术对学术文献和专利文献中的话题、关键词、受控词进行挖掘分析，从而实现对研究前沿（新兴研究话题）的识别和探测，主题模型、突发词检测是常用的分析方法；直接引文网络分析、共被引分析、文献耦合分析等是常用的文献计量学分析方法。黄晓斌和吴高⑦将学科领域研究前沿探测方法划分为基于引用关系、基于文本内容（词频分析、共词分析、主题模型）和基于复合关系的探测方法三类。

① Garfield E. Citation indexes for science: a new dimension in documentation through association of ideas [J]. Science, 1955, 122 (3159): 108-111.

② Persson O. The intellectual base and research fronts of JASIS 1986-1990 [J]. Journal of the American Society for Information Science, 1994, 45 (1): 31-38.

③ 陈超美，陈悦，侯剑华，等. CiteSpace Ⅱ：科学文献中新趋势与新动态的识别与可视化 [J]. 情报学报，2009，28 (3)：401-421.

④ 黄晓斌，吴高. 学科领域研究前沿探测方法研究综述 [J]. 情报学报，2019，38 (9)：872-880.

⑤ 卢超，侯海燕，Ding Ying，等. 国外新兴研究话题发现研究综述 [J]. 情报学报，2019，38 (1)：97-110.

⑥ 吴菲菲，杨梓，黄鲁成. 基于创新性和学科交叉性的研究前沿探测模型—以智能材料领域研究前沿探测为例 [J]. 科学学研究，2015，(1)：11-20.

⑦ 黄晓斌，吴高. 学科领域研究前沿探测方法研究综述 [J]. 情报学报，2019，38 (9)：872-880.

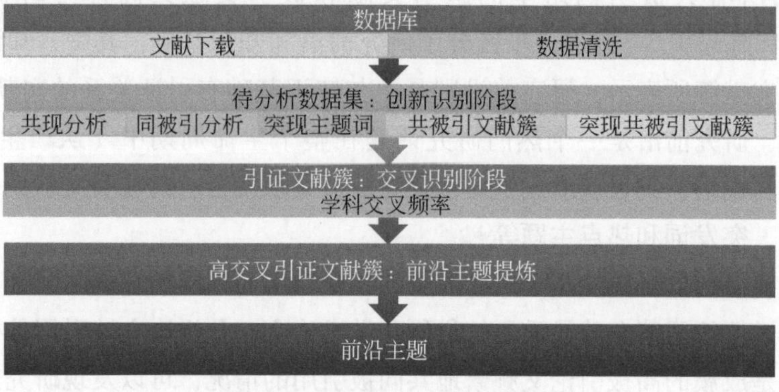

图 6-10　研究前沿的探测模型

随着 Citespace 等知识图谱分析工具的普及应用，基于文献的研究前沿探测已有较多研究成果，如何整合网络学术社区中多元化数据进行研究前沿探测分析，还需要进一步完善度量指标和分析方法，同时由单一类型研究前沿探测逐步向多类型研究前沿探测发展也是引人关注的研究问题。

根据对不同知识项目推荐方法的分析，可以发现在目前的网络学术社区环境下，由于学术资源（学者、学术论文、学术标签、学术问答等）的大规模增长，会导致用户信息过载、信息迷航等问题，单一的知识推荐模式已经不能满足用户的个性化需求，混合推荐模型成为研究趋势。

从聚合角度而言，目前大部分的混合推荐模型中，不再只是基于文献资源描述性聚合、用户信息的相似度聚合，而是在内容聚合的基础上，更多结合了用户之间的关系挖掘与聚合①，从而提高推荐系统推荐的精准度。用户关系网络的分析也从同质网络向异构多维网络发展，同时聚合用户情景信息，实现动态、智能、内容丰富的知识推荐服务。

① 石伟杰，徐雅斌．微博用户兴趣发现研究［J］．现代图书情报技术，2015，31（1）：52-58.

第7章　实证研究

7.1　中文网络学术社区用户参与行为的实证分析

2008年以来，以Academia. edu、ResearchGate（RG）和Mendeley为代表的一批网络学术社区快速发展，为学者们提供了跟踪前沿研究、共享研究成果、维护学术关系、增进学术影响力的互动平台①。

用户参与是网络学术社区发展的内在动力，用户在学术社区的参与行为，如浏览、评价、回复、创作等社会交互行为，上传文献资料、项目数据等信息共享行为，以及由此产生的被阅读、被转发等影响力指标，已成为衡量学者或学术机构流行度及学术影响力的重要替代计量指标②③，同时，由用户参与行为形成的独立访客、页面浏览量、访问深度等衡量社区活跃度的指标④，构成了评价网络学术社区可持续发展及商业价值的关键性要素。因此，网络学术社区的用户参与行为已成为当前的研究热点，引起国内外学者的普遍关注。本章选取小木虫论坛进行了实证调查分析，希望对中文网络学术社区的系统构建和服务改善提供参考，以期能更好地推动中文网络学术社区的健康发展。

网络学术社区的用户参与行为，已有研究从不同侧面展开了丰富研究，针对当前研究还存在语义内容特征缺乏深层次解读、用户参与行为中的社会联系

---

① Thelwall M，Kousha K. ResearchGate：disseminating，communicating，and measuring scholarship？［J］. Journal of the Association for Information Science and Technology，2015，66（5）：876-889.

② Yan W，Yin Z. Research universities on the ResearchGate social networking site：an examination of institutional differences，Research activity level，and social networks formed［J］. Journal of Informetrics，2018，12（1）：385-400.

③ 张耀坤，张维嘉，胡方丹．中国高影响力学者对学术社交网站的使用行为调查——以教育部长江学者为例［J］．情报资料工作，2017，（3）：98-103.

④ 周庆山，杨志维．学术社交网络用户行为研究进展［J］．图书情报工作，2017，（16）：38-47.

和情绪揭示方面还较少研究，用户参与行为的效率缺乏揭示分析等局限，本章展开实证调研分析。

7.1.1 研究问题与研究方法

综合前人研究成果，本书将网络学术社区的用户参与行为界定为用户在网络学术社区中所表现出的浏览、互动和创造等具体行为，包括学术信息资源双向传递、社会情感表达与深入联系的表现等，具体划分为发帖、回帖和浏览三种类型。本章围绕以下 4 个研究问题展开：①中文网络学术社区中的用户类型、发帖类型及内容特征具有什么特点？②中文网络学术社区中回帖类型、长度、有效性以及回复时间等具有什么特点？③中文网络学术社区中，学者们共享的信息资源类型具有什么特点？④学者们的情感态度如何，是否提供了深入联系线索？

数据收集与编码方面，以当前参与学者最多的中文网络学术社区小木虫论坛为数据采集与分析对象。在进行数据采集时主要考虑以下三个方面：第一，该学科的活跃度，该学科版块下的帖子是否涵盖所有发帖类型（求助、交流、资源）；第二，样本数据的大小应是手工编码能够控制的，并且能够做出有效分析；第三，为了在论坛获取到内容丰富的数据和多种多样的会话，采集到的数据中所包含的有许多回复的帖子和极少回复的帖子都予以保留编码。

综合这些因素，于 2017 年 3 月 23 日至 25 日利用手工采集方式完成了数据收集。首先将小木虫论坛生物医药区中“药学”版块作为编码的第一个样本学科专业，完成对“药学”数据的初步处理后，将样本扩展至另外 4 个学科（研究中实际选择的是某一具体的学科分支或学科专业方向，以下简称学科）：“高分子”“微米和纳米”“仿真模拟”“投资理财”。数据样本收集及预处理程序如图 7-1 所示。

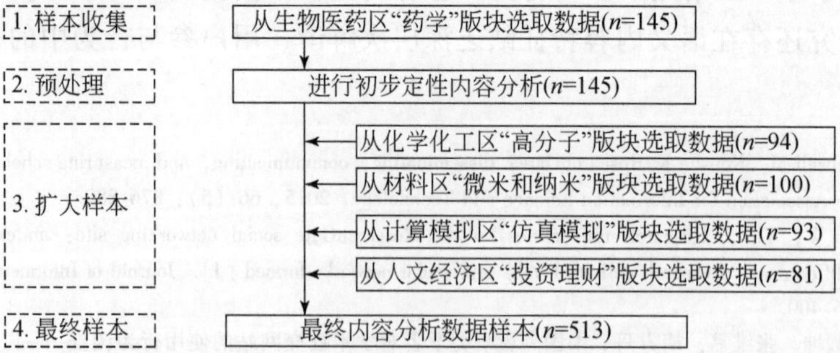

图 7-1　数据样本收集及预处理过程

数据收集的最终结果如表7-1所示。采集到的每条数据都编有一个唯一的ID，编码的数据元素有：帖子类型、发帖时间、回帖时间、话题描述信息内容及长度、回帖内容信息、发帖者用户名、发帖者附属信息、回帖者附属信息、浏览数、回复数、表情符号使用、资源类型等。

表7-1　数据收集结果一览表

版块名称	学科门类	发帖人数	发帖总数	回帖总数	起始日期	截止日期
微米和纳米（材料区）	工学	80	100	15 079	2011-02-21	2017-03-25
仿真模拟（计算模拟区）		90	93	1 669	2011-03-06	2017-03-25
高分子（化学化工区）	理学	86	94	5 841	2009-08-25	2017-03-25
药学（生物医药区）		131	145	5 668	2010-05-10	2017-03-25
投资理财（人文经济区）	经济学	44	81	10 166	2011-05-14	2017-03-27
总计		431	513	38 423		

本章研究包含了发帖、回帖的多个维度内容分析，难以通过定量方法或自动处理方式实现多级页面的深度编码分析，因此采用手工内容分析法。参照Jeng等①的内容编码方案，从一个学科开始完善编码模型，然后扩展至其他学科。结合小木虫论坛的特点，编码方案包含两级分类，顶级类目分为三类，在每个顶级类目下，又设置相应子类目。为保证本章研究的内容分析可靠性，避免个人主观偏见，遵循双人两步编码法，首先两人分别进行各自独立的内容编码，然后解决所产生的分歧，直到所有分类都达成一致结果。编码规则如表7-2所示。

表7-2　编码规则及设置依据

类目	编码规则	编码设置依据
发帖类型	Q1. 求助帖	发帖者选择发布求助帖，意在寻求帮助
	Q2. 交流帖	发帖者选择发布交流帖，意在交流讨论
	Q3. 资源帖	发帖者选择发布资源帖，分享书籍、文献等资源
发帖/回帖内容特点	CF1. 提供事实信息	参与者提供事实信息，如实验数据、观测现象等
	CF2. 提供资源	参与者分享书籍、文献、链接、图片等资源

① Jeng W，DesAutels S，He D，et al. Information exchange on an academic social networking site：a multidiscipline comparison on researchgate Q&A［J］. Journal of the Association for Information Science & Technology，2017，68（3）：638-652.

续表

类目	编码规则	编码设置依据
发帖/回帖内容特点	CF3. 提到或引用科学概念理论、权威论著、科学方法等	参与者在一次参与中提到或引用了科学概念理论、权威论著、科学方法、学者研究、政策法规等内容
	CF4. 提出自身观点	参与者在一次参与中提出自身看法、猜测或个人建议
	CF5. 提供自身相关信息	参与者提供自身相关信息如个人身份、工作背景、生活经历、研究目标或实验经验等
	CF6. 简要说明或回答	不含其他附加信息的直接提问或回复
	CF7. 补充说明	对问题进行信息补充或进一步说明
	CF8. 追加提问	针对问题进行继续提问或提出相关新问题
	CF9. 无关信息	简单符号、表情或其他与话题无关的内容及被屏蔽的内容
社会情感与深入联系	S1. 支持	一次参与中含有赞成、支持、褒扬、感谢等正向感情色彩
	S2. 反对	一次参与中含有反对、质疑、驳斥等负向感情色彩
	S3. 深入联系	一次参与中包含联系方式信息，如 QQ、微信、邮箱等

以下是部分编码规则示例：

1）求助帖是向他人请求帮助以解决所涉及的问题，这类问题通常存在确切的回答，被称作“纵向问题”①，具体例子如下：

“乙二胺和丙烯酸甲酯优先发生迈克尔加成反应还是酰胺反应呢?”（高分子）;

“有没有人知道 InGaAs 材料的体电阻为多少?”（微米和纳米）。

2）交流帖则是欢迎更多人加入讨论，各抒已见，以产生相对合理的答案或引起更多人对某一话题本身的关注。这类问题或许没有确切的答案，被定义为“横向问题”，例如：

“大家觉得雷公藤素自微乳技术现在的发展情况如何?”（药学）;

“北京史上最严厉的限购政策你们怎么看?”（投资理财）。

3）支持类信息包括带有感谢、鼓励、赞同等正向感情色彩，通常包含“感谢”“顶”“加油”“点赞”“祝福”“有用”等字眼，或是通过“我认为……正确”“……说得对”等语言来明确表示赞成意见或积极反馈，例如：“最近正在

① Fahy P J. Epistolary and expository interaction patterns in a computer conference transcript [J]. Journal of Distance Education, 2002, 17: 20-35.

找微尺度传热方面的书籍，感谢楼主的热心分享!”（微米和纳米）；对于反对类的信息，当参与者提出了反对意见或消极回应时，通常伴随着“我不同意……”“对……我持怀疑态度”“没有用处”等语言。在实际编码过程中，因部分发帖（或回帖）内容满足多个编码条件，本章研究进行了逐一提取编码，因此存在一条发帖（或回帖）内容中拥有多个编码类目的情况。

7.1.2 数据分析结果

7.1.2.1 发帖用户的类型分布

小木虫将用户类别按照星级或权限划分为若干级别。本章研究共获取了413名用户的头衔，按照权责等级将其大致划分为两大类：用户组和管理组，同时以“金虫”（6星级）为标准将发帖者再次划分，发帖类型分布如表7-3所示。

表7-3 发帖者头衔及其发帖类型分布

用户等级	头衔类别	求助帖		交流帖		资源帖	
		数量	比例/%	数量	比例/%	数量	比例/%
低级用户	新虫	127	54.04	53	52.48	9	5.08
	铁虫	17	7.23	5	4.95	4	2.26
	铜虫	16	6.81	5	4.95	4	2.26
	银虫	29	12.34	5	4.95	13	7.34
高级用户	金虫	26	11.06	10	9.90	23	12.99
	木虫	18	7.66	21	20.79	25	14.12
	铁杆木虫	0	0.00	0	0.00	21	11.86
	至尊木虫	0	0.00	1	0.99	17	9.60
	木虫之王	1	0.43	1	0.99	23	12.99
管理组	专家顾问	0	0.00	0	0.00	20	11.30
	捐助贵宾	1	0.43	0	0.00	3	1.69
	版主	0	0.00	0	0.00	10	5.65
	荣誉版主	0	0.00	0	0.00	2	1.13
	主营区长	0	0.00	0	0.00	3	1.69
合计		235	100.00	101	100.00	177	100.00

卡方检验结果显示，不同类别用户的发帖类型有着显著差异（$\chi^2=275.487$，$P=0.00<0.05$）。管理组的发帖者几乎都分布在资源帖，用户组的发帖情况也有明显差别；级别较低的用户发布的多为求助帖和交流帖，而资源帖的发帖者用户等级普遍较高。采集到的样本数据中，级别最高的“铁杆木虫”、“至尊木虫”和“木虫之王”所发的共计 64 个帖子中，资源帖所占比例高达 95.31%。总体而言，等级较高的用户更倾向于向其他成员共享资源，充当信息源的角色；而等级较低的用户则充当求助者或交流者角色，这一研究结论同丁敬达和许鑫①的研究具有相似之处，认为职称较高的博主拥有较高的“势能”和影响，知识流出和知识影响较大，本章中则是等级较高的用户承担信息源的角色。值得注意的是，级别最低的“新虫”用户发帖占到了总发帖数（513）的 36.84%，对保持论坛的活力起到了重要作用。

对发帖用户的头衔和学科进行交叉表统计，得出的卡方检验结果（$\chi^2=194.763$，$P=0.00<0.05$）表明发帖用户的头衔和学科之间有显著关联，具体分布如图 7-2 所示。不难看出，用户组的发帖者学科分布均衡密集，管理组的发帖者学科分布相对单一，其中只有“微米和纳米”包含了所有用户类型，说明这一新兴工科交叉学科的学者在论坛中参与最活跃。用户组成员中，较低等级的用户在“药学”和“仿真模拟”中分布较多，可能的原因是这些实验操作性强的理工学科，新手求助、交流较多，参与积极性高，但是持续投入不够。

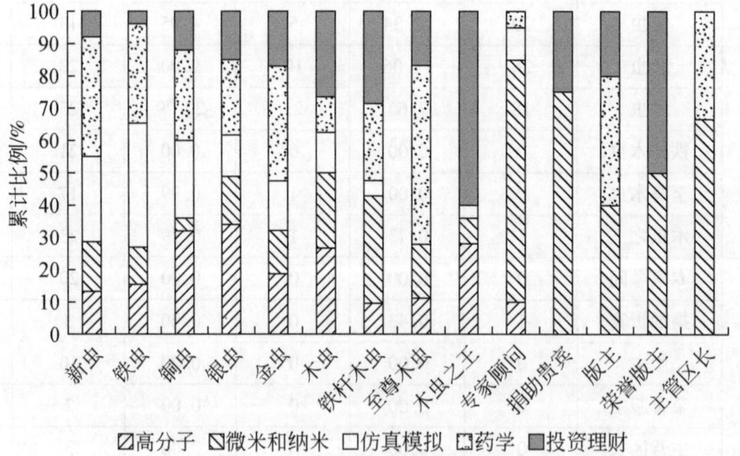

图 7-2　发帖者头衔的学科分布

① 丁敬达，许鑫．学术博客交流特征及启示——基于交流主体、交流客体和交流方式的综合考察与实证分析［J］．中国图书馆学报，2015，（3）：87-98.

7.1.2.2　发帖内容特征及学科差异分析

卡方检验结果显示发帖类型分布存在显著学科差异（$\chi^2=124.099$，$P=0.00<0.05$），说明不同学科的学者发帖的意图有着明显区别。5个学科共计513个帖子的发帖类型分布如图7-3所示。

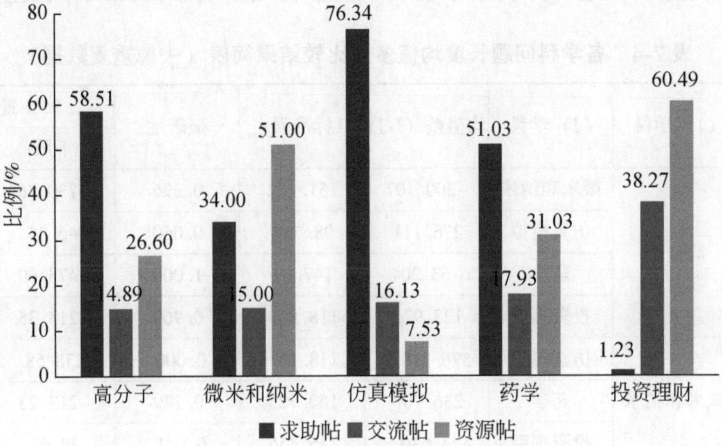

图7-3　各学科的发帖类型分布

统计分析结果显示，理工类学科中求助帖、交流帖分布更多，人文经济类学科则表现出较少的求助倾向，资源帖和交流帖更多。具体而言，①求助帖中，理工学科“高分子”“仿真模拟”“药学”比例达到半数以上，其中“仿真模拟”比例最高（76.34%）。②交流帖和资源帖中，人文经济类学科“投资理财”比例较其他学科更高。Ortega① 的研究结果显示西班牙人文社会科学学者较理工学科学者更偏爱社会交互，而上述统计分析显示小木虫论坛中我国人文学者偏好共享资源和交流，而理工学科用户也呈现出较强的求助交流倾向。本书研究结论同段庆峰的研究也存在一定差异，段庆峰针对科学网的调查显示，管理相关学科用户具有更强烈的在线学术社交倾向，而工程材料领域用户则表现较弱②。分析结果差异产生的原因，可能是文化背景差异及社区平台（学术论坛/学术博客）选择偏好影响。

① Ortega J L. Disciplinary differences in the use of academic social networking sites [J]. Online Information Review, 2015, 39 (4): 520-536.

② 段庆锋. 我国科研人员在线学术社交模式实证研究：以科学网为例 [J]. 情报杂志, 2015, (9): 97-101.

利用单因素方差分析分别测验学科类别、发帖类型对发帖描述信息长度的影响，得出学科类别（$F=4.500$，$P=0.001<0.05$）与发帖类型（$F=38.994$，$P=0.00<0.05$）都影响显著。进一步对不同学科间的发帖描述信息长度进行两两比较，具体分析结果如表 7-4 所示，差异具体表现在“微米和纳米”的发帖描述信息长度显著长于“仿真模拟”和“投资理财”，“药学”发帖描述信息长度显著长于“仿真模拟”。这一分析结果说明不同学科用户的参与方式存在差异。

表 7-4　各学科问题长度均值多重比较结果简表（去掉重复数据）

方法	(I) 学科	(J) 学科	均值差 (I-J)	标准误	显著性	95% 置信区间	
						下限	上限
Dunnett T3	高分子	微米和纳米	−300.107	151.962	0.396	−730.36	130.14
		仿真模拟	276.111	98.758	0.060	−6.34	558.56
		药学	−63.204	147.07	1.000	−478.60	352.19
		投资理财	123.923	118.909	0.969	−213.35	461.19
	微米和纳米	仿真模拟	576.218*	118.161	0.000	238.58	913.85
		药学	236.903	160.723	0.779	−217.23	691.03
		投资理财	424.030*	135.456	0.021	39.63	808.43
	仿真模拟	药学	−339.315*	111.770	0.028	−656.63	−22.00
		投资理财	−152.188	70.774	0.288	−355.01	50.63
	药学	投资理财	187.127	129.918	0.801	−180.13	554.39

* 均值差的显著性水平为 0.05。

图 7-4 显示了不同类型的发帖在各学科中的平均长度差异，除“仿真模拟”资源帖的发帖长度均值低于其求助帖和交流帖外，其余 4 个学科资源帖的长度均值都远高于另外两种。在进行内容分析时可发现，资源帖通常会罗列资源的详细介绍信息，比如在提供图书资源的同时罗列目录和简介，这些内容占据了较大篇幅。

从各学科发帖的内容特点来看，各学科学者均显示出对共享资源高度需求，需求表达偏好直截了当地提供事实或简要说明。如表 7-5 所示：①“提供资源”占发帖总量的最大比例，从各个学科分布来看均如此；②“简要说明”总数仅次于“提供资源”，是各学科中较常体现的内容特征，各学科参与者均喜欢直接切入话题，这可能是由于用户更倾向于提出有着确切答案的“垂直问题”，以寻求最直接有效的帮助；③“提供事实信息”的发帖总量位居第三，对于“高分子”“药学”“微米和纳米”“仿真模拟”这样的理工类学科，事实信息通常包含

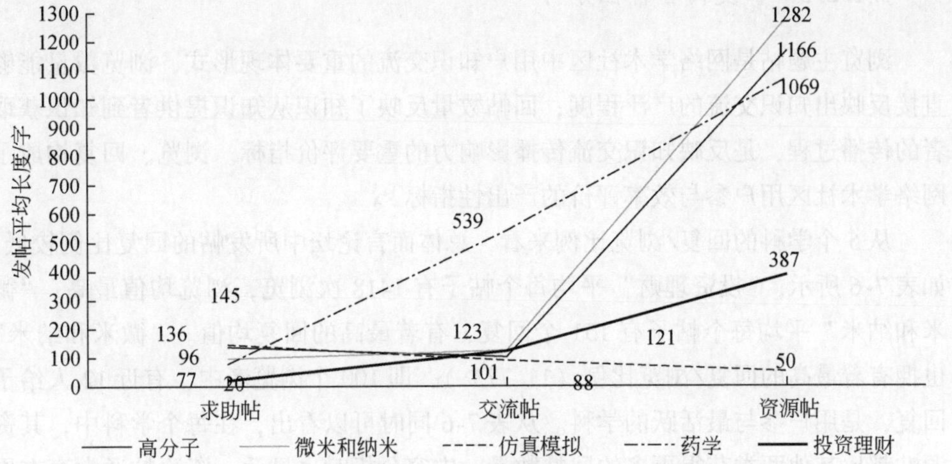

图 7-4 发帖长度均值

了实验数据、操作过程、观测现象等；④提到或引用科学概念理论、权威论著、科学方法等的发帖内容较少，共计 24 例，占发帖总数的 4.7%。

表 7-5 各学科发帖内容特点

发帖内容	高分子（n=94）		微米和纳米（n=100）		仿真模拟（n=93）		药学（n=145）		投资理财（n=81）		总数（n=513）	
	发帖数	比例/%	发帖数	比例/%	发帖数	比例/%	发帖数	比例/%	发帖数	比例/%	发帖数	比例/%
求助专家顾问	7	7.4	8	8.0	5	5.4	6	4.1	0	0	26	5.1
CF1. 提供事实信息	25	26.6	36	36.0	21	22.6	18	12.4	4	4.9	104	20.3
CF2. 提供资源	35	37.2	57	57.0	28	30.1	63	43.4	53	65.4	236	46.0
CF3. 提到或引用科学概念理论、权威论著、科学方法等	2	2.1	10	10.0	7	7.5	4	2.8	1	1.2	24	4.7
CF4. 提出自身观点	28	29.8	11	11.0	8	8.6	19	13.1	10	12.3	76	14.8
CF5. 提供自身信息	14	14.9	13	13.0	17	18.3	22	15.2	0	0	66	12.9
CF6. 简要说明	25	26.6	20	20.0	39	41.9	44	30.3	47	58.0	175	43.1
S3. 深入联系	1	1.1	4	4.0	3	3.2	3	2.1	0	0	11	2.1

注：部分发帖内容满足多个编码条件，拥有多个编码，故总数超过 100%。n 为发帖总数。

7.1.2.3 回复内容特征分析

浏览主题帖是网络学术社区中用户知识交流的重要体现形式，浏览数量能够直接反映出知识交流的广泛程度；回帖数量反映了知识从知识提供者到知识获取者的传播过程，是反映知识交流传播影响力的重要评价指标。浏览、回复构成了网络学术社区用户参与效率评价的产出性指标①。

从5个学科的回复/浏览比例来看，总体而言论坛中所发帖的回复比例较低，如表7-6所示，“投资理财”平均每个帖子有1418次浏览，浏览均值最高；“微米和纳米”平均每个帖子有151个回复，有着最高的回复均值。“微米和纳米”也拥有着最高的回复/浏览比例（11.77%），即100个浏览者中，有近12人给予回复，是用户参与最活跃的学科。从表7-6同时可以看出，在每个学科中，其资源帖都比其他两类获得更多的回帖数量。内容分析时也显示，资源帖通常存在周期更长，几年前的资源帖还有可能得到需求者的关注。

表7-6 各学科帖子回复/浏览情况

	回复数均值	浏览数均值	回复/浏览百分比	求助帖（获回复数）	交流帖（获回复数）	资源帖（获回复数）
高分子	62	674	9.22	6	1	207
微米和纳米	151	1281	11.77	6	15	287
仿真模拟	18	192	9.34	5	5	177
药学	39	521	7.50	4	9	114
投资理财	126	1418	8.85	--	17	196

为进一步探究论坛的奖励措施对浏览及回复行为的影响，采用单因素方差分析，结果显示，浏览数和回帖数均不受学科限制（$F=12.762$，$P=0.769>0.05$；$F=12.641$，$P=0.902>0.05$），但浏览数受发帖类型（$F=92.846$，$P=0.047<0.05$）和悬赏金币数（$F=12.26$，$P=0.00<0.05$）影响显著，而在回帖数中并未发现这种现象。总体来看，网络金币作为奖励机制促进了用户的浏览行为；而回复行为不受这些激励因素影响，说明该中文网络学术社区用户参与回复活动并

① 万莉. 学术虚拟社区知识交流效率测度研究［J］. 情报杂志，2015，(9)：170-173.

非出于利益等互惠因素，这与徐美凤的研究结果①一致，表明网络学术社区用户在知识交流与共享中体现了利他主义思想，并非完全利益驱动下的交换行为。

进一步地，对各学科发帖的回复有效性进行分析，基于编码规则，将标注CF1至CF8的回复定义为有效回复，即包含与话题相关的有效信息，而标注CF9的回复为无效回复（简单符号、表情或其他与话题无关的内容及被屏蔽的内容）。如图7-5所示，总体来看，小木虫论坛的回帖中，与话题主旨联系不紧密的无效回复居多，在进行内容分析的过程中可发现其中包含大量的表情符号和简单的支持类信息。“仿真模拟”的回帖中，有效回复占比在5个学科中最高（28%），但也不及三分之一。

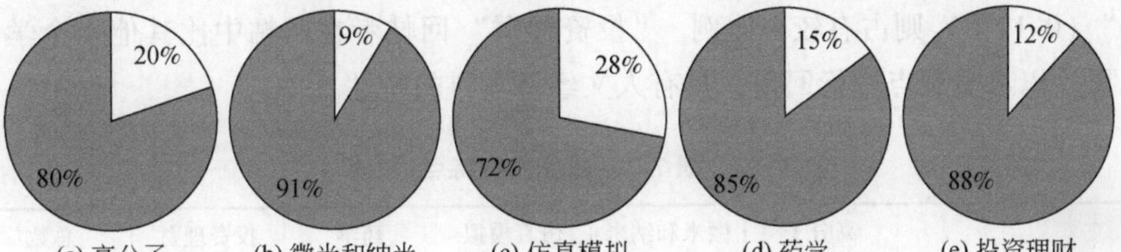

图7-5　各学科回复有效性比例

针对首次回复时间的统计分析发现，学科种类（$F=0.8$，$P=0.953>0.05$）、发帖类型（$F=0.419$，$P=0.658>0.05$）、悬赏金币数量（$F=0.094$，$P=1.00>0.05$）对首次回复时间并无显著影响，图7-6为获得首次回复所需时间均值，可看出首次回复时间均值最大的是“高分子”的交流帖，平均每个帖子在21.85天收到首次回复；而“微米和纳米”的资源帖平均每个帖子在0.13天，即3.12小时内得到第一条回复，是最快得到回应的。学者Jeng等②指出求助类问题比交流类问题所需回复时间更长，本研究中得出相似结论，除“高分子”外，其余学科求助帖的第一回复时间均长于交流帖。

5个学科在回帖内容特点上有着共同之处，若不考虑无关信息，各学科的回帖者都更倾向于采用“简要回答”的形式，不附带其他信息直接给出回复。“提供事实信息”（0.10%）和“提到或引用科学概念理论、权威论著、科学方法

① 徐美凤．基于CAS的学术虚拟社区知识共享研究［D］．南京：南京大学博士学位论文，2011.

② Jeng W，DesAutels S，He D，et al. Information exchange on an academic social networking site：a multidiscipline comparison on ResearchGate Q&A［J］. Journal of the Association for Information Science & Technology，2017，68（3）：638-652.

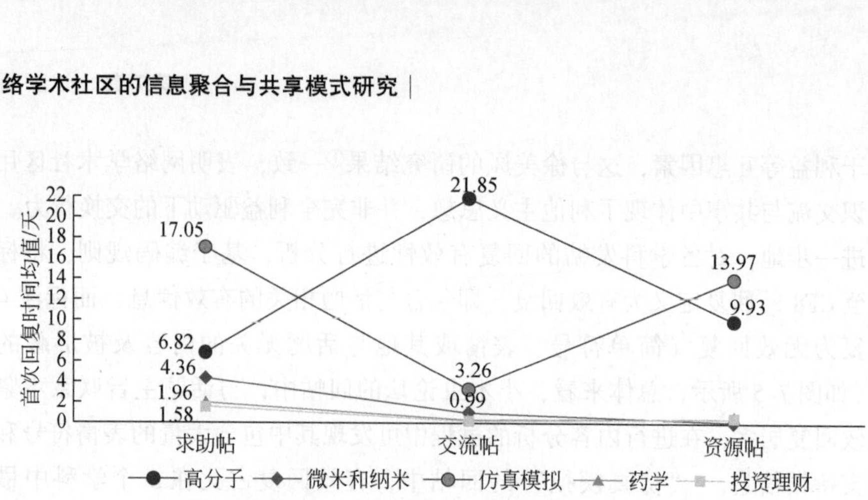

图 7-6　首次回复时间均值

等”（0.12%）则占有较小比例。“投资理财”回帖者在回帖中比其他 4 个学科更喜欢以自身观点进行回复，具有人文经济学科的特性。

表 7-7　回复内容特点

回帖内容	高分子（N=5 841）		微米和纳米（N=15 079）		仿真模拟（N=1 669）		药学（N=5 668）		投资理财（N=10 166）		总数（N=38 423）	
	回帖数	比例/%	回帖数	比例/%	回帖数	比例/%	回帖数	比例/%	回帖数	比例/%	回帖数	比例/%
发帖者自己回帖	53	0.91	121	0.80	111	6.65	1 661	29.3	84	0.83	2 030	5.28
CF1. 提供事实信息	17	0.29	2	0.01	0	0.00	12	0.21	6	0.06	37	0.10
CF2. 提供资源	17	0.29	12	0.08	12	0.72	9	0.16	1	0.01	51	0.13
CF3. 提到或引用科学概念理论、权威论著、科学方法等	16	0.27	6	0.04	12	0.72	7	0.12	6	0.06	47	0.12
CF4. 提出自身观点	101	1.73	77	0.51	28	1.68	113	1.99	225	2.21	544	1.42
CF5. 提供自身信息	46	0.79	62	0.41	43	2.58	83	1.46	62	0.61	296	0.77
CF6. 简要回答	713	12.21	1 004	6.66	130	7.79	403	7.11	721	7.09	2 971	7.73
CF7. 补充说明	35	0.60	33	0.22	58	3.48	65	1.15	37	0.36	228	0.59
CF8. 追加提问	159	2.72	140	0.93	178	10.67	162	2.86	127	1.25	766	1.99
CF9. 无关信息	4 428	75.81	13 077	86.72	1 201	71.96	4 675	82.48	8 892	87.47	32 273	83.99
S1. 支持	4 800	82.18	13 164	87.30	1 191	71.36	4 533	79.98	9 065	89.17	32 753	85.24
S2. 反对	33	0.56	45	0.30	7	0.42	57	1.01	83	0.82	225	0.59
S3. 深入联系	41	0.70	16	0.11	23	1.38	73	1.29	4	0.04	157	0.41

注：部分回帖内容满足多个编码条件，拥有多个编码，故总数超过 100%。N 为回帖总数。

小木虫论坛的发帖者也可以自己回复帖子，在内容分析过程中可发现，这种回帖通常是发帖者对发帖内容信息进一步补充说明，或者是通过回帖方式向其他参与者提出更多问题或向回帖者表示感谢等，从表7-7可知，在总共38 423条回复中占5.28%，其中“药学”中发帖者自己回帖的情况最多（29.3%）。

在所有回复中，仅有296条提到了关于自身的信息，占回复总数的0.77%，可见，进行深入联系的比例非常低，在5个学科中，“仿真模拟”的回帖者更愿意在回复中透露自身信息（2.58%）。与其他学科相比，实践性更强的“仿真模拟”学者进一步联系的需求更多。

7.1.2.4　所提供的资源分析

从前述分析可知，资源帖在各科发帖中都占据了较大的比例，接下来进一步探究小木虫论坛的参与者们为他人提供了何种类型的资源。在定义为“F2. 提供资源”编码的数据基础上，抽取了一个包含273条资源参与信息的数据子集，通过分析这些资源的内容，区分出以下7种资源：①书籍，直接上传书籍电子文件或引用书名；②链接，提供下载链接或网页链接；③图片；④文献，直接上传文献或引用文献名；⑤心得体会，自己总结或前辈同行等提供的心得经验；⑥数字媒体，视频、音频等；⑦其他专业资料，专业相关的其他类型资料，如安装软件、课件、操作指南等。提供的资源分布如表7-8所示。

表7-8　各科资源类型一览表

资源类型	高分子（N=52）		微米和纳米（N=59）		仿真模拟（N=28）		药学（N=75）		投资理财（N=59）		总数（N=273）	
	资源数	比例/%	资源数	比例/%	资源数	比例/%	资源数	比例/%	资源数	比例/%	资源数	比例/%
书籍	17	32.7	16	27.1	2	7.1	26	34.7	31	52.5	92	33.7
图片	17	32.7	7	11.9	27	96.4	6	8.0	11	18.6	68	24.9
链接	15	28.8	11	18.6	6	21.4	6	8.0	4	6.8	42	15.4
文献	5	9.6	30	50.8	4	14.3	2	2.7	0	0	41	15.0
其他专业资料	10	19.2	6	10.2	4	14.3	9	12.0	3	5.1	32	11.7
心得体会	0	0.0	0	0.0	0	0	1	1.3	9	15.3	10	3.7
数字媒体	0	0.0	0	0.0	1	3.6	4	6.8	1	1.7	6	2.2

注：由于部分资源参与数据包含多种资源信息，故总和超过100%。N为资源总数。

书籍是最常见的资源类型；其次是图片；链接和文献出现频率相当；而数字媒体和心得体会较少。由此可见，传统学术资源（书籍和文献）在网络学术社区的资源提供中仍然扮演着重要角色。而不同学科对资源的需求差异来看，“微米和纳米”对文献资源的需求较高（50.8%）；“仿真模拟”对含有图片资源的需求旺盛（96.4%），各学科总体呈现出多样化资源类型需求。

7.1.2.5 社会情感与深入联系分析

针对研究问题④，通过对用户参与信息进行内容分析发现，在发帖和回帖内容中都包含了一定的反映社会情感的内容以及用户的联系方式。发帖者主动留下联系方式以寻求其他形式的互动，或者“@”特定的用户寻求解决问题的办法。在总共513个发帖当中，仅有26个通过@特定专家顾问寻求帮助，而其中仅有来自“微米和纳米”的1个求助得到了相应专家顾问的回应。由此可见，通过求助专家顾问以寻求帮助，在各个学科中收效都不太理想。

从回复内容体现的感情色彩来看，各科回帖都呈现出较高的正向感情色彩（支持类信息占到全部回帖总数的85.24%）。与Jeng等[①]得出在各学科中表达客气和礼貌问候为常见行为类似，本研究发现发表支持和鼓励性语言在各个学科专业中普遍存在，网络学术社区用户善于通过表达正向社会情感来营造良好的学术氛围，促进更好的学术交流。

从深入联系内容来看，在发帖中提供联系方式的总共找到了11例，占总发帖数的2.1%。在所有回复中，仅有157条回复留下了联系方式，仅占回复总数的0.41%，其中“投资理财”的回帖者留下联系方式最少。总体而言，用户从网络学术社区参与互动进而发展深入联系的情况还十分有限。

7.1.3 研究结论及展望

网络学术社区已经成为学术交流的重要平台，吸引核心用户，促进不同类型用户的活跃参与，提升用户忠诚度，对网络学术社区健康发展至关重要。经过内容编码和统计分析，得出了以下研究结论：

---

① Jeng W，DesAutels S，He D，et al. Information exchange on an academic social networking site：a multidiscipline comparison on ResearchGate Q&A［J］. Journal of the Association for Information Science & Technology，2017，68（3）：638-652.

1）网络学术社区中等级高的用户较多充当信息源角色（共享资源）；而等级较低的用户则更多充当信息查询者（求助与交流）的角色，活跃地提问和求助，激发了社区活力。不同类别用户群各自呈现不同的角色，共同构成了网络学术社区的生态系统。

2）网络学术社区用户参与行为呈现去中心性的长尾效应。同博客社区具有的“小世界”现象不同，小木虫论坛未呈现出对整个社区交流和影响较大的核心成员。相反，众多较低等级用户更多地发帖求助交流，较高级别的用户除了共享资源外，较少回复、参与互动。整体而言，小木虫论坛社区的用户集权度较低，信息被少数人垄断的可能性较低①。

小木虫论坛作为匿名论坛，虽然满足了部分用户信息共享与交互的需求，然而对学者学术声望的积累和提升作用有限。丁敬达和许鑫②、Yan 和 Zhang③ 的研究均指出职称较高的学者或研究层次更高的机构用户学者参与更活跃，这种参与互动也进一步提高了学者（尤其是学术影响力较大的信息源型用户）的学术声望（更容易传播学术成果，吸引更多跟随者）。然而，由于用户身份匿名，无法利用现实“晕轮”效应，专家顾问级用户无法在其中巩固现实学术身份，以提高学术影响，因此表现为这批用户群体在网络学术社区中互动参与度积极性不高。网络社区需采取适当激励措施，鼓励专家用户的参与投入。

3）用户参与模式上，中文网络学术社区用户表现出较高的资源共享型参与和问题解决型参与，大部分的发帖者喜欢简要地切入话题，寻求最直接有效帮助的纵向类内容较多，探索、反思、指导性等横向问题比例较少，提供个人观点的回复比例较低，说明小木虫论坛交流问题的深度有限，信息交流内容呈现“碎片化”特征。本小节研究结论同在线计算机会议文本分析中呈现出的更多参考性陈述、反思等交互模式具有较大差异④，显示非正式交流与正式交流中用户参与模式存在差异。

---

① 邹儒楠，于建荣．数字时代非正式学术交流特点的社会网络分析——以小木虫生命科学论坛为例［J］．情报科学，2015，（7）：81-86.

② 丁敬达，许鑫．学术博客交流特征及启示——基于交流主体、交流客体和交流方式的综合考察与实证分析［J］．中国图书馆学报，2015，（3）：87-98.

③ Yan W，Zhang Y. Research universities on the ResearchGate social networking site：an examination of institutional differences，research activity level，and social networks formed［J］. Journal of Informetrics，2018，12（1）：385-400.

④ Fahy P J. Epistolary and expository interaction patterns in a computer conference transcript［J］. Journal of Distance Education，2002，17：20-35.

不同学科的用户参与行为模式差异上，人文经济类学者倾向发布资源帖，而理工类学科学者在网络学术社区中有较强烈的求助交流欲望，想要解决其学术研究中面临的各种问题。理工学科（如"高分子""微米和纳米""仿真模拟"）学者更注重举出事实信息，列举现象和数据说明问题，也说明该论坛对理工科学者具有更大吸引力。

4）学者们使用了丰富多样的信息源类型以保持对于学科领域知识或事件的及时跟踪，书籍、文献等传统学术资源在网络学术社区中仍然扮演着重要角色，验证了正式文献对非正式交流的补充与促进①。不同学科对于资源类型也显示出偏好性，例如"模拟仿真"对图片的需求高。

5）在社会情感方面，通过支持和鼓励来促进良好的学术交流互动的现象在各学科都普遍存在。在深入联系方面，提供联系方式的发帖和回帖比例极低。说明从网络学术社区平台互动延伸至其他平台或其他形式交流的还十分有限，较难形成后续深度合作，结合发帖总体回复率低，回复有效性比例较低，中文网络学术社区用户参与的效率仍有较大的改善空间。

本研究还存在一定局限性，从对象选择上看，只选取了小木虫论坛这一综合性学术社区代表，从中选取了5个最活跃学科专业板块，虽然涉及较为丰富的数据，然而，未来研究还需从更长时间周期、更多学科专业门类中获取数据，提高研究结论的普适性和代表性。研究方法上，本研究采用内容质性编码辅以描述性统计和单因素方差分析以及卡方检验等方法，综合定性与定量的讨论。未来研究将探索自动内容聚类与人工判别分析相结合的分析方法②③，研究主题扩展至不同类型平台的用户参与模式、匿名与实名用户参与模式的对比分析、用户社区参与的学术收益评估等更多方面，更加全面地刻画网络学术社区用户参与行为特征。

---

① 史新艳，肖仙桃．学术博客链接结构及其交流特性分析［J］．图书情报知识，2009，（5）：79-83.

② Zhang M，Sheu F R，Zhang Y. Understanding Twitter use by major LIS professional organizations in the United States［J］. Journal of Information Science，2018，44（2）：165-183.

③ 王晓笛，李广建．基于新闻信息抽取的人文社科非正式科学交流研究［J］．图书与情报，2018，（2）：43-53.

7.2 基于微格式的网络学术社区用户生成内容聚合实证分析

随着 Web2.0 理念与相关技术的发展，网络学术社区的快速进步极大地促进了用户贡献内容的数量增长①。然而，用户生成内容呈现碎片化、离散化，难以管理，如何对其进行有效的组织，充分挖掘用户生成内容的信息价值成为人们关注的焦点问题②。网络学术社区中的用户生成内容具有三个特点：一是符合离散分布与集中趋势、长尾现象；二是其中包含的大量短文本内容，由于特征稀疏而导致传统的文本处理方法作用有限；三是其内容缺少结构化的外部属性和内容标注，因此文本不具备“实体性”，难以像学术资源中的文献那样开展多维关联挖掘和利用③。

7.2.1 微格式标注的优点

微格式是建立在已有的、被广泛采用的标准基础之上的一组简单的、开放的数据格式（microformats. org）④，由美国 Technorati 公司专家 Tantek Celik 于 2005 年 6 月在超新星大会上提出。微格式将语义嵌入到 HTML 中，兼顾人机可读性。通过对小片段信息（如联系方式、事件、关系等信息）的分割语义标注，微格式使用户生成内容能够被浏览器有效识别，从而有助于碎片化信息的内容提取和聚合。利用微格式可以帮助网站提高用户黏度。

微格式越来越受搜索引擎关注，2011 年 Facebook 在其个人信息下载功能中增加了对微格式的支持；Google 和 Bing 也在管理员工具里面都增加了结构化数据功能。目前，支持微格式的搜索引擎包括 Google、Microsoft、Yahoo、iceRocket、Karniyarik、Yandex 等，Chrome、Firefox、IE、Safari 等浏览器也以

① Sheila Kinsella. Augmenting Social Media Items with Metadata using Related Web Content [D]. Ireland: National University of Ireland PhD Dissertations, 2012: 8.

② 张敏，王丹. 基于微格式的用户生成内容聚合组织研究 [J]. 情报理论与实践，2014，37 (8): 122-127.

③ 陈果，朱茜凌，肖璐. 面向网络社区的知识聚合：发展、研究基础与展望 [J]. 情报杂志，2017，(12): 196-201.

④ Microformats [EB/OL]. https://microformats. org/ [2017-01-20].

插件的方式支持微格式，Javascript、PHP、Python 等都能方便地解析微格式。国外关于微格式的研究，主要聚焦在微格式的构建方法、微格式的应用，如何利用微格式实现用户个性化需求，微格式与其他轻量级语义标注语言的互操作等方面。国内关于微格式的研究，多局限于介绍微格式的具体类型，如李书宁归纳为由数据结构化定义和标记的微格式、个人及组织信息标记的微格式、网络超链接标记的微格式、评论机制标记的微格式等，以及图书馆网站基于微格式的语义化组织研究等方面①。对于将微格式应用于用户生成内容组织，国内外研究涉及较少。当前用户生成内容信息组织可以将微格式作为工具，利用语义描述、控制和文本挖掘工具，让用户生成内容更好地揭示、关联、实现有效聚合②③。

对于网络学术社区而言，作为用户生成内容的一种聚合组织方式，微格式具有以下优点：

1）微格式可以描述和揭示用户生成内容中的人、物和互动关系，满足个性化需求。例如，hCard 微格式可以描述关于学者的信息，如姓名、联系方式；hReview 微格式可以描述评论信息；hAtom 微格式可以用来描述可聚合的内容条目，如博客日志和评论。特别适用于社区情景下学者们当前行为和使用范式的表征描述。

2）包含数据的 XHTML 代码块的定义格式，为用户生成内容添加语义化标注，增强内容的结构化，可将用户生成内容转换为 RDF 格式的数据④，便于用户识别、记忆、共享和使用。

3）开放的数据格式标准，目标族群是普通用户，任何用户都可以通过简单的程序读取微格式的内容，从而提高信息的使用率。一系列的简单开放数据标准活跃发展和应用，促进博客结构化和学术社区微内容的发布。

4）遵循用户第一、机器第二原则，使机器能够阅读和理解某些只有人类理解的数据及一系列的标准化方法，允许网站上的内容轻易地与其他应用对接，很

① 李书宁．基于微格式的信息组织与处理框架［J］．图书情报工作，2007，51（8）：35-37.

② Eicker S，Peter J，Scheuler M，et al. Semantic injection of institutional websites with new microformats for higher education ［C］//15th International Conference of European University Information Systems（EUNIS 2009），Spain，2009：1-8.

③ Groza T，Handschuh S，Breslin J，et al. An abstract framework for modeling argumentation in virtual communities［J］. International Journal of Virtual Communities and Social Networking，2009，1（3）：35-47.

④ 李峰．语义 Mashup 技术研究［J］．现代图书情报技术，2010，（1）：46-49.

容易和外部进行数据通信①，实现用户生成内容的有效聚合。

7.2.2 微格式的类型及其功能

微格式发展至今出现了很多类型②，包括基本微格式、复合微格式等，本书根据用户生成内容的性质，对微格式类型进行分类，大致包括描述个人和组织的信息、评论、意见标记、标签与超链接、数据结构标记和定义、地理位置、语义结构等，如表7-9所示。

表7-9 微格式类型

类别	名称	内容	实例
个人和组织信息	hCard	在vCard标准的基础上，以XHTML具有语义化的标签属性来表征个人和组织机构的联系信息	与outlook结合使用，方便用户在手机上添加手机联系人，保存联系人信息
	hCalendar	建立在vCalendar和iCalendar基础上，提供对“组织者”“时间”“地点”等项目标记和描述，将互联网上发布的与个人日程安排密切相关的非结构化信息转化成结构化信息	Firefox将地址或坐标在Google地图中标记出来，在日历中添加备忘录提醒用户，并将信息传递给手机GPS导航软件
	XFN	通过自提供的一些rel属性值来表达链接者与被链接者之间的社交关系，如朋友、工作、家庭关系等	“在线身份集合”、Social Graph API
	hResume	使用hCard描述个人联系信息和组织信息，使用hCalendar描述工作经验和教育背景，使用rel-tag描述个人技能，使用citetag描述发表的作品	在求职网站上发布个人简历，方便雇主公司获取其个人相关信息进行人员招聘

① Québec's M, Quin L. Microformats: contaminants or ingredients? Introducing MDL and asking questions, extreme markup languages [C]// Proceedings of Extreme Markup Languages, Montreal, Canada, 2006: 1-7.

② 李书宁. 基于微格式的信息组织与处理框架 [J]. 图书情报工，2007，51 (8)：35-37.

续表

类别	名称	内容	实例
评论、意见标记	votelinks	一种基本微格式，确保发表意见被识别和聚合	< a href = https://www.aaa.com/aaa.html rev = " vote-against" > I voted against the content of this webpage </a>
	hReview	通过评论为内容增加语义化标签,确保评论内容数据结构化，便于评论内容的发布、共享、聚合和集成	对产品、事件、人物进行评论
标签与超链接	rel-tag	标记和描述目标链接是一个 tag	< ahref = https://Te- chnorati.com/tag/Microformats rel = "tag" > Microformats</a>
	rel-home	标记和描述目标链接是一个网站的首页,为了导航使用，但是同时也为页面提供了站点结构的描述信息	<link rel = " home" href = " https://www.ablognotlimited.com/" title = " Home page" />
数据结构标记和定义	XMDP	数据结构化标记和定义的微格式,用 XMDP 微格式包含的格式定义及相关属性	以<dl class = " profile" >为格式定义开头，对其他微格式进行标记
	XOXO	数据化结构微格式，以模块化的 xhtml 形式定义了模块框架和各种模块	采用标签“body”“head”“html”“dl”“dt”以及标签属性 url、text 等定义微格式结构
地理位置	Geo	用于地理位置经度、纬度等的标注	<span class = " geo" > <span class = " latitude" >52.48</span>, <spanclass = " longitude" > -1.89 </span></span>
语义、结构	hAtom	用来为网页内容添加结构和语义，从而使得网页内容或者局部内容可以被广播（syndication）	博客日志或者新闻文章

7.2.3 基于微格式的用户生成内容聚合组织原理

目前，微格式往往应用于用户生成内容的某一个局部或方面，微格式的类型还比较有限，没有形成系统的应用框架①。本小节根据用户生成内容创作、发布、评论、转发的流程，展示了与用户生成内容有关的现有微格式类型，例如，与用户信息相关的 hResume、XFN、hCard、hCalendar，与用户评论相关的 VoteLinks、hReview 等，见图 7-7。

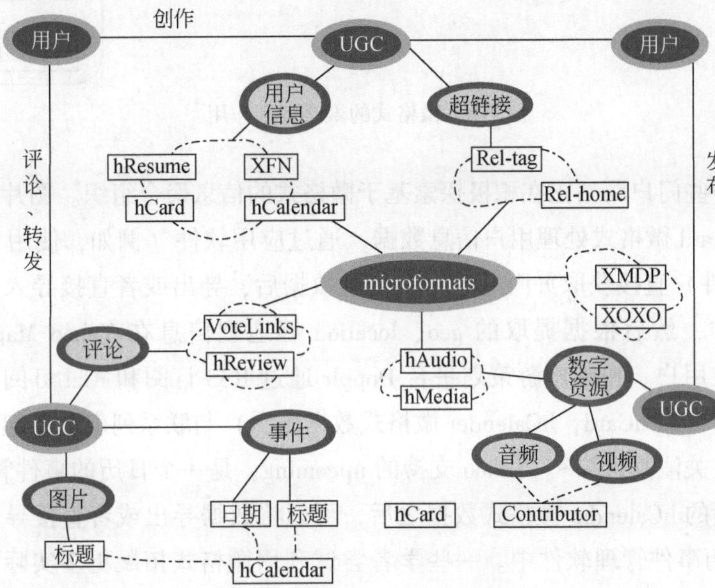

图 7-7 微格式的组织架构

对用户生成内容添加微格式可以提供更多的语义信息，同时适合人和机器阅读，方便搜索引擎爬取 Web 内容时，能够更为准确地识别内容块的语义；还可以将其转化成其他的相关格式，提供给外部程序和 Web 服务使用②。基于微格式的用户生成内容的聚合过程大致包括：社会网络具有链接特性，每个条目具有唯

① 王丽杰. 信息组织研究综述［J］. 图书馆学刊，2009，(9)：95-97.

② Scharl A，Hubmann-haidvogel A，Wohlgenannt G，et al. Scalable annotation mechanisms for digital content aggregation and context-aware authoring［EB/OL］https://dl.acm.org/citation.cfm? id = 2254498.［2017-05-20］.

一的 URIs 标识，搜索引擎爬行抽取经过微格式描述的条目实例，抽取过程中对相同实例进行鉴别①（例如，识别 rdf：seeAlso），将表征同一个实例的不同部分融合为一体，导出产生一个结构化的 RDF 数据，从而实现用户生成内容结构化的聚合，进一步实现或导入其他应用开发，如图 7-8 所示。

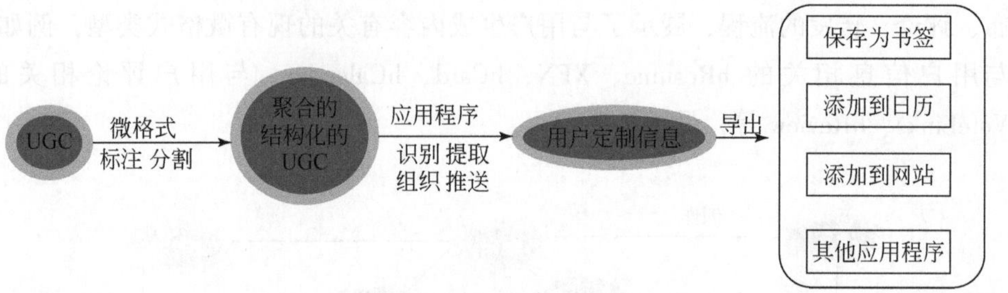

图 7-8　微格式的聚合识别作用

目前一些门户网站正在积极探索基于微格式的信息聚合组织。图片分享平台 Flickr 用 vCard 微格式处理用户信息数据，通过应用软件（例如，使用 Firefox 的 operator 插件）直接获取页面上的用户信息数据后，导出或者直接导入到其他的应用程序中，然后根据提取的 geo、location 等地理信息在 Yahoo Map、Google Map 中定位用户。智能旅游策划平台 Dopplr 通过 RSS 订阅和 iCal 订阅方式，将用户的行踪（以 hCard，hCalender 微格式数据表示）与联系列表联系起来，方便用户的朋友关注其行踪②。Yahoo 支持的 upcoming，是一个日历的事件管理应用，在获取页面的 hCalendar 微格式数据之后，可以将数据导出或者直接导入到其他的 Web 日历事件管理软件中。一些学者尝试利用微格式拓展更多实际应用，例如，引入到用户信息建模中，Plumbaum 等③聚焦社会语义网络中用户建模，将微格式和 RDFa 引入用户属性数据、行为数据的语义描述，帮助浏览器更好地理解用户行为，能够从用户单个行动中获得网页的相关语义信息，实现用户兴趣的语义建模。

---

① Kinsella S, Passant A, Breslin J G, et al. The future of social web sites: sharing data and trusted applications with semantics［J］. Advances in Computers, 2009, 76: 121-175.

② 什么是微格式及经典实例［EB/OL］. https://www.blueidea.com/tech/web/2009/6471.asp2009-3-3.［2017-02-01］.

③ Plumbaum T, Wu S, Luca E W D, et al. User modeling for the social semantic web［J］. Spim, 2013, 6644 (2): 405-420.

7.2.4 基于微格式的用户生成内容的组织实例

(1) 微格式标注学者信息

在用户生成内容中和用户有关的信息包括用户个人信息、用户关系、用户日程安排等。凡是涉及用户联系信息都可以采用 hCard 来进行标记；涉及用户关系的可以用 XFN 来标记，涉及用户日程安排的用 hCalendar 描述，通过标记后机器就能够识别该信息，然后导入到相应通讯录中，方便读者查询。下面利用 hCard 对个人信息的编辑进行说明：

```
<div id="hcard-王-丹" class="vcard">
<span class="fn">王丹</span>
<div class="org">西南大学</div>
<a class =" email" href =" mailto: wd553576 @ yahoo. cn" > wd553576 @ yahoo. cn</a>
<div class="adr">
<div class="street-address">天生路2号</div>
<span class="locality">北碚区</span>,
<span class="region">重庆市</span>,
<span class="postal-code">400715</span>
<span class="country-name">中国</span>
</div><div class="tel">68292870</div>
<div class="tags"><a href="https://kitchen. technorati. com/contacts/tag/我的个人信息">我的个人信息</a></div><p style="font-size: smaller;">This <a href ="https://microformats. org/wiki/hcard" >hCard</a> created with the
<a href="https://microformats. org/code/hcard/creator">
hCard creator</a>. </p>
</div>
```

上述代码实现结果见图7-9。

在上述例子中，利用 hCard 的 fn、org、email、adr、tel 属性分别对个人姓名、单位、邮箱、地址、电话进行描述，处理后的信息具有语义化，用户可以清楚知道相关信息，并导出到相关程序中，同时也可实现对信息的保存，如图7-10所示。

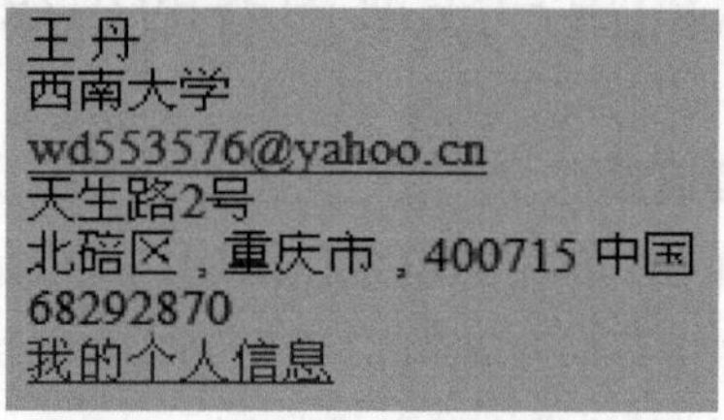

图 7-9　利用 hCard 描述个人信息

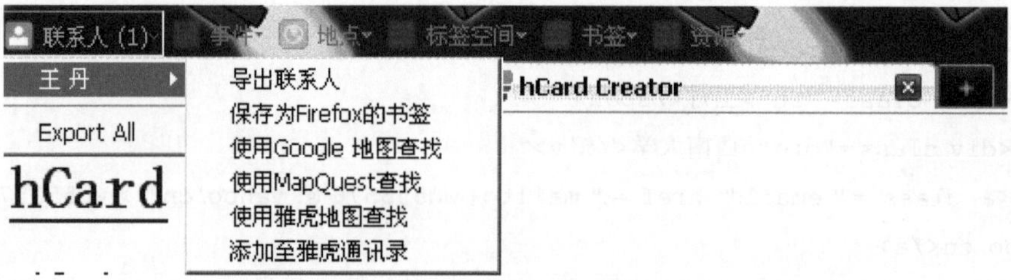

图 7-10　hCard 微格式处理结果

(2) 微格式描述数字资源

用户在网络学术社区中生成了多种类型的数字资源，包括图书资料、用户上传视频、音频、分享或上传的图片等，由于不同用户对资源描述标准不一，针对这些内容使用微格式进行优化后就能够有统一规范。对于音频资源可以用 hAudio 描述，对于音视频图片相关信息用 hMedia，对于图表描述使用 figure、对于 Atom 提要描述用 hAtom。使用微格式处理的相关资源信息被机器识别后可以发布到相应网站上供需要的用户浏览，实现对资源的查询、评价。图 7-11 为音频数字资源元数据，利用 hAudio 微格式对其进行描述，代码如下：

```
<div class="haudio">
<h1 class="fn"><a rel="index" title="hAudio RSS"
href="https://weborganics.co.uk/haudio-rss/">hAudio RSS</a></h1>
<h2 class="description subtitle">Hypertext Playlist using the hAudio
Microformat</h2>
<div id="content">
<h3>Do stuff with this page</h3>
<p>Example:<a href="javascript:void(location.href='https://microform.
```

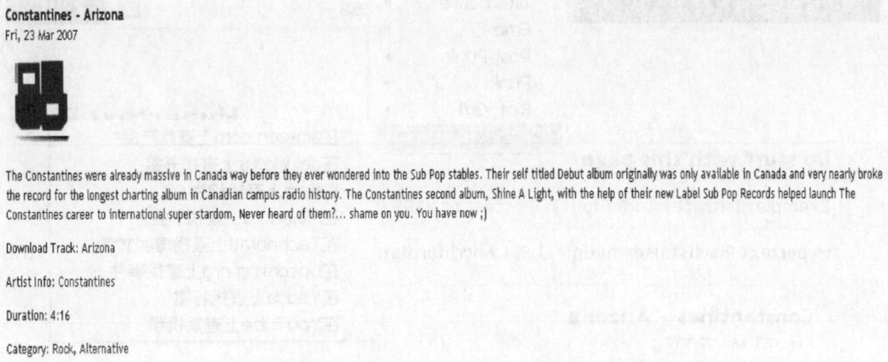

图 7-11　音频数字资源的元数据内容

```
at/haudio-rss/'+location.href)">Extract hAudio to RSS Poscast</a> or <a href=" javascript: void (location. href = 'https://microform. at/haudio-xspf/'+location.href)">XSPF Playlist</a></p>
    <p>Hypertext Playlist uses <a href="https://microformats.org/wiki/haudio">hAudio 0.9.1</a> Microformat,updated on <span class="updated" title="2010-03-31T15:30:27+0100">Wednesday,March 31<small>st</small> 2010</span></p>
    <ol class="xoxo">
    <! -- Start haudio item -->
    <li>
    <div class="item">
    <h3 class="fn"><a id="constantines---arizona" title="Constantines - Arizona" rel="bookmark" href="https://weborganics.co.uk/haudio-rss/#constantines---arizona">Constantines - Arizona</a></h3>
```

通过上述描述可以知道音频资源元数据中包含的出版地、创作者、文件类型、更新日期等信息，通过使用 hAudio 微格式对其处理后，搜索引擎的爬虫软件能够识别该信息描述的具体内容，并将该资源传到其他应用程序，用户可以在 amazon. com、del. icio. us、flickr 等网站上查找该资源，结果如图 7-12 所示。

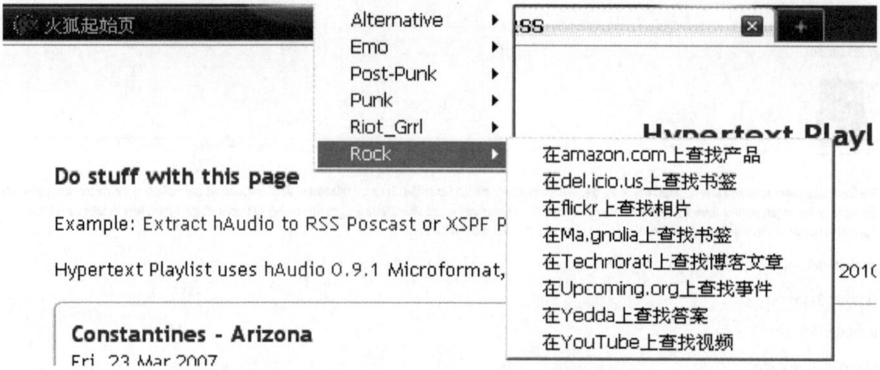

图 7-12　hAudio 描述数字资源结果显示

7.2.5　基于微格式的网络学术社区用户生成内容组织存在的问题

目前微格式已得到 Google、Flicker 等搜索引擎或门户网站的关注和应用，但其用于网络学术社区用户生产内容的组织还存在一些关键的挑战性问题：

1）目前，微格式的类型还比较有限。微格式由非营利性电子商务推广组织 ComerceNet 发布推广，通过重用已有的 HTML/XHTML 标签中的 class 名称设置，定位于在特定领域里收获有限的成功①。经过十多年发展，微格式取得了一些进步，如微格式的类型、解析语言、支持的浏览器数量等，然而微格式往往针对具体领域和问题而提出，词汇有限，同时也没有提供可扩展的机制。目前那些使用微格式的网页，重点在于两个用途：联系信息和活动列表。例如，Google 支持以下信息类型：评论、用户个人资料、商品、商家信息、食谱和活动等。针对微格式词汇表征的局限性，国外学者也提出了一些解决方案，例如，Loibl 和 Tuz 基于本体工程的方法，参照本体开发过程，提出相关微格式的创建流程和方法②。对于网络学术社区而言，微格式的应用也主要体现在对学者信息和社区活动的描述组织。

2）微格式的各种应用还处于离散状态，就各种微格式而言，还缺乏通用统一的数据模型，不同类型的微格式分散嵌入在 HTML 中，虽然每种单独的格

① Allsopp J. Microformats: Empowering Your Markup for Web2.0 [M]. New York: Friends of ED, 2007: 9.

② Loibl W, Tuz D. A methodology for building microformats [C]//Information and Communication Technologies in Tourism Helsingborg, Sweden, 2012: 108-119.

式都有软件库来解析和提取信息，却无法将不同的格式联系在一起进行系统应用。同时，对构建实体和关系的全局引用也无能为力，也没有命名空间来防止偶然的命名冲突①。浏览器和客户端对于微格式的支持在不断进步，然而还是较为局限。

3）微格式还缺少容易理解的用户文档，容易造成用户负担。此外，微格式由谁实施、其实施给网站管理带来的直接收益如何还未能得到更普遍认知。

4）微格式与其他语义工具的互操作问题还没有达成共识。从语义网的基础性技术来看，目前，比较流行的有三类：RDFa（资源描述框架属性）、微格式（microformat）和微数据（microdata），这三种方案具有不同的特点和功能定位。这三种方案不是互相排斥的，可以在同一个页面使用不同的方案，并且可以在一个页面上使用多种方案，但这就要求各种设备和搜索引擎增加兼容逻辑，而且三个方案独立发展，力量分散，造成其发展速度与推广应用的范围有限②。2012年6月，Google、Bing和雅虎共同发起的一个新项目schema. org，将为网页上的结构化数据标记建立并提供一套通用模式，希望在RDFa的可扩展性和微格式的简单性之间获得一种平衡。当前，这只是三家商业公司的共同行为，并非国际标准，因此schema. org的推出仍然存在不小的争议。学者们也在积极探讨这些结构化数据之间互操作策略与方法①-③。例如，Bojars等⑥提出利用微格式和开放APIs等语义网技术链接和重用跨Web2.0社区数据的方法，研究探讨了基于RDF框架将微格式的词汇映射成FOAF、SIOC等其他本体所需要的词汇的方法，为网络学术社区的跨社区语义聚合奠定了一定的理论基础。微格式与微数据、RDFa的比较见表7-10。

---

① Sletten B. 面向资源的架构：信息，而非容器［EB/OL］. https://www.infoq.com/cn/articles/roa-information-not-containers［2019-09-01］.

② Khare R, Celik T. Microformats: a pragmatic path to the Semantic Web［C］//Proceedings of the 15th International Conference on World Wide Web, Edinburgh, Scotland, UK, 2006: 865-866.

① Adida B. hGRDDL: bridging microformats and RDFa［J］. Journal of Web Semantics, 2008, 6 (1): 54-60.

② Pohorec S, Zorman M, Kokol P. Analysis of approaches to structured data on the web［J］. Computer Standards & Interfaces, 2013, 36 (1): 256-262.

③ Rowe M. The interoperability of lightweight semantics for social networks［C］//Proceedings of the W3C Future of Social Networking Workshop, Barcelona, Spain, 2009: 1-3.

⑥ Bojars U, Breslin J G, Finn A, et al. Using the Semantic Web for linking and reusing data across Web 2.0 communities［J］. Journal of web semantics, 2008, 6 (1): 21-28.

表 7-10　微格式与微数据、RDFa 的比较

项目	微格式	微数据	RDFa
发布机构	非营利性的电子商务推广组织 ComerceNet	网络超文本技术工作组（WHATWG）	W3C
发布时间	2005 年	2010 年最早是 HTML5 规范的一部分，后来成为独立的标准	2004 年
功能定位	以既能被人类阅读又能被机器识别的方式进行信息的结构化发布，微格式强调可被显示的数据，而不是那些不可被显示的元数据	微观数据是为网页已经直接可见的数据附加语意化的说明	机器可读的数据，而不是简简单单展示页面
标签属性	重用已有 HTML/XHTML 标签中的 class 名称设置	微数据是以 RDFa 为基础的，以自定义词汇为核心，以名称/值对应的形式存在。例如，itemtype 和 itemprop，将这些属性放在 HTML 标签上	通过自定义属性-值的方式来实现，需要声明用来解析的词汇库，最近推出的 RDFa lite 有更进一步的改善，兼容 shcema. org 的词汇库
扩展机制	未提供开放的扩展机制	可无限扩展，开放式设计	可无限扩展，开放式设计
特点	微格式清晰简洁，易于理解；有限数量的微格式，微格式的简单有可能阻碍它在更先进任务中的应用，特别是 HTML5 流行起来之后	1. 微数据结合了微格式的简单易用和 RDFa 的可扩展性。 2. 减少属性数量与属性排列选项，降低 RDFa 的复杂性。消除命名空间前缀。维持 RDFa 的通用解析。 3. 它使用自己的属性，因而不存在与样式表规则冲突的风险	RDFa 表达能力很强，但语言太过复杂，复杂的属性交互，比如很容易混淆的命名空间前缀
支持网站	Facebook、Yahoo、Google	Google、Bing	Google

随着网络学术社区的发展和用户生成内容的海量增长，微格式成为信息微内容语义处理工具，通过对用户生成内容进行语义标记，支持浏览器和客户端对用户生成内容进行个性化组织聚合①。XFN、hCard 等类型微格式能够满足用户个性

① 杨九龙，熊伟．微格式申论［J］．图书馆杂志，2009，(3)：59-64.

化组织需求，用户可以快捷、便利地添加、标记好友及联系人。随着微格式发展，网络学术社区中微格式应用将不会仅限于描述个人信息、用户关系，必将拓展到其他领域；微格式支持构建社会性语义网①，通过对内容添加语义使非结构化信息变成结构化，方便机器和用户理解、使用，有助于搜索引擎抓取并及时传递给其他应用程序。未来微格式如果能在数据模型、互操作性等方面取得进展，对于网站建设、浏览器扩展、跨平台服务聚合方面将会有更广泛的应用前景。

7.3 LIS 专业组织 tweets 中用户聚合与话题内容聚合实证分析

图书馆与信息科学（library and information science，以下简称 LIS）领域是社会媒体较早的倡导者和用户②。以往较多研究调查了 twitter 被个人、商业组织的利用，LIS 专业组织相关的 tweets 分析和用户交互状况却缺乏必要的研究。笔者于 2015 年 7 月至 2016 年 7 月在美国肯特州立大学访学期间，在导师张茵教授的指导下，就美国 LIS 专业组织 tweets 中用户聚合与话题内容聚合的规律展开实证调研。此研究提供了一种监控目标 tweets、hashtags 以及专业用户交互活动的科学方法，有助于用户理解和感知自己在网络社区中的地位，对于其拓展对目标用户的影响，构建稳定和友好的用户在线社区具有重要意义。

7.3.1 研究概述

Twitter 为图书情报机构提供了便利机会直接及时地接近目标用户，提供有关开放时间、图书馆事件、服务和资源的信息③④。Twitter 允许图书馆去接近超越常规服务领域的潜在用户。研究者们指出 Twitter 是社会媒体，不是单向的推销工具。它可以被用来了解用户，通过和用户的对话得到信息反馈，形成用户聚合

① Dotsika F. The next generation of the web：an organizational perspective［EB/OL］. https://www stminster. ac. uk/about-us/schools/business/research/workingpaper-series［2017-09-01］.

② Hussain A. Adoption of Web 2.0 in library associations in the presence of social media［J］. Program：Electronic Library and Information Systems，2015，49（2）：151-169.

③ Milstein S. Twitter for libraries（and librarians）［J］. Computers in Libraries，2009，29（5）：34-35.

④ Carscaddon L，Chapman K. Twitter as a marketing tool for libraries.［C］// Thomsett-Scott B C. Marketing with Social Media：A LITA Guide. Chicago：American Library Association，2013：1-20.

的社区。然而，实践中图书馆倾向于将其仅仅作为广播机制，推销服务和程序，而不是用来和用户对话。Emery 和 Schifeling① 通过比较典型学术图书馆和美食快餐网站的 Twitter 实践，发现和揭示了学术图书馆将 Twitter 作为一种宣传机制，仅仅为用户推销服务或特别感兴趣的文章，学术图书馆之间很少交流，互相提到的网络非常有限而零散，美食快餐网站 Twitter 空间则是一个相互连接非常紧密的网络，同行交流非常活跃。LIS 专业组织作为支持广大图书馆与信息科学领域的专业人员，推动和领导图书馆与信息科学领域发展的专业机构，其 Twitter 利用的相关研究成果较为缺乏。

Twitter 通过社会联系促进用户聚合与信息传播。Twitter 用户之间的社会关系被定义为多元化，用户可以相互跟随、相互交互和相互转推。

Twitter 信息聚合的研究方法方面，通用的分析框架多包括内容分析、描述性统计分析和网络分析②。描述性统计分析给出了数据集的概貌性说明；考虑到 Twitter 数据基于文本、用户提供的特征，内容分析自然变成了一种主要的分析方法③，帮助研究者调查如下研究问题，如用户参与、讨论话题、用户类型与使用倾向等。内容分析可以手工进行（基于一定分类标准进行内容手工编码），或者通过软件自动完成（数据挖掘方法），研究者从不同视角探索用户使用特征、范式和内容结构。

Twitter 作为一种主要的社会网络站点，社会网络分析很自然地适合研究需求，成为另一种主要的分析方法，用以检查用户产生的大量数据集。社会网络分析法帮助研究者可视化地揭示用户之间的交互和动态特性。社会网络分析通常依赖于个体用户之间的多种联系，如跟随、交互、或转推。使用这些关系数据，可以构建多种用户拓扑网络。社会网络分析可以从两个角度展开，研究者可以研究整体网络或个体中心网络。在宏观层次，整体网络分析提供节点之间关系集的总体视野，整体网络结构或者大的子网可以通过行动者和关系的数量（节点数量和边的数量）、直径、密度、聚集系数和模块化等指标进行衡量，信息聚合的路径和结构依靠这些指标进行揭示和发现。微观层次上，网络分析聚焦于个体节点，如节点层次的维度、度

① Emery K，Schifeling T. Libraries using twitter better：insights on engagement from food trucks ［C］// ACRL 2015 Creating Sustainable Community，Porland，Oregon，2015：450-458.

② Chae B. Insights from hashtag #supplychain and Twitter analytics：considering Twitter and Twitter data for supply chain practice and research ［J］. International Journal of Production Economics，2015，165：247-259.

③ Zimmer M，Proferes N J. A topology of Twitter research：disciplines，methods，and ethics ［J］. Aslib Journal of Information Management，2014，66（3）：250-261.

数、特征向量中心性，中间中心性、接近中心性等指标，有助于解释在整体网络中谁是最有影响力的节点，作为桥扮演信息传播的重要角色。

7.3.2 研究问题与研究方法

（1）研究问题

本小节聚焦于 LIS 专业组织的 tweets 分析，揭示专业社区内用户聚合和信息聚合的规律。特别地，探索如下三个具体问题：

1）RQ1：LIS 专业组织相关 tweets 基本特征如何？

2）RQ2：LIS 专业组织相关 tweets 中用户聚合机制及特征如何？

3）RQ3：LIS 专业组织相关 tweets 中话题内容聚合的特征和结构如何？

（2）数据采集与分析过程

本研究调查了美国 5 个主要的 LIS 专业组织：美国图书馆协会（ALA）、专业图书馆协会（SLA）、信息科学与技术协会（ASIS&T）、图书馆与信息科学教育协会（ALISE），以及 iSchools。

前面 4 个历史悠久的组织代表 LIS 宽泛领域①。ALA 是世界范围内最大和最老的图书馆协会组织；SLA 服务于信息专业人员，包括公司、法律和学术机构以及政府机构；ASIS&T 服务于信息科学研究者以及专业人员；ALISE 聚焦于 LIS 教育。iSchools 组织是信息学院联盟，建立于 2005 年，已成为 21 世纪新兴的信息领域的主要代表，以上 5 个组织在 Twitter 上都非常活跃。ASIS&T、ALISE 和 iSchool 三个专业组织具有明显的学术研究及教育特征，ALA 和 SLA 则属于综合性 LIS 专业组织。

采用 DMI-TCAT（Twitter 捕捉与分析工具集，the digital methods initiative twitter capture and analysis toolset）② 检索和收集 Twitter 数据，通过各种方法进行分析，通过一系列的关键词检索获得关于 5 个 LIS 专业组织的 tweets。

• ALA 相关关键词：ALALibrary、ala. org、“Amer. LibraryAssn. ”和“American Library Association”；

• ALISE 相关关键词：alisehq、“Association for Library and Information Science Education” 和 alise. org；

---

① Fisher W. The value of professional association [J]. Library Trends，1997，46 (2)：320-330.

② Borra E，Rieder B. Programmed method：developing a toolset for capturing and analyzing tweets [J]. Aslib Journal of Information Management，2014，66 (3)：262-278.

• ASIST 相关关键词：assist. org、ASIS&T 和“Association of Information Science and Technology”；

• SLA 相关关键词：slahq、sla. org 和“special library association”；

• iSchools 相关关键词：iSchools 和 ischools. org。

关键词配置好后，DMI-TCAT 从 2015 年 10 月 25 日至 2016 年 2 月 7 日每天自动采集 tweets，捕获总共 14 456 个 tweets。首先，采用了基本描述性统计方法分析样本数据集，包括 tweets 数量、不同类型分布，包含提到的 tweets 数量、hashtags 的 tweets 数量等；DMI-TCAT 基于用户交互产生了一个有向图谱，主要包含两种用户关系：提到和转推。如果一个用户提到或转推另一个用户，就产生一个有向联系。一个用户越多提到或转推另一个用户，他们之间的联系越强。DMI-TCAT 抽取的网络图谱可以以 CSV 格式或 GEXF 网络文件格式输出，可进一步导入到 Gephi、Pajek 和 VOSviewer 进行可视化网络分析。网络分析揭示用户聚合的结构和范式，包括拓扑结构分析、中心性分析和社区分析，通过一系列的指标，从而得到网络结构和信息流中的关键节点。

类似地，DMI-TCAT 自动抽取了一个基于 hashtags 共现的无向图，利用共词分析方法，抽取数据集中共现的条目对（例如，词、短语或 hashtags），来鉴别特定主题领域中各主题之间的关联关系①②，实现对热点话题、学科结构等的分析。本研究中，如果两个 hashtag 出现在同一个 tweets 中，它们作为共现对被抽取出来。Hashtag 共现图被用来映射 hashtags 之间的关系强度，揭示用户讨论的中心话题的聚合情况。进一步，战略坐标图被用于鉴别聚合的 hashtags 话题之间的内部联系及其相互影响的情况，确定其发展现状与未来趋势③④。

图 7-13 总结了从数据收集到分析的研究过程。其中，将描述性统计分析、社会网络分析和 hashtags 共词分析三种方法组合起来探索研究问题。

1）描述性统计分析提供了样本数据的综合概述和基本特征分析，包括哪些 tweets 被转推的最多，谁转推了 LIS 专业组织的 tweets。

---

① Callon M，Courtial J P，Laville F. Co-word analysis as a tool for describing the network of interactions between basic and technological research：the case of polymer chemistry [J]. Scientometrics，1991，22 (1)：153-203.

② Courtial J P. A coword analysis of scientometrics [J]. Scientometrics，1994，31 (3)：251-260.

③ Courtial J P，Law J. A co-word study of artificial intelligence [J]. Social Studies of Science，1989，19 (2)：301-311.

④ Bangrae L，Jeong Y I. Mapping Korea's national R&D domain of robot technology by using the co-word analysis [J]. Scientometrics，2008，77 (1)：3-19.

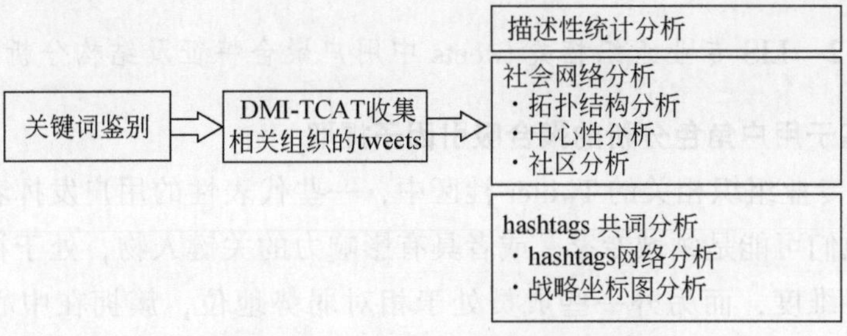

图 7-13　分析过程及其分析框架

2）社会网络分析描述了基于交互关系的用户聚合状况，揭示了用户信息流的网络结构及交互网络中最有影响力用户。

3）hashtags 共词分析被用来揭示用户基于哪些共同感兴趣的话题聚合在一起。

7.3.3　数据分析结果

7.3.3.1　LIS 专业组织相关的 tweets 的基本特征

如表 7-11 所示，在 14 456 tweets 中，59%（8520）是 retweets，显示原始 tweets 仅占 41%。样本 tweets 中 90%（13 018）提到了至少一位用户，共提到 9946 个用户，说明 LIS 专业组织相关的 tweets 是对话性和参与性的，然而样本 tweets 中包含回答的 tweets 仅占 6%（812），比例相对很低，显示这些用户的账户之间的交互是单向的。同时，43%（6147）的 tweets 包含至少一个 hashtag，总共 1308 个不同的 hashtags 被抽取出来，hashtags 的数量和比例显示这些 tweets 是话题性的。

表 7-11　采集到的样本 tweets 及其描述性统计分析

统计维度	总数
采集到的 tweets 总数	14 456
retweets 的数量	8 520
提到的用户数量	9 946
包含提到的 tweets 数量	13 018
hashtags 的数量	1 308
包含 hashtags 的 tweets 数量	6 147
包含回答的 tweets 数量	812

7.3.3.2 LIS 专业组织相关 tweets 中用户聚合特征及结构分析

（1）基于用户角色分析的聚合吸引因子提取

在 LIS 专业组织相关的 Twitter 社区中，一些代表性的用户发挥着吸引因子的作用，他们可能是领域专家，或者具有影响力的关键人物，处于社区的强势地位或中心维度，而另外一些成员处于相对弱势地位，簇拥在中心用户的周围。基于这些吸引因子网络用户自动聚合形成或发现自己所属的群体。因此，找到这些具有影响力的用户是理解 LIS 专业组织社区中用户聚合机制的前提和关键。

在抓取到的样本 tweets 中，本研究重点关注了两类用户，一类是最活跃的发帖用户，此类用户产生了社区鲜活的信息内容，是用户聚合的基础；另一类是被提到最多、最具影响力的用户。这类用户由于在网络中占据中心位置，具有强大的信息流的控制能力，决定着用户聚合的群体规模和聚合结构。表 7-12 展示了前十位最活跃用户（由他们的发帖总数决定），从中可以看出，最活跃的用户包括鼓励儿童阅读的组织、公共图书馆志愿组织、ALA 的主席、图书馆员等。

表 7-12　最活跃的前十位用户（按照发帖数量排序）

序号	tweets 发送者	角色	tweets 数量
1	SuperReaderTX	鼓励儿童阅读的项目	306
2	SafeLibraries	一个关注公共图书馆儿童安全的活跃组织	252
3	lieberrian	学校图书馆杂志和学术出版社的年度图书馆馆长	87
4	saclibFriends	加州萨克拉门托公共图书馆志愿组织	50
5	MrSchuReads	一名教师、图书馆员、儿童图书的推荐博主	49
6	sari_feldman	美国图书馆协会主席	41
7	KathiWindheim	口袋（Pocket-Greenhaven）朋友图书馆主席	37
8	readyforhighest	不清楚	31
9	spkowalski	图书馆员	25
10	NJSLMaryChute	图书馆员	25

表 7-13 显示了最可见（visible users）的十大用户（基于被提到的次数排序）。@ ALALibrary 具有最高的频率，显示其在 LIS 专业组织的 tweets 中被提到的次数最多，在五大 LIS 专业组织中，@ Alisehq 和@ iSchools 没有出现在下表中，说明在 Twitter 中他们的影响力还比较有限。

表7-13 最可见的前十位用户（按照被提到的次数排序）

序号	节点	角色	被提到的次数
1	ALALibrary	美国图书馆协会	9253
2	UberFacts	提供事实给公众的网络服务商	838
3	TheEllenShow	电视脱口秀节目	831
4	MrSchuReads	一名教师，图书馆员，儿童图书推荐的博主	681
5	dark_shark	音乐家布莱恩伊诺的 Twitter 账户	523
6	SLAhq	美国专业图书馆协会	497
7	mental_floss	一个传播科学、流行文化、技术、历史的国际媒体商标	342
8	Aasl	美国图书馆协会的分部	307
9	asist_org	美国信息科学与技术协会	290
10	LibraryatNight	服务于医学图书馆协会的一位医学图书馆员	232

（2）基于用户交互关系的聚合网络结构分析

为进一步探索用户聚合的社会网络结构以及信息传播路径，本研究利用DMI-TCAT抽取用户提到或转推的两种交互关系，生成了用户提到网络图。网络文件被导入到社会网络的分析软件 Gephi 中，如图7-14所示。

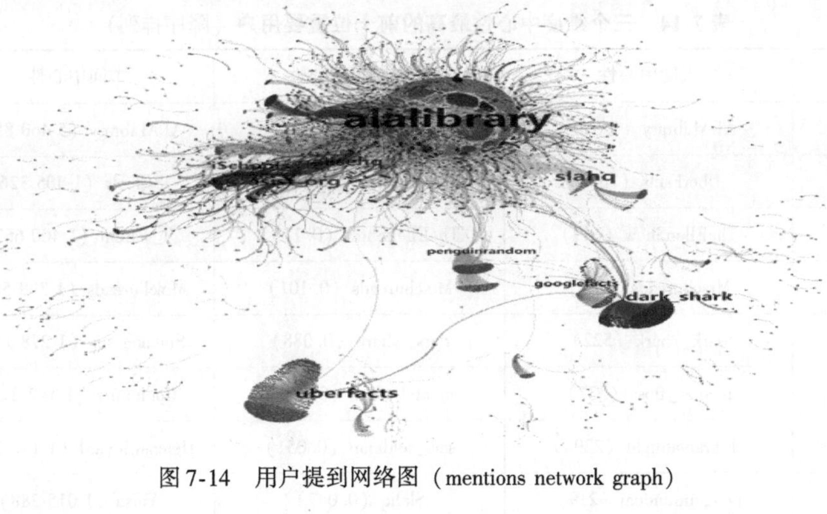

图7-14 用户提到网络图（mentions network graph）

从整体网络的拓扑结构看，这是一个包含9946个节点和20 307条边的较大的社会网络，样本 tweets 数据中包含“@ username”（提到某用户）或者“RT @ username”（转推某用户）的节点被抽取出来，节点之间提到或转推的关系产生了边。通过 Gephi 程序计算，网络直径是 14（网络中两个节点间的最长距离），平均路径长度是 5.6（显示所有这些用户之间平均间隔大约 6 个节点）。网络直径和平均路径长度反映了信息传递的范围、速度和难易程度。这些数据显示由用户之间转推或提到关系生成的用户聚合网络较为松散，样本中 tweets 信息沿着较长的路径以较慢的速度传播。

节点层次上，中心性分析被用来鉴别交互网络中有影响力的节点（用户），包含度数中心性、特征向量中心性和中间中心性等测量指标。入度是测量一个节点被多少其他个节点连接，是一个节点流行度的标志。特征向量中心性是基于如果一个节点被其他重要节点连接，则这个节点是重要的假设。中间中心性是测量一个节点在网络中的结构位置，评价节点在网络中的重要性。一个节点具有越高的中间中心性，则对网络信息传播的影响力越高，说明信息传播通过了一条最短的路径。如表 7-14 所示，十个最重要的节点（用户）被筛选出来。@ ALALibrary 和 @ Mrschureads 出现在所有三个维度中，显示他们是提到网络中最具影响力的用户。@ UberFacts、@ TheEllenShow、@ dark_shark、@ mental_floss 和 @ sari_feldman、@ Libraryatnight 等具有较高的入度和特征向量中心性，但是由于中间中心性较低。说明这些账号受到了较高的关注，但是在 LIS 专业组织相关的 tweets 网络中仍然处于较边缘的位置。

表 7-14　三个维度中心性最高的前十位重要用户（降序排列）

序号	入度中心性	特征向量中心性	中间中心性
1	ALALibrary（5 650）	ALALibrary（1）	ALALibrary（5 460 852）
2	UberFacts（768）	UberFacts（0.13）	iSchools（1 405 326）
3	TheEllenShow（649）	TheEllenShow（0.113）	jl_parent（1 400 667）
4	Mrschureads（581）	Mrschureads（0.101）	Mrschureads（1 398 589）
5	dark_shark（522）	dark_shark（0.088）	Simmonsslis（1 278 119）
6	mental_floss（337）	mental_floss（0.059）	Robinkurz（1 142 213）
7	Libraryatnight（229）	sari_feldman（0.051）	Helenswinyard（1 126 310）
8	penguinrandom（219）	Slahq（0.047）	Yalsa（1 015 288）
9	sari_feldman（183）	Amlibraries（0.044）	Superreadertx（919 385）
10	asist_org（174）	Libraryatnight（0.039）	piper212（911 345）

社区分析层次上看，聚集系数是节点间连接紧密程度的测量，用户提到网络具有较低的聚集系数（0. 25），说明整体网络非常松散和广泛分布。利用 Gephi 中嵌入的模块化工具测量，网络模块度为 0. 571。ALALibrary 聚集为最大的社区，占据总体节点的 33. 33%，Slahq 社区占有 2. 64% 的节点。Alisehq、assist. org 和 iSchools 被聚为一个子社区，占据总节点的 4. 51%。如图 7-14 所示，UberFacts、dark_ shark、penguinrandom 和 GoogleFacts 也是用户提到网络图中的主要的子社区。作为重要的桥，这些节点拓展了 LIS 专业组织信息的传播，尽管他们在整个网络中处于较边缘的位置。

7. 3. 3. 3　基于 hashtag 的话题内容聚合分析

通常 hashtags 被用来鉴别 Twitter 中讨论的话题，实时的事件或趋势性话题可以通过 hashtag 分析进行发现和监测。DMI- TCAT 抽取样本 tweets 中的共现 hashtags 对，产生了一个包含 1307 节点和 1377 条边的共现图，使用社会网络分析工具 Pajek，探索分析了 co- hashtags 共现网络图的总体结构以及 hashtags 之间的关联强度。分析过程及结果如下。

（1）hashtags 的选择与清洗

为了达到较好的聚类显示效果，首先执行对 hashtags 的清洗，同义 hashtag 进行了合并，例如，3dprint、3dprinters 合并入 3dprinting；author 合并入 authors。随后，co- hashtag 矩阵被导入 Pajek 中，最大连通子图被抽取出来。为了达到较清晰的聚类效果，节点值少于 10 、边的值少于 5 的被过滤掉，最终产生 74 个节点（筛选后 74 个节点词频为 4927，占总 hashtags 词频的 75%）和 156 条边。每个节点的大小代表 hashtag 在 tweets 中出现的频率，边的厚度代表两个 hashtag 共现的次数。表 7-15 展示了词频最高的前十个 hashtags。其中，#librariestransform 是词频最高、被独立用户讨论最多的话题。

表 7-15　词频最高的前十个 hashtags

序号	hashtags	词频	参与讨论的独立用户数量
1	librariestransform	1234	904
2	alamw16	734	503
3	library	599	435
4	high5alibraryianday	249	246

续表

序号	hashtags	词频	参与讨论的独立用户数量
5	alayma	215	198
6	ala_carnegie	178	142
7	libchat	176	24
8	kidlitonellenshow	135	93
9	alise16	123	48
10	makerspaces	115	110

（2）基于社区分析的流行主题（话题）的聚合情况

使用表7-14相同的分析维度，前十的hashtags按照中心性分析的三个维度被挑选出来。如表7-16所示，#alamw16，#librariestransform，#library，#libchat，#librarians出现在所有三个维度中，显示它们是最流行和最具影响力的话题。这些话题涉及图书馆变革、图书馆业务与图书馆员的职业发展，图书馆与用户对话、阅读等内容。

表7-16　三个维度的中心性最高的前十个hashtag（降序排序）

序号	入度中心性	特征向量中心性	中间中心性
1	alamw16（25）	librariestransform（0.55）	alamw16（0.59）
2	librariestransform（18）	library（0.54）	librariestransform（0.29）
3	library（16）	Boston（0.31）	alise16（0.18）
4	libchat（16）	copleysquare（0.29）	libchat（0.16）
5	librarians（12）	alamw16（0.28）	lis（0.15）
6	lgbt（10）	libchat（0.18）	library（0.14）
7	reading（10）	makerspace（0.14）	ischools（0.13）
8	homophobia（9）	ala_carnegie（0.12）	librarians（0.09）
9	books（7）	jobs（0.11）	alayma（0.08）
10	alayma（6）	librarians（0.11）	reading（0.07）

社区分析结果显示较低的网络密度（0.06）和聚集系数（0.36），说明 co-hashtag 网络分布较为离散。使用 Louvain 社区监测算法，6 个主要的话题组聚合出来，如图 7-15 所示。

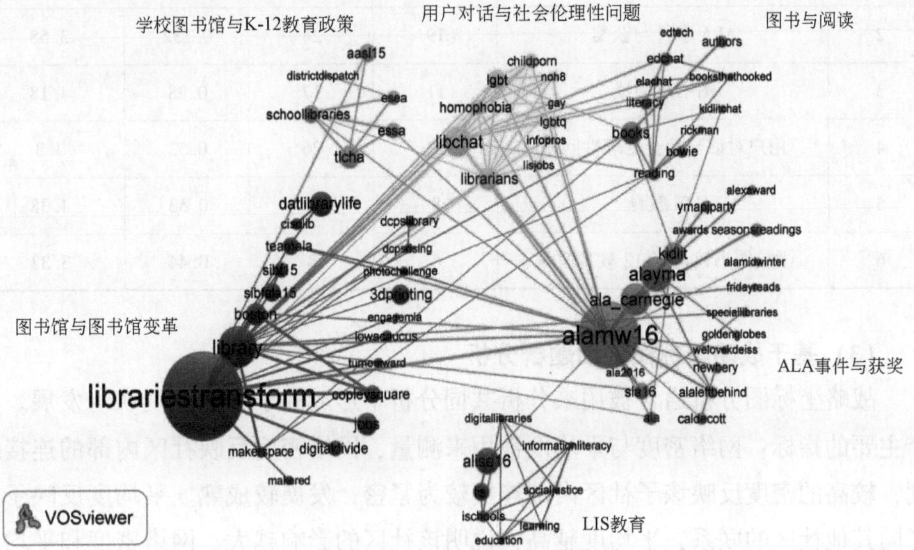

图 7-15　hashtags 话题聚类图

根据社区聚类的结果，6 个主要的话题内容总结见表 7-17。

1）图书馆与图书馆变革，是最大的话题社区，由 20 个节点组成，代表性的 hashtags 如 #library、#jobs、#3dprinting、#datlibrarylife、#digitaldivide 等，涉及图书馆事业、职业、3D 打印、数字鸿沟等内容。

2）ALA 事业与获奖，形成第二大话题组，主要讨论 ALA 事件、会议、获奖等，如#alamw16、#alamidwinter。

3）图书与阅读，包括信息素养、阅读、图书等，如 #literacy、#reading、#BooksThatHooked（共享振奋人心的图书）等。

4）用户对话与社会伦理性问题是第四大话题群，讨论的话题包括儿童性问题、同性恋等，如#homophobia、#childporn、#lgbt 等。

5）LIS 教育，包括#iSchools，#education，#learning，#information literacy 等。

6）学校图书馆与 K-12 教育政策，是最小的话题群，主要讨论#ESSA（每个学生成功行动）和#ESEA（中小学教育行动）。

表 7-17　co-hashtag 网络中聚合的 6 个主要的话题群

社区	话题内容	节点数量	边数量	网络密度	平均度
1	图书馆与图书馆变革	20	25	0.125	3.5
2	ALA 事件与获奖	19	24	0.132	3.58
3	图书与阅读	11	17	0.28	4.18
4	用户对话与社会伦理性问题	10	26	0.52	7.3
5	LIS 教育	8	17	0.53	4.38
6	学校图书馆与 K-12 教育政策	6	8	0.44	3.33

（3）基于战略坐标图的话题群分析

战略坐标图分析通常被用来分析共词分析中形成的子社区的现状与发展。两个主要的指标：网络密度与平均度被用来测量，网络密度反映社区内部的连接强度，较高的密度反映该子社区内部连接较为紧密，发展较成熟。平均度反映子社区同其他社区的联系，平均度越高，说明该社区的影响越大。网络密度和平均度的平均值通常选作坐标图的交点。抽取出的 6 个子话题群中，LIS 教育、学校图书馆与 K-12 教育政策相对规模较小，同其他社区的联系较少，因此在进行战略坐标图分析时只分析其他 4 个话题群（图 7-16）。

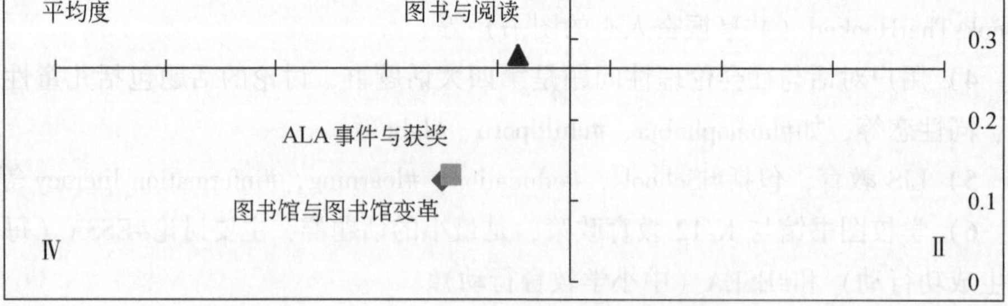

图 7-16　四个子话题群的战略坐标图分析

1）用户对话与社会伦理性问题，位于第一象限中，该子社区具有较高的网络密度和平均度，显示在社区内部和社区间联系较紧密，说明话题的讨论较为深入，也有相对较大的影响。

2）图书与阅读位于第三象限中，具有相对较高的密度而较低的平均度，显示其社区内部联系较为紧密，社区之间联系较松散，该话题群的讨论较为深入，但是影响较小。

3）图书馆与图书馆变革和ALA事件与获奖，位于第四象限中，具有相对较低的网络密度和平均度，显示在社区内外都联系较为松散，虽然这两个社区的规模较大，但是话题过于分散，还未形成系统和一致的焦点问题，同时孕育着领域内新话题的产生。

7.3.4 讨论

（1）LIS专业组织的tweets特征

本研究实证分析的结果显示LIS专业组织相关的tweets具有对话性和参与性的特点。例如，超过43%（6147）的tweets包含至少一个hashtag，90%（13 018）的tweets提到了至少一位用户。相对于其他公共或专业tweets，LIS专业组织相关的tweets中提到用户和包含hashtags的比例较高①②。

然而，LIS专业组织中原创性tweets和包含回答的tweets比例较低，分别仅占全部tweets的41%和6%。说明LIS专业组织在Twitter中用户活动还不够活跃，用户的交互也限于单向交流。相反，在某研究供应链相关的tweets中，72%是原创tweets，14%随机选择的tweets中包含回答③。

LIS专业组织tweets内容中涉及阅读推广、图书馆变革的感知运动等。一些著名的媒体服务站点（UberFacts、GoogleFacts等）、商业出版机构（penguinrandom）、名人账户（dark_shark）等也参与转发传播LIS专业组织的内容，这一

---

① Kywe S M, Hoang T A, Lim E P. On recommending hashtags in Twitter networks [C]//Aberer A, Flache A, Jager W, et al. Social Informatics. Cham, Switzerland: Springer International Publishing, 2012: 337-350.

② Boyd D, Golder S, Lotan G. Tweet, tweet, retweet: conversational aspects of retweeting on Twitter [C]//Proceedings of the 43rd Hawaii International Conference on System Sciences IEEE, Koloa, Kauai, HI, 2010: 1-10.

③ Chae B K. Insights from hashtag #supplychain and Twitter analytics: considering Twitter and Twitter data for supply chain practice and research [J]. International Journal of Production Economics, 2015, 165: 247-259.

研究结果也证实了以往的研究结论，如果被高度链接的账户转推，消息将得到更广的传播①。值得注意的是，五大 LIS 专业组织中，除了 ALA 以外，其他 4 个专业组织都没有在 Twitter 中引起用户较多的关注。

（2）LIS 专业组织的 tweets 中用户聚合的机制与特点

网络社区用户以自己的心理取向或兴趣进行着特定的网络活动，一旦选择定向，就产生网络上的频繁互动，这种互动进而形成某种群体交流结构，用户就会聚合形成或发现自己所属的群体。依据网络群体聚合目的将网络群体划分为两类，一类是基于共同兴趣爱好的自相似性群体，另外一类是基于吸引因子的网络群体。本研究中 LIS 专业组织的 tweets 分析，用户聚合的机制同样显示出兴趣聚合与吸引因子聚合的特点。例如，音乐家 Brian Eno 的 twitter 账户（dark_ shark），拥有较高的影响力和可见度，由其所转发的 LIS 专业组织的 tweets 消息得到了较高的传播和推广，很多并没有直接连接 LIS 专业组织账号的用户，也自发加入了该消息的传播，由此以 dark_ shark 为中心聚合成用户群。除了高影响力的用户起到了聚合吸引因子的作用，活跃用户（发帖较高的用户）同样值得关注，如 MrSchuReads 等高发帖用户，由他们提供的原创性内容保持了社区的活力和生机，也是用户聚合的兴趣源头。由此可见，不同角色用户起到不同的聚合作用，监控和关注代表性人物，适当地引导管理，会直接影响用户聚合与信息传播的效率和路径。

除了用户角色关系的分析，用户之间的交互活动也会影响聚合结构和关系。用户不是静止地存在于社会网络中，用户之间转发、提到、跟随、评论、点赞等行为形成的交互关系①-③，也是用户聚合的内在原因。不同关系叠加，形成了复杂的用户网络。信息服务系统促进用户之间的交互活动，形成更多的交互关系，用户之间的聚合才会更加活跃和紧密。Kwak 等⑤检查了一个随机 tweets 样本，发

---

① Shulman J, Yep J, Tomé D. Leveraging the power of a Twitter network for library promotion [J]. The Journal of Academic Librarianship, 2015, 41 (2): 178-185.

① Yep J, Shulman J. Analyzing the library's Twitter network: using NodeXL to visualize impact [J]. College & Research Libraries News, 2014 , 75 (4): 177-186.

② Sewell R R. Who is following us? Data mining a library's Twitter followers [J]. Library Hi Tech, 2013, 31 (1): 160-170.

③ Cha M, Haddadi H, Benevenuto F, et al. Measuring user influence in Twitter: the millionfollower fallacy [C]//Proceedings of the Fourth International AAAI Conference on Weblogs and Social Media, Washington D. C., USA, 2010: 10-17.

⑤ Kwak H, Lee C, Park H, et al. What is Twitter, a social network or a news media? [C]//Proceedings of the 19th International Conference on World Wide Web, Raleigh, North Carolina, USA, 2010: 591-600.

现22.1% tweets具有双向互惠关系，本研究的样本tweets中大部分的tweets是单向关系，形成的网络更像是信息网络，而不是社会网络。Hidalgo和Rodriguez-Sickert① 指出互惠关系越高，用户之间的关系越有可能长期存在，也就是说互惠使得聚合关系更容易形成稳定的战略伙伴关系，这也是LIS专业组织未来促进用户聚合的时候需要重点关注的问题。

(3) LIS专业组织的tweets中话题内容聚合的特点与结构

本研究利用DMI-TCAT自动采集tweets工具，抽取hashtags，使用共词分析的方法，探讨了基于hashtags的话题聚合的情况，突破了传统LIS文献中利用手工采集和分析小样本hashtags数据的限制。共词分析方法不仅鉴别了趋势性话题，而且映射了这些话题之间的聚合关系。

群体心理学研究表明，人们的社会生活都具有群体性，而且一个人通常不只属于一个群体，而同时是若干群体的成员。用户通过参与网络社区的聊天频道、BBS、新闻组、社交网站等网络人际社区，按照话题或议题组成临时性群体，使不同事物或议题能够迅速找到同盟军或反对者，这样用户在网络中会获得存在感。

用户可以用hashtags为信息创建一个主题标签，从而为庞大冗杂的信息进行聚合和归类，例如，一个包含hashtag链接的tweets可以按照时间线（timeline）方式同其他包含同样hashtag的tweets整合到一起。可见，hashtags的功能，一是信息整合，二是充当类似触发搜索快捷键。这两个功能的存在既能保证信息的结构化，又能提升用户黏性。需要注意的是，在实际应用的过程中，hashtags除了信息分类与组织功能，还具备交流功能，Wikstrom② 指出hashtags被用作复杂的多功能语言工具，除了主题标签（topic tags）外，hashtags还被广泛应用于元-评论（meta-comments）、辅助性解释（parenthetical explanations and additions）、情绪性利用（emotive usage）、强调性应用（emphatic usage）、网络传播与流行文化参考（memes and popular culture references）等。正是由于hashtags应用复杂多样性，社区系统在进行话题内容聚合时，面临hashtags清洗、筛选、鉴别等困难，需结合语言与语义分析，综合利用其他情景信息，如作者身份、时间、位置信

① Hidalgo C A, Rodriguez-Sickert C. The dynamics of a mobile phone network [J]. Physica A, 2008, 387: 3017-3024.

② Wikstrom P. Srynotfunny: communicative functions of hashtags on Twitter [J]. SKY Journal of Linguistics, 2014, 27: 127-152.

息、关键词等，实现主题内容优化聚合②-④。

7.3.5 结论

本章通过综合使用描述性统计分析、社会网络分析和 hashtags 共词分析，探索性研究剖析了 LIS 专业组织中基于交互关系的用户聚合以及基于 hashtags 的话题内容聚合现状，有助于社会组织了解其社会网络中的潜在用户群体，执行更准确成功的社会媒体策略，产生更大的社会影响力。

社会媒体的成功要求投入相当的人力、物力和时间精力，本章尝试了一种经济有效的方法，通过 DMI-TCAT 自动捕捉 tweets 和执行分析。DMI-TCAT 经过一定配置后会自动在后台运行，除了数据采集需要一定时间外，知识单元抽取和数据分析可以从多个维度进行，如 tweets 统计和活动维度，网络分析等以较快速度完成，该方法可以帮助任何组织监控其目标 tweets。本研究的局限在于数据收集周期较短，未来可执行更长的周期收集更大的样本量的 tweets，进行深入的用户参与分析，如组合更多维度，测量用户在不同话题中的聚合影响力，基于更多维交互关系的用户群组的演化规律探讨，同时结合实时话题、地理分布进行用户与内容聚合监测，使网络学术社区成为事件相关、地域相关、趋势消息的聚合分析平台。

---

② Hong L, Davison B D. Empirical study of topic modeling in Twitter [C]//Proceedings of the 1st Workshop on Social Media Analytics, Washington D. C. District of Columbia, USA, 2010: 80-88.

③ Weng J, Lim E, Jiang J, et al. TwitterRank: finding topic-sensitive influential twitterers [C]//Third ACM International Conference on Web Search and Data Mining, New York, USA, 2010: 261-270.

④ Sasaki K, Yoshikawa T, Furuhashi T, et al. Online topic model for Twitter considering dynamics of user interests and topic trends [C]// Proceedings of the 2014 Conference on Empirical Methods in Natural Language Processing, Doha, Qatar, 2014: 1977-1985.

第8章 结 语

回顾整个研究成果，本书认为网络学术社区的信息聚合与共享是一个综合问题，涉及学术用户的信息聚合需求、交互情景、语义关联与聚合组织、用户关系聚合以及基于群体交互的聚合服务等诸多因素。本书利用系统分析的方法，提取了网络学术社区中信息资源的构成要素，对学术社区的信息聚合单元、信息及用户聚合机制进行了探讨，科学抽象出学术社区信息聚合与共享的内容、规律及特征。

网络学术社区的本质是人与人之间的互动关系网络，网络学术社区让用户在获取信息、建构知识的同时，建立自己的社会群体关系网络，用户交互所产生的社会化群体作用对信息聚合产生重要影响。本书认为，网络学术社区中用户信息利用行为受群体环境影响，利用社会化群体作用可以为用户更好地过滤、推荐信息，通过群体的交流机制可改善用户的服务体验，提高信息服务质量。BBS、BLOG、SNS 等学术社区应用的多元化发展，其核心是用户群体交互过程，也是知识学习和创新的过程。本书针对学术社交网络中的用户情景、交互关系结构对聚合服务的要求，寻求多样化的聚合服务组织途径和方法，在学术社区网络平台应用中提升服务的整体水平，体现了基于聚合的学术社区知识导航与推荐服务发展趋势。

当前，社会网络环境对用户关系网络、用户参与行为、用户生成内容聚合组织带来深远影响。网络学术社区中学术用户处于复杂多样的异质性网络之中，各种学术资源、学术关系与学术交互过程交织变动，知识概念关系与用户社会关系交汇，显性信息聚合关联与潜在信息聚合并存。在这一背景下，信息聚合与共享需要针对不断变化的新问题深化和拓展研究成果。具体而言，在学术社会网络环境下，需要创新社会化信息聚合理论，引入学术社区网络信息质量控制；针对用户交互需求的深化，信息服务系统需要不断优化信息聚合服务方式，完善基于信息聚合的学术信息关联推荐与导航服务。

1）网络学术社区的信息聚合需引入质量控制及数据治理机制。由于学术用户贡献内容呈现“井喷式”增加，不可避免混杂着信息混乱失真、恶意使用、知识产权泄露风险等诸多问题，在学术社区信息聚合中应引入质量控制机制，如信息过滤机制、大众评价或奖惩措施，引导学科问题走向。网络学术社区所聚合的信息资源将成为科技创新和经济社会发展的重要战略资源，需重视其科学规范管理，加强数据治理以保证聚合信息的安全合理利用。

2）学术大数据将推动网络学术社区信息聚合机制发生嬗变。伴随着高动态、强异构和大规模的学术大数据不断聚集，社区聚合信息（数据）的形态、关联模式、关系结构将会快速演变成更为复杂的生态系统，对信息资源组织的技术方法和理论范式将提出更高要求。此环境中，学者学术研究范式、学术合作模式演化、合作关系预测等许多问题值得深入探索。

3）以网络学术社区所聚合的学术大数据为中心，机器学习、数据挖掘、语义关联、情景感知技术等推动学术社区科技资源发现、全域学术资源感知获取、科研分析评价、移动学术智能服务、智慧数据管理等服务模式不断拓展，将全面提升用户体验。

同时我们也认识到，网络学术社区的信息聚合与共享模式研究还处于初期发展阶段，信息技术，特别是本体、关联数据、语义网络、知识图谱技术等日新月异的发展，也为信息聚合与共享的理论与实践发展提供了新的基础，提出了将本书研究进一步深化的问题。事实上，网络学术社区的信息聚合与共享，不仅是图书情报领域的前沿研究课题，而且是信息化环境下科研创新发展的需要。我们将以本书研究成果为起点，跟踪国际前沿性研究，将研究引向深入，进一步形成有代表性的理论与应用成果。

后　记

2009 年 7 月，我从武汉大学博士毕业，来到西南大学计算机与信息科学学院，开始了教学与科研工作。2011 年获得国家社会科学基金青年项目资助，开始本课题的研究，这是我第一次主持国家级项目，经验匮乏，压力甚大。回首整个研究过程，那些留在岁月中的记忆片断和感悟成为我努力探索过的痕迹。正是这一段的经历也使我由衷体会到科学研究的艰辛和快乐。

在项目完成之际，首先要特别感谢我尊敬的导师胡昌平教授。导师高屋建瓴的学术水平、严谨的治学态度、孜孜不倦的敬业精神时刻激励着我不断追求和探索。在我攻读博士学位期间，导师教给我的丰富知识和科学研究方法，将使我终身受益。在项目申报和研究过程中，胡老师提出了许多建设性意见。在此，向导师表示由衷的谢意！

感谢西南大学计算机与信息科学学院的邓小昭教授、张自力教授、肖国强教授、韩毅教授、郑宏副教授、贾涛教授等在项目研究过程中给予的帮助和指导；在项目启动过程中，邓小昭教授、阮建海教授、韩毅教授，西南大学社科处吕刚武老师等提出了许多具有建设性和针对性的宝贵意见；感谢李健教授、王艳副教授、胡蓉副教授、阎艳老师对项目申报的大力支持，感谢张晓娟副教授、李立睿副教授、尹春晓副教授、邬晓鸥副教授等同事的支持和帮助，在此表示深深谢意。特别感谢邓小昭教授对我工作生活无微不至的帮助和关怀！

感谢肯特州立大学张茵教授、曾蕾教授在我赴美访学期间的指导和帮助，肯特一年的访问学习开阔了我的研究视野，也为项目实证研究提供了研究数据和方法支持，提升了项目研究的质量。

感谢我的博士同学曾建勋教授、邓胜利教授、胡潜教授、贾君枝教授、梁孟华教授、胡吉明副教授、赵杨副教授、赵雪琴教授、陈果副教授、沈丽宁副教授、严炜炜副教授、向非副教授等给予的帮助和支持！你们的优秀是激励我不断努力的前行标杆。

感谢项目组全体成员的辛勤努力，特别是郑伟伟、蔡小筱、石光莲、王莹莉、刘海鹏、王丹、张婷、张可、张静仪、姜冠兰、苏钠恒、田松睿、向阳、李鹏等同学对项目研究所做的工作。项目开始时，我刚刚成为硕士研究生导师，感谢你们的支持和合作，感谢我们共同成长的经历。

感谢我的家人。正是你们默默的支持和无私的付出才有了我今天的成绩。你们永远健康快乐是我最大的心愿。伴随着项目研究过程，我的儿子吴桐已经从中学生成长为重庆医科大学的临床医学本科生。因为科研任务繁重，没有时间给予家人更多的陪伴和照顾，也常常感到内疚和自责。

项目研究虽告一段落，因为能力、精力及经验的局限，仍有很多缺憾和不足。信息聚合与共享的研究还将不断继续下去，我和我的团队会继续努力。

张 敏

2019 年 12 月